大数据应用人才能力培养
新形态系列

金融大数据应用与Python实践

叶福兰◎主编
李莉 姚洁 曾姣艳◎副主编

人民邮电出版社
北京

图书在版编目（CIP）数据

金融大数据应用与Python实践 / 叶福兰主编. -- 北京 : 人民邮电出版社, 2025.5
（大数据应用人才能力培养新形态系列）
ISBN 978-7-115-64170-0

Ⅰ. ①金… Ⅱ. ①叶… Ⅲ. ①软件工具一程序设计一应用一金融一数据处理 Ⅳ. ①F830.41

中国国家版本馆CIP数据核字(2024)第069949号

内容提要

本书全面介绍金融大数据的应用，并使用 Python 进行编程实践。本书首先带领读者了解数字金融新技术，深入探讨物联网、云计算、区块链、大数据以及人工智能等前沿技术的相关知识及其在金融领域的应用。然后，本书通过生动的案例详细介绍 Excel 和 Power BI 等常用办公软件在金融中的实际应用，旨在提升读者的办公效率和数据分析能力。在此基础上，本书进一步剖析金融统计分析的对象和基本方法，使读者对金融数据的处理和分析有更为全面的认识。接下来，本书介绍常见的金融统计分析软件 SPSS、EViews 和 Stata。接着，进入 Python 实践部分，本书从 Python 概述、数据类型、程序控制结构、函数、文件操作、Python 数据分析常用第三方库等方面，系统地指导读者逐步掌握 Python 编程的核心技能。此外，本书还通过丰富的案例展示 Python 在金融领域的实际应用，以及数据挖掘等进阶技术，从而极大地拓宽读者的技能边界。

通过对本书的学习，读者不仅能够紧跟金融科技的发展步伐，还能充分利用 Python 工具深入挖掘金融大数据中的潜在价值，为金融行业的创新发展贡献自己的力量。

本书适合高校金融相关专业的学生阅读，也适合广大金融行业从业人员以及对金融科技感兴趣的读者阅读。

◆ 主　　编　叶福兰
副 主 编　李　莉　姚　洁　曾姣艳
责任编辑　刘　博
责任印制　胡　南

◆ 人民邮电出版社出版发行　　北京市丰台区成寿寺路 11 号
邮编　100164　　电子邮件　315@ptpress.com.cn
网址　https://www.ptpress.com.cn
大厂回族自治县聚鑫印刷有限责任公司印刷

◆ 开本：787×1092　1/16
印张：18.75　　2025 年 5 月第 1 版
字数：496 千字　　2025 年 5 月河北第 1 次印刷

定价：69.80 元

读者服务热线：(010)81055256　印装质量热线：(010)81055316
反盗版热线：(010)81055315

前　言

随着科技的飞速发展，金融领域正在经历一场由物联网、云计算、区块链、大数据和人工智能等技术驱动的深刻变革。金融与科技的结合，不仅改变了金融行业的运作方式，还催生了金融科技这一新兴领域，为我们的生活带来了前所未有的便利。在这一背景下，本书应运而生，旨在为高校金融相关专业学生、金融行业从业人员和对金融科技感兴趣的读者提供一本实用的参考图书。

本书共 13 章，涵盖数字金融新技术、数字金融人才必备办公技能、金融统计分析概述、常见金融统计分析软件、Python 概述、数据类型、程序控制结构、函数、文件操作、Python 数据分析常用第三方库、金融与数据挖掘、数据预处理和数据探索，以及数据挖掘常用方法等内容。这些内容不仅包括金融大数据的基础知识，还包括使用 Python 进行金融大数据分析的实践案例。

本书特色如下。

（1）系统性：本书从数字金融新技术的相关基础知识开始，逐步深入讲解 Python 在金融大数据分析中的应用，形成一个完整的知识体系。

（2）实用性：本书注重实践应用，通过大量实践案例，帮助读者更好地理解和掌握金融大数据分析和 Python 编程技能。

（3）前瞻性：本书紧跟金融科技发展趋势，介绍物联网、云计算、区块链、大数据和人工智能等技术在金融领域的应用前景。

（4）通俗易懂：本书采用通俗易懂的语言和生动的图表，让读者能够轻松掌握金融大数据和 Python 编程知识，降低学习难度。

通过阅读本书，读者将深入了解金融大数据的基础知识，掌握使用 Python 进行金融大数据分析的基本技能，了解金融科技的前沿动态，进而提升自己的竞争力。无论你是高校金融相关专业学生、金融行业从业人员还是对金融科技感兴趣的读者，相信本书都能为你带来启发和帮助。在这个信息“爆炸”的时代，让我们一起探索金融科技的奥秘，共同奔向数字化金融的未来！

叶福兰、李莉两位老师负责本书的架构设计。本书由叶福兰担任主编，李莉、姚洁、曾姣艳担任副主编，卢承财、林子琪、卢芳、郑芷妍参与了编写。其中，第 1 章由曾姣艳、李莉两位老师共同编写，第 2 章由姚洁老师编写，第 3 章、第 4 章由郑芷妍老师编写，第 5 章、第 6 章、第 7 章由叶福兰老师编写，第 8 章、第 9 章由卢承财老师编写，第 10 章由卢芳、林子琪两位老师编写，第 11 章、第 12 章由林子琪老师编写，第 13 章由林子琪、卢芳两位老师编写。本书由叶福兰老师负责统稿。

本书主编叶福兰老师为福州外语外贸学院专任教师。本书编写过程中，得到了福州外语外贸学院多位领导、老师的大力支持，也参考了大量作者的文献资料，在此对他们一并表示感谢。由于编者水平有限，对于书中不足和疏漏之处，恳请读者批评指正。本书编者的联系方式：466477987@qq.com。

编　者

2024 年 10 月

目录

第1章 数字金融新技术

信息技术（Information Technology，IT）已经成为推动全球产业变革的核心力量，其不断聚集创新资源与要素，与新业务形态、新商业模式互动、融合，快速推动农业、工业和服务业的转型、升级和变革，全新的工业经济发展模式已经到来。IT的发展趋势主要体现在物联网、云计算、区块链、大数据、人工智能等领域。人工智能是IT最热门的应用领域之一，智能制造、智慧医疗、智慧城市等都是近年来人工智能领域中不断涌现的应用，这些应用为人类带来了极大的便利和创新。物联网也是IT的一个热门应用领域，利用物联网技术可以实现设备的互联和智能化，进一步提高我们生产和生活的质量。

本章主要介绍数字金融新技术的基础知识，包括物联网、云计算、区块链、大数据以及人工智能技术的相关知识，为读者学习后面的内容奠定基础。

【学习目标】

知识目标：

（1）了解金融与物联网；

（2）了解金融与云计算；

（3）了解金融与区块链；

（4）了解金融与大数据；

（5）了解金融与人工智能。

技能目标：

（1）掌握物联网技术在金融等领域的应用，为金融机构提供精确的风险管理能力；

（2）掌握云计算在金融等领域的应用，提升金融服务的效率和质量并推动创新业务的发展；

（3）掌握区块链技术在金融等领域的应用，具备使用区块链技术解决实际问题的能力；

（4）掌握大数据在金融等领域的应用，并具备解决实际大数据问题的能力；

（5）掌握人工智能在计算机视觉、语音识别、自然语言处理等方面的应用案例，与“人工智能时代”对人才的要求相适应。

【知识框架】

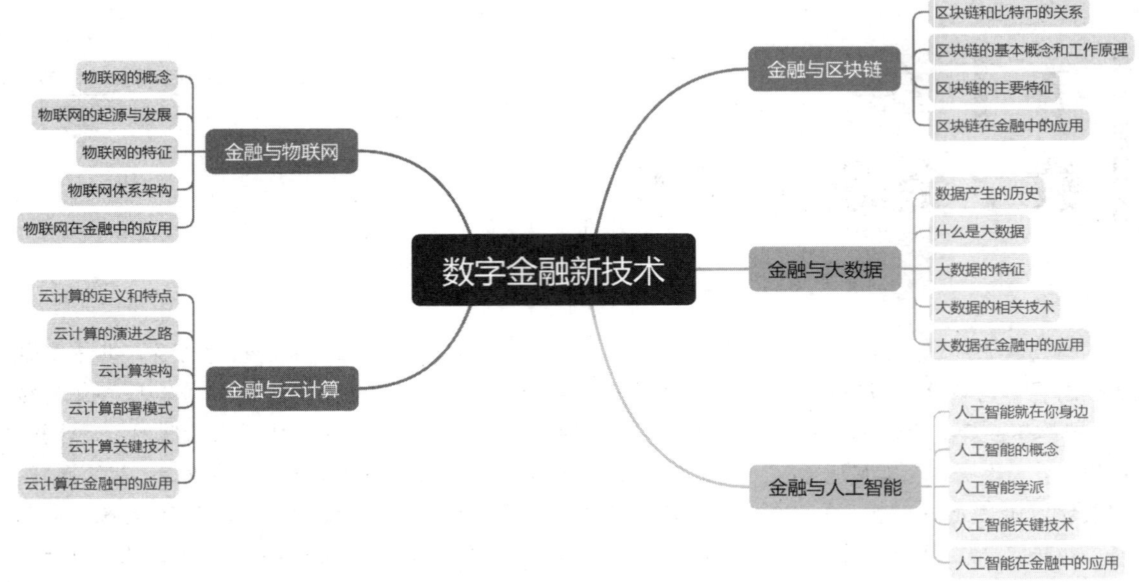

1.1　金融与物联网

物联网（Internet of Things，IoT）是新一代 IT 的重要组成部分，具有全面感知、可靠传输、智能处理等特征，被称为继计算机、互联网之后世界信息产业发展的第 3 次浪潮，成为世界各国竞相聚焦的战略性新兴产业。物联网技术可以为金融机构提供更多的数据来源和监控手段，通过连接各种传感器和设备，金融机构可以实时获取大量数据，包括交通流量、气象数据、设备运行状态等，这些数据可以用于风险管理、市场预测和智能决策等方面，以提高金融机构的运营效率和竞争力。本节将带领读者探究物联网的概念、物联网的起源与发展、物联网的特征、物联网体系架构以及物联网在金融中的应用。

1.1.1　物联网的概念

物联网是指借助各种信息传感设备和系统，如射频识别（Radio Frequency Identification，RFID）设备、红外感应器、全球定位系统、激光扫描器等，以及基于物物通信模式的短距离无线传感器网络，按约定的协议把任何物体通过各种接入网络与互联网连接起来所形成的一个巨大的智能网络。通过这一网络，人们可以进行信息交换和通信，以实现对物体的智能识别、定位、跟踪、监控和管理等。

通俗地讲，物联网就是“物物相连的互联网”，它包含两层含义：

第一，物联网是互联网的延伸和扩展，其核心和基础仍然是互联网；

第二，物联网的用户端不仅包括人，还包括物品，物联网实现了人与物品及物品与物品之间信息的交换和传输。

1.1.2 物联网的起源与发展

物联网这个概念可以追溯到比尔·盖茨 1995 年出版的《未来之路》一书中，只是当时受限于无线网络、硬件及传感设备的技术发展，这个概念并未引起世人的重视。《未来之路》一书中写道："您将会自行选择收看自己喜欢的节目，而不是等着电视台为您强制性选择。如果您计划购买一台冰箱，您将不用再听那些喋喋不休的推销员唠叨，电子论坛将会为您提供最为丰富的信息。音乐销售将出现新模式，以全新数字模式出现的音乐产品将会登陆市场。如果您的孩子需要零花钱，您可以从电子钱包中给他转 5 美元。另外，当您驾车驶过机场大门时，电子钱包将会与机场购票系统自动关联为您购买机票，而机场的检票系统将会自动检测您的电子钱包，查看是否已经购买机票。您可以亲自进入地图中，这样可以方便地找到每一条街道，每一座建筑。"这些"荒谬"的想法中如今很多已经实现并成为我们日常生活中的一部分。

1999 年，美国麻省理工学院（MIT）建立了"自动识别中心"（Auto-ID Center），提出"万物皆可通过网络互联"。其核心思想是为全球每个物品提供唯一的电子标识符，即为所有实体对象建立唯一有效标识。这种电子标识符就是电子产品编码（Electronic Product Code，EPC），物联网最初的构想是建立在 EPC 之上的，但随着技术和应用的发展，物联网的内涵已经发生了较大变化。在我国，早期物联网被称为传感网。早在 1999 年中国科学院就启动了传感网的研究，并取得了一些科研成果，建立了一些适用的传感网。同年，在美国召开的移动计算和网络国际会议提出了"传感网是下一个世纪人类面临的又一个发展机遇"。

2003 年，美国《技术评论》杂志提出传感网技术将是未来改变人们生活的十大技术之首。

2005 年，在突尼斯举行的信息社会世界峰会上，国际电信联盟发布《ITU 互联网报告 2005：物联网》，正式提出物联网的概念，认为通过在各种各样的物品上嵌入短距离移动收发器，人类将实现从任何时间、任何地点的人与人之间的沟通连接，扩展到人与物、物与物之间的沟通连接，并描绘了未来物联网的美好蓝图。

2007 年，美国在马萨诸塞州剑桥市打造了全球第一个全城无线传感网。

2008 年 11 月，IBM（International Business Machines，国际商业机器）公司首席执行官彭明盛在纽约市对外关系委员会的一场演讲中，首次提出"智慧地球"这一概念。当年，美国将新能源和物联网列为振兴经济的两大重点。2009 年 6 月，欧盟委员会正式提出了《欧盟物联网行动计划》，描绘了物联网技术的应用前景，提出欧盟政府要加强对物联网的管理，促进物联网的发展。在我国，同年 8 月，时任总理温家宝在无锡视察并发表重要讲话，提出了"感知中国"的理念，把我国物联网领域的研究和应用开发推向了高潮。无锡市率先建立了"感知中国"中心。中国科学院、电信运营商、多所大学在无锡建立了物联网研究院。位于无锡市的江南大学还建立了全国第一家实体物联网工程学院。

2009 年之后，物联网迅速抢占无数高新行业的制高点，成为全球技术革新最闪耀的新星之一。我国高度重视物联网发展，2017 年 10 月 23 日，我国自主研发的物联网安全协议关键技术 TRAIS-X，被国际标准组织正式发布，成为国际标准技术规范；2019 年 6 月，中华人民共和国工业和信息化部向中国电信、中国移动、中国联通和中国广电发放 5G 牌照，标志着我国正式进入 5G 商用元年，进一步加快了物联网的发展进程，2020 年 12 月，24 位院士和阿里巴巴、百度、京东、华为、中国电信等联合成立了开放智联联盟（Open Link Association，OLA），该联盟的成立旨在充分发挥国内物联网产业优势，构建符合我国产业特点的、技术领先的物联网统一连接标准和产业生态圈，并向全球开放和推广。

1.1.3 物联网的特征

通过对物联网概念的分析，得出物联网的核心功能是信息（数据）的传送与处理。所以，要确保高效运作，物联网必须具有 3 个特征：全面感知、可靠传输、智能处理。

1. 全面感知

为让物品具备感知能力，需要在物品上安装不同类型的识别装置，如电子标签、条形码、二维码等，同时可通过温湿度传感器、红外传感器、照相机等设备感知物品的物理属性和个性化特征。通过这类设备，可以随时随地获得物品信息，实现全面感知。

2. 可靠传输

数据可靠传输是保证物物相连的关键。因为物联网是一种异构网络，不同实体之间的协议格式（规范）可能会有差异，所以需要通过相应的软硬件来实现协议格式转换，以确保信息实时、准确地传输。为实现不同传感器数据的统一处理，实现物物间的信息交互，必须开发支持多种协议格式转换的通信网关。利用通信网关，将不同传感器的通信协议转化为事先约定的、统一的通信协议。

3. 智能处理

智能处理的目标是实现对各种物品、人员的智能识别、定位、追踪、监测、管理等功能。因此，必须以智能信息处理平台为支撑，通过云计算、人工智能等智能计算技术来存储、分析、处理海量数据，并根据不同的应用需求，对物品和人员进行智能控制。

由此可以看出，物联网融合了各种 IT，突破了互联网的限制，将对象连接到信息网络中，实现了“物物相连”。物联网支持信息网络向全面感知和智能处理两个方向扩展、延伸和突破，从而影响国民经济和社会生活的各个方面。

根据物联网的以上特征，结合信息科学的观点，围绕信息的流动过程，可以归纳出物联网的功能如下。

（1）获取信息的功能：主要是指信息的感知、识别。信息的感知是指对事物状态及变化方式的精确觉察与敏感捕捉；信息的识别是指能把所感受到的事物状态及变化方式用特定方式准确表示出来。

（2）传送信息的功能：主要是指信息发送、传输、接收等环节，即把获取的事物状态及其变化方式从时间（或空间）上的一点传送到另一点，也就是常说的通信过程。

（3）处理信息的功能：是指信息的加工过程，即利用已有的信息或感知的信息产生新的信息，实际上也是制定决策的过程。

（4）施效信息的功能：是指信息最终发挥效用的过程。信息发挥效用有很多的表现形式，比较重要的是通过调节事物的状态及变换物联网的应用方式，使事物始终处于预先设计的状态。

1.1.4 物联网体系架构

物联网是物物相连的互联网，可以把它比拟为一个虚拟的“人”，有类似人的眼睛和耳朵等的感知器官，有负责信息传输的神经系统，有负责信息综合处理、分析和管理的大脑，还有类似人的手足去影响外界的执行应用系统。物联网的价值在于让物体也拥有了“智慧”，从而实现人与物、物与物之间的“沟通”。物联网的特征在于全面感知、可靠传输和智能处理。目前，被广泛认可的物联网体系架构分为 3 层，分别是感知层、网络层、应用层，这些层级都依赖于标识解析、安全技术、QoS 管理、网络管理等公共技术来确保其高效、安全和可靠地运行。物联网体系架构如图 1-1 所示。

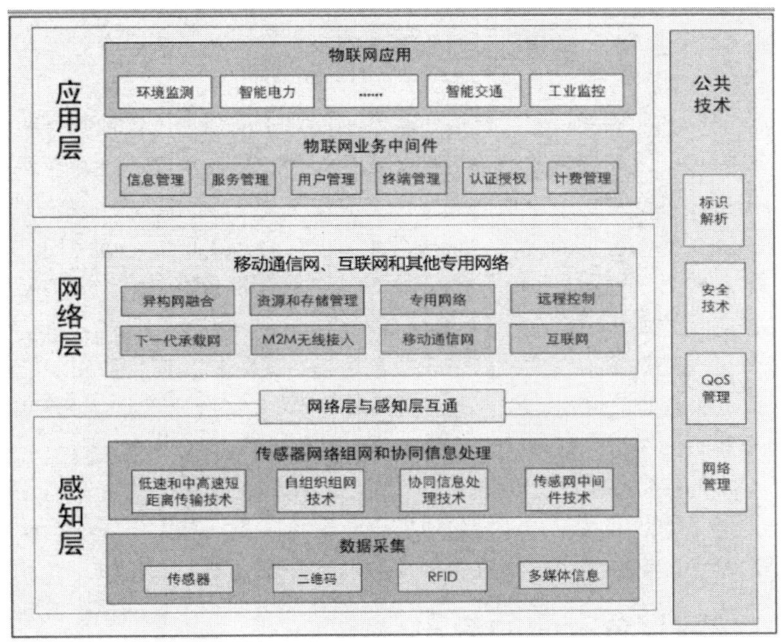

图 1-1　物联网体系架构

在物联网体系架构中，其 3 层的关系可以这样理解，即感知层相当于人的皮肤和五官，网络层相当于人的神经中枢，应用层相当于人的社会分工。各层具体描述如下。

1. 感知层

感知层是物联网体系架构的底层，由各种传感器以及传感器网关等构成，负责收集物理世界的数据和信息。它包括传感器、二维码、RFID 等感知设备和技术，用于监测和感知环境中的各种参数和状态。感知层的主要任务是将实时数据转换成数字信号，并传输到物联网系统的其他层进行处理和分析。传感器网络组网和协同信息处理是物联网感知层的核心，它们使传感器设备能够自组织形成网络并协同工作。传感器网络通过自组织组网、低速和中高速短距离传输技术实现设备间的自动连接和数据交换。传感网中间件技术用于连接和协调传感器设备，实现数据的收集、预处理、融合和初步分析，以便数据的高效传输和上层应用的准确决策。协同信息处理技术则涉及数据融合、局部决策和能量管理，旨在减少数据传输量、提高响应速度和延长网络寿命。这些技术共同确保了物联网系统的高效、可靠和可扩展性，同时注重低功耗和高安全性，为上层应用提供了坚实的数据基础。感知层主要功能是识别物体、采集信息。

物联网中的“物”并不是自然物品，而是要满足一定的条件（例如有相应的信息接收器和发送器、数据传输通路、数据处理芯片、操作系统、存储空间等，遵循物联网的通信协议，在物联网中有可被识别的标识）才能够被纳入“物”的范围。

2. 网络层

网络层是物联网体系架构的中间层，它通过各种通信网络，如移动通信网、互联网、下一代承载网、M2M 无线接入等，实现感知层设备与应用层应用之间的数据交互。网络层的关键技术包括异构网融合、资源和存储管理、专用网络和远程控制等，这些技术确保了物联网设备之间以及与中央服务器之间的高效、安全的数据传输和操作控制。网络层相当于人的神经中枢，主要作用是将感知层获取的信息进行传递和处理。

物联网的价值在什么地方？主要在于网，而不在于物。感知只是第一步，但是如果没有一个庞大的网络体系，就不能对感知的信息进行管理和整合，那物联网就没有意义。

3. 应用层

应用层是物联网体系架构的顶层，它通过物联网业务中间件提供各种服务和管理功能。应用层的技术包括信息管理、服务管理、用户管理、终端管理、认证授权、计费管理等，它们使得物联网系统能够为用户提供定制化、个性化的服务。应用层相当于人类的社会分工，是物联网和用户（包括人、组织和其他系统）的接口，它与行业需求结合，实现各种应用场景和服务。应用层包括环境监测、智能电力、智能交通、工业监控等各种垂直领域的应用。应用层可以根据用户需求进行定制开发，实现智能化、自动化和远程控制等功能。

物联网的最终目的是对感知到的和传输来的信息进行更好的利用，应用层能够为用户提供丰富多彩的业务体验，然而如何合理、高效地处理从网络层传来的海量数据，并从中提取有效信息，是物联网应用层要解决的关键问题。

物联网体系架构的优势在于，它能够实现设备之间的无缝连接和信息共享，实现物理世界与数字世界的融合。通过物联网技术，我们可以实现智能化的生活和工作环境，提高生产效率和资源利用率，优化运营管理，并为人们提供更便捷、舒适和安全的生活体验。

1.1.5 物联网在金融中的应用

物联网的应用场景包括方方面面，如图 1-2 所示。其在金融领域的应用有效推动了其智能化发展，使有限的资源更加合理地被分配使用，从而有利于提高行业事务处理效率和经济效益。物联网在智能家居、医疗健康等与人们生活息息相关的领域的应用，使这些领域从服务范围、服务方式到服务质量等方面都有了极大的改进，大大提高了人们的生活质量。另外，物联网在国防军事领域方面的应用虽然还处在探索阶段，但它带来的影响不可小觑，大到卫星、导弹、飞机、潜艇等，小到单兵作战装备，物联网技术的应用有效提升了军事智能化、信息化、精准化，极大提升了军事战斗力，是未来军事变革的关键。

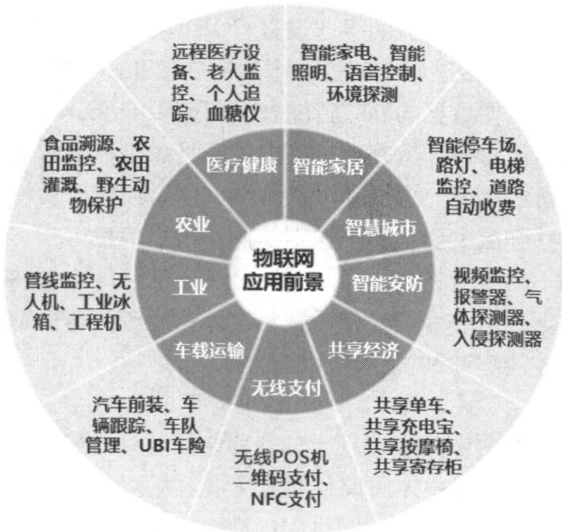

图 1-2 物联网的常见应用场景

物联网在金融中的应用是指将金融服务与物联网技术相结合，通过连接各种设备和物品，实现更高效、安全和智能的金融业务。物联网技术的发展为金融行业带来了许多创新的应用和机会，在为客户提供更便捷的金融服务的同时，也为金融机构带来了更高的工作效率和更精确的风险管理能力。

1. 智能支付

物联网技术为金融支付提供了更智能和便捷的方式。通过物联网设备的连接，可以实现智能支付，例如使用智能手机或智能手表进行无接触支付，或者通过智能家居进行自动支付，这样可以提高支付的便利性和安全性。同时，物联网技术还可以实现对支付信息的实时监控和分析，为金融机构提供更准确的支付风险评估和反欺诈能力。

2. 创新保险业务

物联网技术为保险业务带来了许多创新的应用。通过对物联网设备收集的数据进行分析，保险公司可以更准确地评估风险，并根据个体的实际情况定价。例如，使用车载设备监测驾驶行为，根据驾驶习惯调整保险费率等。这样可以实现个性化定价和风险管理，提高保险事务的处理效率和客户满意度。同时，物联网技术还可以应用于健康保险领域，通过监测健康数据实现个性化保险服务，提高保险配置、跟踪等的精确性和客户参与度。

3. 供应链金融和资产管理

物联网技术在供应链金融和资产管理领域也有广泛的应用。通过物联网技术，可以实现供应链上的物流、库存和支付等环节的实时监控和管理，提高供应链金融的处理效率和安全性。例如，通过物联网设备实时监测货物的运输情况和温湿度等环境数据，减少货物损失。同时，物联网技术还可以实现资产追踪和管理，提高资产利用率和风险控制能力。例如，通过物联网设备实时监测设备的使用情况和维护需求，提高设备的运行效率，延长其寿命。

4. 数据分析和风险管理

物联网技术的应用为金融机构提供了更多的数据来源和监控手段。通过对物联网设备收集的数据进行分析，金融机构可以获得更全面和准确的数据，用于风险评估、客户分析和业务决策。同时，物联网技术还可以实现实时监控和预警，及时发现和应对风险。例如，通过物联网设备实时监测市场和交易数据，提高金融机构对市场和交易的风险管理能力。

5. 个人金融管理

物联网技术的应用还可以帮助个人实现更智能和精确的金融管理。通过物联网设备的连接，人们可以实时监控和管理自己的财务状况，例如通过智能手机应用程序查看银行账户余额、消费记录和投资组合情况。同时，物联网技术还可以帮助人们实现智能理财和智能消费，通过数据分析和推荐算法提供个性化的理财和消费建议。

1.2　金融与云计算

随着 IT 的发展，人们对网络服务的依赖达到了空前的高度。显而易见，企业和终端用户都希望获得高性价比的互联网服务，云计算在这种情况下应运而生。云计算技术可以提供强大的计算和存储能力，满足金融机构处理大量数据和复杂计算的需求。金融机构可以利用云计算技术搭建高效的数据分析和风险管理系统，提升决策的准确性和效率。本节将带领读者探究云计算的定义和特点、云计算的演进之路、云计算架构、云计算部署模式、云计算关键技术以及云计算在金融中的应用。

1.2.1 云计算的定义和特点

云计算（Cloud Computing）这一概念正式提出于 2006 年，是由分布式计算（Distributed Computing）、并行处理（Parallel Processing）、网格计算（Grid Computing）发展而来的，是一种新兴的商业计算模型。它通过融合、演进虚拟化、效用计算等概念，形成全新的、有生命力的计算场景。

狭义的云计算是指 IT 基础设施的交付和使用模式，即通过网络以按需、易扩展的方式获得所需资源（如硬件、平台、软件）。提供资源的网络被称为“云”，“云”中的资源在使用者看来是可以无限扩展的，并且可以随时获取，按需使用，随时扩展，按用量付费。这种特性常被形容成像使用水和电一样使用 IT 基础设施。

广义的云计算是指厂商通过建立网络服务器集群，为各种不同类型的客户提供在线软件服务、硬件租借、数据存储、计算分析等不同类型的服务。广义的云计算包括更多的厂商和服务类型，例如用友、金蝶等管理软件厂商推出的在线财务软件，谷歌（Google）发布的谷歌应用程序套装等。

通俗的解释是，云计算中的“云”就是存在于互联网的服务器集群上的资源，它包括硬件资源[如服务器、存储器、CPU（Central Processing Unit，中央处理器）等]和软件资源[如应用软件、集成开发环境（Integrated Development Environment，IDE）等]。本地计算机只需要通过互联网发送一个需求信息，远端就会有成千上万的计算机为其提供需要的资源并将结果返回给本地计算机。这样，本地计算机几乎不需要做什么，所有的处理都由云计算提供商所提供的服务器集群来完成。

云计算的特点具体如下。

（1）超大规模

通常，云计算中心具有相当大的规模，很多云计算提供商的服务器数量达到了几十万、几百万的级别。“云”整合这些数量庞大的服务器集群，为用户提供前所未有的存储能力和计算能力。

（2）虚拟化

云计算通过抽象处理过程，对用户屏蔽了处理的复杂性。对用户来说，他们仅知道服务在正常工作，并不知道资源是如何使用的。

（3）高可靠性

“云”使用了数据多副本容错、计算节点同构可互换等措施来保障服务的高可靠性，使用云计算通常比使用本地计算机可靠。

（4）通用性

云计算不针对特定的应用，在“云”的支撑下可以构造出千变万化的应用，同一个“云”可以同时支撑不同的应用运行。

（5）高可扩展性

在云计算中，物理或虚拟资源能够快速地水平扩展，具有强大的弹性。通过自动化供应，可以达到快速增减资源的目的；通过网络，可随时随地获得无限多的物理或虚拟资源。

（6）按需服务

云计算服务通过可计量的服务交付来监控用户服务使用情况并计费。云计算为用户带来的主要价值是将用户从低工作效率和低资产利用率的业务模式中带离出来，进入高效模式。

（7）低成本

通过“云”的特殊容错措施可以采用低成本的节点来构成“云”，“云”的自动化集中式管理使大量企业无须负担日益高昂的数据中心管理成本，并且其通用性使资源的利用率较之传统系统有大幅提升，因此用户可以充分享受“云”的低成本优势，通常只需花费几百美元、几天时间就能完成以前需要数万美元、数月时间才能完成的任务。

1.2.2　云计算的演进之路

云计算是一种基于互联网的计算方式，它通过网络将大量的计算资源汇聚在一起，供用户按需使用。云计算的发展历史可以追溯到 1956 年虚拟化技术的正式提出，随着互联网技术的发展和应用，云计算得到了广泛的关注和应用。

20 世纪 90 年代后期，互联网技术开始快速发展，互联网应用程序的用户数量不断增加。为了满足这些应用程序的需求，人们开始寻求一种新的计算模式，以提高计算资源的利用率和灵活性，这种新的计算模式被称为网格计算。网格计算是一种将分散的计算资源汇聚在一起，提供统一的计算服务的技术。它的核心思想是将计算资源虚拟化，使得用户可以像使用电一样使用计算资源。网格计算的发展为云计算的出现奠定了基础。

2006 年，亚马逊（Amazon）推出了 AWS（Amazon Web Services，亚马逊云科技）服务，这是云计算历史上的一个里程碑。AWS 是一种基于公有云的计算服务，它通过虚拟化技术将大量的计算资源汇聚在一起，供用户按需使用。AWS 提供 IaaS（Infrastructure as a Service，基础设施即服务）、PaaS（Platform as a Service，平台即服务）和 SaaS（Software as a Service，软件即服务）等多种服务，为用户提供高效、灵活的计算资源和服务。

2007 年，IBM 与 Google 合作推广云计算计划。近年来，IBM 云不断演进，推出了基于公有云和混合云的 IBM Cloud 服务，涵盖了 IaaS、PaaS 和 SaaS 等多种云计算模式。IBM Cloud 的推出，进一步丰富了云计算服务的类型和功能。

2008 年，微软（Microsoft）推出了 Azure 服务，这是一种基于公有云的计算服务。它提供了灵活的云计算解决方案，包括虚拟机、数据存储、数据库和应用程序开发等服务。Azure 的推出，进一步促进了云计算的发展。

2012 年，谷歌正式推出了 GCP（Google Cloud Platform，谷歌云平台）服务，这是一种基于公有云的 IaaS 和 PaaS。它提供了虚拟机、数据存储、数据库、人工智能和机器学习等服务。GCP 的推出，进一步推动了云计算技术的创新和应用。

云计算技术在我国同样得到了快速发展，处于第一梯队的是阿里巴巴。作为电商平台，线上购物的飞速发展让阿里巴巴收入剧增的同时也带来系统性能瓶颈，因此必须颠覆传统的体系架构。阿里云最初的发展缘于王坚的领导，以及马云对云计算事业的支持。2012 年，阿里云独立成立事业群，2018 年升级为阿里云智能，目前阿里云已成为整个阿里巴巴的中坚力量，为全球超过 400 万用户提供云服务。

1.2.3　云计算架构

如图 1-3 所示，云计算架构划分为基础设施即服务层、平台即服务层和软件即服务层，各层对应的英文名称分别为 IaaS、PaaS 和 SaaS。在这三个层次之上，为了确保云计算服务的有效运营和用户满意度，还需要增加一系列的管理和服务功能，包括用户管理、服务管理、订阅管理、计费、监控以及服务级别协议（SLA）管理等。

1. 基础设施即服务层

基础设施即服务层的作用是给上面的中间件层（即 PaaS）或者用户准备其所需的计算资源和

存储资源等，如服务器、网络设备、存储设备等，将这些物理设备，通过虚拟化层采用的相应技术形成动态资源池。

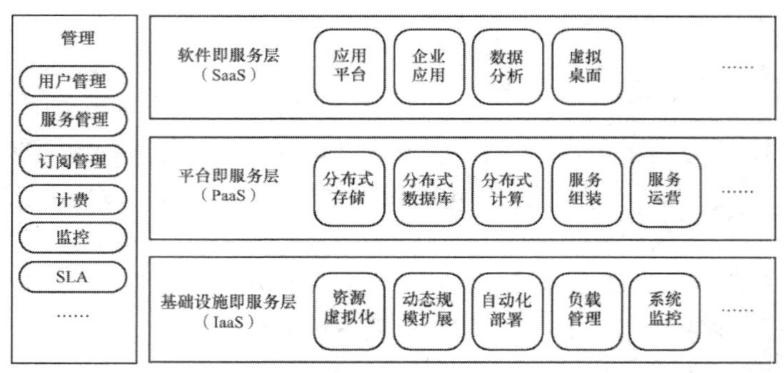

图 1-3　云计算架构

2. 平台即服务层

平台即服务层把软件开发环境当作服务提供给用户。平台即服务层主要为应用程序开发者而设计，把分布式软件开发、测试、部署、运行环境以及复杂的应用程序托管当作服务，使得开发者可以从复杂、低效的环境搭建、配置和维护工作中“解放”出来，将精力集中在软件编写上，从而大大提高软件开发的效率。平台即服务层是整个云计算架构的核心层，包括并行程序设计和开发环境。这层是承上启下的，它在下面的基础设施即服务层所提供的资源的基础上提供多种服务，比如缓存服务和 REST（Representational State Transfer，描述性状态迁移）服务等，而且这些服务既可用于支撑显示层，也可以直接让用户调用。

3. 软件即服务层

用户只需要支付一定的租赁费用，就可以通过互联网享受到相应的服务，而且整个系统的维护也由服务商负责，用户不必再购买软硬件、建设机房及配备维护人员。大多数数据中心云计算架构的软件即服务层主要用于以友好的方式展现用户所需的内容和服务，并利用下面中间件层提供的多种服务。SaaS 模式大大降低了软件，尤其是大型软件的使用成本，并且由于软件是托管在服务商的服务器上，减少了客户的管理和维护成本，可靠性也更高。

用“房子”来做个简单的比喻，以便读者理解 IaaS、PaaS 和 SaaS。IaaS 相当于毛坯房，由专业的建筑商负责建造，并以商品的形式向人们出售。房子如何使用，完全由购买者自己决定，屋内的装修、家居也可以自己做主。作为一种云计算服务产品，IaaS 支持用户访问服务器、网络设备、存储设备等计算资源，用户可以在服务商的基础架构中使用自己的平台和应用。PaaS 相当于房屋租赁，房子用途会被不同的条件所限制，屋内的装修、家居都由建筑商负责。作为一种云计算服务，PaaS 能够提供运算平台与解决方案服务，服务商支持用户访问基于云的环境，而用户可以在其中构建和交付应用。SaaS 则相当于入住酒店，用户只需要办理“拎包入住”的流程即可，完全不用操心房屋的维护与管理，甚至还能对不同装修风格和价位的房屋进行随意选择。作为一种软件交付模式，SaaS 仅需通过互联网服务用户，用户无须安装即可使用。

1.2.4　云计算部署模式

按照部署模式的不同，云计算可以被分为三大类：公有云（Public Cloud）、私有云（Private Cloud）和混合云（Hybrid Cloud）。这 3 种部署模式构成了云基础设施构建和消费的基础。

1. 公有云

公有云是指云服务商部署 IT 基础设施并进行运营、维护，将基础设施所承载的标准化、无差别的 IT 资源提供给公众客户的服务模式。公有云的核心特征是基础设施所有权属于云服务商，云端资源向社会大众开放，符合条件的任何个人或组织都可以租赁并使用云端资源，且无须进行底层设施的运维。公有云的优势是成本较低、无须维护、使用便捷且易于扩展，能满足个人用户、互联网企业等大部分客户的需求。

2. 私有云

私有云是指云服务商为单一客户构建 IT 基础设施，相应的 IT 资源仅供该客户内部员工使用的产品交付模式。私有云的核心特征是云端资源仅供某一客户使用，其他客户无权访问。由于私有云模式下的基础设施与外部分离，因此数据的安全性、隐私性相比公有云更强，可满足政府机关、金融机构以及其他对数据安全要求较高的客户的需求。

私有云的部署场所可以是组织内部，也可以是外部。所以，私有云有以下两种实现方式。

（1）内部（On Premise）私有云：也被称为内部云，由组织在自己的数据中心内构建。该实现方式在规模和资源的可扩展性上有局限，但是有利于云服务管理流程标准化并增强安全性。组织依然要为物理资源承担资金成本和维护成本。这种实现方式适合那些需要对应用、平台配置和安全机制实现完全控制的机构。

（2）外部（Off Premise）私有云：部署在组织外部，由第三方机构负责管理。第三方机构为组织提供专用的云环境，并保证隐私性和机密性。该实现方式相对内部私有云成本更低，也更便于扩展业务规模。

3. 混合云

混合云是指用户同时使用公有云和私有云的模式。一方面，用户在本地数据中心搭建私有云，处理大部分业务并存储核心数据；另一方面，用户通过网络获取公有云服务，满足峰值时期的 IT 资源需求。混合云能够在部署互联网应用并提供最佳性能的同时，兼顾私有云本地数据中心所具备的安全性和可靠性，可以更加灵活地根据各部门工作负载选择云计算部署模式，因此受到规模庞大、需求复杂的大型企业的广泛欢迎。

1.2.5　云计算关键技术

云计算运用了许多技术，其中以分布式并行编程模型、分布式数据存储、数据管理、虚拟化和云计算平台管理等技术最为关键。

1. 分布式并行编程模型

云计算采用了一种构思简洁的分布式并行编程模型 MapReduce。MapReduce 是一种编程模型和任务调度模型，主要用于数据集的并行运算和并行任务的调度处理。

2. 分布式数据存储

云计算采用分布式存储的方式存储数据，用冗余存储的方式保证数据的可靠性。冗余存储的方式通过任务分解和集群，用低配机器替代超级计算机的性能来保证低成本，这种方式可保证分布式数据的高可用、高可靠和经济性，即同一份数据存储多个副本。

3. 数据管理

云计算中的数据管理主要涉及谷歌的 Bigtable 技术和 Hadoop 团队开发的开源数据管理模块 HBase。

4. 虚拟化

虚拟化指计算元件在虚拟的基础上而不是真实的基础上运行，它可以扩大硬件的容量，简化软件的重新配置过程，减少虚拟机相关开销，支持更多的操作系统。

5. 云计算平台管理

云计算平台管理能够使大量的服务器协同工作，方便用户开通业务并进行业务部署，快速发现和修复系统故障。

1.2.6 云计算在金融中的应用

随着 IT 的飞速发展，云计算作为一种新兴的计算模式，在金融领域也展现出了巨大的潜力和优势。通过应用云计算技术，金融机构可以提高服务效率和质量、降低运营成本和维护成本、增强风险管理能力、拓展创新业务机会等。然而，在应用云计算技术的过程中，金融机构也需要关注数据安全、隐私保护、标准化和规范化等方面的问题。未来随着云计算技术的不断发展和完善，以及金融行业对云计算应用的深入理解和探索，相信云计算将在金融领域发挥更大的作用。

1. 金融服务云

金融服务云是云计算在金融领域的重要应用之一。通过构建金融服务云平台，金融机构可以整合各种金融服务（如网上银行、手机银行、支付结算等），实现服务的统一管理和调度。这样不仅可以提高服务效率和质量，还可以降低运营成本和维护成本。

2. 交易处理与结算

在传统的金融交易中，处理速度是至关重要的。然而，在高频交易等场景下，传统基础设施可能无法满足实时性和可扩展性需求。借助云计算技术，金融机构可以利用云计算平台的弹性资源来提高交易处理的速度和可靠性。云计算提供了分布式计算和并行处理能力，使得金融机构能够更快地执行交易，减少延迟。此外，云计算还可以加快结算过程，通过使用智能合约等技术，金融机构可以实现自动化结算，减少人为错误的发生。

3. 风险管理

风险管理是金融机构的核心业务之一。云计算平台可以通过构建风险管理模型，实现对金融风险的实时监控和预警。通过云计算，金融机构可以实时监测市场情况、交易数据，以及其他相关信息，从而更准确地评估风险。此外，云计算平台还能够提供强大的数据分析工具和模型来预测潜在的风险，并为决策者提供相应建议。

4. 创新业务

云计算平台为金融机构提供了丰富的创新业务机会。例如，通过云计算平台，金融机构可以开展互联网金融、移动支付等新兴业务，拓展服务渠道和收入来源。此外，云计算平台还可以支持金融机构开展跨行业合作和创新，推动金融行业的转型和升级。

1.3 金融与区块链

近年来，区块链成了一个热门话题。那么，区块链究竟是什么呢？区块链技术可以提供去中心化的交易和结算机制，消除了传统金融中的中介环节，降低了交易成本和风险。金融机构可以利用区块链技术构建安全、透明的交易平台，实现快速、便捷的资金转移和结算。本节将带领读者揭开区块链的神秘面纱，探究区块链和比特币的关系、区块链的基本概念和工作原理、区块链的主要特征以及区块链在金融中的应用，看看区块链究竟是何物。

1.3.1　区块链和比特币的关系

区块链（Blockchain）技术的诞生、发展离不开比特币，只要谈及区块链，比特币就是始终绕不开的话题。因为比特币以区块链技术为底层技术，是基于区块链而诞生的，并且比特币的发展也源于区块链的造势，而源自比特币的区块链技术，能被世人广为熟知又得归功于比特币。需要注意的是，在我国，比特币不能作为货币在市场上流通。

（1）区块链是为比特币而生的。中本聪本意是想创建一套“基于密码学原理而不基于信用，使得任何达成一致的双方能够直接进行支付，不需要第三方金融机构参与”的支付系统。比特币本质上是一种新的支付手段，它的创新核心在于依靠密码学去除支付交易对中心机构的依赖，即不再需要中心机构负责账户开立、交易审核、账户余额变动记录等，实现了用户与用户之间点对点的直接交易。

（2）比特币系统是一个去中心化的区块链账本。在比特币系统中，其实最重要的并不是“币”的概念，而是一个没有中心机构的“账本”的概念，“币”只是在这个账本上使用的记账单位。我们可以理解为，比特币系统本质上就是一个基于互联网的去中心化账本，而区块链就是这个账本的名字。

（3）比特币的区块链技术并不等于区块链技术。比特币的区块链毕竟只是为比特币体系的设计而定制的，因此，比特币的区块链技术并不等于区块链技术。除了应用于比特币外，区块链技术还可以有多种形态、体系和规格等。

简单理解，区块链是一种网络上多人记录的公共记账技术，可以记载所有交易记录。也就是说，以前你家的账本都是一个人掌管，现在，为了防止记账人贪污，每个人都用一个账本来记账、对账，作弊的情况就减少了，每个人记录的账本就是区块，所有的账本就形成区块链。区块链技术可以被想象成一个去中心化、超级安全的数据库，是利用去中心化的方式集体维护一本数据簿的可靠性技术方案。它融合了分布式架构、P2P 网络协议、加密算法、数据验证、共识算法、身份认证、智能合约等技术，可以解决中心化模式存在的安全性低、可靠性差等问题。虽然区块链无法保证百分之百的安全性，但是和当前的数据安全技术相比，区块链是一个巨大飞跃。和集中式数据库不同的是，区块链不会出现单点故障。

1.3.2　区块链的基本概念和工作原理

区块链是一种去中心化的分布式账本技术，它使用密码学方法保证了数据交换和记录的安全性和可信度。区块链以区块的形式记录和存储交易数据，通过连接多个区块来组成一个链式结构，并利用共识算法来确保每个节点都有相同的记录。这样就可以避免中心机构的单点故障和审查，同时保证了数据的不可篡改性和可追溯性。

区块链主要由以下几个部分组成。

（1）区块：每个区块包含一定数量的交易记录和一个哈希值，它们按顺序连接成区块链。

（2）节点：每个节点都是网络上的一台计算机，它们通过互联网连接起来并共同维护整个区块链。

（3）共识算法：共识算法是一种用于决定哪个节点可以添加新区块到区块链中的规则。比特币使用的共识算法是工作量证明（Proof of Work，PoW）。以太坊等其他区块链则采用了不同的共识算法。

（4）加密技术：加密技术是区块链安全性的基础，它包括公钥密码学、哈希函数、数字签名等。

区块链的目的是构建一套可信任的价值传递体系。那么其工作原理是什么呢？下面通过一个案例和图解进行说明。区块链的工作原理如图 1-4 所示。

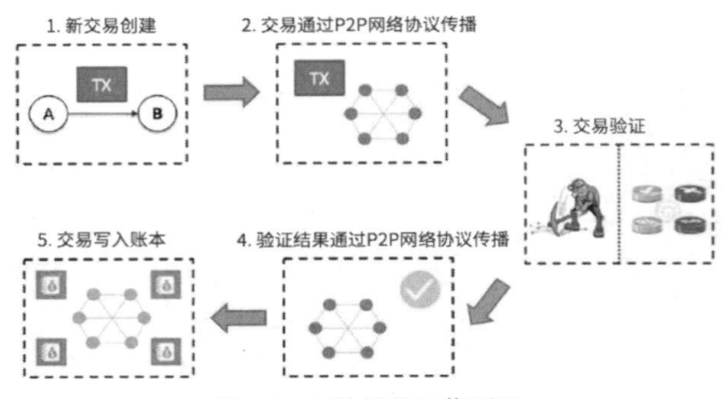

图 1-4　区块链的工作原理

A 和 B 进行一次交易，A 首先发起一个交易请求（生成一个新的区块），然后通过 P2P 网络协议传播给网络中的所有人。网络中的验证者对交易进行验证，确保交易的合法性，这些验证可能包括检查交易的签名、确认交易双方的账户余额等。验证结果通过 P2P 网络协议传播，确保所有人都能同步更新。只有当这些验证都通过后，这个新区块才会被添加到区块链上，即写入到分布式账本中。同时，所有人都可以在区块链（分布式账本）上查询到全部的交易记录。

当然，如果有人想要篡改区块链中的某一个记录，需要攻破整个区块链系统中超过 51%的节点才能实现，这种高难度的事情几乎无人可以做到。

1.3.3　区块链的主要特征

区块链的主要特征如下。

1. 去中心化

传统的记账模式中只有一个人记账，记账的那个人就是中心。现在每个人一个账本，所以也就没有中心了。用学术的说法，区块链分布式存储数据，没有中心对其进行管理，某个节点受到攻击和篡改不会影响整个网络的健康运作，如图 1-5 所示。

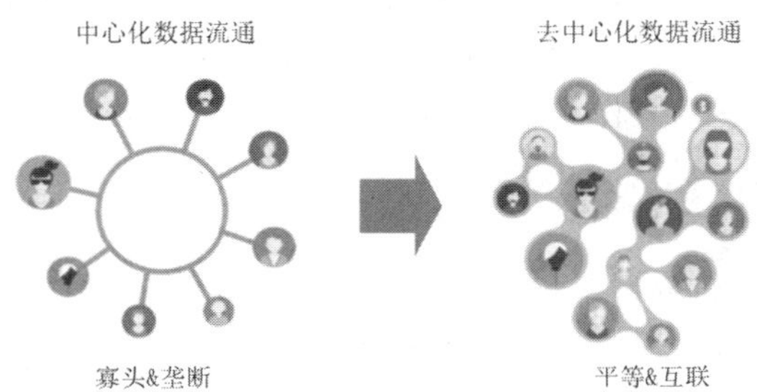

图 1-5　去中心化的数据流通

2. 开放性

系统是开放的，除了交易各方的私有信息被加密外，区块链的数据对所有人公开，任何人都可以通过公开的接口查询区块链数据和开发相关应用，因此整个系统信息高度透明。

3. 自治性

区块链基于协商一致的规范和协议，使得整个系统中的所有节点能够在去信任的环境中自由、安全地交换数据，让对“人”的信任变成了对机器的信任，任何人为的干预都不起作用。

4. 信息不可篡改

一旦信息经过验证并添加至区块链，就会永久地存储起来，除非能够同时控制系统中超过 51%

的节点，否则在单个节点上对数据库进行修改是无效的，因此区块链的数据稳定性和可靠性极高。

5. 匿名性

由于节点之间的交换遵循固定的算法，其数据交互是无须信任的（区块链中的程序规则会自行判断活动是否有效），因此交易对手无须通过公开身份的方式让对方对自己产生信任，这对信用的累积非常有帮助。

1.3.4　区块链在金融中的应用

区块链技术作为数字时代的创新产物，正逐渐渗透到金融领域的各个角落，为传统金融模式带来重大变革。它凭借去中心化、数据不可篡改等特征，为金融行业带来了巨大的机会和挑战。区块链技术不仅优化了金融交易流程，提高了交易效率，还为金融机构提供了更强大的风险管理工具和创新业务机会。

1. 去中心化交易平台

在传统的数字货币交易中，存在着中心化交易所的问题。交易所作为中介机构，存在着数据安全和隐私泄露的风险，而区块链技术的应用使得数字货币交易可以在去中心化的环境中进行，交易记录被保存在分布式账本中，实现了交易的安全性和透明性。参与者可以通过区块链浏览器查看任何交易，确保交易的公平和透明。交易记录不可更改，这也减少了交易中的篡改风险。此外，区块链技术还能为监管机构提供完整和可追溯的交易记录，提高了监管的透明性和监管效率。

2. 资产管理与智能合约

传统的资产管理过程中存在信息不对称和资产存在安全隐患的问题，而区块链技术的应用可以解决这些问题。通过将所有权和交易记录以分布式账本形式存储在区块链上，资产的溯源和交易记录的不可更改性得以实现，从而确保了资产管理的透明性和安全性。此外，区块链技术还能让资产转让更快捷，提高资产管理的效率。同时，通过智能合约的自动执行功能，可以实现融资流程的自动化和智能化，提高融资效率和降低融资风险。

3. 供应链金融

供应链金融是指金融机构通过对供应链中的各个环节进行风险评估和融资支持，帮助供应链上的企业实现资金的有效利用。区块链技术可以为供应链金融提供透明、可追溯的数据支持，确保融资过程中信息的真实性和可信度。

4. 征信与反欺诈

区块链技术可以实现数据的透明性和可追溯性，有助于建立更加真实和可信的征信体系。通过区块链技术，金融机构可以实时获取和验证企业和个人的信用信息，提高征信效率和准确性。同时，区块链技术还可以通过分析交易数据和行为模式来识别和预防欺诈行为，提高金融机构的反欺诈能力，这有助于维护金融市场的公平和诚信，保护投资者和消费者的权益。

5. 资产代币化

区块链技术可以将实物资产（如房地产、艺术品等）转化为数字代币，实现资产的代币化，这有助于提高资产的流动性和交易效率，降低交易成本。同时，资产代币化还可以为投资者提供更多元化的投资选择，促进资本市场的繁荣发展。

1.4　金融与大数据

工业时代源于工业革命，对能源资源的开发与利用使得工业时代创造了许多成就。信息生产、处理技术的高速发展带来了“第四次工业革命”，也就是信息革命。我们正处在以“大数据”为核心的新一轮信息革命浪潮中。随着大数据技术的不断发展，大数据技术在金融领域的应用也越来越广泛。首先，金融行业产生了大量的数据，包括交易数据、市场数据、客户数据等。大数据技术可以帮助金融机构有效地收集、存储和处理这些数据，从而提供更准确、全面的信息支持。本节将带领读者探究数据产生的历史、什么是大数据、大数据的特征、大数据的相关技术以及大数据在金融中的应用。

1.4.1 数据产生的历史

数据产生方式的变革促成“大数据时代”的来临，数据产生方式经历了被动产生、主动产生、自动产生这 3 个阶段，如图 1-6 所示。

1．被动产生：运营式系统阶段

数据库的出现使得数据管理的复杂度大大降低。实际上数据库大都为运营式系统所采用，并作为运营式系统的数据管理子系统，如超市的销售记录系统、银行的交易记录系统、医院的医疗记录系统等。人类社会产生的数据量第一次大的飞跃正是建立在运营式系统广泛使用数据库上的。这个阶段，即被动产生阶段最主要的特点是，数据往往伴随着一定的运营活动而产生，并记录在数据库中，比如超市每销售出一件产品就会在数据库中产生一条销售记录。这种数据的产生方式是被动的。

2．主动产生：用户生成内容阶段

互联网的诞生促使人类社会产生的数据量出现第二次大的飞跃。但是真正的数据爆发产生于“Web 2.0 时代”，而 Web 2.0 的重要标志就是用户生成内容（User Generated Content，UGC）。这类数据近几年一直呈现爆炸性增长，主要有两个方面的原因。首先，以博客、微博为代表的社交网络的出现和快速发展，使得用户产生数据的意愿更加强烈；其次，以智能手机、平板电脑为代表的移动设备出现，这些易携带、全天候接入网络的移动设备使得人们在网上发表自己的意见更为便捷。这个阶段，即主动产生阶段的数据产生方式是主动的。

3．自动产生：感知式系统阶段

人类社会产生的数据量第三次大的飞跃最终导致了大数据的产生，今天我们正处于自动产生阶段。这次飞跃的根本原因在于感知式系统的广泛使用。随着技术的发展，人们已经有能力制造极其微小的带有处理功能的传感器，并开始将这些设备广泛布置于社会的各个角落，通过这些设备来对整个社会的运转进行监控。这些设备会源源不断地产生新数据，这种数据的产生方式是自动的。

简单来说，数据产生经历了被动、主动和自动。这些被动、主动和自动产生的数据共同构成了大数据的数据来源，但其中自动产生的数据才是大数据产生的根本原因。

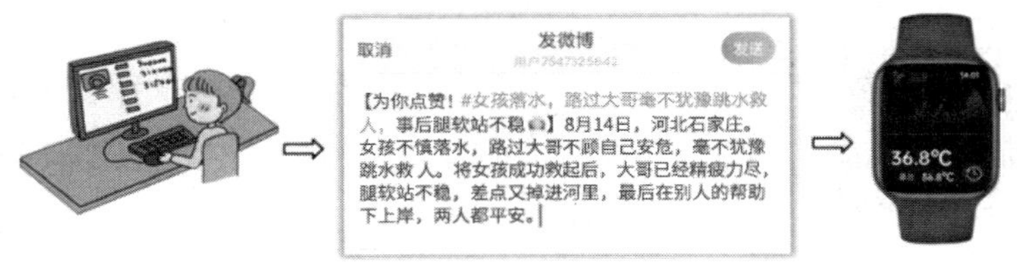

运营式系统阶段　　用户生成内容阶段　　感知式系统阶段

图 1-6　数据产生方式的变革

1.4.2　什么是大数据

移动互联网、物联网、云计算的快速兴起，以及移动智能终端的快速发展，使当前数据增长的速度比人类社会以往任何时候都要快。数据规模越来越大，内容越来越复杂，更新速度越来越快，数据特征的演化和发展催生出一个新的概念——大数据。

何谓大数据，目前业界还没有公认的说法。麦肯锡全球研究院综合“现有技术无法处理”和“数据特征”定义，认为大数据是指大小超过经典数据库软件工具收集、存储、管理和分析能力的数据集，这一定义是站在经典数据库处理能力的基础上看待大数据的。美国国家标准和技术协会（National Institute of Standards and Technology，NIST）定义大数据是具有规模巨大、种类繁多、增长速度快和变化频繁的特征，且需要一个可扩展体系结构来有效存储、处理和分析的广泛的数据集。在维基百科中，大数据指的是需要处理的资料规模巨大，无法在合理时间内，通过当前主流的软件工具抓取、管理、处理并整理的资料，它成为帮助企业经营决策的资讯。Gartner Group（高德纳咨询公司）是全球权威的 IT 研究与顾问咨询公司，它提出大数据是大容量、高速增长、种类繁多的信息资产，需要具有成本效益的创新信息处理形式，以增强洞察力以及决策制定和流程自动化。

从上述大数据的定义看，对大数据的定义界定各有各的看法。“大数据”这一提法具有明显的时代相对性，今天的大数据在未来可能就不一定是大数据，从业界普遍水平看是大数据，但对一些领先者来说或许已经不是大数据了。

狭义的大数据，主要是指大数据的相关关键技术及其在各个领域中的应用，是指从各种类型的数据中，快速地获得有价值的信息的能力。一方面，狭义的大数据反映的是数据规模非常大，是大到无法在一定时间内用一般性的常规软件工具对其内容进行抓取、管理和处理的数据集合；另一方面，狭义的大数据主要是指海量数据的获取、存储、管理、计算分析、挖掘与应用的全新技术体系。

广义上讲，大数据包括大数据技术、大数据工程、大数据科学和大数据应用等与大数据相关的领域，即除了狭义的大数据之外，还包括大数据工程和大数据科学等。大数据工程，是指大数据的规划、建设、运营、管理的系统工程；大数据科学，主要关注大数据网络发展和在运营过程中发现和验证大数据的规律及其与自然和社会活动之间的关系。

1.4.3　大数据的特征

大数据的 5V 特征是指 Volume（规模性）、Velocity（高速性）、Variety（多样性）、Veracity（真实性）和 Value（价值性）。这些特征是大数据的核心属性，描述了大数据的规模、处理速度、类型、质量和价值，如图 1-7 所示。

1. 规模性

大数据的一个特征就是“数据量大”。大数据的数据量是惊人的，随着技术的发展，数据量开始爆发性增长，达到 TB 级甚至 PB 级别。例如，淘宝网平常每天的商品交易数据约 20TB（1TB=1024GB）。大数据如此庞大的数据量，是无法通过人工处理的，需要智能的算法、强大的数据处理平台和新的数据处理技术来处理。

2. 高速性

数据产生和更新的频率也是衡量大数据的一个重要特征。1 秒定律，这是大数据与传统数据挖掘相区别的最显著特征之一。大数据要求处理数据的速度非常快，在秒级时间范围内给出分析结果，这一点和传统的数据挖掘技术有着本质的不同。例如全国用户每天产生和更新的微博、微信和股票信息等数据，这些数据量巨大且随时都在传输，这就要求处理数据的速度必须要快，以满足实时分析和决策的需求。

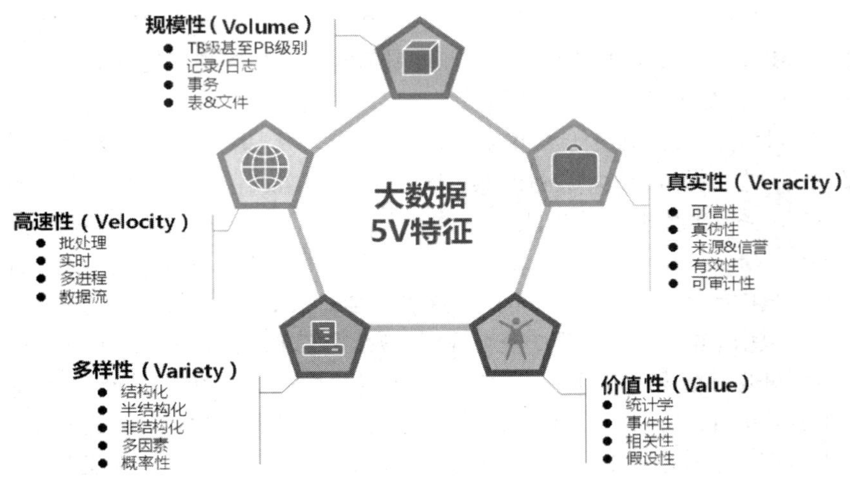

图 1-7　大数据 5V 特征

3. 多样性

除了传统的销售、库存等数据外，现在企业所采集和分析的数据还包括网站日志数据、呼叫中心通话记录、社交媒体中的文本数据，智能手机中内置的 GPS（Global Positioning System，全球定位系统）所产生的位置信息、时刻生成的传感器数据等。大数据广泛的数据来源，决定了大数据形式的多样性。大数据大体上可以分为三类，分别是结构化数据、非结构化数据、半结构化数据。结构化数据的特点是数据间因果关系强，比如信息管理系统数据、医疗系统数据等；非结构化数据的特点是数据间没有因果关系，比如音频、图片、视频等；半结构化数据的特点是数据间的因果关系弱，比如网页数据、电子邮件记录等。

4. 真实性

真实性是指数据的质量和保真性。大数据中可能存在着大量的噪声、错误和不准确的数据。在处理大数据时，需要对数据进行清洗、验证和校正，以确保数据的真实性。

5. 价值性

大数据被喻为 21 世纪的“钻石矿”，价值性是大数据最重要的特征之一。现实中，大量的数据是无效或者低价值的，大数据最大的价值在于从大量不相关的各种类型的数据中，挖掘出对未来趋势与模式预测分析有价值的数据。比如，针对某电商平台每天产生的大量交易数据（大数据），通过一些算法可以分析出具有某些特征的人喜欢什么类型的商品，然后根据客户的特征，为其推荐喜欢的商品。

1.4.4　大数据的相关技术

大数据技术，就是从各种类型的数据中快速获取有价值信息的技术。大数据领域已经涌现出了大量新的技术，它们成为大数据采集、存储、处理和呈现的有力工具。大数据的相关技术一般包括大数据采集、大数据准备、大数据存储、大数据分析与挖掘以及大数据可视化等，如图 1-8 所示。

1. 大数据采集

大数据采集是指通过 RFID 射频识别技术、传感器、视频摄像头（及其记录的历史视频）、社交网络交互以及移动互联网等方式，获取各种类型的结构化、半结构化（或称弱结构化）及非结构化的海量数据。大数据采集是大数据知识服务体系的根本。大数据采集一般可分为大数据智能感知层和大数据基础支撑层。大数据智能感知层主要包括数据传感体系、网络通信体系、传感适配体系、智能识别体系及软硬件资源接入系统，实现对结构化、半结构化和非结构化的海量数据的智能识别、定位、跟踪、接入、传输、信号转换、监控、初步处理和管理等，需要着重攻克针对数据源的智能识别、感知、适配、传输、接入等技术。大数据基础支撑层提供大数据服务平台所需的虚拟服务器，以及结构化、半结构化、非结构化数据的数据库以及物联网资源等基础支撑环境，需要重点攻克分布式虚拟存储技术，大数据获取、存储、组织、分析和决策操作的可视化接口技术，大数据的网络传输与压缩技术，大数据隐私保护技术等。大数据采集主要包括系统日志采集、网络数据采集、数据库采集和其他数据采集。

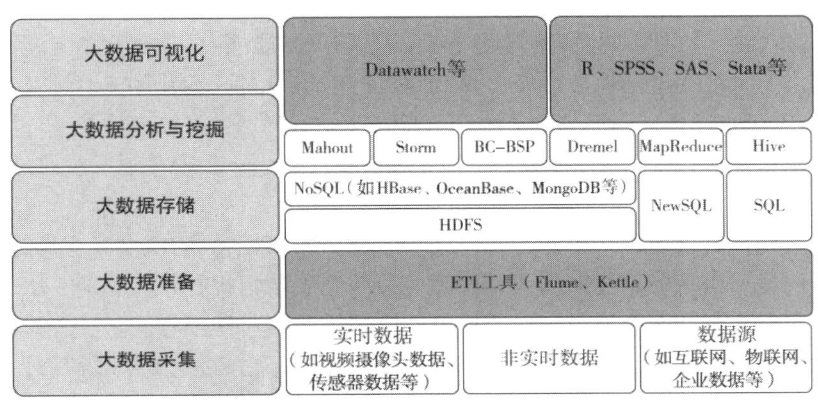

图 1-8　大数据的相关技术

2. 大数据准备

大数据准备主要是完成对数据的抽取、转换和装载等操作。因获取的数据可能具有多种结构和类型，数据抽取过程可以帮助用户将这些复杂的数据转化为单一的或者便于处理的结构，以达到快速分析、处理的目的。目前主要的 ETL（Extract Transformation Load，抽取、转换、装载）工具是 Flume 和 Kettle。Flume 是 Cloudera 提供的一个高可用、高可靠、分布式的海量日志采集、聚合和传输系统；Kettle 是一款国外开源的 ETL 工具，由 Java 编写，可以在 Windows、Linux 和 UNIX 上运行，数据抽取高效且稳定。

3. 大数据存储

大数据对存储管理技术的挑战主要在于可扩展性。首先是容量上的可扩展，要求底层存储架构和文件系统以低成本方式及时、按需扩展存储空间。其次是数据格式可扩展，满足各种非结构化数据的管理需求。传统的关系数据库管理系统（Relational Database Management System，RDBMS）为了满足强一致性的要求，影响了并发性能的发挥，而采用结构化数据表的存储方式，对非结构化数据进行管理时又缺乏灵活性。目前，主要的大数据存储工具包括：HDFS（Hadoop Distributed File System，Hadoop 分布式文件系统），是 Hadoop 体系中数据存储管理的基础；NoSQL，泛指非关系数据库，可以处理超大量的数据；NewSQL 是对各种新的可扩展/高性能数据库的简称，这类数据库不仅具有 NoSQL 对海量数据的存储管理能力，还保持了传统数据库支持的 ACID（Atomicity, Consistency,Isolation,Durability，原子性、一致性、隔离性、持久性）和 SQL（Structure Query Language，结构查询语言）等特性。主要的 NoSQL 数据库包括：HBase 是一个针对结构化数据的可伸缩、高可靠、高性能、分布式和面向列的动态模式数据库；OceanBase 是一个支持海量数据的高性能分布式数据库系统，实现了在数千亿条记录、数百 TB 数据上的跨行跨表事务；MongoDB 是用于组织存储的数据库。

4. 大数据分析与挖掘

大数据分析与挖掘是基于商业目的收集、整理、加工和分析数据，提炼有价值的信息的过程。数据分析是指通过分析手段、方法和技巧对准备好的数据进行探索、分析，从中发现因果关系、内部联系和业务规律，为商业目标提供决策参考。目前主要的大数据计算与分析软件包括：Datawatch，是一款用于实时数据处理、数据可视化和大数据分析的软件；Stata 是一款功能强大的数据分析、数据管理以及专业图表绘制的统计软件；MATLAB 是一款商业数学软件，一种用于算法开发、数据可视化、数据分析以及数值计算的高级计算语言和交互式环境；SPSS 即“统计产品与服务解决方案”软件，是 IBM 公司推出的一系列用于统计分析运算、数据挖掘、预测分析和决策支持任务的软件产品及相关服务的总称；SAS 是一个功能强大的数据库整合平台，可进行数据库集成、序列查询和序列处理等工作；Storm 是一个分布式的、容错的实时计算系统；Hive 是建立在 Hadoop 基础上的数据仓库架构，它为数据仓库的管理提供了许多功能，包括数据 ETL 工具、数据存储和管理以及对大型数据集的查询和分析能力。此外，还有 R、BC-BSP、Dremel 等计算和分析工具。

数据挖掘就是从大量的、不完全的、有噪声的、模糊的和随机的由实际应用产生的数据中，提取隐含在其中但又有用的信息和知识的过程。目前主要的数据挖掘工具有：Mahout，一个用于机器学习和数据挖掘的分布式框架，区别于其他的开源数据挖掘软件，它是基于 Hadoop 的；R 是属于 GNU 系统的一个自由、免费、源码开放的软件，它是一个用于统计计算和统计制图等的优秀工具。此外，Datawatch、MATLAB、SPSS、SAS 和 Stata 等都有着强大的数据挖掘功能。其中，Datawatch 桌面允许用户访问、抽取任何数据信息并将其转换为实时数据，以便显示、分析并与其他用户以及系统分享。企业用户可以在 Datawatch 桌面上打开报告或文件，即点即选，数据立即就能提取出来。Datawatch 系统创建了可复用模型，定义了数据到行和列的转换，仅需一次单击动作，用户就能将最新的数据集显示于仪表板上，并开始可视化数据挖掘工作。

5. 大数据可视化

大数据可视化技术可以提供更为清晰、直观的数据表现形式，将错综复杂的数据和数据之间的关系，通过图片、映射关系或表格，以简单、友好、易用的图形化、智能化的形式呈现给用户，供其分析使用。可视化是人们理解复杂现象、解释复杂数据的重要手段和途径，可通过数据访问接口或商业智能门户实现，以直观的方式表达出来。可视化与可视化分析通过交互可视界面来进行分析、推理和决策，可从海量、动态、不确定甚至相冲突的数据中整合信息，获取对复杂情景的更深层的理解，供人们检验已有预测、探索未知信息，同时提供快速、可检验、易理解的评估和更有效的交流手段。目前，Datawatch、MATLAB、SPSS、SAS、Stata 等都有数据可视化功能，其中 Datawatch 是数据可视化方面最流行的软件之一。完整的可视化分析系统的一个基本要素是：具有处理大量多变量时间序列数据的能力。Datawatch Designer 可以提供一系列专业化的数据可视化方案，包括地平线图、堆栈图以及线形图等，让历史数据分析更简单、更高效。该软件能够连接传统的列导向和行导向的关系数据库，从而支持对大型数据集进行快速、有效的多维分析。Datawatch 提供了卓越的时间序列分析能力，是全球投资银行、对冲基金、自营交易公司以及交易用户必不可少的法宝。

1.4.5　大数据在金融中的应用

随着大数据技术的普及和发展，金融大数据应用已经成为行业趋势。大数据技术在金融中的应用，不仅提高了金融业务的效率和质量，还推动了金融产品和服务的创新。通过深入挖掘和分析数据资源，金融机构可以提高决策效率与准确性、促进业务创新与发展、增强风险管理能力等。

1. 客户分析与精准营销

金融行业拥有庞大的客户数据，包括客户基本信息、交易记录、风险偏好等。通过大数据技术，金融机构可以对这些数据进行深入挖掘和分析，从而更准确地了解客户的需求和行为模式。基于这些分析结果，金融机构可以制定更加精准的营销策略，提高客户满意度和忠诚度。

2. 风险管理与控制

金融行业面临着复杂多变的风险，如市场风险、信用风险、操作风险等。大数据技术可以帮助金融机构实现对风险数据的实时监控和预警，提高风险管理的及时性和准确性。同时，通过构建风险预测模型，金融机构还可以对潜在风险进行预测和评估，从而制定更加有效的风险控制措施。

3. 产品创新与设计

大数据技术为金融机构提供了丰富的数据资源和分析工具，有助于推动金融产品的创新与设计。通过对市场数据、客户数据等进行分析，金融机构可以了解市场趋势和客户需求，从而设计出更加符合市场需求和客户偏好的金融产品，提高市场竞争力。

4. 欺诈检测与预防

金融欺诈是金融行业中一个严重的问题，给金融机构和客户带来了巨大的损失。大数据技术可以通过分析交易数据、客户行为数据等，识别出异常交易和可疑行为，从而及时发现并预防金融欺诈，这不仅可以减少金融机构的损失，还可以提高客户的安全感和信任度。

5. 资产配置与投资组合优化

在投资领域，大数据技术可以帮助投资者实现资产配置和投资组合的优化。通过对历史数据、市场数据等进行分析，投资者可以了解不同资产的风险和收益特征，从而制定更加合理的投资策略。

1.5　金融与人工智能

万物皆可人工智能（Artificial Intelligence，AI）的时代已经到来，人工智能在金融行业中的应用也日益广泛。如果不想淹没在来势汹汹的人工智能浪潮里，墨守成规、故步自封显然是行不通的，你只能拥抱未来，提升认知，获得助力。但是，你真的了解人工智能吗？你知道人工智能是如何与金融碰撞迸发出火花的吗?你知道人工智能是如何从庞大的金融数据中产生价值的吗?本节将带领读者探究身边的人工智能、人工智能的概念、人工智能学派、人工智能关键技术以及人工智能在金融中的应用。

1.5.1　人工智能就在你身边

请抛开人工智能就是机器人的固有偏见。我们先来看一看，已经变成每个人生活的一部分的智能手机里到底藏着多少人工智能的“神奇魔术”，如图 1-9 所示。

下面看几个常见的智能手机上的人工智能应用场景。

1. 人脸解锁

拿起智能手机双击屏幕或点按电源键，屏幕就能解锁，超级方便。智能手机上的人脸解锁随着全屏智能手机的普及而普及，那么智能手机是如何准确地知道你是你的？这就要说到近些年深度学习在人脸识别上的突破，采用深度学习算法，目前人脸识别的准确率已经可以轻松超过 99%，甚至在一定程度上超过人类眼睛的准确率。

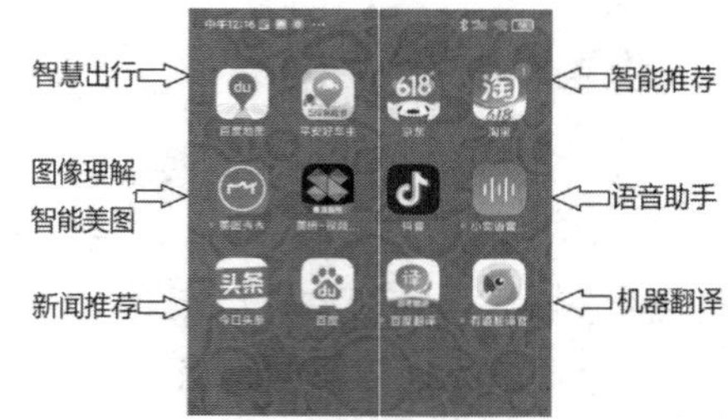

图 1-9　智能手机上的人工智能相关应用

2. 语音助手

语音助手是一款基于语音识别技术的应用，通过对话即时帮助用户解决问题。它让智能手机更智能，大大提高了效率和用户体验，它可以帮你做很多事，如下。

（1）信息搜索：通过互联网查找信息，比如时间和天气查询等。

（2）任务处理：设置闹钟、发送消息、播放音乐和视频、完成在线购物、协调智能家居等。

（3）信息收集：收集用户与智能设备交互的数据，如使用频率、常用功能等，以优化用户体验和设备性能。

（4）技能培训：通过与人工智能老师交谈来学习一门新的语言。

语音助手的实现过程相当复杂，不过简单来看大致包含 5 个过程：使用触发词“唤醒”语音助手，如“OK,Google”；设备记录音频并传输到云端；专用的“语音到文本”平台将语音转化成文本命令；自然语言处理（Natural Language Processing，NLP）技术会处理文本以确定所需的操作（如果命令操作需要进一步的搜索，系统将立即进行搜索）；“大脑”在云中构建相应的答案，并从语音样本数据库中检索最佳的输出词，形成句子向用户播放。

3. 聊天机器人

聊天机器人（Chatterbot）是一个基于自然语言处理技术，用来模拟人类对话或聊天的程序。研发者将网络流行的大量俏皮语言加入词库，当你发送的词组和句子被词库识别后，程序将通过算法把预先设定好的回复发送给你。而词库的丰富程度、回复的速度是聊天机器人能不能得到大众喜欢的重要因素。千篇一律的回答不能得到大众青睐，中规中矩的话语也不会引起人们共鸣。此外，只要程序启动，聊天机器人 24 小时在线随叫随到，堪称贴心之至。图 1-10 展示了一些常见的聊天机器人。

图 1-10　聊天机器人

4. 在线翻译

基于自然语言处理，机器学习的在线翻译工具功能较强、方便易用。比如谷歌翻译、必应翻译、有道翻译、巴比伦翻译等，其中后起之秀的谷歌翻译极具特色，同时极具代表性。谷歌翻译可提供主要语言之间的即时翻译；它可以提供其所支持的任意两种语言之间的互译，包括字词、句子、文本和网页翻译。另外，它还可以帮助用户阅读搜索结果、网页、电子邮件、视频字幕以及其他信息。

5. **相册分类**

目前，许多智能手机都有相册分类的功能，相册应用根据你拍摄的人物、建筑等物体，将图片自动归类到不同文件夹下，从而方便你查找。这项功能看似简单，其实大有玄机，它同样利用了深度学习在物体识别中取得的进展，智能手机相册自动识别被拍摄物体的特征并将其归类。例如 OPPO R11s 的相册应用，它基于骁龙神经处理引擎，利用人工智能识别不同的人物、建筑等，将图片归类到不同事物/场景下，从而方便用户查找。

1.5.2　人工智能的概念

综合各种不同的人工智能观点，可以从“能力”和“学科”两个方面对人工智能进行定义。从能力的角度看，人工智能是智能机器所执行的通常与人类智能有关的智能行为，如判断、推理、证明、识别、感知、理解、通信、设计、思考、规划、学习和问题求解等思维活动。从学科的角度看，人工智能是计算机科学中涉及研究、设计和应用智能机器的一个分支。它的近期目标是研究用机器来模拟和执行人脑的某些智力功能，并开发相关理论和技术。

那么，如何衡量机器是否具有智能呢？早在 1950 年，人工智能还没有作为一门学科正式出现之际，英国数学家图灵（Turing，1912—1954）就在他发表的一篇题为“Computing Machinery and Intelligence”的文章中提出了“机器智能思维”的观点，并提出了一种用来评估机器是否具备人类智能的经典测试方法，称之为图灵测试或图灵实验，如图 1-11 所示。

图 1-11　图灵测试

图灵测试是人工智能最初的概念，它甚至早于“人工智能”这个词本身，人工智能一词是在 1956 年才被提出的。图灵测试很简单，该实验的参加者包括一位测试主持人和两个被测试对象。其中，两个被测试对象中一个是人，另一个是机器。测试规则：测试主持人和每个被测试对象分别位于彼此看不见的房间中，相互之间只能通过计算机终端进行会话。测试开始后，由测试主持人向被测试对象提出各种具有智能性的问题，但不能询问被测试对象的物理特征，被测试对象在回答问题时，都应尽量使测试主持人相信自己是人，而另一个是机器。在这个前提下，要求测试主持人区分这两个被测试对象中哪个是人，哪个是机器。无论怎么更换测试主持人，如果都有超过 30%的测试主持人认为与自己对话的是人而不是机器，则认为该机器具有了智能。

1.5.3 人工智能学派

由于智能问题的复杂性，具有不同学科背景或不同研究应用领域的学者在从不同角度、用不同方法、沿着不同途径对人工智能本质进行探索的过程中逐渐形成了符号主义、连接主义和行为主义三大学派。

1. 符号主义

符号主义（Symbolicism）又称逻辑主义（Logicism）或心理学派（Psychologism），是基于物理符号系统假设和有限合理性原理的人工智能学派。该学派认为人工智能起源于数理逻辑。符号主义采用的是功能模拟方法，其代表性成果是 1956 年纽厄尔（Newell）和西蒙（Simon）等人研发的被称为逻辑理论机的数学定理证明程序 LT。LT 的成功说明了可以用计算机来研究人的思维过程，模拟人的智能活动。符号主义走过了“启发式算法→专家系统→知识工程”的发展道路，长期在人工智能中处于主导地位。

从理论上，符号主义认为：认知的基元是符号，认知过程就是符号运算过程；智能行为的充要条件是物理符号系统，人脑和计算机都是物理符号系统；智能的基础是知识，其核心是知识表示和知识推理；知识可用符号表示，也可用符号进行推理，因而可建立基于知识的人类智能和机器智能的统一理论体系。

从研究方法上，符号主义认为：人工智能的研究应该采用功能模拟的方法，即通过研究人类认知系统的功能和机理，用计算机进行模拟，从而实现人工智能。符号主义特别适合解决现实生活中的状态转换和逻辑推理问题。符号主义主张用逻辑方法来建立人工智能的统一理论体系，但却遇到了“常识”问题的障碍，以及不确知事物的知识表示和问题求解等难题，因此，受到了其他学派的批评与否定。

2. 连接主义

连接主义（Connectionism）又称仿生学派（Bionicsism）或生理学派（Physiologism），是基于神经网络及网络间的连接机制与学习算法的人工智能学派。连接主义认为人工智能起源于仿生学，特别是对人脑模型的研究。它的代表性成果是 1943 年由生理学家麦卡洛克（McCulloch）和数理逻辑学家皮茨（Pitts）创立的脑模型，即 MP 模型，该模型开创了用电子装置模仿人脑结构和功能的新途径。它从神经元开始进而研究神经网络模型和脑模型，开辟了人工智能的又一发展道路。连接主义学派从神经生理学和认知科学的研究成果出发，把人的智能归结为人脑的高层活动的结果，强调智能活动是由大量简单的单元通过复杂的相互连接后并行运行的结果。

3. 行为主义

行为主义（Actionism）又称进化主义（Evolutionism）或控制论学派（Cyberneticsism），是基于控制论和“感知—动作”控制系统的人工智能学派。行为主义认为人工智能起源于控制论，提出智能取决于感知和行为，即对外界复杂环境的适应，而不是依赖于符号的表示和推理过程。同时，行为主义学派采用的是行为模拟方法，即通过模拟生物或机器的行为来研究和实现人工智能，其代表性成果是布鲁克斯（Brooks）研制的机器虫。布鲁克斯认为，要求机器人像人一样去思考太困难了，但可以先制作一个机器虫，由机器虫慢慢进化为机器人。布鲁克斯成功研制了一个 6 足行走的机器虫实验系统。这个机器虫虽然不具有像人那样的推理、规划能力，但其应对复杂环境的能力却大大超过了原有的机器人，能够实现在自然环境下的灵活漫游。1991 年，布鲁克斯发表了一篇题为“Intelligence without Representation”（无表征智能）的论文，提出了基于行为（进化）的人工智能新途径，从而在人工智能界形成了行为主义这个新的学派。

1.5.4　人工智能关键技术

人工智能的关键技术涵盖了多个方面，其中主要包括以下几个方面。

1. 机器学习

机器学习（Machine Learning）是人工智能研究的分支和实现方法，其基本理念是利用数据让机器自行明确数据所蕴含的规律或者预测规则，从而获得较好的人工智能结果。

那么机器到底是如何学习的呢？机器学习是模拟人类学习的过程，可以分为 4 个阶段，如图 1-12 所示。通常，我们将收集的相关数据资源加工、整理为训练数据集后，作为机器的学习资源输入机器。随后，基于机器学习算法的机器犹如获取了有效学习方法的人类，能够通过数据找到规则，建立有效的数学模型，此时将相关问题转换成数据输入机器，数学模型就会根据已知的数据求解出未知的问题答案，将答案作为学习结果按照预定的形式输出。

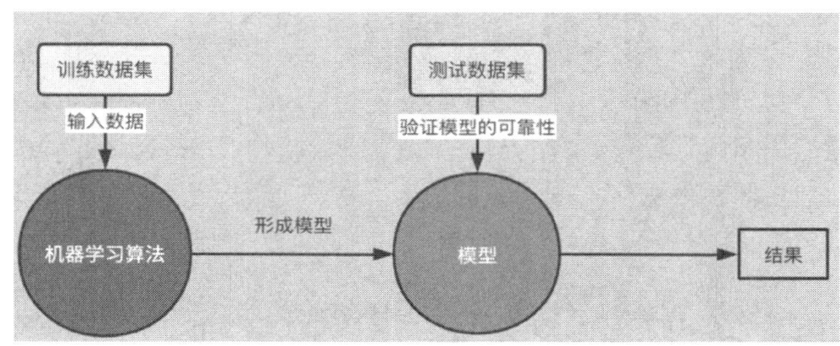

图 1-12　机器学习过程

简而言之，机器学习的实质就是人们不再总结规则并告诉机器，而是让机器自己从数据中总结规则，形成预测、分类等智能处理数据的能力。以识别图片中的动物为例，图 1-13 中包含几种动物，要让机器识别它们，首先要使用大量的图片数据对机器进行训练，这部分数据也称为训练数据，这些图片数据标记好了对应动物的名称，这样可以让机器将图片和对应的动物种类建立联系。对机器进行训练后，机器提取了不同动物的特征，建立了识别动物的数学模型，然后就可以让它识别新的图片，完成动物分类。

图 1-13　动物图片

2. 计算机视觉

你有没有想过，为什么你的智能手机可以实现指纹解锁和面部识别支付？为什么你的高级轿车能够利用摄像头和传感器实现自动泊车？这些便捷且智能的功能背后，都离不开计算机视觉技术的支持。从人脸识别到自动驾驶中的障碍物检测，计算机视觉正逐步改变着我们的生活。

计算机视觉是一门研究如何让计算机能够理解和处理图像和视频的学科。图像和视频是我们获取和传递信息的重要途径，它们包含丰富的场景、物体、人物、动作和事件等信息。我们人类可以轻松地从图像和视频中识别出这些信息，但对于计算机来说，这是一个非常困难的任务。为了使机器能模拟人类视觉系统，研究人员使用相机模拟“眼球”获取图像信息；用数字图像处理模拟“视网膜”将图像信息转换为数字图像，使计算机能够识别；使用计算机视觉模拟“大脑皮层”并设计算法提取图像特征，进行识别和检测。机器模拟人类视觉系统就是机器视觉，也称为计算机视觉（Computer Vision，CV），用于解决机器如何“看懂”图像的问题。

计算机视觉的主要任务就是通过对采集的图片或视频进行处理以获得相应场景的信息。计算机视觉的主要任务有以下几种。

（1）图像分类：给输入图像分配标签，用于解决“有”“无”的问题，如图 1-14（a）所示。

（2）物体检测：物体检测的目标就是用框去标出物体的位置。物体检测和图像分类不一样，其检测侧重于对物体的搜索，而且物体检测的目标必须要有固定的形状和轮廓，用于解决“在哪儿”的问题，如图 1-14（b）所示。

（3）图像分割：在图像处理过程中，有时需要对图像进行分割来提取有价值的、用于后继处理的部分。图像分割是像素级操作，用于解决“有几类”［语义分割，如图 1-14（c）所示］、“每类有几个”［实例分割，如图 1-14（d）所示］的问题。

（a）图像分类

（b）物体检测

（c）语义分割

（d）实例分割

图 1-14 计算机视觉的主要任务

计算机视觉的应用非常广泛，几乎涉及我们生活中的各个方面，以下是一些常见的应用案例。

（1）人脸识别：通过分析人脸的特征，可以实现身份验证、安全监控等功能。例如，你可以用人脸解锁你的智能手机或计算机，你可以在社交媒体上找到你的朋友或名人，你可能会在公共场所被摄像头捕捉到你的行为。

（2）自动驾驶：通过分析路况、交通信号、行人和车辆等信息，可以实现自动控制汽车的行驶方向、行驶速度和安全距离等功能。例如，在复杂的城市交通环境中，自动驾驶汽车能够精准识别并应对各种交通状况，如行人横穿马路、前方车辆急刹车等，从而确保乘客的安全，让你在享受便捷出行的同时，也能拥有更高的安全保障。

（3）医学影像：通过分析医学图像，如 X 光、CT（Computed Tomography，计算机体层成像）、MRI（Magnetic Resonance Imaging，磁共振成像）等的结果，可以实现对疾病的诊断、治疗和预防等功能。例如，你可以通过计算机视觉技术，检测出你是否有肺结核、肿瘤、骨折等问题，以及它们的位置和程度。

（4）增强现实：通过在真实场景中叠加虚拟的图像或视频，可以实现增强用户的感知和交互等功能。例如，你可以通过计算机视觉技术，给你的照片或视频添加各种滤镜、贴纸、动画等效果，或者在你的眼镜上显示各种信息和提示。

（5）视频监控：通过分析视频中的场景、物体、人物、动作和事件等信息，可以实现安全防范、异常检测和行为分析等功能。例如，你可以通过计算机视觉技术，监测视频中是否有火灾、交通事故、暴力行为等异常情况，以及它们的发生时间和地点。

3. 语音识别技术

语音是人类最自然的交互方式之一。发明计算机之后，让机器能够“听懂”人类的语言，理解语言中的内在含义，并做出正确的回答就成为人们追求的目标。我们都希望计算机像科幻电影中那些智能、先进的机器人助手一样，在与人进行语音交流时，它能听明白我们在说什么。语音识别技术将人类这一曾经的梦想变成了现实。

自动语音识别（Automatic Speech Recognition，ASR），也被称为语音识别，其目标是将人类语音中的词汇内容转换为计算机可读的输入，例如按键、二进制编码或者字符序列。语音识别就好比“机器的听觉系统”，它让机器通过识别和理解，把语音信号转变为相应的文本或命令。

语音识别的技术原理如图 1-15 所示。语音识别系统主要包含特征提取、声学模型、语言模型以及字典与解码四大部分。首先，系统从麦克风或音频文件中进行数据采集，然后利用声学模型将采集到的音频信号转换成声学特征，这是通过训练大量的语音数据来实现的，语音数据库在此过程中发挥了关键作用，为声学模型提供了丰富的样本以优化特征提取和识别的准确性。提取的声学特征被送入语音识别解码器，解码器结合语言模型的语言学规则，将声学特征转换成文本序列，字典与解码部分则在这一过程中确保了文本生成的准确性和流畅性，通过字典的词汇匹配和解码算法的优化，减少错误和歧义。在这个过程中，任务调度确保各个组件协调工作，以提高识别效率。同时，系统维护一个文本数据库来存储识别结果，以及一个语音数据库来存储语音数据，这些数据对于声学模型和语言模型的持续训练和优化至关重要。识别出的文本结果会经过结果解析，以确保输出的文本符合语法和语义规则，最终呈现给用户，用户可以查看或进一步处理这些文本。

4. 自然语言处理

语言是人类区别于其他动物的本质特性。在所有生物中，人类的语言能力是最强的，人类的多种智能都与语言有着密切的关系。用自然语言与计算机进行通信，这是人们长期以来所追求的。这样人们可以用自己最习惯的语言来使用计算机，而无须花大量的时间和精力去学习不那么自然和习惯的各种计算机语言，自然语言也可帮助人们进一步了解人类的语言能力和智能的机制。

自然语言处理是人工智能的一个分支，它使计算机能够像人类一样理解、处理和生成语言。搜索引擎、机器翻译以及语音助理均由该技术提供支持。实现人机间的自然语言通信意味着要使计算机既能理解自然语言文本的意义，也能以自然语言文本来表达给定的意图、思想等。前者称为自然语言理解，后者称为自然语言生成。因此，自然语言处理可划分为两个部分：自然语言理解（Natural Language Understanding，NLU）和自然语言生成（Natural Language Generation，NLG）。

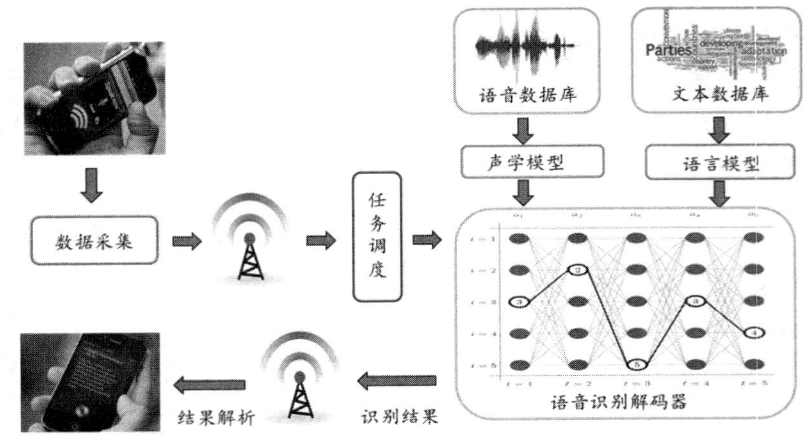

图 1-15　语音识别的技术原理

自然语言处理不仅是一种新兴的商业技术，更是一种广泛使用的流行技术。几乎所有涉及语言的功能都包含自然语言处理算法。自然语言处理在人们的日常生活中有广泛的应用，常见应用场景如下。

（1）百度翻译

百度翻译是百度公司发布的在线翻译服务，其依托互联网数据资源和自然语言处理技术的优势，致力于帮助用户跨越语言鸿沟、方便快捷地获取信息和服务。百度翻译是一款比较成熟的机器翻译产品。此外，还有支持语音输入的多国语言互译的产品，如科大讯飞的机器翻译产品。

（2）图灵机器人

智能问答在一些电商网站中非常实用，如代替人工充当客服角色。人工客服有时会遇到很多基本而且重复的问题，此时就可以通过智能问答系统筛选掉大量重复的问题，使人工客服能更好地服务客户。图灵机器人是以语义技术为核心驱动力的人工智能产品，其三大核心功能之一就是智能问答。图灵机器人提供超过 500 种实用生活服务技能，涵盖生活、出行、学习、金融、购物等多个领域，能提供一站式服务以满足用户的需求。

（3）微信语音转文字

微信中有一个将语音转化成文字的功能，其原理就是利用自然语言处理、语音识别等技术，在基于语言模型和声学模型的转写引擎下，将持续语音流转写成文字。此功能的好处之一是方便快速阅读和理解，另一个好处是方便对内容进行二次推广和多次利用。成年人正常的语速约为每分钟 160 字，比绝大多数人打字的速度快，微信语音转文字这个功能，可以极大地节省输入文字的时间，提高工作效率。

（4）新闻自动分类

新闻自动分类是文本自动分类最常见的一种应用。随着网络 IT 的迅速发展和传统纸媒向信息化媒体的转型，网络中存在着越来越多的新闻信息，传统的新闻手动分类存在耗费大量人力和物力等诸多的弊端。为了提高新闻分类的准确率和速度，新闻自动分类顺理成章地成为发展方向。新闻自动分类有助于实现新闻的有序化管理，以及新闻的挖掘分析。百度就实现了新闻的自动分类，它涵盖军事、财经、娱乐、游戏等多个分类，可以实现每隔一段时间自动获取更新内容、自动分类等操作。

1.5.5　人工智能在金融中的应用

当今人类社会已进入人机协同、跨界融合、共创分享的智能时代，人工智能成为引领新一轮科技和产业变革的重要驱动力。金融作为国民经济的核心，其创新发展对于推动经济转型和升级具有重要意义。近年来，人工智能技术迅速迭代，并与金融行业深度融合,被广泛用于智能客服与自助服务、投资顾问与资产管理、风险评估与信贷审批、创新金融产品与服务、市场分析与预测、量化交易与高频交易等多个场景，不仅提升了金融业务的处理效率和质量，还推动了金融产品和服务的创新。

1. 智能客服与自助服务

人工智能技术通过自然语言处理、语音识别等技术手段，为金融机构提供了智能客服与自助服务的能力。客户可以通过语音、文字等方式与智能客服进行交互，实现快速、准确的业务咨询和办理，这不仅提高了客户服务的效率和质量，还降低了金融机构的人力成本。

2. 投资顾问与资产管理

人工智能技术在投资顾问与资产管理领域得到了广泛应用。通过对市场数据、客户数据等进行分析和挖掘，人工智能可以为投资者提供个性化的投资建议和资产管理方案。同时，人工智能还可以实现投资组合的动态调整和优化，提高投资者的投资效益和风险控制能力。

3. 风险评估与信贷审批

在信贷领域，人工智能技术可以应用于风险评估与信贷审批。通过对借款人的个人信息、信用记录、财务状况等进行分析和挖掘，人工智能模型能够预测借款人的违约风险，为金融机构提供决策支持。同时，自动化的信贷审批流程也大大提高了审批效率和准确性。

4. 创新金融产品与服务

人工智能技术可以帮助金融机构了解市场趋势和客户需求，使其设计出更加符合市场需求和客户偏好的金融产品。同时，人工智能还可以实现金融服务的个性化和智能化，提升客户体验和满意度。

5. 市场分析与预测

人工智能技术可以对市场数据进行深度挖掘和分析，帮助金融机构了解市场趋势、预测市场走势。基于大量的历史数据和实时数据，人工智能模型可以为金融机构提供投资决策和市场分析支持。这种智能化的市场分析方式使金融机构能够更准确地把握市场机遇和风险。

6. 量化交易与高频交易

量化交易与高频交易是人工智能在金融市场的另一重要应用。通过对市场数据的实时分析和处理，人工智能模型可以快速做出交易决策，实现自动化交易。这种交易方式不仅提高了交易效率，还降低了交易成本，为金融机构创造了更多的盈利机会。

练习题

一、选择题

1. 2009 年 8 月，温家宝总理在江苏无锡视察时提出了（　　）概念。

　A. 感受中国　　B. 感应中国　　C. 感知中国　　D. 感想中国

2. 2008 年（　　）提出了“智慧地球”这一概念。

A. IBM　B. 微软　C. 三星　D. 国际电信联盟

3. 通过无线网络与互联网的融合，将物体的信息实时、准确地传递给用户，指的是（　　）。

A. 可靠传输　B. 全面感知　C. 智能处理　D. 互联网

4. 在物联网体系架构中，应用层相当于人的（　　）。

A. 大脑　B. 皮肤　C. 社会分工　D. 神经中枢

5. 在物联网体系架构中，网络层相当于人的（　　）。

A. 皮肤　B. 五官　C. 大脑　D. 神经中枢

6. SaaS 是指：（　　）。

A. 软件即服务　B. 平台即服务

C. 安全即服务　D. 桌面即服务

7. 按照部署模式可以把云计算分为哪三类：（　　）。

A. 私有云　B. 金融云　C. 混合云　D. 政务云

E. 公有云　F. 桌面云

二、填空题

1. 感知层是物联网体系架构的__________层。

2. 区块链主要由区块、__________、共识算法、__________这 4 个部分组成。

3. 大数据的 5V 特征是指 Volume（规模性）、__________、Variety（多样性）、Veracity（真实性）和__________。

4. 数据产生方式经历了__________、用户生成内容阶段（主动产生）、__________这 3 个阶段。

三、简答题

1. 物联网体系架构包括哪几层？分别说说每层的作用。

2. 简述区块链技术具备哪些特征。

3. 比特币系统的本质是一个去中心化的分布式账本。那么，所谓的去中心化指什么？你能讲出几个生活中去中心化和中心化的不同场景吗？

4. 简述图灵测试原理。

5. 计算机视觉的主要任务就是通过对采集的图片或视频进行处理以获得相应场景的信息，请问计算机视觉的主要任务有哪几种？

第2章 数字金融人才必备办公技能

在当今的金融领域，熟练使用 Excel 和 Power BI 已经成为数字金融人才必备的办公技能。这些工具能够帮助他们高效地处理和分析数据，从而更好地支持业务决策。其中，Excel 是一款强大的数据处理和分析工具，在金融领域应用广泛。通过 Excel，数字金融人才可以快速输入、整理和筛选数据，并使用公式和函数进行计算和分析。Power BI 是微软推出的一款商业智能工具，它可以帮助数字金融人才更方便地分析和展示数据。通过 Power BI，数字金融人才可以快速创建数据可视化报告，并使用各种图表和报表展示数据。

本章主要介绍 Excel 和 Power BI，帮助读者掌握数字金融人才必备办公技能，以便更好地支持业务决策，提高工作效率和质量。

【学习目标】

知识目标：

（1）理解 Excel 的基本操作和外部数据获取方法；

（2）掌握金融统计分析的公式和常见函数；

（3）掌握金融数据的统计与管理方法以及可视化方法；

（4）理解 Power BI 数据连接与数据清洗方法。

技能目标：

（1）能够运用 Excel 进行基本编辑，如单元格格式设置、数据输入、排序、筛选等；

（2）能够运用 Excel 进行金融数据的分析和可视化，如针对具体金融问题，选择合适的 Excel 工具和方法进行分析，并得出准确的结论；

（3）能够运用 Power BI 快速创建数据可视化报告，并使用各种图表和报表展示数据。

【知识框架】

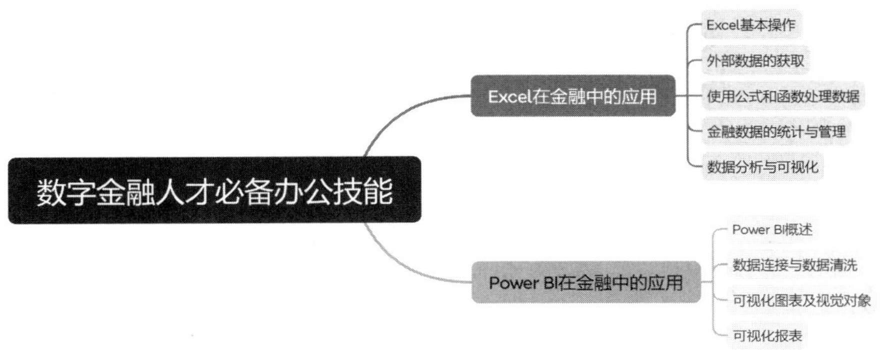

2.1 Excel 在金融中的应用

近几年随着大数据技术的发展，数据分析成为数字金融人才必须掌握的应用技能。Excel 是常用的数据分析工具之一，被广泛用于管理、统计、金融等诸多领域，如可以使用 Excel 的 VLOOKUP 函数查找数据，使用 SUM 函数计算总和，使用 AVERAGE 函数计算平均值等。此外，Excel 还提供了各种图表和图形，如柱形图、折线图和饼图等，以直观地展示数据和分析结果等。

本节首先从 Excel 基本操作开始，介绍 Excel 2016 在金融领域的应用方法，包括外部数据的获取，公式和常见函数的使用方法，排序、筛选、分类汇总和数据透视表的管理方法，以及数据分析与可视化方法。

2.1.1 Excel 基本操作

1. Excel 的启动和关闭

在 Windows 10 操作系统中，打开【开始】菜单，找到 Excel 2016 的图标并单击，或者双击桌面上的 Excel 2016 图标启动 Excel 2016，打开的 Excel 2016 用户界面如图 2-1 所示。

要关闭 Excel 2016，可单击窗口控制按钮中的【关闭】按钮，如图 2-2 所示。按组合键【Alt+F4】也可关闭 Excel 2016。

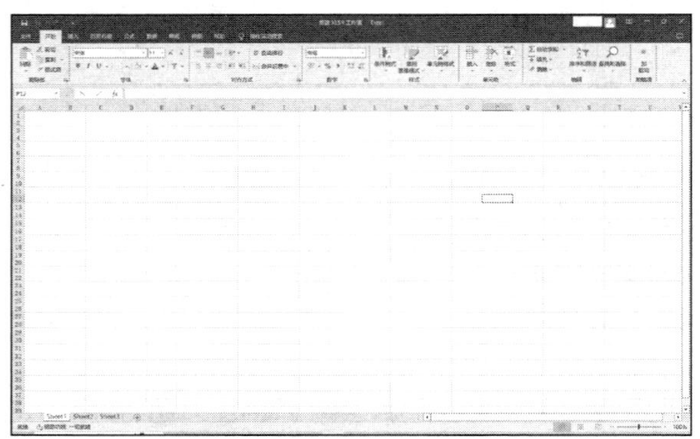

图 2-1 Excel 2016 用户界面

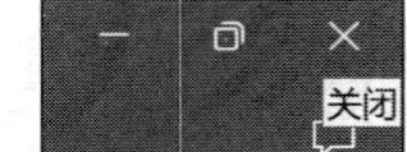

图 2-2 Excel 2016【关闭】按钮

2. Excel 用户界面介绍

Excel 2016 用户界面包括标题栏、功能区、名称框和编辑栏、工作表编辑区和状态栏这 5 个部分，如图 2-3 所示。

图 2-3 Excel 2016 用户界面组成

（1）标题栏

标题栏位于用户界面的顶端，包含快速访问工具栏、当前文件名、应用程序名称和窗口控制按钮，如图 2-4 所示。

图 2-4　标题栏

（2）功能区

标题栏的下方是功能区，包含【开始】、【插入】、【页面布局】、【公式】、【数据】等选项卡，每个选项卡又由不同的命令组组成，如图 2-5 所示。

图 2-5　功能区

（3）名称框和编辑栏

功能区的下方是名称框和编辑栏，其中，名称框可以显示当前活动单元格的名称，编辑栏可以显示当前活动单元格中的数据和公式，如图 2-6 所示。

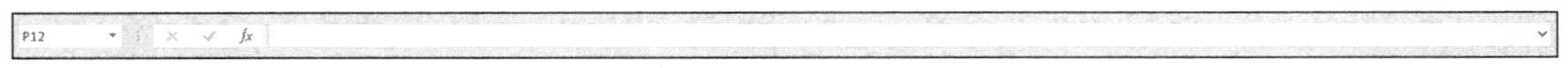

图 2-6　名称框和编辑栏

（4）工作表编辑区

名称框和编辑栏的下方是工作表编辑区，由文档窗口、标签滚动按钮、工作表标签、水平滚动条和垂直滚动条组成，如图 2-7 所示。

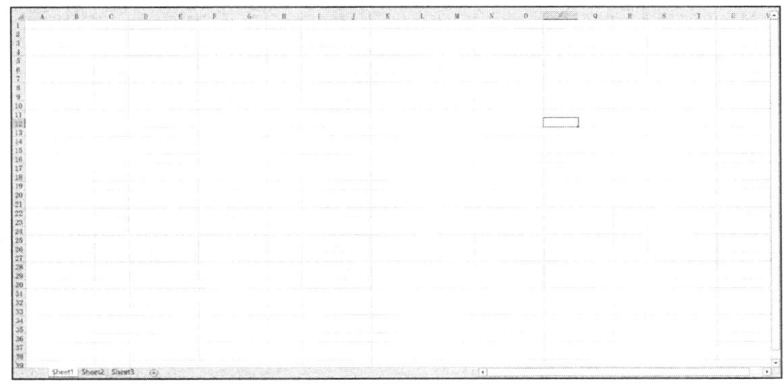

图 2-7　工作表编辑区

（5）状态栏

状态栏位于应用窗口的底部，由视图按钮和缩放模块组成，用来显示与当前操作相关的信息，如图 2-8 所示。

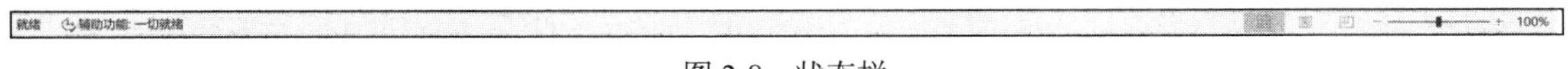

图 2-8　状态栏

3. Excel 工作簿、工作表和单元格的基本操作

（1）打开和关闭 Excel 工作簿

打开 Excel 工作簿的方法有 3 种。

① 直接打开。进入保存文件的相应路径，双击文件的图标即可完成工作簿的打开。

② 通过【打开】对话框打开。启动 Excel 程序，可以通过【文件】→【打开】→【浏览】命令，或者按组合键【Ctrl+O】，打开【打开】对话框，找到文件所在的路径，选择对话框右侧列表中的文件图标，单击下面的【打开】按钮可完成工作簿的打开。

③ 通过历史记录打开。单击【文件】→【打开】→【最近】，右侧会罗列最近打开的文件列表，默认情况下显示最近打开的 25 个文件，文件的个数可以通过【文件】→【选项】→【高级】→【显示】进行设置，数量为 1 ~ 50，一般情况下选择默认值。

单击【文件】→【关闭】命令，或者按组合键【Ctrl+W】即可实现工作簿的关闭。

（2）保护 Excel 工作簿

① 保护结构和窗口。单击【审阅】→【更改】命令组中的【保护工作簿】按钮，打开【保护结构和窗口】对话框，如图 2-9 所示，通过设置需要保存项可以实现对整个工作簿的保护，用户将无法对该工作簿中的工作表进行移动、插入、删除、隐藏、重命名等操作。

② 设置工作簿密码。单击【文件】→【信息】→【保护工作簿】→【用密码进行加密】，如图 2-10 所示。弹出【加密文档】对话框，输入密码，弹出【确认密码】对话框，再次输入相同的密码，即完成文档的密码保护。当重新打开文档时会提示输入密码，密码错误将不能打开文档。修改工作簿密码的步骤与设置密码的步骤相同，删除工作簿密码只需要在【加密文档】对话框中删除已设置的密码，即可取消文档的密码保护。

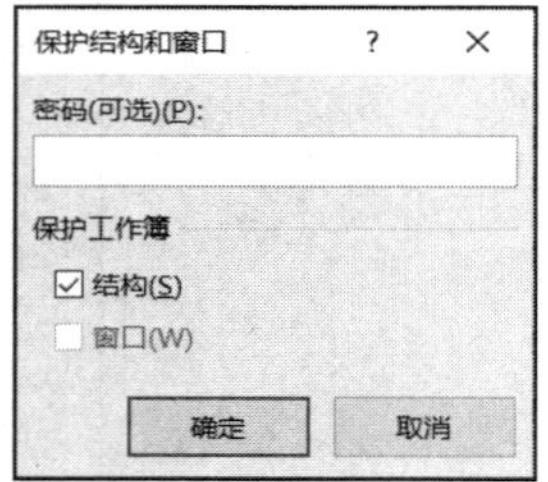

图 2-9 【保护结构和窗口】对话框

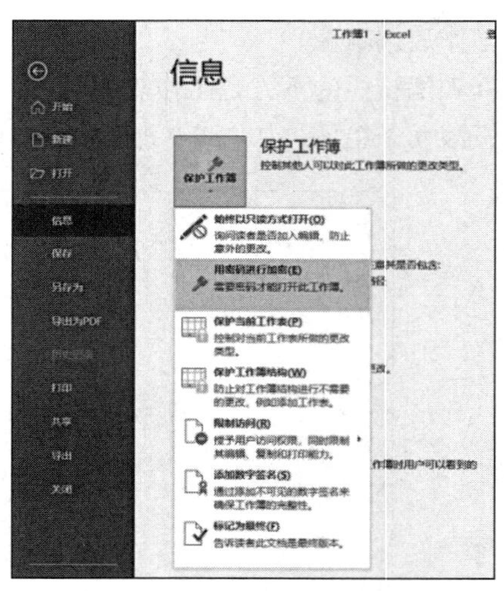

图 2-10 设置工作簿密码

（3）工作表的基本操作

工作表的基本操作包括选择、移动、插入、复制、删除、重命名、修改工作表标签颜色等，可以右击工作表标签，在弹出的快捷菜单中选择相应的基本操作。

（4）冻结工作表窗格

当工作表有多页内容时，为了阅读时将数据与表头对应起来查看，可进行如下操作。

① 选中要冻结单元格的下一个单元格，例如要冻结 A1:G3，则选中 A4 或者第 4 行。

② 单击【视图】→【窗口】命令组中的【冻结窗格】→【冻结窗格】，如图 2-11 所示。

设置完成后 A3 单元格后将出现一条细线，把工作表划分成两部分，前 3 行被冻结，拖动工作表窗口中的垂直滚动条，A1:G3 不会随之移动。

（5）保护工作表

右击工作表标签，在弹出的快捷菜单中选择【保护工作表】命令，打开【保护工作表】对话框，如图 2-12 所示，输入密码并确认密码后，可以实现对工作表相关内容的保护。如果需要取消工作表保护，右击工作表标签，在弹出的快捷菜单中选择【撤销工作表保护】命令，打开【撤销工作表保护】对话框，输入密码，单击【确定】按钮。

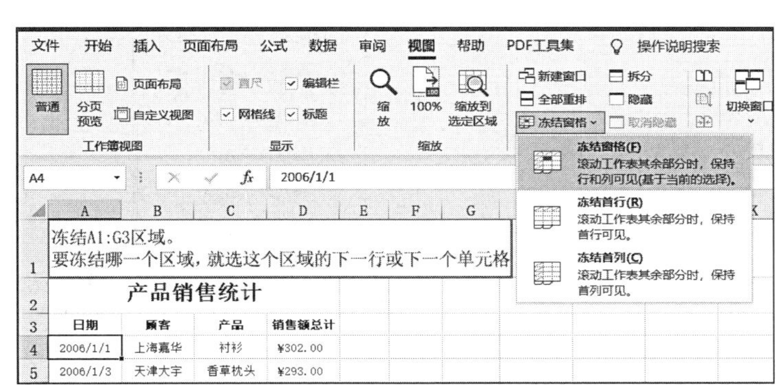

图 2-11　冻结工作表窗格示例

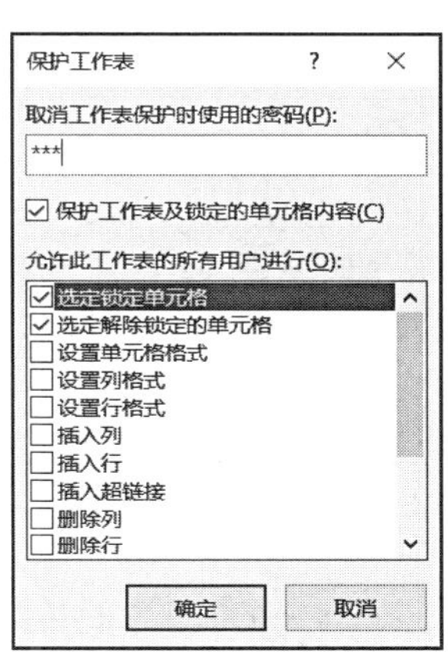

图 2-12　【保护工作表】对话框

（6）选中单元格

单元格用“列号+行号”这种地址表示形式表示其在工作表中的位置，例如“C5”表示第 C 列第 5 行的单元格。

单击某单元格可以选中该单元格，如单击单元格 A1 即可选中 A1 单元格，此时名称框会显示当前选中的单元格地址 A1，如图 2-13 所示。也可在名称框中输入单元格地址来选中单元格，如在名称框中输入“A1”后按【Enter】键即可选中单元格 A1。

（7）选中单元格区域

单元格区域用单元格矩形块的左上角和右下角两个单元格地址表示，两个单元格地址间用“:”相连，例如，C5:E8 表示图 2-14 所示的单元格区域，在名称框中仅显示该区域左上角的单元格地址。

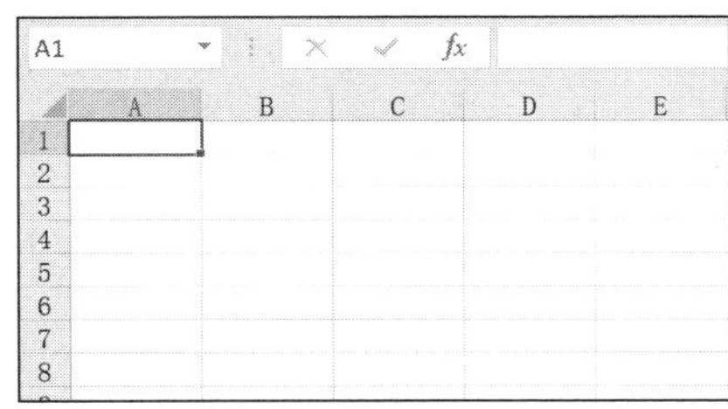

图 2-13　选中单元格 A1

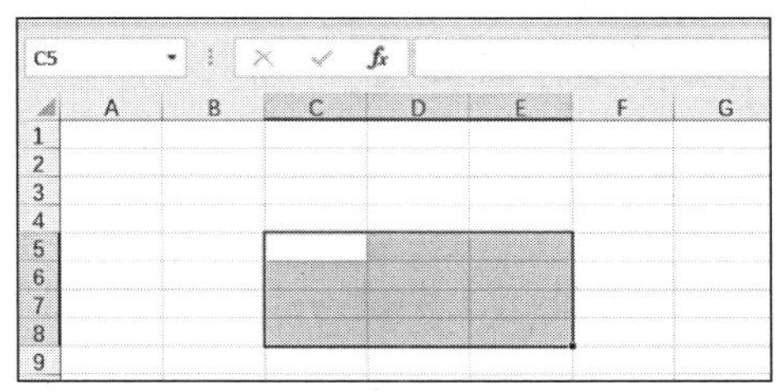

图 2-14　单元格区域

单击要选中的单元格区域左上角的第一个单元格并按住鼠标左键不放，拖曳鼠标指针到要选中的单元格区域右下角最后一个单元格，松开鼠标即可选中单元格区域。例如单击单元格 C5 并按住鼠标左键不放，拖曳鼠标指针到单元格 E8，松开鼠标即可选中单元格区域 C5:E8，也可以在名称框中输入“C5:E8”后按【Enter】键来选中该单元格区域。

（8）插入与删除单元格（行、列）

右击选中的单元格，在弹出的快捷菜单中选择相应命令，可以通过【插入】和【删除】对话框执行相应的操作，如图 2-15、图 2-16 所示。或者通过【开始】→【单元格】命令组中的命令实现相应的操作。

（9）合并单元格与取消单元格合并

在实际应用中，常常需要对单元格区域进行合并或取消单元格合并，通过【开始】→【对齐方式】命令组中的下拉列表可以实现相应的操作，如图 2-17 所示。

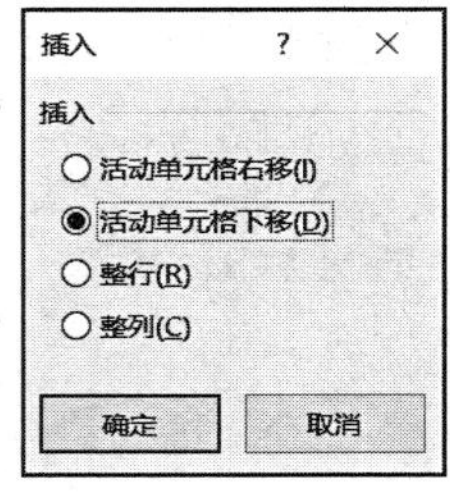

图 2-15 【插入】对话框

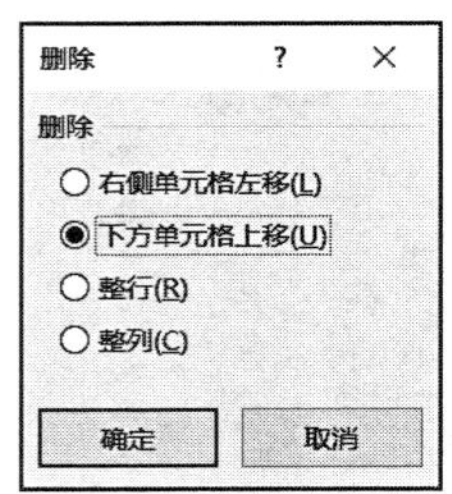

图 2-16 【删除】对话框

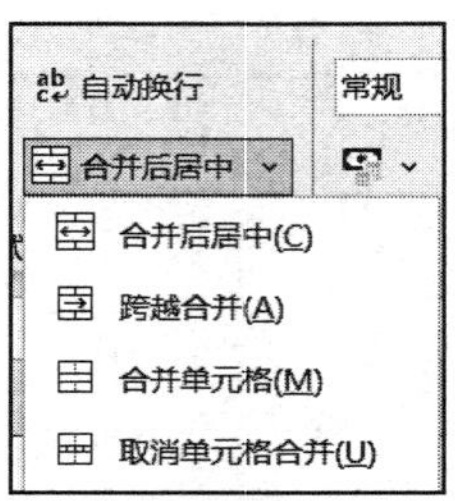

图 2-17 【对齐方式】命令组中的下拉列表

2.1.2 外部数据的获取

1. 获取 TXT 文本数据

① 新建一个空白工作簿，单击【数据】→【自文本】按钮，如图 2-18 所示，打开【导入文本文件】对话框。

② 选择要导入数据的 TXT 文件。在【导入文本文件】对话框中，选择要导入数据的 TXT 文件，如图 2-19 所示，单击【导入】按钮。

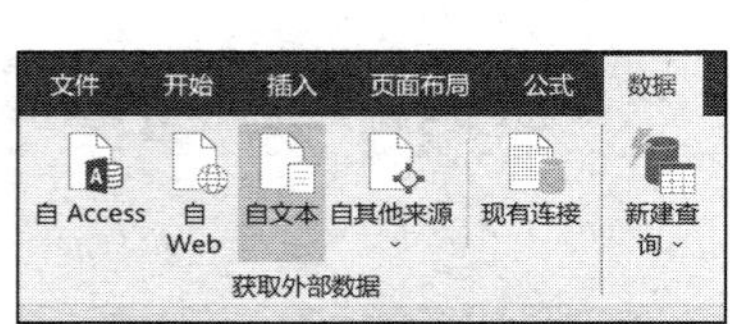

图 2-18 【自文本】按钮

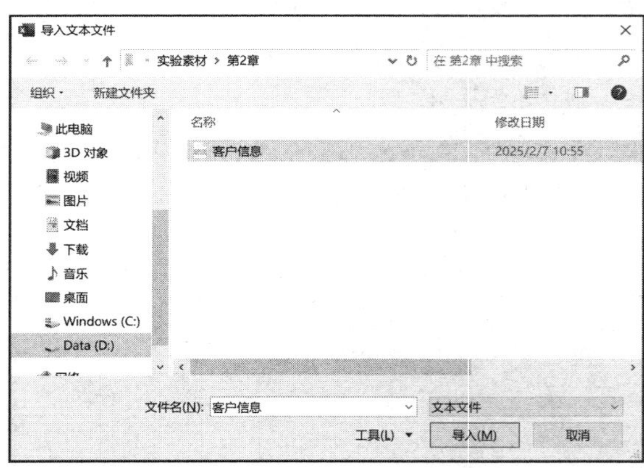

图 2-19 【导入文本文件】对话框

③ 选择合适的数据类型。打开【文本导入向导-第 1 步，共 3 步】对话框，默认选中【分隔符号】单选按钮，如图 2-20 所示，单击【下一步】按钮。

④ 选择合适的分隔符号。在【文本导入向导-第 2 步，共 3 步】对话框中，勾选【Tab 键】、【空格】复选框，同时系统会自动勾选【连续分隔符号视为单个处理】复选框，如图 2-21 所示，

单击【下一步】按钮。

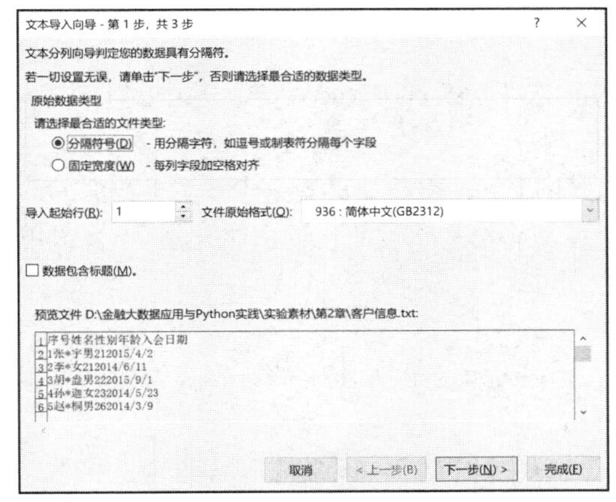

图 2-20 【文本导入向导-第 1 步，共 3 步】对话框

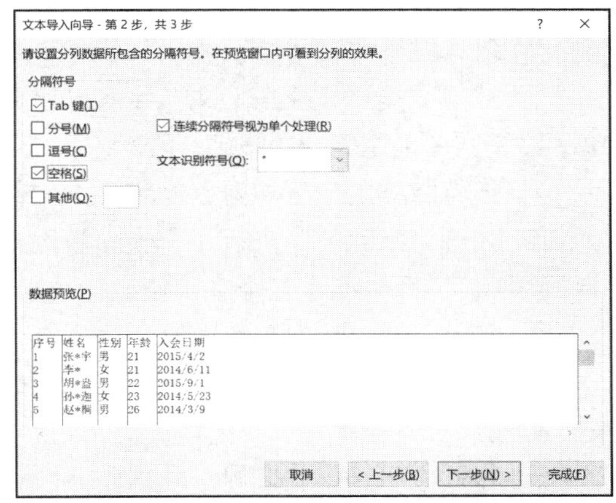

图 2-21【文本导入向导-第 2 步，共 3 步】对话框

⑤ 选择数据格式。在【文本导入向导-第 3 步，共 3 步】对话框中，使用默认选中的【常规】单选按钮，如图 2-22 所示，单击【完成】按钮。

⑥ 设置数据的放置位置并确定导入的数据。在打开的【导入数据】对话框中设置【数据的放置位置】，选择默认的【现有工作表】单选按钮，然后单击旁边的⬆按钮，如图 2-23 所示，选中单元格 A1，再单击⬇按钮，最后单击【确定】按钮。

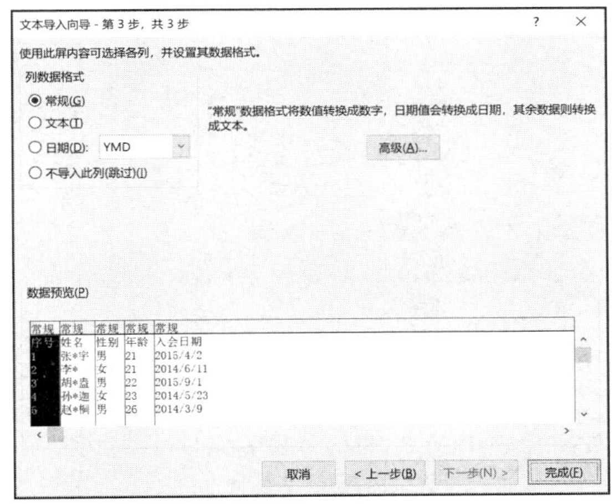

图 2-22 【文本导入向导-第 3 步，共 3 步】对话框

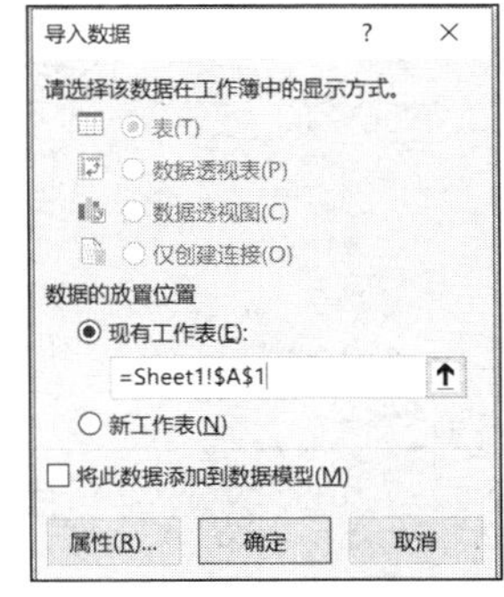

图 2-23 【导入数据】对话框

导入数据后，Excel 会将导入的数据作为外部数据，当原始数据有改动时，单击【连接】→【全部刷新】按钮，表格中的数据会同步更新。

2. 获取 CSV 文本数据

获取 CSV 文本数据的操作与获取 TXT 文本数据的操作类似，关键操作步骤如下。

① 打开【导入文本文件】对话框。新建一个空白工作簿，单击【数据】→【自文本】按钮。

② 选择要导入数据的 CSV 文件。在【导入文本文件】对话框中，选择要导入数据的 CSV 文件。

③ 选择合适的数据类型。打开【文本导入向导-第 1 步，共 3 步】对话框，默认选中【分隔

符号】单选按钮，单击【下一步】按钮。

④ 选择合适的分隔符号。在【文本导入向导-第 2 步，共 3 步】对话框中，勾选【Tab 键】、【逗号】复选框，单击【下一步】按钮。

⑤ 选择数据格式。在【文本导入向导-第 3 步，共 3 步】对话框中，使用默认选中的【常规】单选按钮，单击【完成】按钮。

⑥ 设置数据的放置位置并确定导入的数据。在打开的【导入数据】对话框中设置【数据的放置位置】，选择默认的【现有工作表】单选按钮，然后单击旁边的↑按钮，选中单元格 A1，再单击⊻按钮，最后单击【确定】按钮。

3. 获取 MySQL 数据库中的数据

Excel 可以获取外部数据库中的数据，如 MySQL、Access 等中的数据，但首先要新建数据源并进行连接。具体操作如下。

① 打开【ODBC 数据源管理程序(64 位)】对话框。单击【开始】→【Windows 管理工具】→【ODBC 数据源(64 位)】，如图 2-24 所示。

② 打开【创建新数据源】对话框。在打开的【ODBC 数据源管理程序(64 位)】对话框中单击【添加】按钮，如图 2-25 所示，打开【创建新数据源】对话框，选择【MySQL ODBC 8.0 Unicode Driver】。

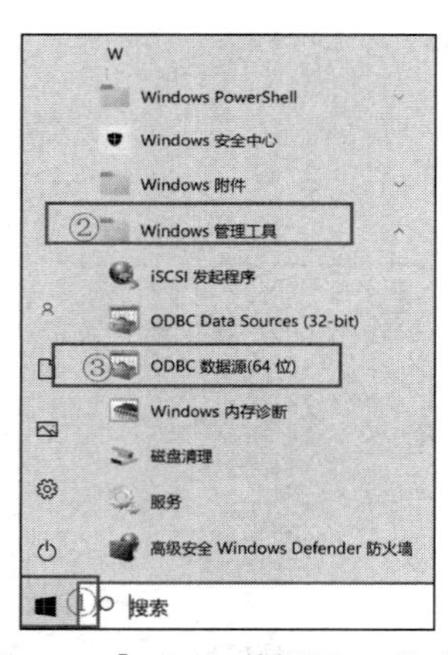

图 2-24 【ODBC 数据源(64 位)】

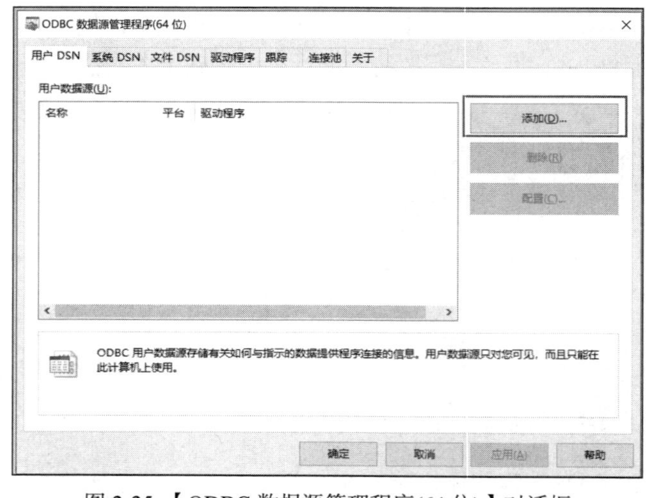

图 2-25 【ODBC 数据源管理程序(64 位)】对话框

③ 设置参数。在打开的【MySQL Connector/ODBC Data Source Configuration】对话框中填写连接信息，如图 2-26 所示。

【Data Source Name】是数据源名称，在文本框中输入自定义的名称。

【Description】是描述，在文本框中输入对数据源的描述。

【TCP/IP Server】是 TCP/IP（Transmission Control Protocol/Internet Protocol，传输控制协议/互联网协议）服务器，如果数据库在本机上，就在文本框中输入“localhost”；如果数据库不在本机上，就输入数据库所在的 IP 地址。

【Port】是端口号，默认为 3306。

【User】和【Password】分别是数据库的用户名和登录密码。

【Database】是数据库，在下拉列表中选择需连接的数据库。

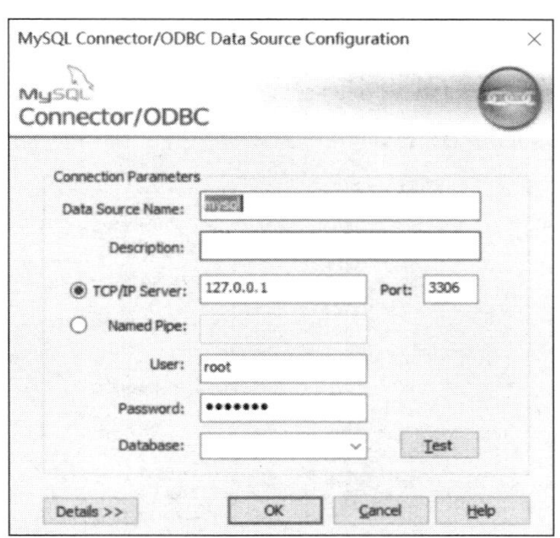

图 2-26 【MySQL Connector/ODBC Data Source Configuration】对话框参数设置

④ 测试连接。单击【Test】按钮，打开【Test Result】对话框，若显示“Connection Successful”则说明连接成功，单击【确定】返回【MySQL Connector/ODBC Data Source Configuration】对话框。

⑤ 确定添加数据源。在【MySQL Connector/ODBC Data Source Configuration】对话框中单击【OK】按钮，返回【ODBC 数据源管理程序(64 位)】对话框，然后单击【确定】按钮即可添加数据源。

完成数据源的连接后，即可在 Excel 中导入 MySQL 数据库中的数据，具体操作如下。

① 打开【数据连接向导-欢迎使用数据连接向导】对话框。创建一个空白工作簿，单击【数据】→【自其他来源】按钮，在弹出的下拉列表中选择【来自数据连接向导】，如图 2-27 所示。

② 选择要连接的数据源。在打开的【数据连接向导-欢迎使用数据连接向导】对话框中选择需要连接的数据源【ODBC DSN】，如图 2-28 所示，然后单击【下一步】按钮。

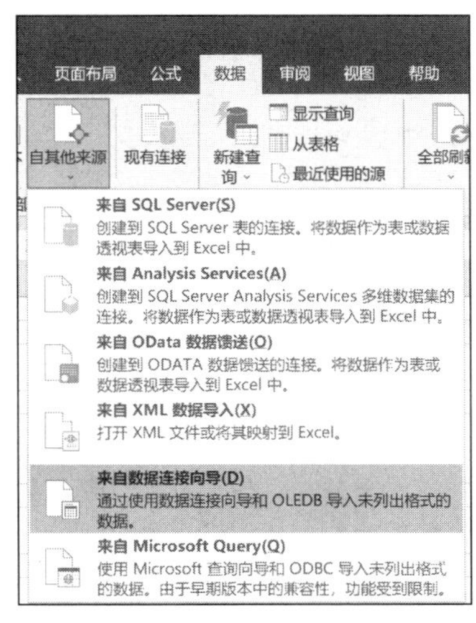

图 2-27 【来自数据连接向导】命令

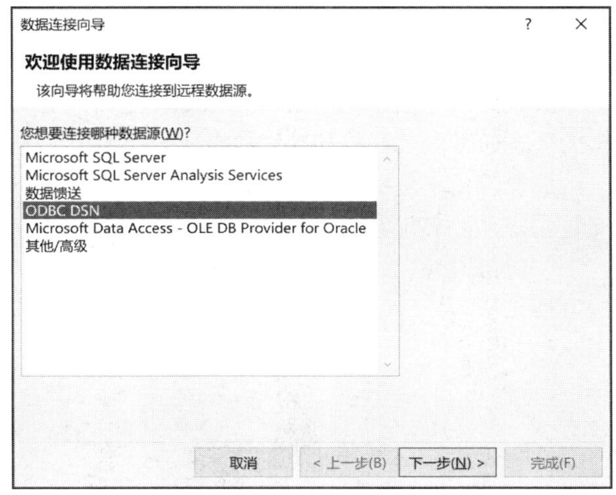

图 2-28 【数据连接向导-欢迎使用数据连接向导】对话框

③ 选择要连接的 ODBC 数据源。在打开的【数据连接向导-连接 ODBC 数据源】对话框（见图 2-29）中选择 ODBC 数据源【mysql】，然后单击【下一步】按钮。

④ 选择包含所需数据的数据库和表。首先在【数据连接向导-选择数据库和表】对话框的【选择包含您所需的数据的数据库】下拉列表中选择数据库，然后在【连接到指定表格】的列表框（见图 2-30）中选择需要的表，最后单击【下一步】按钮。

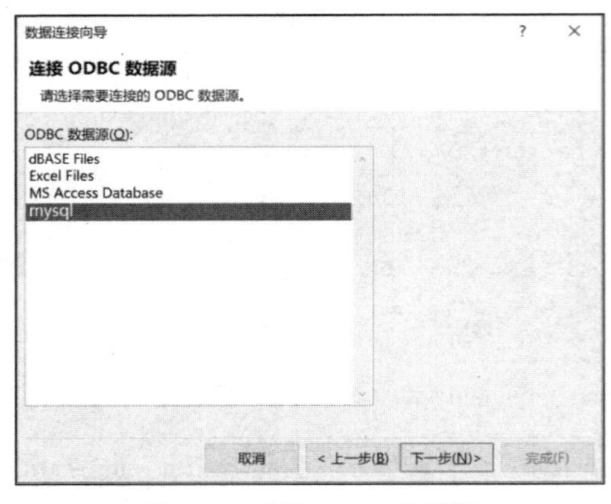

图 2-29　连接 ODBC 数据源

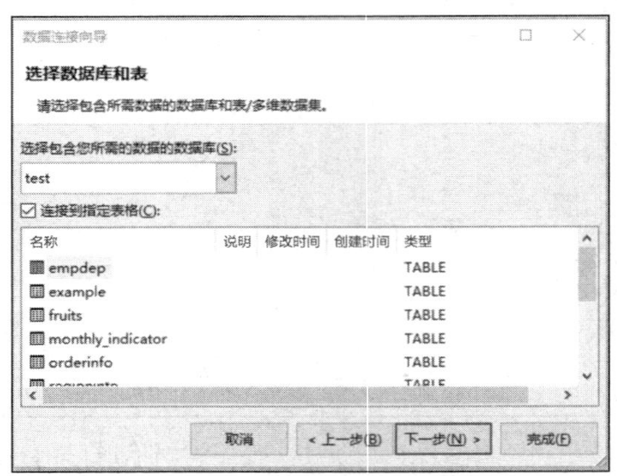

图 2-30　选择数据库和表

⑤ 保存数据连接文件。在【数据连接向导-保存数据连接文件并完成】对话框中输入新建文件的文件名和说明，并单击【完成】。

⑥ 设置导入数据的放置位置。在上一步单击【完成】后即弹出【导入数据】对话框。在【导入数据】对话框中，选择默认的【现有工作表】单选按钮，然后单击旁边的↑按钮，如图 2-31 所示，选中单元格 A1，再单击↓按钮，最后单击【确定】按钮，即可导入 MySQL 数据库中的数据。

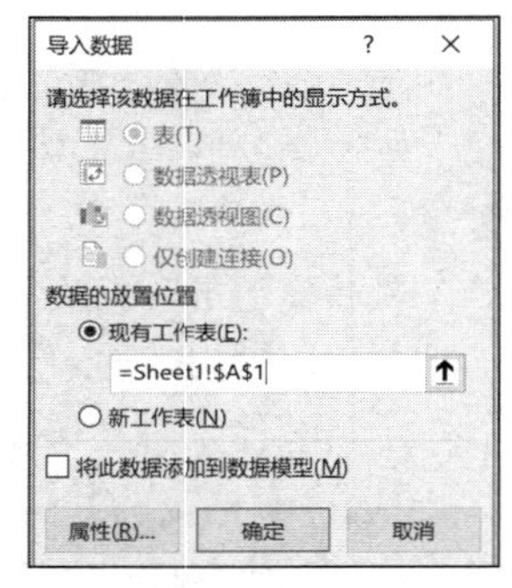

图 2-31　设置导入数据的放置位置

2.1.3　使用公式和函数处理数据

1. 公式

公式是工作表中用于对单元格数据进行各种运算的等式，它必须以等号“=”开头。一个完整的公式通常由运算符和操作数组成。

成交转化率是指所有到达店铺并产生购买行为的人数与所有到达店铺的人数的百分比，即成交转化率=(买家数 ÷ 访客人数) × 100%。下面介绍如何计算店铺的成交转化率，具体操作如下。

① 打开素材“店铺促销数据.xlsx”，选择 H2 单元格，在编辑栏中输入公式“=F2/C2”，如图 2-32 所示。

C2　=F2/C2

	A	B	C	D	E	F	G	H
1	日期	类目	访客人数	收藏人数	交易金额	买家数	客单价	成交转化率
2	2021/6/11	彩妆/美妆工具	2606533	23247	5152177	14738	349.58	=F2/C2
3	2021/6/12	彩妆/美妆工具	855848	27922	5035705	13615	369.86	
4	2021/6/13	彩妆/美妆工具	781117	23820	3733568	11630	321.03	
5	2021/6/14	彩妆/美妆工具	6058888	32738	3606042	11672	308.95	
6	2021/6/15	彩妆/美妆工具	696820	25253	6603147	18693	353.24	
7	2021/6/16	彩妆/美妆工具	529270	34117	2774473	11469	241.91	
8	2021/6/17	彩妆/美妆工具	3160150	27505	13414003	37216	360.44	
9	2021/6/18	彩妆/美妆工具	1929880	25574	2424756	9523	254.62	
10	2021/6/19	彩妆/美妆工具	957976	22772	5393008	12055	447.37	
11	2021/6/20	彩妆/美妆工具	1317456	23222	5130550	19483	263.33	

图 2-32　输入公式

② 按组合键【Ctrl+Enter】，得出成交转化率。

③ 单击单元格 H2，将鼠标指针移动到单元格 H2 右下角，当鼠标指针变成黑色且加粗的“+”形状时，拖动填充柄将 H2 单元格中的公式填充到该列其他单元格中，如图 2-33 所示。

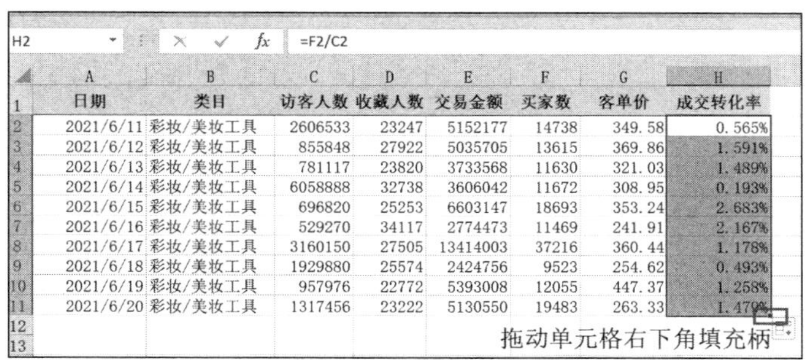

日期	类目	访客人数	收藏人数	交易金额	买家数	客单价	成交转化率
2021/6/11	彩妆/美妆工具	2606533	23247	5152177	14738	349.58	0.565%
2021/6/12	彩妆/美妆工具	855848	27922	5035705	13615	369.86	1.591%
2021/6/13	彩妆/美妆工具	781117	23820	3733568	11630	321.03	1.489%
2021/6/14	彩妆/美妆工具	6058888	32738	3606042	11672	308.95	0.193%
2021/6/15	彩妆/美妆工具	696820	25253	6603147	18693	353.24	2.683%
2021/6/16	彩妆/美妆工具	529270	34117	2774473	11469	241.91	2.167%
2021/6/17	彩妆/美妆工具	3160150	27505	13414003	37216	360.44	1.178%
2021/6/18	彩妆/美妆工具	1929880	25574	2424756	9523	254.62	0.493%
2021/6/19	彩妆/美妆工具	957976	22772	5393008	12055	447.37	1.258%
2021/6/20	彩妆/美妆工具	1317456	23222	5130550	19483	263.33	1.479%

图 2-33　自动填充

④ 如果显示的数据不是百分比形式的，可选择 H2:H11 单元格区域，在【开始】选项卡的【数字】命令组中单击按钮，打开【设置单元格格式】对话框，选择【百分比】选项，小数位数设置为“3”，如图 2-34 所示，单击【确定】按钮。

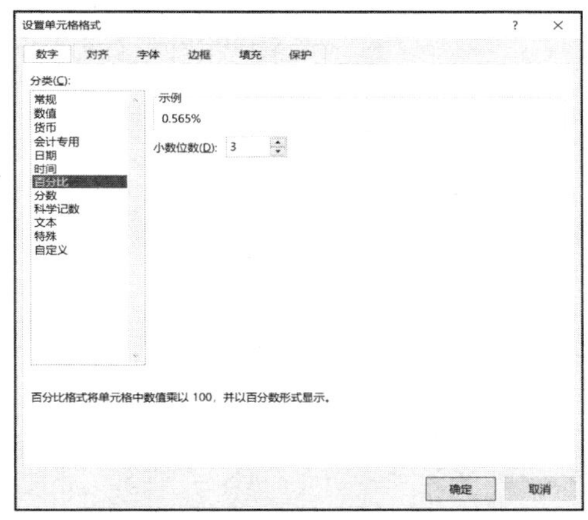

图 2-34　设置单元格格式

2. 函数

Excel 2016 常见函数及其相关说明如表 2-1 所示。

表 2-1　　Excel 2016 常见函数及其相关说明

函数类型	函数	作用	语法
文本处理函数	TRIM	除了单词之间的单个空格之外，移除文本中的空格	TRIM(text)
	CONCATENATE	将两个或多个文本字符串联接为一个字符串	CONCATENATE(text1,[text2],...)
	REPLACE	将特定位置的字符串替换为不同的文本字符	REPLACE(old_text,start_num,num_chars,new_text)
	SUBSTITUE	在某一文本字符串中替换指定的文本	SUBSTITUTE(text,old_text,new_text,[instance_num])

续表

函数类型	函数	作用	语法
文本处理函数	LEFT	从文本字符串左侧第一个字符开始返回指定个数的字符	LEFT(text,[num_chars])
	RIGHT	从文本字符串右侧第一个字符开始返回指定个数的字符	RIGHT(text,[num_chars])
	MID	从指定位置开始提取特定数目的字符	MID(text,start_num,num_chars)
	EXACT	比较两个文本字符串，如果它们完全相同，则返回 TRUE，否则返回 FALSE	EXACT(text1,text2)
	LEN	返回文本中字符的个数，一般和其他函数配合使用	LEN(text)
	FIND	查找一个字符串在另一个字符串中出现的起始位置	FIND(find_text,within_text,start_num)
	SEARCH	查找并返回该字符串的起始位置的编号	SEARCH(find_text,within_text,start_num)
信息函数	ISBLANK	可检验是否引用了空单元格，返回 TRUE 或 FALSE	ISBLANK(value)
查找与引用函数	VLOOKUP	在表格区域中按行查找对应内容	VLOOKUP(lookup_value,table_array,col_index_num,[range_lookup])
	HLOOKUP	在单元格区域中按列查找对应内容	HLOOKUP(lookup_value, table_array, row_index_num, [range_lookup])
	INDEX	返回表格或区域中的值或值的引用	INDEX(array, row_num, [column_num])
	MATCH	在范围单元格中搜索特定的项，然后返回该项在此区域中的相对位置	MATCH(lookup_value, lookup_array, [match_type])
逻辑运算函数	IF	对值和期待值进行逻辑比较	IF(logical_test, value_if_true, [value_if_false])
	IFERROR	如果公式的计算结果错误，则返回您指定的值；否则返回公式的结果	IFERROR(value, value_if_error)
	IFNA	如果公式返回错误值#N/A，则结果返回您指定的值；否则返回公式的结果	IFNA(value, value_if_na)
	AND	对多个逻辑值进行逻辑与计算	AND(logical1,logical2,⋯)
	OR	对多个逻辑值进行逻辑或计算	OR(logical1,logical2,⋯)
数学统计函数	SUM	求和	SUM(number1,[number2],...)
	SUMIF	对符合条件的值求和	SUMIF(range, criteria,[sum_range])
	COUNT	计算包含数字的单元格个数以及参数列表中数字的个数	COUNT(value1, [value2], ...)
	COUNTIF	统计满足某个条件的单元格的数量	COUNTIF(range,criteria)
	MAX/MIN	计算选中区域的最大值/最小值	MAX(number1, [number2], ...)，MIN(number1, [number2], ...)
	LARGE	返回数据组中第 k 个最大值	LARGE（array,k）
	SMALL	返回数据组中第 k 个最小值	SMALL（array,k）
	RANK	返回某数字在一列数字中的排位	RANK(number,ref,[order])

续表

函数类型	函数	作用	语法
数学统计函数	AVERAGE	返回参数的平均值	AVERAGE(number1,[number2],...)
	PRODUCT	返回所有参数的乘积	PRODUCT(number1,[number2],...)
	QUOTIENT	返回除法的整数部分	QUOTIENT（numerator,denominator）
	ROUND	将数值四舍五入到指定的位数	ROUND（number,num_digits）
	FREQUENCY	返回一个垂直数组，统计在某个区域内的出现频率	FREQUENCY(data_array,bins_array)
日期时间函数	DATEDIF	计算两个日期间隔的年数、月数、天数	DATEDIF(start_date,end_date,unit)
	NETWORKDAYS	返回两个日期之间的工作日天数	NETWORKDAYS(start_date,end_date,[holidays])
	NOW	返回当前的日期和时间	NOW()
	TODAY	返回当前日期	TODAY()
	WEEKDAY	返回对应日期为一周中第几天	WEEKDAY(serial_number,[return_type])
	WEEKNUM	返回对应日期在一年中的第几周	WEEKNUM(serial_number,[return_type])
	DATE	将三个独立的值合并为一个日期	DATE(year,month,day)
格式显示函数	TEXT	根据指定数值格式将数字转成文本	TEXT(value,format_text)
	UPPER/LOWER	分别将 text 以大写和小写字母的形式输出	UPPER(text)、LOWER(text)
	ROUD	将数字四舍五入到指定的位数	ROUND(number,num_digits)

3. 日期和时间函数

（1）提取日期和时间函数

Excel 2016 中常用来提取日期数据的有 YEAR、MONTH、DAY、HOUR、MINUTE、SECOND 和 WEEKDAY 函数，分别用于返回对应日期的年、月、天数、小时、分钟、秒钟和对应日期为一周中的第几天。

在“店铺促销数据.xlsx”的 Sheet 1 工作表中使用 YEAR、MONTH、DAY 函数提取交易的年、月和天数，具体操作步骤如下。

① 打开“店铺促销数据.xlsx”，选择 I2 单元格，如图 2-35 所示，选择【公式】选项卡的【日期和时间】中的【YEAR】函数。

图 2-35　提取年

② 在打开的【函数参数】对话框中输入“A2”，如图 2-36 所示，单击【确定】按钮。

③ 拖动填充柄将 I2 单元格中的函数填充到该列其他单元格中。用同样的方式，采用 MONTH 和 DAY 函数即可得到最终结果，如图 2-37 所示。

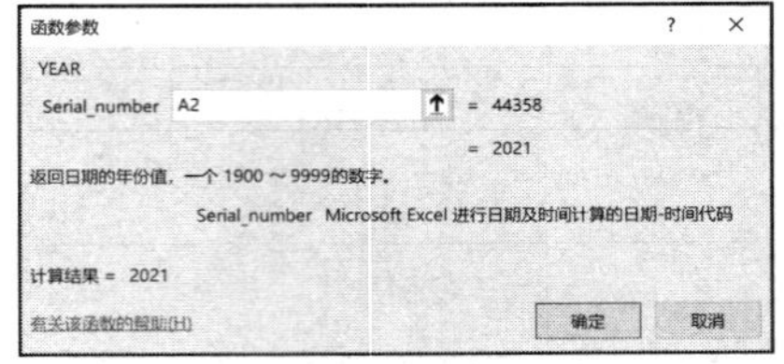

图 2-36 【函数参数】对话框

日期	类目	访客人数	收藏人数	交易金额	买家数	客单价	成交转化率	提取年	提取月	提取天数
2021/6/11	彩妆/美妆工具	2606533	23247	5152177	14738	349.58	0.565%	2021	6	11
2021/6/12	彩妆/美妆工具	855848	27922	5035705	13615	369.86	1.591%	2021	6	12
2021/6/13	彩妆/美妆工具	781117	23820	3733568	11630	321.03	1.489%	2021	6	13
2021/6/14	彩妆/美妆工具	6058888	32738	3606042	11672	308.95	0.193%	2021	6	14
2021/6/15	彩妆/美妆工具	696820	25253	6603147	18693	353.24	2.683%	2021	6	15
2021/6/16	彩妆/美妆工具	529270	34117	2774473	11469	241.91	2.167%	2021	6	16
2021/6/17	彩妆/美妆工具	3160150	27505	13414003	37216	360.44	1.178%	2021	6	17
2021/6/18	彩妆/美妆工具	1929880	25574	2424756	9523	254.62	0.493%	2021	6	18
2021/6/19	彩妆/美妆工具	957976	22772	5393008	12055	447.37	1.258%	2021	6	19
2021/6/20	彩妆/美妆工具	1317456	23222	5130550	19483	263.33	1.479%	2021	6	20

图 2-37 YEAR、MONTH 和 DAY 函数结果

（2）计算日期和时间函数

Excel 2016 中常用来计算日期数据的有 DATEDIF、NETWORKDAYS、DAYS、YEARFRAC 和 WORKDAY 等函数，分别用于返回两个日期的间隔、返回两个日期之间的完整工作日天数、返回两个日期之间的天数、返回两个日期之间的天数占一年的比例和返回与某日期相隔指定工作日天数的日期值。

在“员工信息表”工作表中计算员工的周岁数、不满 1 年的月数、不满 1 月的天数和工作天数，具体操作步骤如下。

① 打开“员工信息.xlsx”，在“员工信息表”中选择 C4 单元格，输入“=DATEDIF(B4,$G$2,"Y")”，如图 2-38 所示。

提示：

DATEDIF 函数的语法为 DATEDIF(start_date,end_date,unit)。其中，start_date 表示起始日期；end_date 表示终止日期，unit 为返回信息类型，Y 表示满年数，M 表示满月数，D 表示满天数，YM 表示不满 1 年的月数，YD 表示不满 1 年的天数，MD 表示不满 1 月的天数。

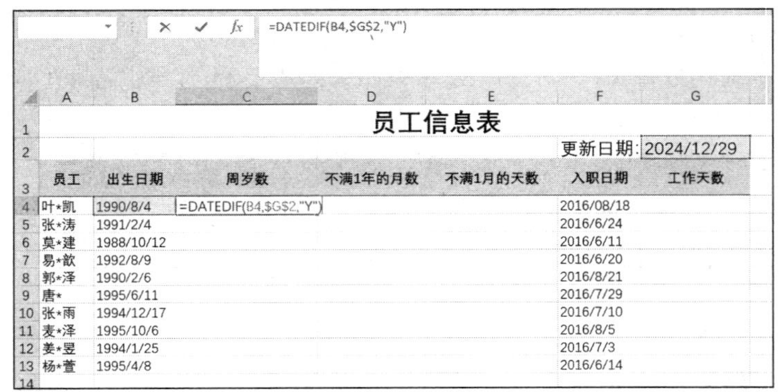

图 2-38 输入公式

② 拖动填充柄将 C4 单元格中的函数填充到该列其他单元格中，计算结果如图 2-39 所示。

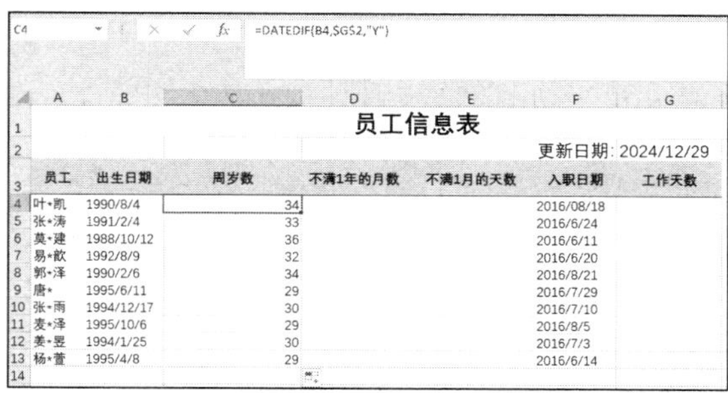

C4 =DATEDIF(B4,$G$2,"Y")

员工信息表

更新日期: 2024/12/29

员工	出生日期	周岁数	不满1年的月数	不满1月的天数	入职日期	工作天数
叶*凯	1990/8/4	34			2016/08/18	
张*涛	1991/2/4	33			2016/6/24	
莫*建	1988/10/12	36			2016/6/11	
易*歆	1992/8/9	32			2016/6/20	
郭*泽	1990/2/6	34			2016/8/21	
唐*	1995/6/11	29			2016/7/29	
张*雨	1994/12/17	30			2016/7/10	
麦*泽	1995/10/6	29			2016/8/5	
姜*昱	1994/1/25	30			2016/7/3	
杨*萱	1995/4/8	29			2016/6/14	

图 2-39 员工周岁数计算结果

③ 分别采用“=DATEDIF(B4,$G$2,"YM")”和“=DATEDIF (B4,$G$2,"MD")”函数求出不满 1 年的月数和不满 1 月的天数，结果如图 2-40 所示。

④ 在“下半年法定节假日”工作表中输入 2024 年下半年法定节假日，如图 2-41 所示。

员工信息表

更新日期: 2024/12/29

员工	出生日期	周岁数	不满1年的月数	不满1月的天数	入职日期	工作天数
叶*凯	1990/8/4	34	4	25	2016/08/18	
张*涛	1991/2/4	33	10	25	2016/6/24	
莫*建	1988/10/12	36	2	17	2016/6/11	
易*歆	1992/8/9	32	4	20	2016/6/20	
郭*泽	1990/2/6	34	10	23	2016/8/21	
唐*	1995/6/11	29	6	18	2016/7/29	
张*雨	1994/12/17	30	0	12	2016/7/10	
麦*泽	1995/10/6	29	2	23	2016/8/5	
姜*昱	1994/1/25	30	11	4	2016/7/3	
杨*萱	1995/4/8	29	8	21	2016/6/14	

图 2-40 不满 1 年的月数和不满 1 月的天数计算结果

下半年法定节假日	端午节	2024/6/8
		2024/6/9
		2024/6/10
	中秋节	2024/9/15
		2024/9/16
		2024/9/17
	国庆节	2024/10/1
		2024/10/2
		2024/10/3
		2024/10/4
		2024/10/5
		2024/10/6
		2024/10/7

员工信息表 下半年法定节假日

图 2-41 2016 年下半年法定节假日

⑤ 在“员工信息表”中选择 G4 单元格，输入“=NETWORKDAYS(F4,$G$2,下半年法定节假日!$C$4:$C$16)”，如图 2-42 所示。

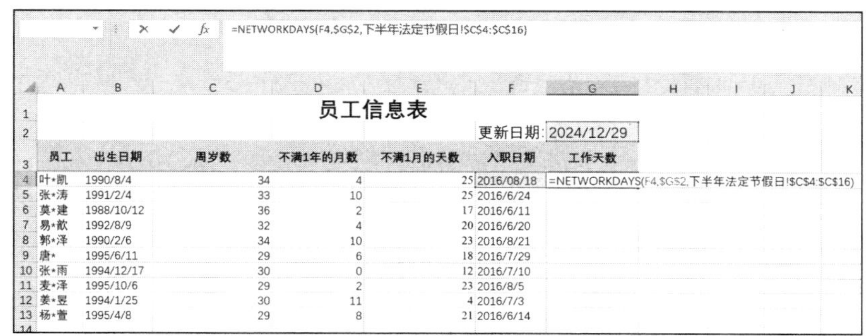

=NETWORKDAYS(F4,$G$2,下半年法定节假日!$C$4:$C$16)

员工信息表

更新日期: 2024/12/29

员工	出生日期	周岁数	不满1年的月数	不满1月的天数	入职日期	工作天数
叶*凯	1990/8/4	34	4	25	2016/08/18	=NETWORKDAYS(F4,$G$2,下半年法定节假日!$C$4:$C$16)
张*涛	1991/2/4	33	10	25	2016/6/24	
莫*建	1988/10/12	36	2	17	2016/6/11	
易*歆	1992/8/9	32	4	20	2016/6/20	
郭*泽	1990/2/6	34	10	23	2016/8/21	
唐*	1995/6/11	29	6	18	2016/7/29	
张*雨	1994/12/17	30	0	12	2016/7/10	
麦*泽	1995/10/6	29	2	23	2016/8/5	
姜*昱	1994/1/25	30	11	4	2016/7/3	
杨*萱	1995/4/8	29	8	21	2016/6/14	

图 2-42 使用 NETWORKDAYS 函数计算员工工作天数

提示：

NETWORKDAYS 函数的语法为 NETWORKDAYS(start_date,end_date,[holidays])。其中，

start_date 表示起始日期；end_date 表示终止日期；[holidays]为可选，表示节假日等休息日。

⑥ 拖动填充柄将 G4 单元格中的函数填充到该列其他单元格中，最终结果如图 2-43 所示。

员工信息表

更新日期: 2024/12/29

员工	出生日期	周岁数	不满1年的月数	不满1月的天数	入职日期	工作天数
叶*凯	1990/8/4	34	4	25	2016/08/18	2174
张*涛	1991/2/4	33	10	25	2016/6/24	2213
莫*建	1988/10/12	36	2	17	2016/6/11	2222
易*歆	1992/8/9	32	4	20	2016/6/20	2217
郭*泽	1990/2/6	34	10	23	2016/8/21	2172
唐*	1995/6/11	29	6	18	2016/7/29	2188
张*雨	1994/12/17	30	0	12	2016/7/10	2202
麦*泽	1995/10/6	29	2	23	2016/8/5	2183
姜*昱	1994/1/25	30	11	4	2016/7/3	2207
杨*萱	1995/4/8	29	8	21	2016/6/14	2221

图 2-43　日期和时间函数最终计算结果

引用单元格

- 相对引用是指当把公式或函数复制到其他单元格时，行号和列号会根据实际的单元格发生相应的改变，这是 Excel 默认的引用方式。
- 绝对引用是指当把公式或函数复制到其他单元格时，行号和列号保持不变。绝对引用符号为“$”，在单元格里，字母前面加“$”表示绝对引用列，数字前面加“$”表示绝对引用行，两个都加表示绝对引用该单元格，如计算员工的周岁数时使用的“$G$2”单元格。
- 三维引用是指对跨工作表或工作簿中的两个甚至多个工作表中的单元格及单元格区域的引用。三维引用的形式为“表名!单元格地址”，如计算工作天数时使用的“下半年法定节假日!$C$4:$C$16”单元格。

4. 数学与统计函数

Excel 2016 中常用来计算数值的数学函数主要有 PRODUCT、SUM、SUMIF、QUOTIENT 和 ROUND 等；常见的统计函数有 COUNT、COUNTIF、AVERAGE、MAX、MIN、LARGE、SMALL、FREQUENCY 等。

利用数学与统计函数完成“8 月营业统计”工作表相关统计，具体操作步骤如下。

① 打开“8 月营业统计.xlsx”，选择 E2 单元格，使用 PRODUCT 函数计算折后金额，输入“=PRODUCT(C2:D2)”，如图 2-44 所示。

② 拖动填充柄将 E2 单元格中的函数填充到该列其他单元格中。

③ 选择 G2 单元格，输入“=ROUND(E2,0)”对折后金额进行四舍五入取整，如图 2-45 所示。

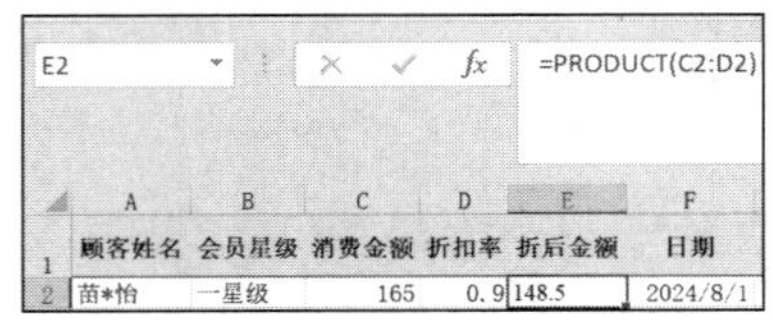

图 2-44　输入“=PRODUCT(C2:D2)”

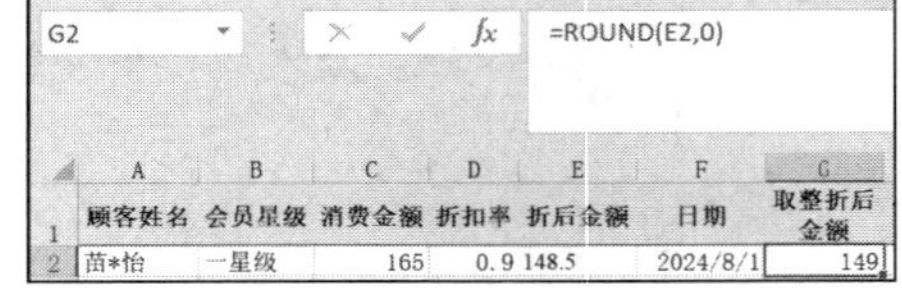

图 2-45　输入“=ROUND(E2,0)”

④ 拖动填充柄将 G2 单元格中的函数填充到该列其他单元格中。

⑤ 选择 H2 单元格，输入“=SUM(C:C)”，如图 2-46 所示。

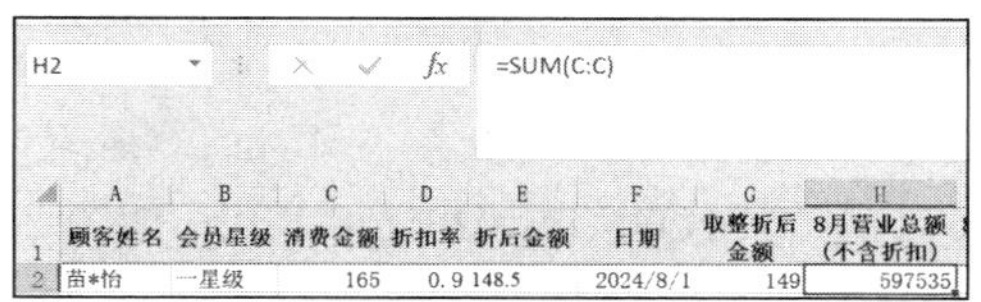

图 2-46 输入“=SUM(C:C)”

提示：

单元格引用样式说明如下。

A1 表示第 A 列和第 1 行交叉处的单元格。

A1:A10 表示在第 A 列中第 1 行到第 10 行之间的单元格。

B2:E2 表示在第 2 行中第 B 列到第 E 列之间的单元格。

3:3 表示第 3 行中全部的单元格。

3:5 表示第 3 行到第 5 行之间全部的单元格。

D:D 表示第 D 列中全部的单元格。

A:D 表示第 A 列到第 D 列之间全部的单元格。

A1:D10 表示第 A 列到第 D 列和第 1 行到第 10 行范围内的全部单元格。

⑥ 选择 I2 单元格，输入“=SUMIF(F:F,"2024/8/1",C:C)”，如图 2-47 所示。

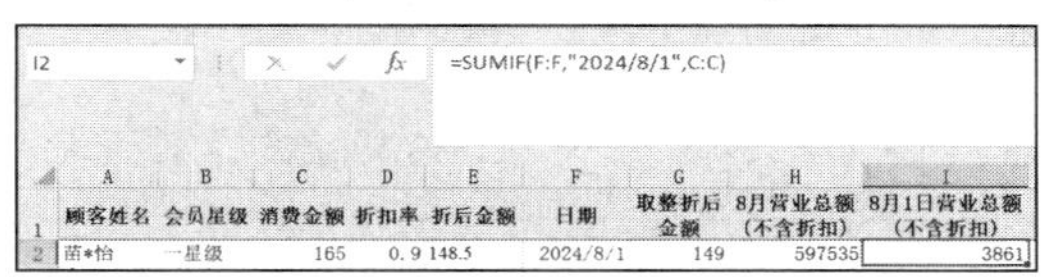

图 2-47 输入“=SUMIF(F:F,"2024/8/1",C:C)”

提示：

SUMIF 函数的语法为 SUMIF(range,criteria,[sum_range])。其中，range 表示设置条件的单元格区域；criteria 表示求和的条件，必须用双引号标识；sum_range 为可选项，表示求和的单元格区域。

⑦ 选择 J2 单元格，输入“=QUOTIENT(H2,31)”，如图 2-48 所示。

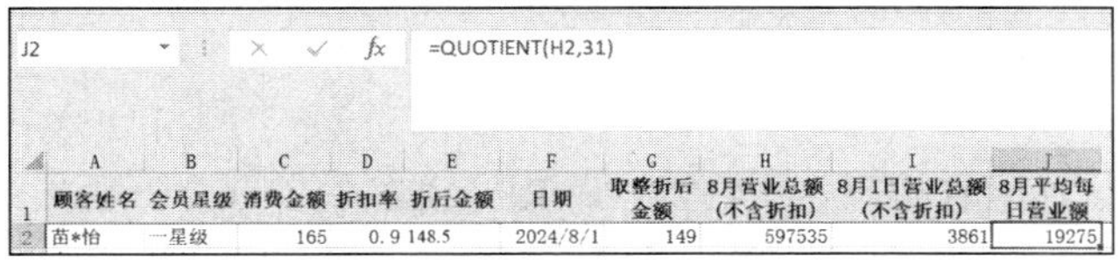

图 2-48 输入“=QUOTIENT(H2,31)”

提示：

QUOTIENT 函数的语法为 QUOTIENT(numerator,denominator)。其中，numerator 表示被除数，denominator 表示除数。

⑧ 选择 K2 单元格，输入“=COUNT(C:C)”，如图 2-49 所示。

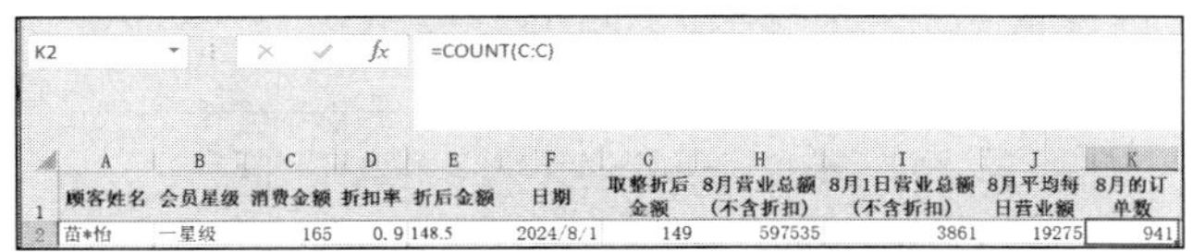

图 2-49 输入“=COUNT(C:C)”

提示：

COUNT 函数只对数字类型的数据有效，如数字、日期或代表数字的文本（如“1”）。

⑨ 选择 L2 单元格，输入“=COUNTIF(F:F,"2016/8/1")”，如图 2-50 所示。

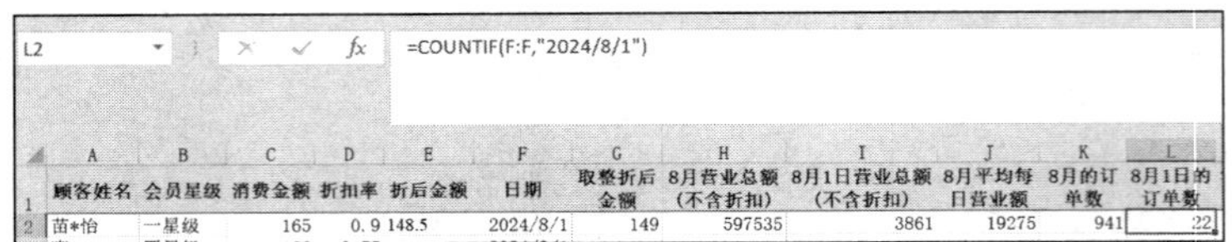

图 2-50 输入“=COUNTIF(F:F,"2016/8/1")”

⑩ 选择 M2 单元格，输入“=MAX(C:C)”，如图 2-51 所示。

图 2-51 输入“=MAX(C:C)”

⑪ 选择 N2 单元格，输入“=LARGE(C:C,2)”，如图 2-52 所示。

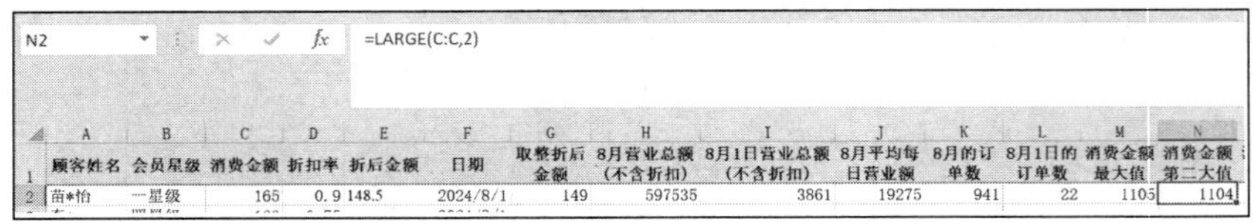

图 2-52 输入“=LARGE(C:C,2)”

提示：

LARGE 函数的语法为 LARGE(array,k)。其中，array 表示需要查找的第 k 个最大值的数组或数据单元格区域，k 表示返回值在数组或数据单元格区域中的位置（从大到小排列）。

⑫ 按照⑩、⑪的方法，分别采用 MIN 和 SMALL 函数即可求出消费金额最小值和消费金额第二小值。

⑬ 选择 H9:I13 区域，输入消费金额区间和区间上限，如图 2-53 所示。

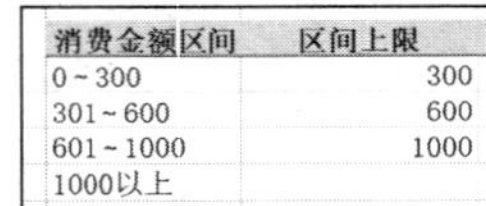

消费金额区间	区间上限
0～300	300
301～600	600
601～1000	1000
1000以上	

图 2-53 消费金额区间和区间上限

⑭ 选中 J10:J13 区域，在编辑栏中输入“=FREQUENCY(C:C,I10:I13)”，如图 2-54 所示。

J10 =FREQUENCY(C:C,I10:I13)

	A	B	C	D	E	F	G	H	I	J
1	顾客姓名	会员星级	消费金额	折扣率	折后金额	日期	取整折后金额	8月营业总额（不含折扣）	8月1日营业总额（不含折扣）	8月平均每日营业额
2	苗*怡	一星级	165	0.9	148.5	2024/8/1	149	597535	3861	19275
3	李*	四星级	166	0.75		2024/8/1				
4	卓*梅	五星级	167	0.7		2024/8/1				
5	张*鹏	五星级	168	0.7		2024/8/1				
6	李*东	四星级	169	0.75		2024/8/1				
7	沈*斐	一星级	170	0.9		2024/8/1				
8	苗*坤	一星级	171	0.9		2024/8/1				
9	李*明	四星级	172	0.75		2024/8/1		消费金额区	区间上限	频率
10	蓝*	四星级	173	0.75		2024/8/1		0-300	300	136
11	沈*丹	一星级	174	0.9		2024/8/1		300-600	600	
12	冷*	四星级	175	0.75		2024/8/1		600-1000	1000	
13	徐*太	一星级	176	0.9		2024/8/1		1000以上		
14	高*桐	一星级	177	0.9		2024/8/1				

图 2-54 输入“=FREQUENCY(C:C,I10:I13)”

⑮ 按组合键【Ctrl+Shift+Enter】结束编辑，结果如图 2-55 所示。

提示：

FREQUENCY 函数的语法为 FREQUENCY(data_array,bins_array)。其中，data_array 表示要对其出现频率进行计数的一组数值或对这组数值的引用；bins_array 表示将插入参数 data_array 中的值的间隔数组或对间隔的引用。由于 FREQUENCY 函数返回的是数组结果，因此在直接使用该函数时需要按组合键【Ctrl+Shift+Enter】结束编辑才能正常运算。

	A	B	C	D	E	F	G	H	I	J
1	顾客姓名	会员星级	消费金额	折扣率	折后金额	日期	取整折后金额	8月营业总额（不含折扣）	8月1日营业总额（不含折扣）	8月平均每日营业额
2	苗*怡	一星级	165	0.9	148.5	2024/8/1	149	597535	3861	19275
3	李*	四星级	166	0.75		2024/8/1				
4	卓*梅	五星级	167	0.7		2024/8/1				
5	张*鹏	五星级	168	0.7		2024/8/1				
6	李*东	四星级	169	0.75		2024/8/1				
7	沈*雯	一星级	170	0.9		2024/8/1				
8	苗*坤	一星级	171	0.9		2024/8/1				
9	李*明	四星级	172	0.75		2024/8/1		消费金额区	区间上限	频率
10	蓝*	四星级	173	0.75		2024/8/1		0-300	300	136
11	沈*丹	一星级	174	0.9		2024/8/1		300-600	600	300
12	冷*	四星级	175	0.75		2024/8/1		600-1000	1000	400
13	徐*太	一星级	176	0.9		2024/8/1		1000以上		105
14	高*桐	一星级	177	0.9		2024/8/1				
15	朱*	五星级	178	0.7		2024/8/1				

图 2-55　计算消费金额在消费金额区间中出现的频率的结果

5. 文本处理函数

用 Excel 2016 中的文本处理函数可以非常方便地处理字符串。常见的文本处理函数主要有 CONCATENATE、EXACT、LEN、FIND、SEARCH、LEFT、RIGHT、SUBSTITUTE 和 REPLACE 等。

利用文本处理函数完成“8 月 1 日订单评论数据”工作表相关处理，具体操作步骤如下。

① 打开“8 月 1 日订单评论数据.xlsx”，选择 F3 单元格，输入“=EXACT($E$2,E3)”，如图 2-56 所示。

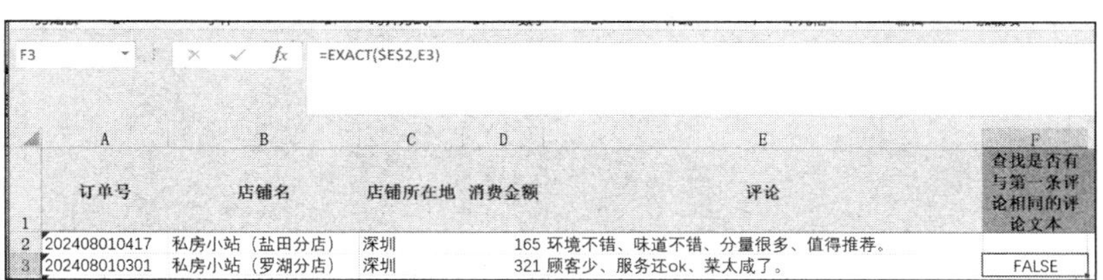

	A	B	C	D	E	F
1	订单号	店铺名	店铺所在地	消费金额	评论	查找是否有与第一条评论相同的评论文本
2	202408010417	私房小站（盐田分店）	深圳	165	环境不错、味道不错、分量很多、值得推荐。	
3	202408010301	私房小站（罗湖分店）	深圳	321	顾客少、服务还ok、菜太咸了。	FALSE

图 2-56　输入“=EXACT($E$2,E3)”

② 拖动填充柄将 F3 单元格中的函数填充到该列其他单元格中，结果如图 2-57 所示。

	A	B	C	D	E	F
1	订单号	店铺名	店铺所在地	消费金额	评论	查找是否有与第一条评论相同的评论文本
2	202408010417	私房小站（盐田分店）	深圳	165	环境不错、味道不错、分量很多、值得推荐。	
3	202408010301	私房小站（罗湖分店）	深圳	321	顾客少、服务还ok、菜太咸了。	FALSE
4	202408010413	私房小站（盐田分店）	深圳	854	环境不错、味道一般、出品太重口。	FALSE
5	202408010415	私房小站（罗湖分店）	深圳	466	环境不错、性价比比较高。	FALSE
6	202408010392	私房小站（番禺分店）	广州	704	去过几次、都挺好的、口味足、份量足。	FALSE
7	202408010381	私房小站（天河分店）	广州	239	味道不错。	FALSE
8	202408010429	私房小站（福田分店）	深圳	699	很好吃NICE、nice、nice。	FALSE
9	202408010433	私房小站（番禺分店）	广州	511	还可以，不过味道有点重。	FALSE
10	202408010569	私房小站（盐田分店）	深圳	326	服务态度不是很好，环境有点拥挤。	FALSE
11	202408010655	私房小站（顺德分店）	佛山	263	环境不错、味道不错、分量很多、值得推荐。	TRUE
12	202408010577	私房小站（天河分店）	广州	380	好吃，好吃，下次在继续点。	FALSE
13	202408010622	私房小站（天河分店）	广州	164	挺满意的，还以为一个套餐吃不饱，结果没吃完就饱了。	FALSE
14	202408010651	私房小站（盐田分店）	深圳	137	套餐菜太少了，而且非常难吃，量很少。	FALSE
15	202408010694	私房小站（天河分店）	广州	819	好吃，超级无敌好吃，太好吃了，下次还来。	FALSE
16	202408010462	私房小站（福田分店）	深圳	431	味道不错，不刺激，吃起来舒服。	FALSE
17	202408010458	私房小站（番禺分店）	广州	700	不新鲜，咸的发苦。	FALSE
18	202408010467	私房小站（福田分店）	深圳	615	没看到什么肉，但是味道不错。	FALSE
19	202408010562	私房小站（福田分店）	深圳	366	菜挺新鲜的，再多一点就好了。	FALSE
20	202408010486	私房小站（天河分店）	广州	443	口感不错，香香的，五星好评。	FALSE
21	202408010517	私房小站（珠海分店）	珠海	294	满满的料，对得起价格，味道不错。	FALSE
22	202408010452	私房小站（番禺分店）	广州	167	不新鲜，咸的发苦。	FALSE
23	202408010448	私房小站（福田分店）	深圳	609	餐给少了，态度不好。	FALSE

图 2-57　EXACT 比较结果

③ 选择 G2 单元格，输入“=CONCATENATE(C2,B2)”，如图 2-58 所示。

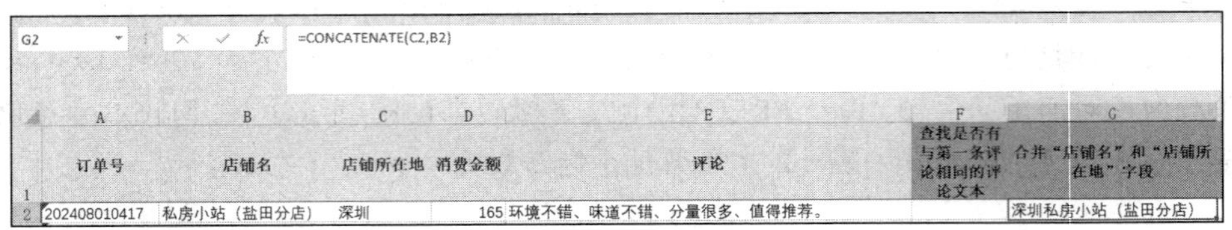

图 2-58 输入“=CONCATENATE(C2,B2)”

④ 拖动填充柄将 G2 单元格中的函数填充到该列其他单元格中。

⑤ 选择 H2 单元格，输入“=LEN(E2)”，如图 2-59 所示。

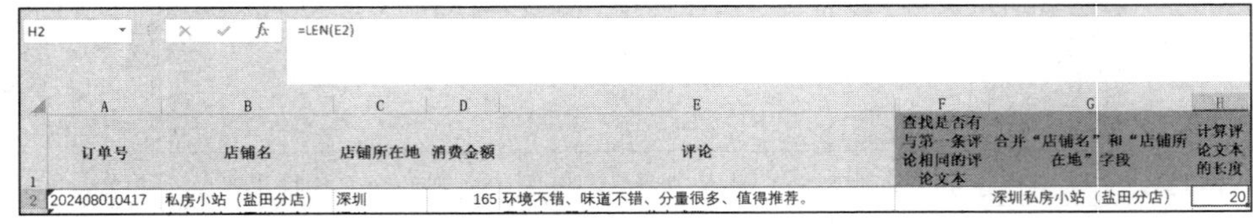

图 2-59 输入“=LEN(E2)”

⑥ 拖动填充柄将 H2 单元格中的函数填充到该列其他单元格中。

⑦ 选择 I2 单元格，输入“=REPLACE(B2,1,4,"私房小馆")”，如图 2-60 所示。

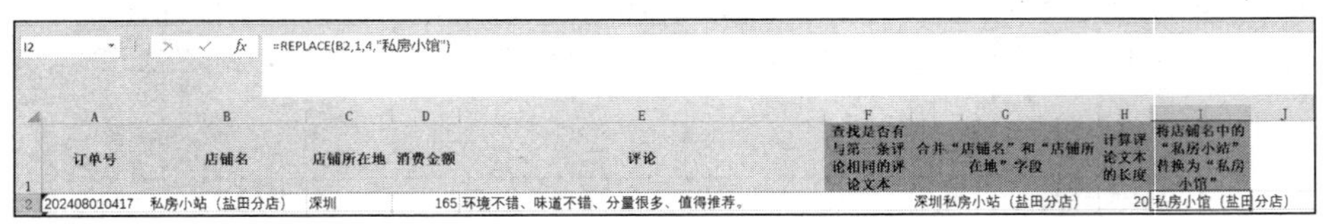

图 2-60 输入“=REPLACE(B2,1,4,"私房小馆")”

提示：

REPLACE 函数的语法为 REPLACE(old_text,start_num,num_chars,new_text)。其中，old_text 表示要替换其部分字符的文本；start_num 表示要替换为 new_text 的字符起始位置；num_chars 表示希望 REPLACE 函数使用 new_text 来进行替换的字符数；new_text 表示将替换 old_text 中字符的文本。

⑧ 拖动填充柄将 I2 单元格中的函数填充到该列其他单元格中。

6. 逻辑运算函数

用 Excel 2016 中的逻辑运算函数可以对逻辑值进行计算。常见的逻辑运算函数主要有 IF、AND、OR 等。

利用逻辑运算函数完成“8 月 1 日订单信息”工作表相关处理，具体操作步骤如下。

① 打开“8 月 1 日订单信息.xlsx”，选择 G2 单元格，输入“=IF(E2>1000,5,IF(E2>800,4,IF(E2>600,3,IF(E2>400,2,IF(E2>200,1,0)))))”，如图 2-61 所示。

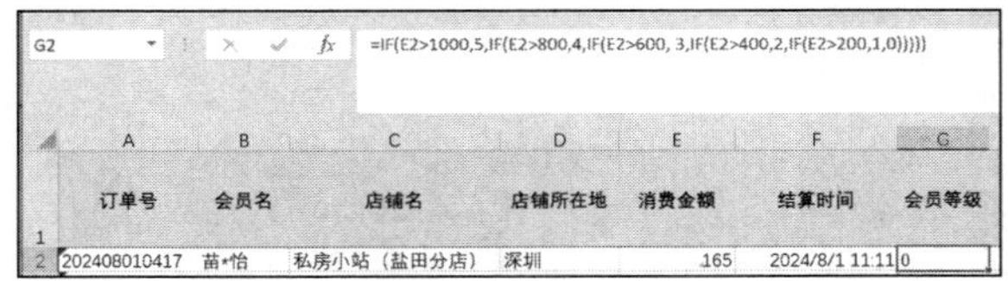

图 2-61 输入“=IF(E2>1000,5,IF(E2>800,4,IF(E2>600,3,IF(E2>400,2,IF(E2>200,1,0)))))”

提示：

IF 函数的语法为 IF(logical_test,value_if_true,[value_if_false])。其中，logical_test 表示要测试的条件；value_if_true 表示条件成立时返回的值；value_if_false 是可选项，表示条件不成立时返回的值。图 2-61 中输入的公式的含义是当会员消费金额在 0 ~ 200 元（包含 200 元）区间时，会员等级为 0 级；当会员消费金额在 200 ~ 400 元（包含 400 元）区间时，会员等级为 1 级；当会员消费金额在 400 ~ 600 元（包含 600 元）区间时，会员等级为 2 级；当会员消费金额在 600 ~ 800 元（包含 800 元）区间时，会员等级为 3 级；当会员消费金额在 800 ~ 1000 元（包含 1000 元）区间时，会员等级为 4 级；当消费金额在 1000 元以上时，会员等级为 5 级。

② 拖动填充柄将 G2 单元格中的函数填充到该列其他单元格中。

③ 选择 H2 单元格，输入“=IF(AND(D2="深圳",E2>500),B2,0)”，如图 2-62 所示。

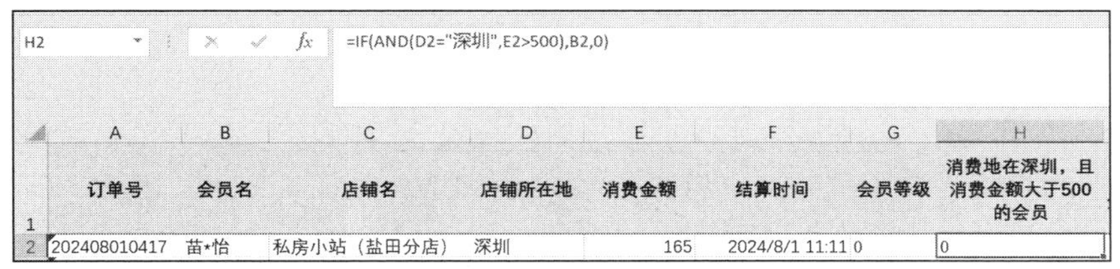

H2　=IF(AND(D2="深圳",E2>500),B2,0)

	A	B	C	D	E	F	G	H
1	订单号	会员名	店铺名	店铺所在地	消费金额	结算时间	会员等级	消费地在深圳，且消费金额大于500的会员
2	202408010417	苗*怡	私房小站（盐田分店）	深圳	165	2024/8/1 11:11	0	0

图 2-62　输入“=IF(AND(D2="深圳",E2>500),B2,0)”

提示：

AND 函数的语法为 AND(logical1,logical2,…)。其中，logical1 表示第一个需要测试且计算结果可为 TRUE 或 FALSE 的条件；logical2 表示第二个需要测试且计算结果可为 TRUE 或 FALSE 的条件。

④ 拖动填充柄将 H2 单元格中的函数填充到该列其他单元格中。

⑤ 选择 I2 单元格，输入“=IF(OR(D2="深圳",E2>500),B2,0)”，拖动填充柄将 I2 单元格中的函数填充到该列其他单元格中，最终结果如图 2-63 所示。

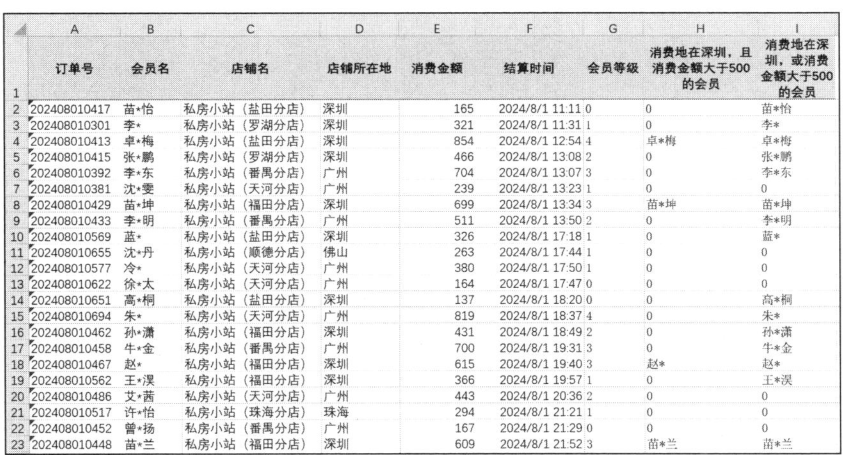

	A	B	C	D	E	F	G	H	I
1	订单号	会员名	店铺名	店铺所在地	消费金额	结算时间	会员等级	消费地在深圳，且消费金额大于500的会员	消费地在深圳，或消费金额大于500的会员
2	202408010417	苗*怡	私房小站（盐田分店）	深圳	165	2024/8/1 11:11	0	0	苗*怡
3	202408010301	李*	私房小站（罗湖分店）	深圳	321	2024/8/1 11:31	1	0	李*
4	202408010413	卓*梅	私房小站（盐田分店）	深圳	854	2024/8/1 12:54	4	卓*梅	卓*梅
5	202408010415	张*鹏	私房小站（罗湖分店）	深圳	466	2024/8/1 13:08	2	0	张*鹏
6	202408010392	李*东	私房小站（番禺分店）	广州	704	2024/8/1 13:07	3	0	李*东
7	202408010381	沈*雯	私房小站（天河分店）	广州	239	2024/8/1 13:23	1	0	0
8	202408010429	苗*坤	私房小站（福田分店）	深圳	699	2024/8/1 13:34	3	苗*坤	苗*坤
9	202408010433	李*明	私房小站（番禺分店）	广州	511	2024/8/1 13:50	2	0	李*明
10	202408010569	蓝*	私房小站（盐田分店）	深圳	326	2024/8/1 17:18	1	0	蓝*
11	202408010655	沈*丹	私房小站（顺德分店）	佛山	263	2024/8/1 17:44	1	0	0
12	202408010577	冷*	私房小站（天河分店）	广州	380	2024/8/1 17:50	1	0	0
13	202408010622	徐*太	私房小站（天河分店）	广州	164	2024/8/1 17:47	0	0	0
14	202408010651	高*桐	私房小站（盐田分店）	深圳	137	2024/8/1 18:20	0	0	高*桐
15	202408010694	朱*	私房小站（天河分店）	广州	819	2024/8/1 18:37	4	0	朱*
16	202408010462	孙*潇	私房小站（福田分店）	深圳	431	2024/8/1 18:49	2	0	孙*潇
17	202408010458	牛*金	私房小站（番禺分店）	广州	700	2024/8/1 19:31	3	0	牛*金
18	202408010467	赵*	私房小站（福田分店）	深圳	615	2024/8/1 19:40	3	赵*	赵*
19	202408010562	王*淏	私房小站（福田分店）	深圳	366	2024/8/1 19:57	1	0	王*淏
20	202408010486	艾*茜	私房小站（天河分店）	广州	443	2024/8/1 20:36	2	0	0
21	202408010517	许*怡	私房小站（珠海分店）	珠海	294	2024/8/1 21:21	1	0	0
22	202408010452	曾*扬	私房小站（番禺分店）	广州	167	2024/8/1 21:29	0	0	0
23	202408010448	苗*兰	私房小站（福田分店）	深圳	609	2024/8/1 21:52	3	苗*兰	苗*兰

图 2-63　逻辑运算函数最终结果

2.1.4　金融数据的统计与管理

1．排序

在 Excel 中，编辑的数据一般会有特定的顺序，当查看这些数据的角度发生变化时，为了方便查看，往往会对编辑的数据进行排序。排序的方法包括根据单个关键字排序、根据多个关键字排序和自定义排序等。

在“订单信息”工作表中先根据会员名进行升序排列，再将相同会员名的订单根据店铺名进行降序排列。接着，根据店铺所在地进行自定义排序。具体操作如下。

① 打开“订单信息.xlsx”，选中任一非空单元格。

② 在【数据】选项卡的【排序和筛选】命令组中，单击【排序】按钮，打开【排序】对话框，具体设置如图 2-64 所示。

图 2-64 排序参数设置

③ 单击【确定】按钮即可先根据会员名进行升序排列，再将相同会员名的订单根据店铺名进行降序排列，结果如图 2-65 所示。

	A	B	C	D	E	F	G
1	订单号	会员名	店铺名	店铺所在地	消费金额	是否结算	结算时间
2	202408061278	艾*金	私房小站（越秀分店）	广州	185	1	2024/8/6 20:42
3	202408141143	艾*金	私房小站（天河分店）	广州	199	1	2024/8/14 22:09
4	202408240501	艾*金	私房小站（天河分店）	广州	504	1	2024/8/24 19:30
5	202408010486	艾*茜	私房小站（天河分店）	广州	443	1	2024/8/1 20:36
6	202408250518	艾*茜	私房小站（天河分店）	广州	594	1	2024/8/25 20:09
7	202408150766	艾*茜	私房小站（福田分店）	深圳	702	1	2024/8/15 21:42
8	202408020688	艾*雄	私房小站（越秀分店）	广州	332	1	2024/8/2 21:18
9	202408061082	艾*雄	私房小站（天河分店）	广州	458	1	2024/8/6 20:41
10	202408201161	艾*雄	私房小站（福田分店）	深圳	148	1	2024/8/20 18:34
11	202408220499	艾*雄	私房小站（禅城分店）	佛山	337	1	2024/8/22 22:08
12	202408200813	包*菲	私房小站（天河分店）	广州	1018	1	2024/8/20 11:52
13	202408201244	包*昊	私房小站（越秀分店）	广州	404	1	2024/8/20 18:24
14	202408210815	包*铭	私房小站（天河分店）	广州	707	1	2024/8/21 11:48
15	202408070396	蔡*诚	私房小站（罗湖分店）	深圳	184	1	2024/8/7 13:44
16	202408211144	蔡*涵	私房小站（罗湖分店）	深圳	272	1	2024/8/21 18:56
17	202408100441	蔡*霖	私房小站（顺德分店）	佛山	265	1	2024/8/10 19:57
18	202408131134	蔡*韬	私房小站（越秀分店）	广州	719	1	2024/8/13 18:53
19	202408201137	蔡*韬	私房小站（天河分店）	广州	436	1	2024/8/20 19:56
20	202408201175	蔡*韬	私房小站（福田分店）	深圳	746	1	2024/8/20 20:52
21	202408201163	蔡*韬	私房小站（番禺分店）	广州	286	1	2024/8/20 21:16
22	202408120170	蔡*题	私房小站（罗湖分店）	深圳	450	1	2024/8/12 13:39
23	202408150162	蔡*桐	私房小站（盐田分店）	深圳	1101	1	2024/8/15 11:35
24	202408030320	蔡*桐	私房小站（禅城分店）	佛山	457	1	2024/8/3 13:18
25	202408220532	曾*	私房小站（越秀分店）	广州	255	1	2024/8/22 18:02
26	202408041259	曾*	私房小站（盐田分店）	深圳	158	1	2024/8/4 19:03
27	202408030660	曾*	私房小站（天河分店）	广州	560	1	2024/8/3 21:07

图 2-65 根据多个关键字排序结果

④ 单击【数据】→【排序】按钮，打开【排序】对话框，【排序依据】选择【店铺所在地】，【次序】选择【自定义序列】，如图 2-66 所示，单击【确定】按钮。

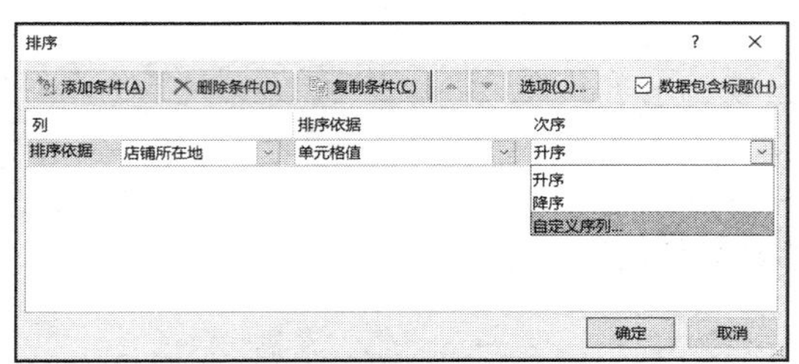

图 2-66 【排序】对话框中的参数设置

⑤ 在打开的【自定义序列】对话框的【输入序列】列表框中输入“珠海”“深圳”“佛山”“广州”，如图 2-67 所示，单击【添加】按钮。

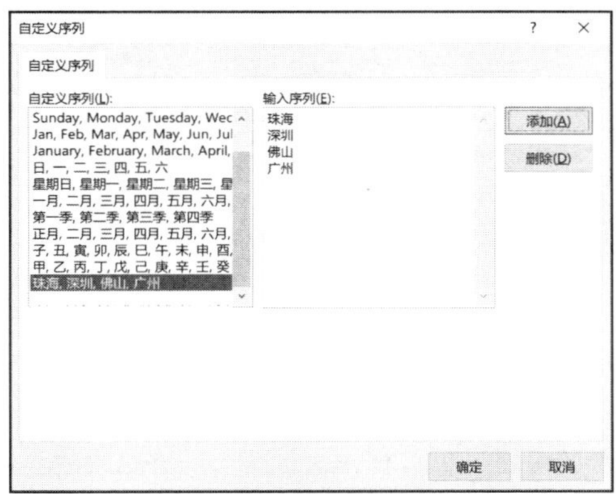

图 2-67　自定义序列

⑥ 单击【确定】按钮即可根据店铺所在地进行自定义排序，结果如图 2-68 所示。

	A	B	C	D	E	F	G
1	订单号	会员名	店铺名	店铺所在地	消费金额	是否结算	结算时间
2	202408150648	陈*	私房小站（珠海分店）	珠海	807	1	2024/8/15 18:39
3	202408260611	陈*茹	私房小站（珠海分店）	珠海	408	1	2024/8/26 18:05
4	202408130882	陈*胜	私房小站（珠海分店）	珠海	516	1	2024/8/13 12:50
5	202408030749	冯*	私房小站（珠海分店）	珠海	718	1	2024/8/3 20:01
6	202408211155	蓝*	私房小站（珠海分店）	珠海	680	1	2024/8/21 20:06
7	202408211205	冷*	私房小站（珠海分店）	珠海	492	1	2024/8/21 19:15
8	202408130842	李*泽	私房小站（珠海分店）	珠海	125	1	2024/8/13 11:11
9	202408251050	林*菡	私房小站（珠海分店）	珠海	640	1	2024/8/25 17:55
10	202408260205	卢*恒	私房小站（珠海分店）	珠海	321	1	2024/8/26 12:51
11	202408070836	苗*林	私房小站（珠海分店）	珠海	720	1	2024/8/7 12:02
12	202408061309	苗*琰	私房小站（珠海分店）	珠海	445	1	2024/8/6 20:59
13	202408040669	沈*	私房小站（珠海分店）	珠海	1006	1	2024/8/4 21:27
14	202408051070	孙*波	私房小站（珠海分店）	珠海	738	1	2024/8/5 17:29
15	202408270589	唐*	私房小站（珠海分店）	珠海	551	1	2024/8/27 19:42
16	202408061290	王*泊	私房小站（珠海分店）	珠海	656	1	2024/8/6 18:57
17	202408061103	卫*冰	私房小站（珠海分店）	珠海	204	1	2024/8/6 20:00

图 2-68　自定义排序结果

2. 筛选

在 Excel 中，筛选是一种可以快速查找出目标数据的方法，因此在面对大量数据时，可以通过筛选找出所需的数据。筛选的方法主要有简单筛选和高级筛选。

在“订单信息”工作表中筛选出店铺所在地为“珠海”的数据；筛选出会员名为“陈*茹”和“卓*汉”的数据；筛选出店铺所在地为“深圳”且消费金额大于 1200 元的数据。具体操作如下。

① 打开“订单信息.xlsx”，选中任一非空单元格。

② 在【数据】选项卡的【排序和筛选】命令组中，单击【筛选】按钮。

③ 单击“店铺所在地”字段旁的下拉按钮，在弹出的下拉列表中勾选【珠海】复选框，如图 2-69 所示。

④ 单击【确定】按钮，结果如图 2-70 所示。

⑤ 取消店铺所在地的筛选，单击“会员名”字段旁的下拉按钮，在打开的下拉列表中选择【文本筛选】→【自定义筛选】选项，如图 2-71 所示。

⑥ 在打开的【自定义自动筛选】对话框中，根据图 2-72 所示进行参数设置，单击【确定】按钮即可得到结果。

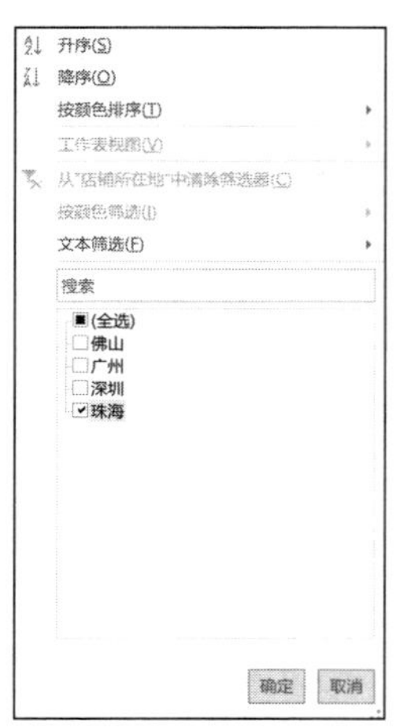

图 2-69　筛选参数设置

	订单号	会员名	店铺名	店铺所在	消费金	是否结算	结算时间
59	202408260611	陈*茹	私房小站（珠海分店）	珠海	408	1	2024/8/26 18:05
65	202408150648	陈*	私房小站（珠海分店）	珠海	807	1	2024/8/15 18:39
68	202408130882	陈*胜	私房小站（珠海分店）	珠海	516	1	2024/8/13 12:50
114	202408030749	冯*	私房小站（珠海分店）	珠海	718	1	2024/8/3 20:01
249	202408211155	蓝*	私房小站（珠海分店）	珠海	680	1	2024/8/21 20:06
259	202408211205	冷*	私房小站（珠海分店）	珠海	492	1	2024/8/21 19:15
307	202408130842	李*泽	私房小站（珠海分店）	珠海	125	1	2024/8/13 11:11
320	202408251050	林*茜	私房小站（珠海分店）	珠海	640	1	2024/8/25 17:55
355	202408260205	卢*恒	私房小站（珠海分店）	珠海	321	1	2024/8/26 12:51
389	202408070836	苗*林	私房小站（珠海分店）	珠海	720	1	2024/8/7 12:02
398	202408061309	苗*琰	私房小站（珠海分店）	珠海	445	1	2024/8/6 20:59
464	202408040669	沈*	私房小站（珠海分店）	珠海	1006	1	2024/8/4 21:27
482	202408051070	孙*波	私房小站（珠海分店）	珠海	738	1	2024/8/5 17:29
511	202408270589	唐*	私房小站（珠海分店）	珠海	551	1	2024/8/27 19:42
534	202408061290	王*泊	私房小站（珠海分店）	珠海	656	1	2024/8/6 18:57
583	202408061103	卫*冰	私房小站（珠海分店）	珠海	204	1	2024/8/6 20:00
613	202408020193	吴*雨	私房小站（珠海分店）	珠海	238	1	2024/8/2 11:33
671	202408050333	徐*怡	私房小站（珠海分店）	珠海	159	1	2024/8/5 12:19
694	202408010517	许*怡	私房小站（珠海分店）	珠海	294	1	2024/8/1 21:21
705	202408260350	杨*畅	私房小站（珠海分店）	珠海	584	1	2024/8/26 12:40
709	202408210286	杨*萱	私房小站（珠海分店）	珠海	131	1	2024/8/21 12:50
718	202408280658	叶*逸	私房小站（珠海分店）	珠海	459	1	2024/8/28 18:05
721	202408090338	叶*凯	私房小站（珠海分店）	珠海	201	1	2024/8/9 11:27
724	202408210790	易*轩	私房小站（珠海分店）	珠海	425	1	2024/8/21 14:11
803	202408100294	张*雨	私房小站（珠海分店）	珠海	155	1	2024/8/10 13:12
811	202408201235	张*宝	私房小站（珠海分店）	珠海	605	1	2024/8/20 18:15
870	202408071069	赵*桢	私房小站（珠海分店）	珠海	128	1	2024/8/7 20:26
886	202408210908	郑*明	私房小站（珠海分店）	珠海	655	1	2024/8/21 20:53
888	202408090537	仲*豪	私房小站（珠海分店）	珠海	403	1	2024/8/9 20:47
922	202408131245	朱*	私房小站（珠海分店）	珠海	459	1	2024/8/13 18:34
927	202408150754	卓*汉	私房小站（珠海分店）	珠海	338	1	2024/8/15 18:14
941	202408130853	卓*梅	私房小站（珠海分店）	珠海	636	1	2024/8/13 14:09

图 2-70　店铺所在地为“珠海”的数据

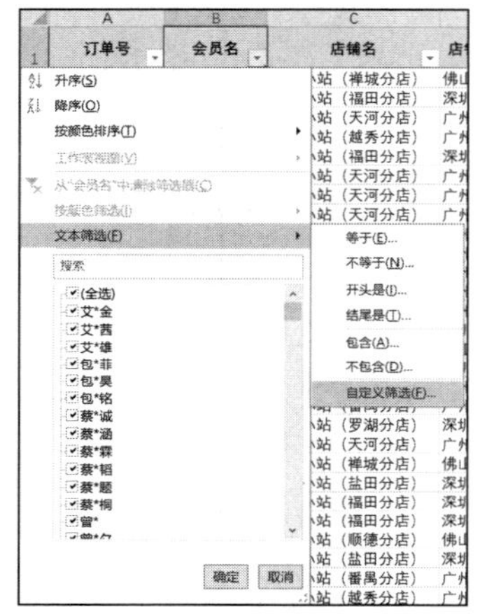

图 2-71　选择【自定义筛选】选项

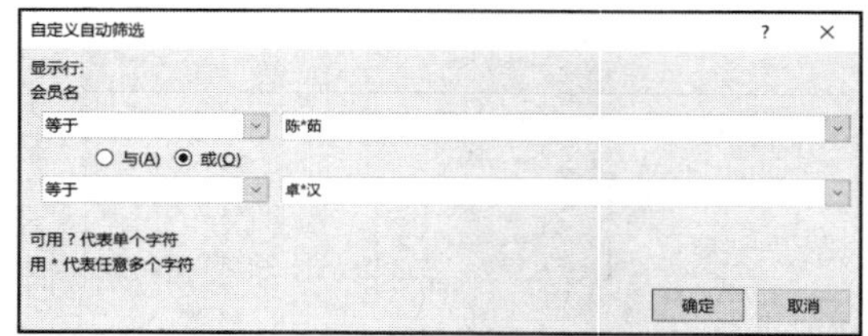

图 2-72　自定义自动筛选参数设置

⑦ 新建一个工作表“筛选条件”并输入筛选条件，如图 2-73 所示。

⑧ 选中“订单信息”表的任一非空单元格，在【数据】选项卡的【排序和筛选】命令组中，单击【高级】按钮。

⑨ 在打开的【高级筛选】对话框中，在【列表区域】文本框中输入“$A$1:$G$942”，在【条件区域】文本框中输入“筛选条件!$A$1:$B$2”，如图 2-74 所示。

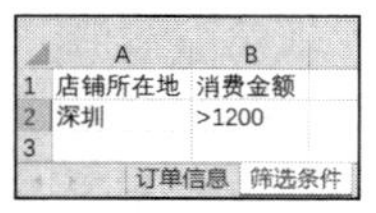

	A	B
1	店铺所在地	消费金额
2	深圳	>1200
3		

图 2-73　输入筛选条件

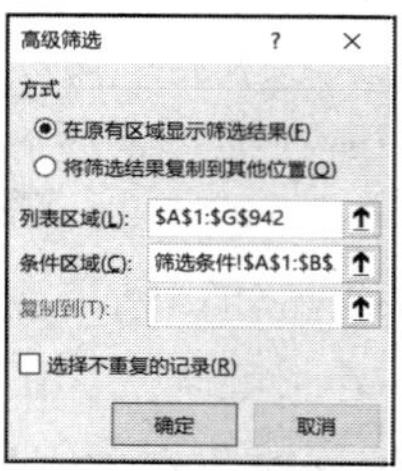

图 2-74　【高级筛选】对话框中的参数设置

⑩ 单击【确定】按钮，结果如图 2-75 所示。

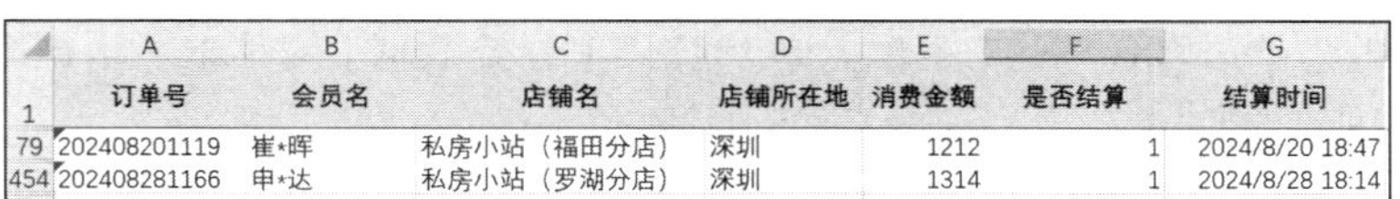

	A	B	C	D	E	F	G
1	订单号	会员名	店铺名	店铺所在地	消费金额	是否结算	结算时间
79	202408201119	崔*晖	私房小站（福田分店）	深圳	1212	1	2024/8/20 18:47
454	202408281166	申*达	私房小站（罗湖分店）	深圳	1314	1	2024/8/28 18:14

图 2-75　高级筛选结果

3. 分类汇总

分类汇总可按照设定的字段对数据进行分类，并在此基础上统计其他需要求和、求平均值和计数等计算操作的字段。分类汇总的方法主要有简单分类汇总、高级分类汇总和嵌套分类汇总。

在“订单信息”工作表中完成：统计各会员消费金额的总和；统计各会员消费金额的平均值；先对会员名进行简单分类汇总，再对店铺名进行分类汇总。具体操作如下。

① 打开“订单信息.xlsx”，选中任一非空单元格，根据会员名升序排列，结果如图 2-76 所示。

	A	B	C	D	E	F	G
1	订单号	会员名	店铺名	店铺所在地	消费金额	是否结算	结算时间
2	202408141143	艾*金	私房小站（天河分店）	广州	199	1	2024/8/14 22:09
3	202408240501	艾*金	私房小站（天河分店）	广州	504	1	2024/8/24 19:30
4	202408061278	艾*金	私房小站（越秀分店）	广州	185	1	2024/8/6 20:42
5	202408150766	艾*茜	私房小站（福田分店）	深圳	702	1	2024/8/15 21:42
6	202408010486	艾*茜	私房小站（天河分店）	广州	443	1	2024/8/1 20:36
7	202408250518	艾*茜	私房小站（天河分店）	广州	594	1	2024/8/25 20:09
8	202408220499	艾*雄	私房小站（禅城分店）	佛山	337	1	2024/8/22 22:08
9	202408201161	艾*雄	私房小站（福田分店）	深圳	148	1	2024/8/20 18:34
10	202408061082	艾*雄	私房小站（天河分店）	广州	458	1	2024/8/6 20:41
11	202408020688	艾*雄	私房小站（越秀分店）	广州	332	1	2024/8/2 21:18
12	202408200813	包*菲	私房小站（天河分店）	广州	1018	1	2024/8/20 11:52
13	202408201244	包*昊	私房小站（越秀分店）	广州	404	1	2024/8/20 18:24
14	202408210815	包*铭	私房小站（天河分店）	广州	707	1	2024/8/21 11:48
15	202408070396	蔡*诚	私房小站（罗湖分店）	深圳	184	1	2024/8/7 13:44

图 2-76　会员名升序排列结果

② 在【数据】选项卡的【分级显示】命令组中，单击【分类汇总】按钮。

③ 在打开的【分类汇总】对话框中，根据图 2-77 所示进行参数设置。

④ 单击【确定】按钮即可在“订单信息”工作表中统计各会员消费金额的总和，结果如图 2-78 所示。

提示：

分类汇总后，工作表行号左边出现的 - 和 + 按钮是层次按钮，分别代表显示和隐藏组中的明细数据。层次按钮上方的 1 2 3 按钮是分级显示按钮，单击所需级别的按钮就会隐藏较低级别的明细数据，显示其他级别的明细数据。

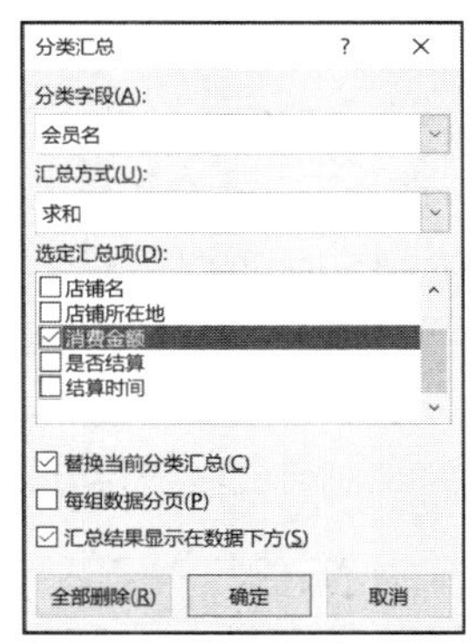

图 2-77　【分类汇总】对话框中的参数设置

	A	B	C	D	E	F	G
1	订单号	会员名	店铺名	店铺所在地	消费金额	是否结算	结算时间
2	202408141143	艾*金	私房小站（天河分店）	广州	199	1	2024/8/14 22:09
3	202408240501	艾*金	私房小站（天河分店）	广州	504	1	2024/8/24 19:30
4	202408061278	艾*金	私房小站（越秀分店）	广州	185	1	2024/8/6 20:42
5		艾*金 汇总			888		
6	202408150766	艾*茜	私房小站（福田分店）	深圳	702	1	2024/8/15 21:42
7	202408010486	艾*茜	私房小站（天河分店）	广州	443	1	2024/8/1 20:36
8	202408250518	艾*茜	私房小站（天河分店）	广州	594	1	2024/8/25 20:09
9		艾*茜 汇总			1739		
10	202408220499	艾*雄	私房小站（禅城分店）	佛山	337	1	2024/8/22 22:08
11	202408201161	艾*雄	私房小站（福田分店）	深圳	148	1	2024/8/20 18:34
12	202408061082	艾*雄	私房小站（天河分店）	广州	458	1	2024/8/6 20:41
13	202408020688	艾*雄	私房小站（越秀分店）	广州	332	1	2024/8/2 21:18
14		艾*雄 汇总			1275		

图 2-78　各会员消费金额的总和结果

⑤ 在统计各会员消费金额的总和后，再次打开【分类汇总】对话框，根据图 2-79 所示进行参数设置，注意取消勾选【替换当前分类汇总】复选框。

⑥ 单击【确定】按钮即可在“订单信息”工作表中统计各会员消费金额的平均值，结果如图 2-80 所示。

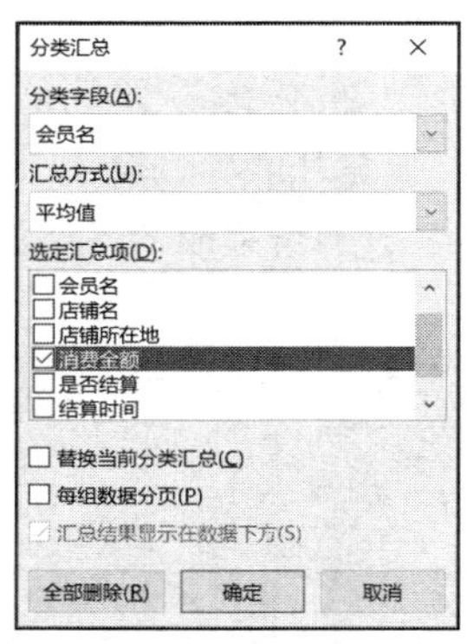

图 2-79　设置平均值分类汇总

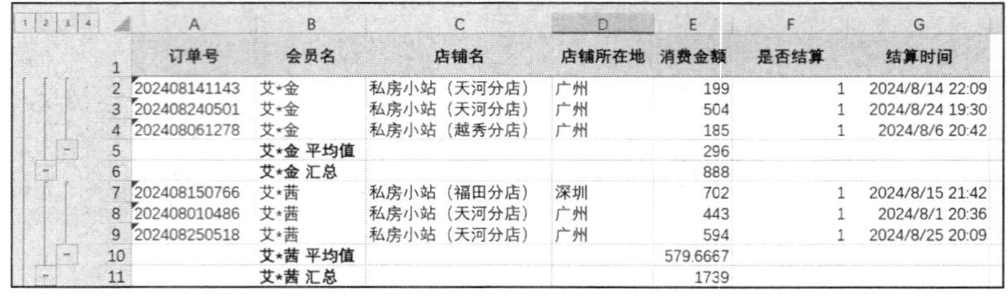

	A	B	C	D	E	F	G
1	订单号	会员名	店铺名	店铺所在地	消费金额	是否结算	结算时间
2	202408141143	艾*金	私房小站（天河分店）	广州	199	1	2024/8/14 22:09
3	202408240501	艾*金	私房小站（天河分店）	广州	504	1	2024/8/24 19:30
4	202408061278	艾*金	私房小站（越秀分店）	广州	185	1	2024/8/6 20:42
5		艾*金 平均值			296		
6		艾*金 汇总			888		
7	202408150766	艾*茜	私房小站（福田分店）	深圳	702	1	2024/8/15 21:42
8	202408010486	艾*茜	私房小站（天河分店）	广州	443	1	2024/8/1 20:36
9	202408250518	艾*茜	私房小站（天河分店）	广州	594	1	2024/8/25 20:09
10		艾*茜 平均值			579.6667		
11		艾*茜 汇总			1739		

图 2-80　各会员消费金额的平均值结果

⑦ 删除分类汇总。选择任意分类汇总内的单元格，在【数据】选项卡的【分级显示】命令组中，单击【分类汇总】按钮，在打开的【分类汇总】对话框中单击【全部删除】按钮即可删除分类汇总。

⑧ 在“订单信息”工作表中，先根据会员名进行升序排列，再将相同会员名的订单根据店铺名进行升序排列，排序参数设置如图 2-81 所示，单击【确定】按钮。

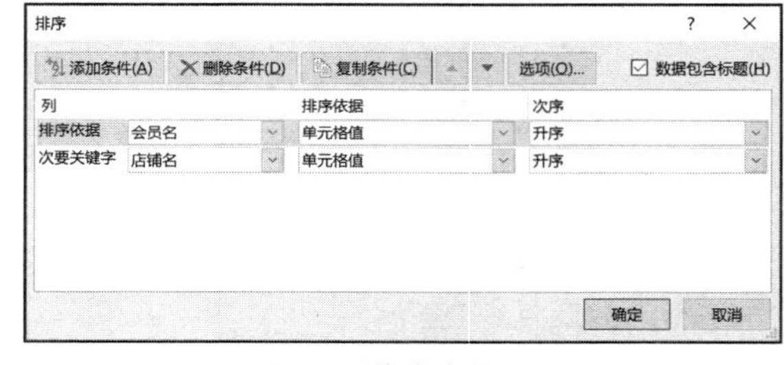

图 2-81　排序参数设置

⑨ 设置第一次分类汇总参数。打开【分类汇总】对话框，根据图 2-82 所示进行参数设置，得到各会员消费金额的汇总。

⑩ 设置第二次分类汇总参数。打开【分类汇总】对话框，根据图 2-83 所示进行参数设置，即可得到先对会员名进行分类汇总后，再对店铺名进行分类汇总的结果，如图 2-84 所示。

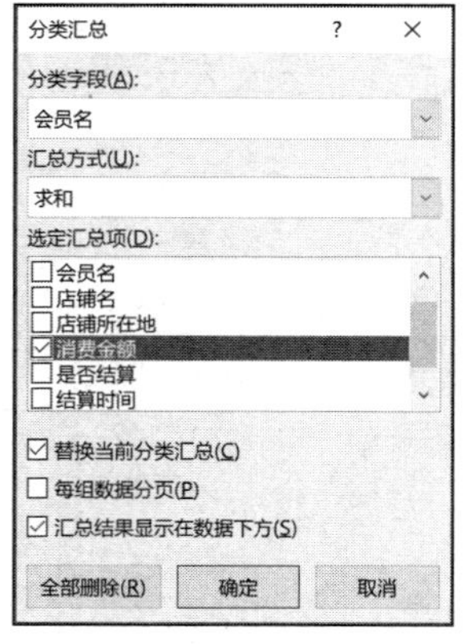

图 2-82　设置第一次分类汇总参数

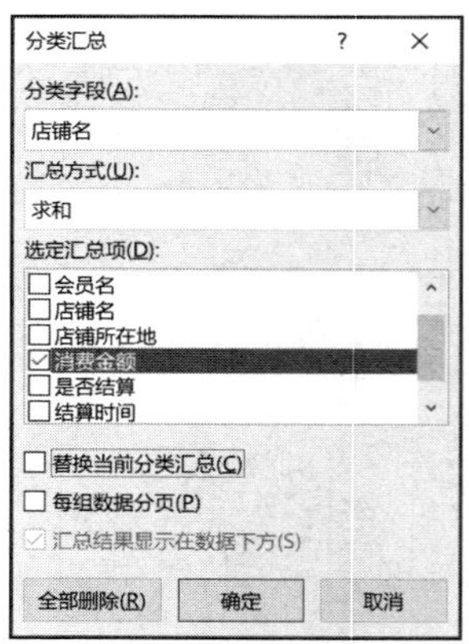

图 2-83　设置第二次分类汇总参数

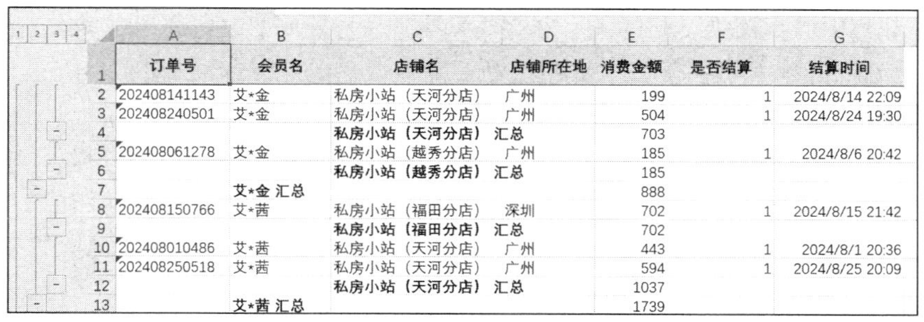

	订单号	会员名	店铺名	店铺所在地	消费金额	是否结算	结算时间
2	202408141143	艾*金	私房小站（天河分店）	广州	199	1	2024/8/14 22:09
3	202408240501	艾*金	私房小站（天河分店）	广州	504	1	2024/8/24 19:30
4			私房小站（天河分店）汇总		703		
5	202408061278	艾*金	私房小站（越秀分店）	广州	185	1	2024/8/6 20:42
6			私房小站（越秀分店）汇总		185		
7		艾*金 汇总			888		
8	202408150766	艾*茜	私房小站（福田分店）	深圳	702	1	2024/8/15 21:42
9			私房小站（福田分店）汇总		702		
10	202408010486	艾*茜	私房小站（天河分店）	广州	443	1	2024/8/1 20:36
11	202408250518	艾*茜	私房小站（天河分店）	广州	594	1	2024/8/25 20:09
12			私房小站（天河分店）汇总		1037		
13		艾*茜 汇总			1739		

图 2-84　嵌套分类汇总结果

4. 数据透视表

在 Excel 中，数据透视表可以转换行和列，用于展示源数据的不同汇总结果，也可以用于展示不同页面筛选的数据，还可以根据用户的需求展示数据区域中的数据。

在“订单信息”工作表中创建数据透视表、编辑透视表并操纵数据透视表中的数据。具体操作如下。

① 打开“订单信息.xlsx”，选中任一非空单元格。

② 在【插入】选项卡的【表格】命令组中，单击【数据透视表】按钮，打开【来自表格或区域的数据透视表】对话框，具体设置如图 2-85 所示，单击【确定】按钮。

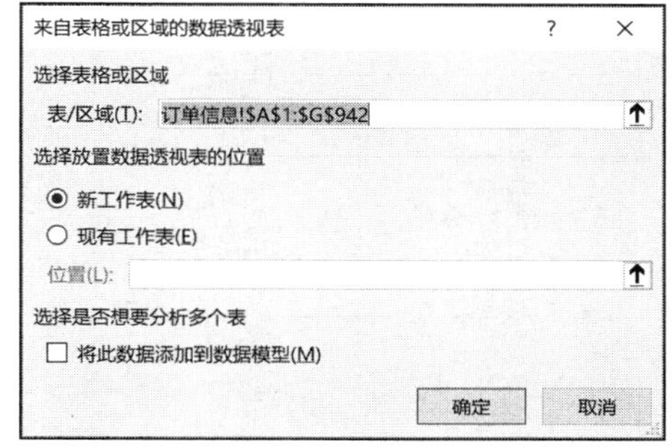

图 2-85　【来自表格或区域的数据透视表】对话框中的具体设置

③ 在【数据透视表字段】对话框中，将“结算时间”字段拖曳至【筛选】区域，将“店铺所在地”和“店铺名”字段拖曳至【行】区域，然后将“消费金额”字段拖曳至【值】区域，具体设置如图 2-86 所示，最终结果如图 2-87 所示。

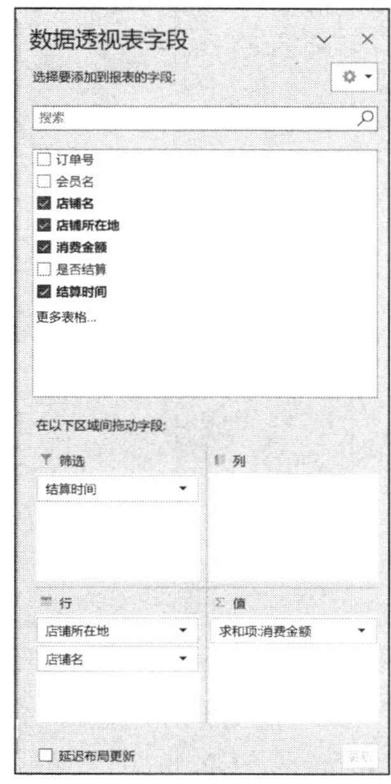

图 2-86　【数据透视表字段】对话框参数设置

	A	B
1	结算时间	(全部)
2		
3	行标签	求和项:消费金额
4	⊟珠海	14897
5	私房小站（珠海分店）	14897
6	⊟深圳	192774
7	私房小站（福田分店）	92097
8	私房小站（罗湖分店）	45909
9	私房小站（盐田分店）	54768
10	⊟佛山	27330
11	私房小站（禅城分店）	13101
12	私房小站（顺德分店）	14229
13	⊟广州	227692
14	私房小站（番禺分店）	70661
15	私房小站（天河分店）	95419
16	私房小站（越秀分店）	61612
17	总计	462693

图 2-87　手动创建数据透视表结果

④ 选中新建的数据透视表中的任一非空单元格，在打开的【数据透视表字段】对话框中，修改【行】和【列】区域中的字段，如图 2-88 所示，修改后的结果如图 2-89 所示。

提示：

数据透视表的数据来自数据源，不能在数据透视表中直接修改数据。当数据源中的数据被修改后，数据透视表不会自动刷新，必须执行刷新操作才能更新数据透视表。具体操作：右击数据透视表的任一单元格，然后在弹出的快捷菜单中选择【刷新】命令。或者在【数据透视表分析】选项卡的【数据】命令组中单击【刷新】按钮对数据透视表进行更新。

图 2-88 更改【数据透视表字段】对话框参数设置

	A	B	C	D	E	F
1	结算时间	(全部)				
2						
3	求和项:消费金额	列标签				
4	行标签	珠海	深圳	佛山	广州	总计
5	私房小站（禅城分店）			13101		13101
6	私房小站（番禺分店）				70661	70661
7	私房小站（福田分店）		92097			92097
8	私房小站（罗湖分店）		45909			45909
9	私房小站（顺德分店）			14229		14229
10	私房小站（天河分店）				95419	95419
11	私房小站（盐田分店）		54768			54768
12	私房小站（越秀分店）				61612	61612
13	私房小站（珠海分店）	14897				14897
14	总计	14897	192774	27330	227692	462693

图 2-89 行列修改后的结果

⑤ 选中数据透视表中的任一非空单元格，在打开的【数据透视表字段】对话框中，右击“是否结算”字段，然后在弹出的快捷菜单中选择【添加到数值】命令，如图 2-90 所示，即可将该字段添加到【值】区域。

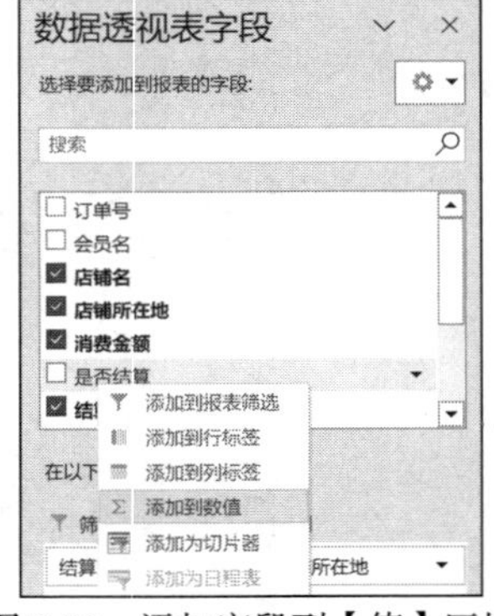

图 2-90 添加字段到【值】区域

提示：

Excel 2016 在默认情况下，会将所选字段中的非数值字段添加到【行】区域，日期和时间层次结构字段添加到【列】区域，数值字段添加到【值】区域。

⑥ 选中新建的数据透视表中的任一非空单元格，在打开的【数据透视表字段】对话框中的【值】区域中单击【求和项:是否结算】旁边的下拉按钮，然后在弹出的下拉列表（见图 2-91）中选择【值字段设置】选项。

⑦ 在打开的【值字段设置】对话框中，设置【自定义名称】和【值字段汇总方式】，参数设置如图 2-92 所示。数据透视表修改后的结果如图 2-93 所示。

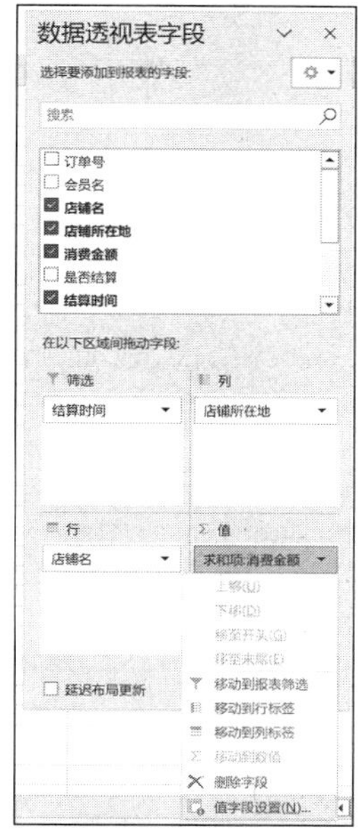

图 2-91　选择【值字段设置】选项

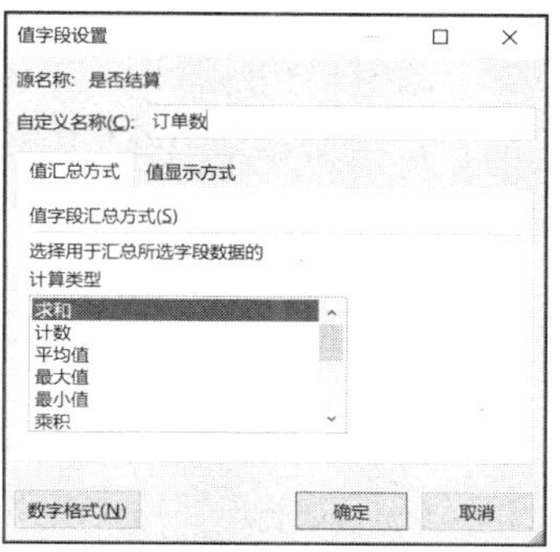

图 2-92　【值字段设置】对话框中的参数设置

⑧ 选中修改后的数据透视表中的任一非空单元格，在【数据透视表分析】选项卡的【筛选】命令组中，单击【插入切片器】按钮，在打开的【插入切片器】对话框中勾选【店铺所在地】复选框，如图 2-94 所示，单击【确定】按钮。

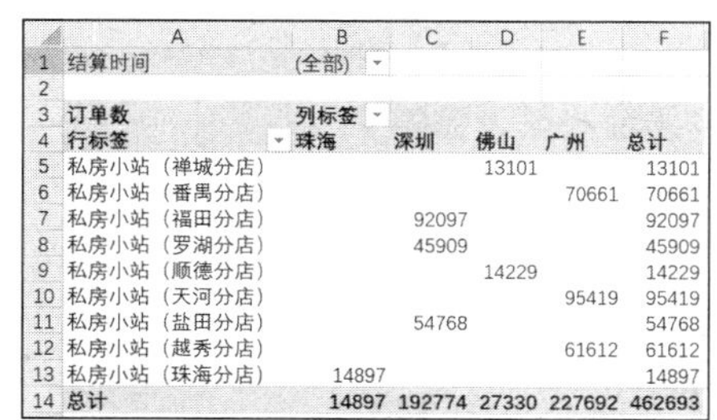

	A	B	C	D	E	F
1	结算时间	(全部)				
2						
3	订单数	列标签				
4	行标签	珠海	深圳	佛山	广州	总计
5	私房小站（禅城分店）			13101		13101
6	私房小站（番禺分店）				70661	70661
7	私房小站（福田分店）		92097			92097
8	私房小站（罗湖分店）		45909			45909
9	私房小站（顺德分店）			14229		14229
10	私房小站（天河分店）				95419	95419
11	私房小站（盐田分店）		54768			54768
12	私房小站（越秀分店）				61612	61612
13	私房小站（珠海分店）	14897				14897
14	总计	14897	192774	27330	227692	462693

图 2-93　数据透视表修改后的结果

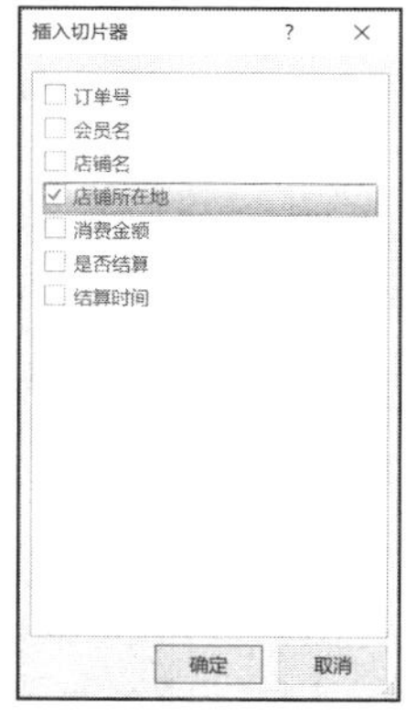

图 2-94　【插入切片器】对话框中的参数设置

⑨ 在生成的【店铺所在地】切片器中选择【广州】，则数据透视表中只会显示广州的消费金额，设置如图 2-95 所示，最终筛选的数据如图 2-96 所示。

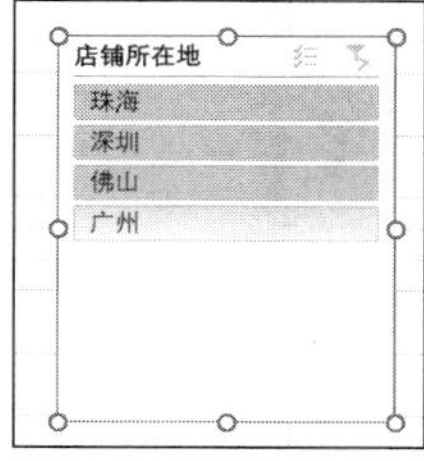

图 2-95　【店铺所在地】切片器

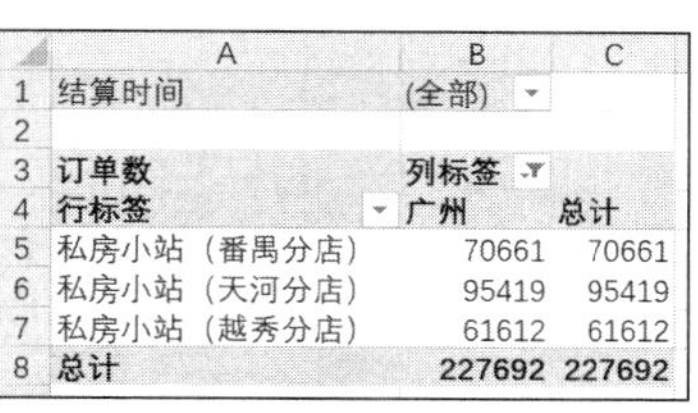

	A	B	C
1	结算时间	(全部)	
2			
3	订单数	列标签	
4	行标签	广州	总计
5	私房小站（番禺分店）	70661	70661
6	私房小站（天河分店）	95419	95419
7	私房小站（越秀分店）	61612	61612
8	总计	227692	227692

图 2-96　筛选的广州消费金额数据

2.1.5　数据分析与可视化

1. 条形图

条形图以宽度相等但长度有差异的条形来区别统计数值。在条形图中，通常纵坐标轴用于展示类别，横坐标轴用于展示数值。

在“部门员工信息表”工作表中根据各部门员工性别分布情况绘制簇状条形图。具体操作如下。

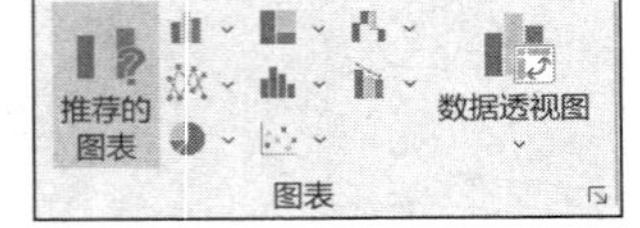

图 2-97　【推荐的图表】按钮

① 打开“部门员工信息表.xlsx”，选中所需数据区域 A1:C8，在【插入】选项卡的【图表】命令组中单击【推荐的图表】按钮，如图 2-97 所示。

② 在打开的【插入图表】对话框中，单击【所有图表】标签，选择【条形图】，如图 2-98 所示，单击【确定】按钮。

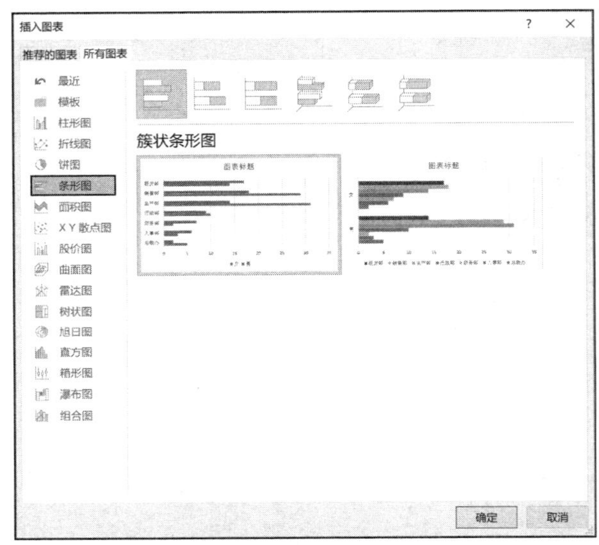

图 2-98　选择【簇状条形图】

③ 选中生成的默认图表，在【图表设计】选项卡的【图表布局】命令组中单击【添加图表元素】旁边的下拉按钮，如图 2-99 所示。单击【图表标题】，并修改标题为“各部门员工性别分布”，选择【数据标签】→【数据标签内】，选择【图例】→【顶部】，最终结果如图 2-100 所示。

图 2-99　单击【添加图表元素】下拉按钮

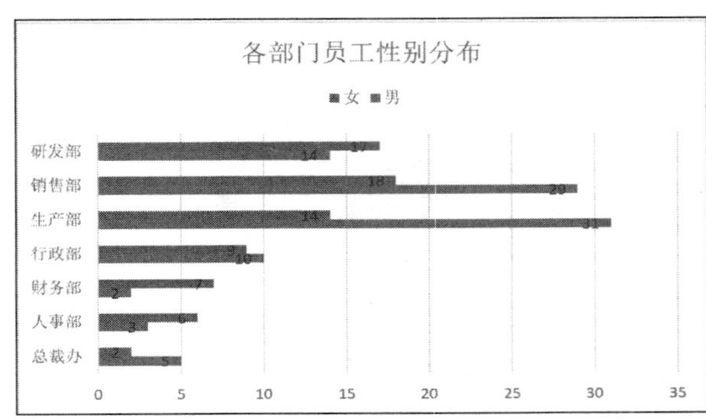

图 2-100　各部门员工性别分布的簇状条形图

2. 折线图

折线图常用于展示数据随时间或有序类别变化而变化的趋势。折线图是点、线连在一起的图表，可反映事物的发展趋势和分布情况，适合在不需要突出单个数据点的情况下展示变化趋势、增长幅度。

在“季度销售任务完成情况表”工作表中分析已购买客户数量和销售额之间的关系。具体操作如下。

① 打开“季度销售任务完成情况表.xlsx”，选中所需数据区域 D1:D13、I1:I13，在【插入】选项卡的【图表】命令组中单击【推荐的图表】按钮，通过弹出的对话框插入折线图，如图 2-101 所示。

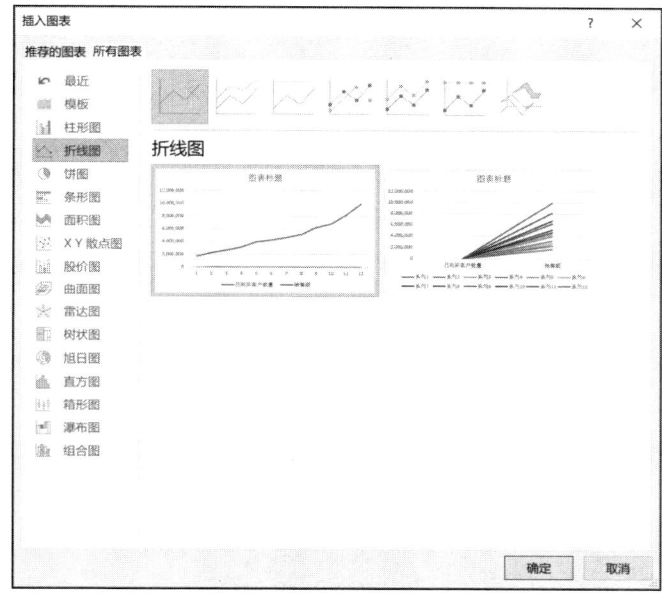

图 2-101　插入折线图

② 在插入的折线图中双击图表标题，将标题修改为“销售额与已购买客户数量”。单击图表右侧“+”按钮，在弹出的快捷菜单中勾选【坐标轴标题】并设置标题，结果如图 2-102 所示。

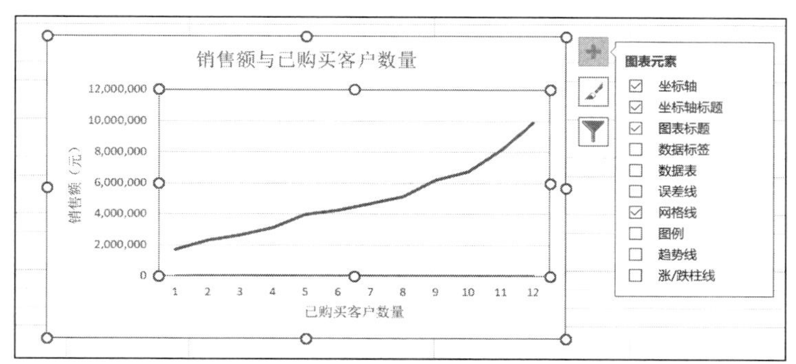

图 2-102　勾选【坐标轴标题】并设置标题

③ 选中图表，在【图表设计】选项卡的【数据】命令组中单击【选择数据】按钮，在【水平(分类)轴标签】中单击【编辑】并选中 D1:D13，折线图最终效果如图 2-103 所示。

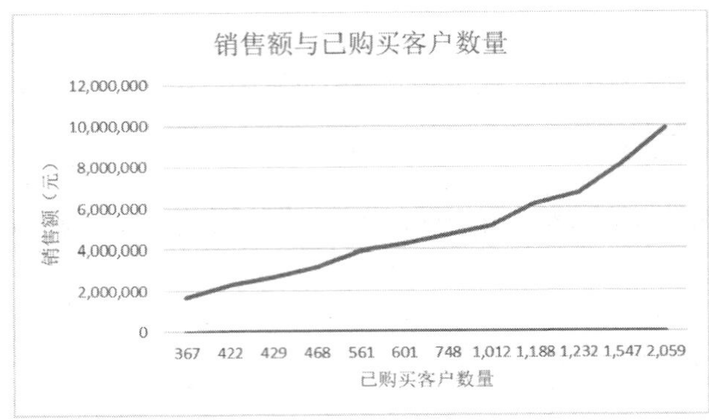

图 2-103　折线图最终效果

3. 饼图

饼图以一个完整的圆来表示数据对象的全体，其中的扇形表示各个组成部分。饼图常用于展示百分比的构成，其中每一个扇形都代表一类数据所占的百分比。

在“省份利润”工作表中分析年利润在各省的分布。具体操作如下。

① 打开“省份利润.xlsx”，选中所需数据区域 A1:B9，在【插入】选项卡的【图表】命令组中单击【推荐的图表】按钮，通过弹出的对话框插入饼图，效果如图 2-104 所示。

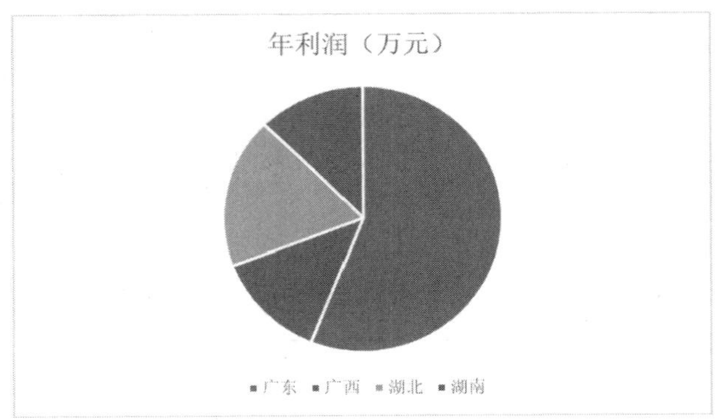

图 2-104　饼图效果

② 选中图表，单击右侧“+”按钮，在弹出的快捷菜单中勾选【数据标签】并设置数据标签，双击图表标题，并修改成“各省份年利润分布”，最终效果如图 2-105 所示。

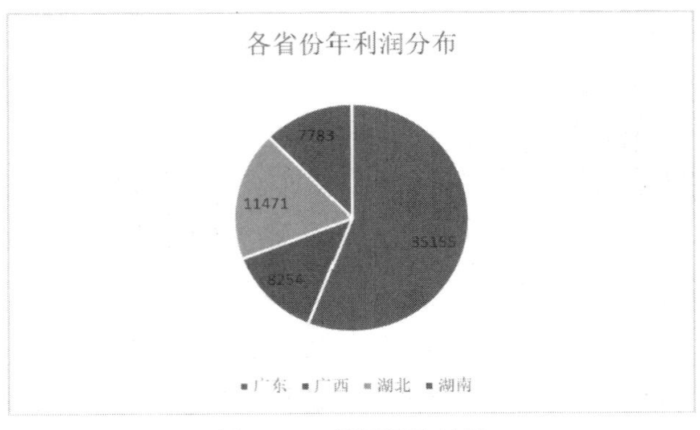

图 2-105　饼图最终效果

2.2 Power BI 在金融中的应用

Power BI 是微软出品的数据分析工具，可以很好地集成微软的 Office 办公软件。此外，Power BI 还支持高级分析等功能，如 KPI（Key Performance Index，关键绩效指标）分析、预测分析和机器学习等，以帮助金融人才更好地探索和分析数据。

本节首先从 Power BI 概述开始，介绍 Power BI 在金融领域的应用方法，包括数据连接与数据清洗、可视化图表及视觉对象、可视化报表。

2.2.1 Power BI 概述

1. Power BI 软件界面

本节使用 Power BI 2.119.986.0 64 位版本，下载并完成安装后，双击桌面图标即可打开 Power BI 软件。

Power BI 软件界面包括标题栏、导航栏、报表画布、报表编辑器和状态栏这 5 个部分，如图 2-106 所示。

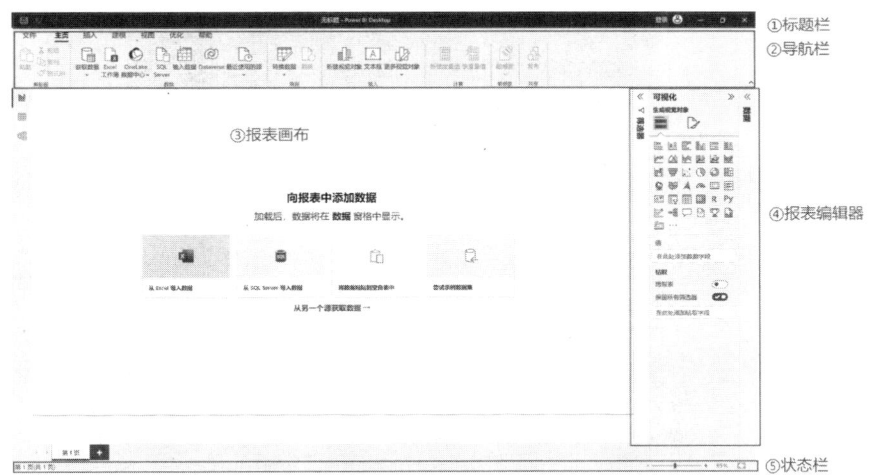

图 2-106 Power BI 软件界面

（1）标题栏

标题栏位于界面的顶端，从左至右包含快速访问工具栏、当前文件名、应用程序名称和窗口控制按钮，如图 2-107 所示。

图 2-107 标题栏

（2）导航栏

与 Excel 的功能区类似，Power BI 的导航栏也位于标题栏下方，包含【文件】、【主页】、【插入】、【建模】、【视图】、【优化】、【帮助】等选项卡，每个选项卡又由不同的命令组组成，如图 2-108 所示。

图 2-108　导航栏

（3）报表画布

Power BI 软件界面中最大的区域就是报表画布，也是使用 Power BI 时最重要的工作区域，借助右侧的报表编辑器生成的视觉对象，将在此区域中呈现。通过底部的报表页标签可以切换不同的页面，类似于 Excel 中不同的工作表的切换。

（4）报表编辑器

报表编辑器由【数据】、【可视化】、【筛选器】这 3 个窗格组成。

①【数据】窗格

【数据】窗格是用来显示当前可使用的数据表和字段的。勾选某个字段，可将其添加为可视化对象，生成可视化图表。【数据】窗格如图 2-109 所示。

②【可视化】窗格

【可视化】窗格包含两个区域，上面的区域可以对可视化对象进行选择；下面的区域可以添加字段，对选中的可视化对象的具体参数进行编辑，如图 2-110 所示。

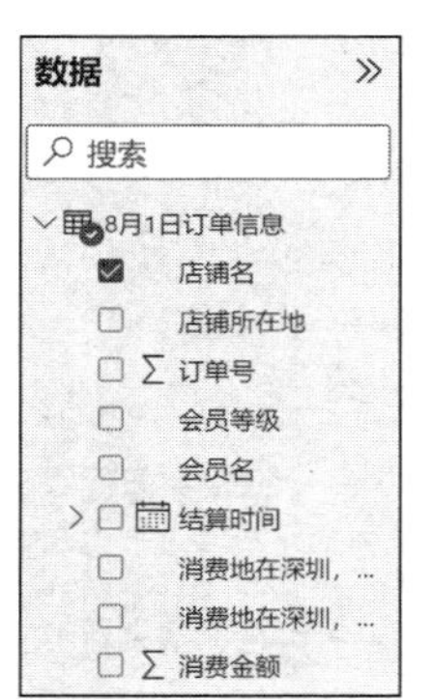

图 2-109　【数据】窗格

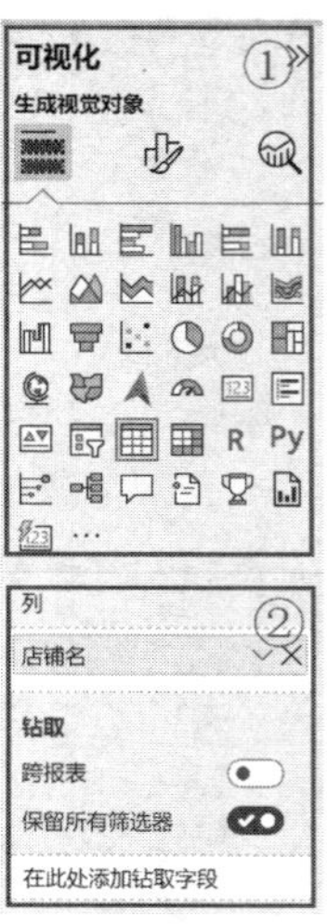

图 2-110　【可视化】窗格

③【筛选器】窗格

【筛选器】窗格主要用于查看、设置和修改不同级别的筛选器。筛选器有 3 种级别，分别是视觉级筛选器、页面级筛选器和报告级筛选器。视觉级筛选器是对本视觉对象进行筛选。页面级筛选器是对当前报表页的所有对象进行筛选。报告级筛选器是针对整个报表进行筛选。【筛选器】窗格如图 2-111 所示。

（5）状态栏

状态栏位于应用窗口的底部，与 Excel 中的一样，由视图按钮和缩放模块组成，用来显示与当前操作相关的信息。

2. Power BI 的 3 种视图

Power BI 有 3 种视图，分别是报表视图、数据视图和关系视图，如图 2-112 所示。视图切换按钮在界面的最左侧，单击即可完成切换。

图 2-111 【筛选器】窗格　　　图 2-112　Power BI 视图

（1）报表视图

在报表视图中，用户可以借助【可视化】窗格中的可视化对象，在若干报表页上创建可视化内容，制作可视化报表。在此视图下，用户还可以对可视化对象和报表页进行复制、粘贴等操作。

（2）数据视图

在数据视图中，用户可以对所需的数据进行处理和检查。数据视图由导航栏、公式栏、数据网格、数据列表这 4 个部分组成，如图 2-113 所示。

图 2-113　数据视图

① 导航栏

在数据视图的导航栏中可见【文件】、【主页】、【帮助】、【表工具】等选项卡。

② 公式栏

在导航栏和数据网格之间有一行是工具栏，可通过【表工具】→【新建度量值】启动公式栏。用户可以在此处输入度量值，也可以输入计算列的 DAX 公式，如图 2-114 所示。

图 2-114　公式栏

③ 数据网格

数据网格用于显示当前选中表格的全部数据，单击列旁边的下拉按钮可以完成数据的筛选。右击该按钮会弹出快捷菜单，在其中可完成排序、新建列、重命名、复制表、新建度量值、编辑查询等操作，如图 2-115 所示。

④ 数据列表

数据列表在数据视图的右侧，在数据列表中右击字段名，可以对字段进行创建层次结构、新建度量值、重命名等操作。在数据列表的搜索文本框中还可以对所有的表格和字段进行搜索，如图 2-116 所示。

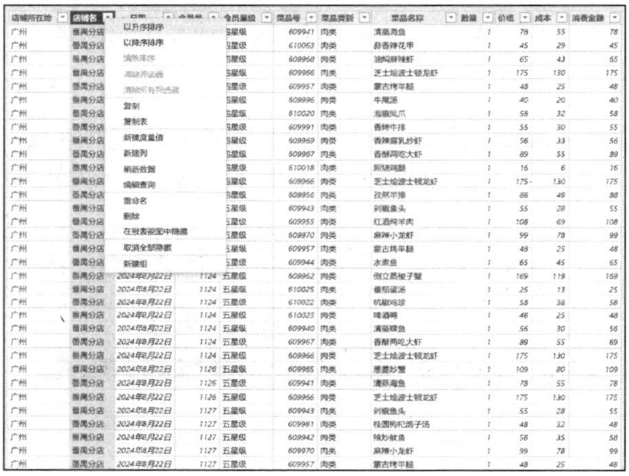

图 2-115　数据网格

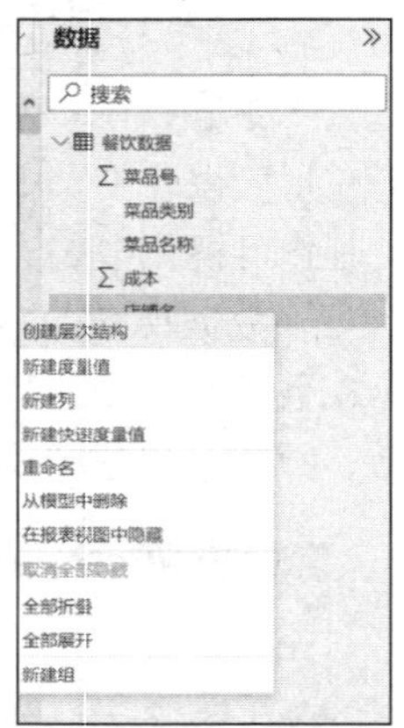

图 2-116　数据列表

单击导航栏或者在图 2-115 弹出的快捷菜单中选择【编辑查询】就会启动 Power Query 编辑器，如图 2-117 所示。

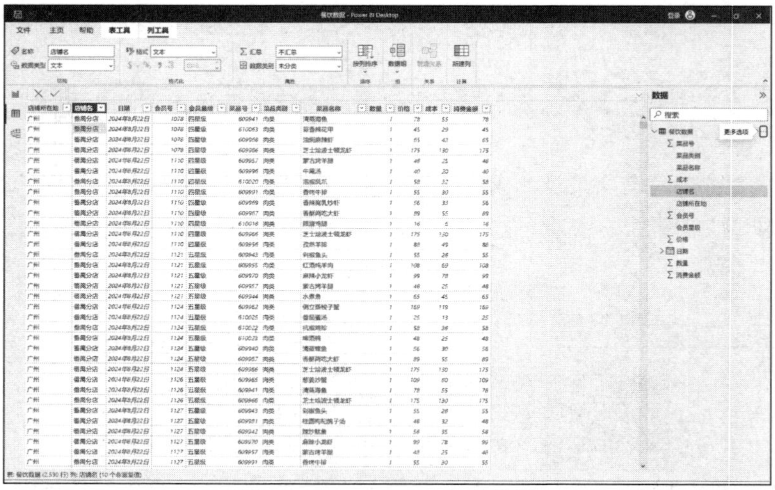

图 2-117　Power Query 编辑器

（3）关系视图

关系视图用于对模型中的关系进行管理。当模型中有很多表格且各表格关系复杂时，可借助关系视图对表格进行管理，如图 2-118 所示。

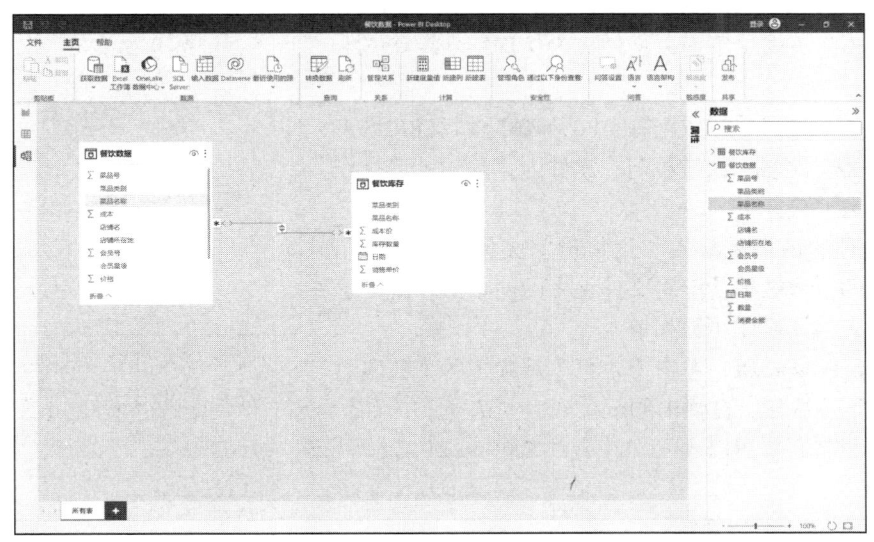

图 2-118　关系视图

若两张表之间不存在关系，将其中一张表的字段拖曳至另一张表的字段上，便可建立关系。两张表之间会出现连接线，双击连接线，便可打开【创建关系】对话框，如图 2-119 所示，此时可以对两张表的关系进行管理。右击连接线，在弹出的快捷菜单中选择【删除】即可删除该关系。

图 2-119　【创建关系】对话框

2.2.2　数据连接与数据清洗

1. 数据连接

Power BI 提供了多种不同类型的数据源的连接，用户可单击【主页】选项卡的【获取数据】下方的下拉按钮，在打开的下拉列表中选择连接不同类型的数据源，如图 2-120 所示。

在弹出的【获取数据】下拉列表中可以看到 Power BI 提供了 Excel 工作簿、文本/CSV、Web、数据流、SQL Server 等数据源的连接方式。下面以文件夹为例详细介绍 Power BI 中的数据连接。

文件夹是一种特殊的数据源，Power BI 可以将文件夹中所有文件的文件名、创建日期、文件内容等相关信息作为记录导入数据表。

将每个月的销售表放入“销售量”文件夹中，使用 Power BI 中的获取数据功能将文件夹中的两个工作簿汇总到一张表上，具体操作步骤如下。

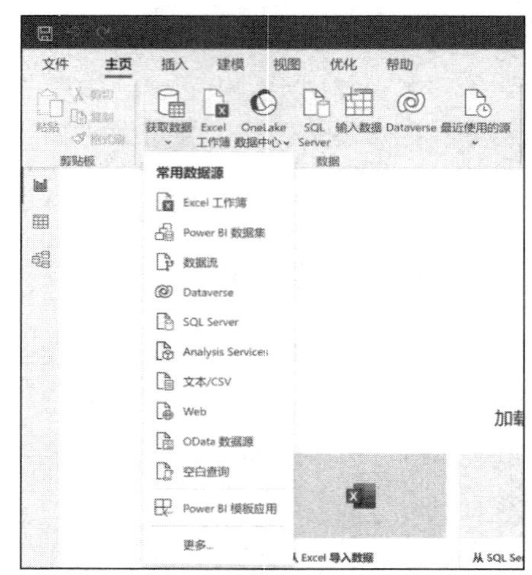

图 2-120 【获取数据】下拉列表

① 打开 Power BI，单击【主页】选项卡的【获取数据】下方的下拉按钮，在弹出的下拉列表中选择【更多】→【文件夹】。在打开的【文件夹】对话框中单击【浏览】按钮以导入文件夹，如图 2-121 所示。

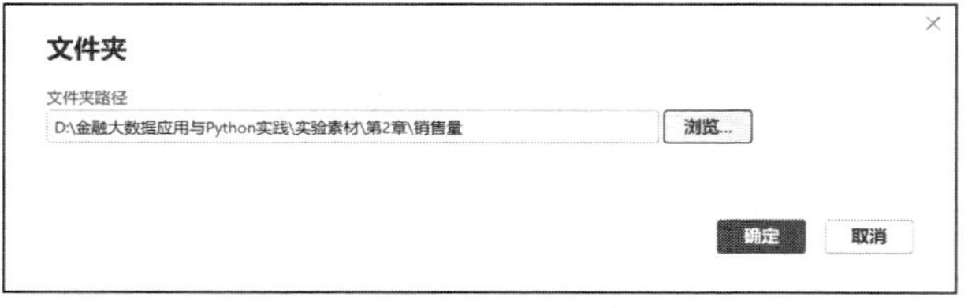

图 2-121 【文件夹】对话框

② 单击【确定】按钮后，在弹出的对话框中选择【组合】→【合并并转换数据】，如图 2-122 所示。

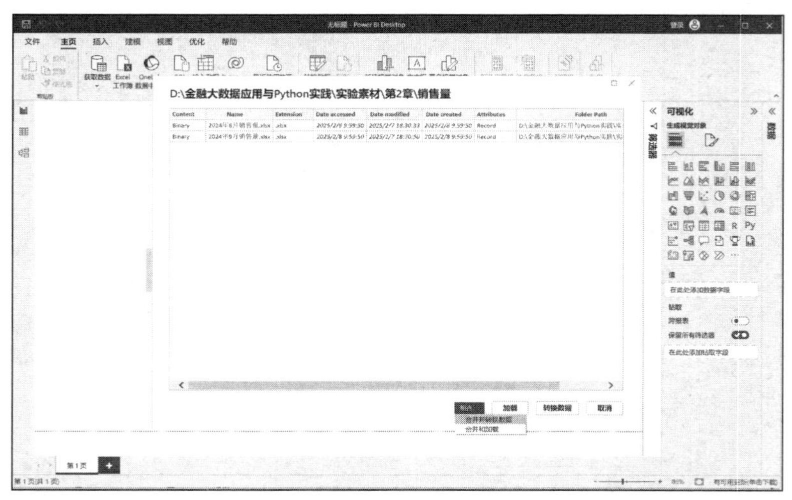

图 2-122 选择【合并并转换数据】

③ 在打开的【合并文件】对话框中，选择【第一个文件】作为示例文件，单击左侧的【Sheet1】，如图 2-123 所示。

图 2-123　【合并文件】对话框

提示：

通常汇总文件夹中数据的前提是文件夹中的文件格式是一致的，如果文件格式不一致，则需要把文件格式修改一致后再进行合并汇总。

④ 单击【确定】按钮，进入 Power Query 编辑器界面，能看到两张表汇总到一张表中，如图 2-124 所示。

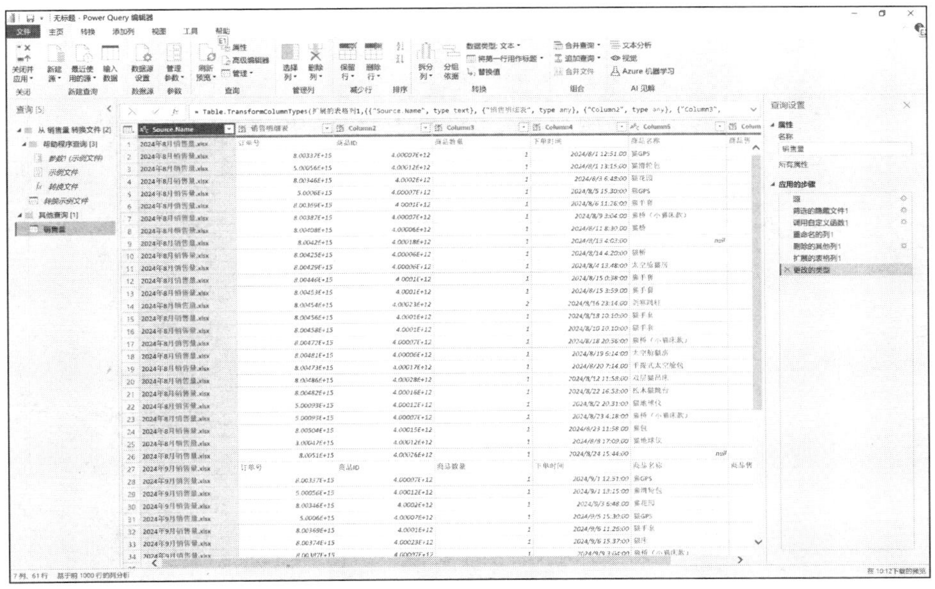

图 2-124　Power Query 编辑器界面

提示：

如果还想增加工作表，只需将工作表加入这个文件夹。然后在 Power Query 编辑器界面中单击【刷新预览】按钮，就可以看见新增表格的数据了。

2. 数据清洗

数据清洗是指发现并纠正数据文件中可识别的错误，包括检查数据一致性、处理无效值和缺失值等。

在 Power BI 中，将上述导入的“销售量”数据进行数据清洗。具体操作如下。

① 设置标题行。在打开的 Power Query 编辑器界面中选择【转换】→【将第一行用作标题】，如图 2-125 所示，结果如图 2-126 所示。

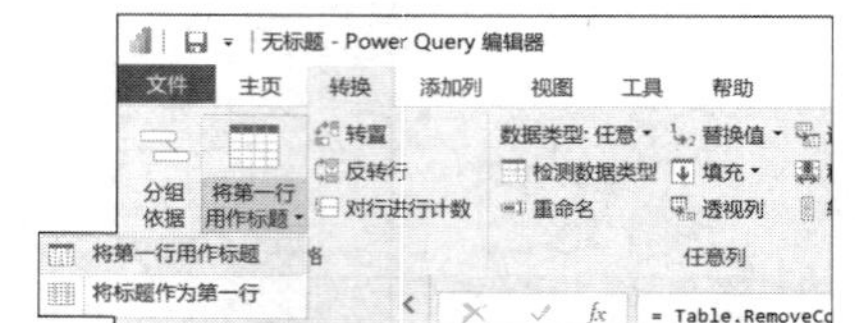

图 2-125　选择【将第一行用作标题】

= Table.TransformColumnTypes(提升的标题,{{"2024年8月销售量.xlsx", type text}, {"订单号", type any}, {"商品ID", type any}, {"商品数量",

	2024年8月销售量.xlsx	订单号	商品ID	商品数量	下单时间	商品名称
1	2024年8月销售量.xlsx	8.00337E+15	4.00007E+12	1	2024/8/1 12:51:00	猫GPS
2	2024年8月销售量.xlsx	5.00056E+15	4.00012E+12	1	2024/8/1 13:15:00	猫滑轮包
3	2024年8月销售量.xlsx	8.00346E+15	4.0002E+12	1	2024/8/3 6:48:00	猫花园
4	2024年8月销售量.xlsx	5.0006E+15	4.00007E+12	1	2024/8/5 15:30:00	猫GPS
5	2024年8月销售量.xlsx	8.00369E+15	4.0001E+12	1	2024/8/6 11:26:00	猫手套
6	2024年8月销售量.xlsx	8.00387E+15	4.00007E+12	1	2024/8/9 3:04:00	猫桥（小猫床款）
7	2024年8月销售量.xlsx	8.00408E+15	4.00006E+12	1	2024/8/11 8:30:00	猫桥
8	2024年8月销售量.xlsx	8.0042E+15	4.00018E+12	1	2024/8/13 4:03:00	null
9	2024年8月销售量.xlsx	8.00425E+15	4.00006E+12	1	2024/8/14 4:20:00	猫桥
10	2024年8月销售量.xlsx	8.00429E+15	4.00006E+12	1	2024/8/4 13:48:00	太空舱猫房
11	2024年8月销售量.xlsx	8.00446E+15	4.0001E+12	1	2024/8/15 0:38:00	猫手套
12	2024年8月销售量.xlsx	8.00453E+15	4.0001E+12	1	2024/8/15 3:59:00	猫手套
13	2024年8月销售量.xlsx	8.00454E+15	4.00023E+12	2	2024/8/16 23:14:00	剑麻跳柱
14	2024年8月销售量.xlsx	8.00456E+15	4.0001E+12	1	2024/8/18 10:10:00	猫手套
15	2024年8月销售量.xlsx	8.00458E+15	4.0001E+12	1	2024/8/10 10:10:00	猫手套
16	2024年8月销售量.xlsx	8.00472E+15	4.00007E+12	1	2024/8/18 20:56:00	猫桥（小猫床款）
17	2024年8月销售量.xlsx	8.00481E+15	4.00006E+12	1	2024/8/19 6:14:00	太空舱猫房
18	2024年8月销售量.xlsx	8.00473E+15	4.00017E+12	1	2024/8/20 7:14:00	手提式太空舱包
19	2024年8月销售量.xlsx	8.00486E+15	4.00028E+12	1	2024/8/12 11:58:00	双层猫吊床
20	2024年8月销售量.xlsx	8.00482E+15	4.00016E+12	1	2024/8/22 16:53:00	松木猫跳台
21	2024年8月销售量.xlsx	5.00093E+15	4.00012E+12	1	2024/8/2 20:31:00	猫地球仪
22	2024年8月销售量.xlsx	5.00093E+15	4.00007E+12	1	2024/8/23 4:18:00	猫桥（小猫床款）
23	2024年8月销售量.xlsx	8.00504E+15	4.00015E+12	1	2024/8/23 11:58:00	猫包
24	2024年8月销售量.xlsx	3.00047E+15	4.00012E+12	1	2024/8/8 17:09:00	猫地球仪

图 2-126　设置标题行的结果

② 修改数据类型。选择需要转换的数据，单击【转换】，打开【数据类型】下拉列表，在其中选择合适的数据类型，如图 2-127 所示。这里将“订单号”和“商品 ID”从原来的整数类型修改为文本类型，将“下单时间”由日期/时间类型修改为日期类型，结果如图 2-128 所示。

图 2-127　修改数据类型

图 2-128　修改数据类型结果

③ 删除空值。在 Power Query 编辑器界面中，单击“商品名称”字段右侧的下拉按钮，在弹出的下拉列表中选择【删除空】选项，则可以删除数据表中的空值，如图 2-129 所示，结果如图 2-130 所示。

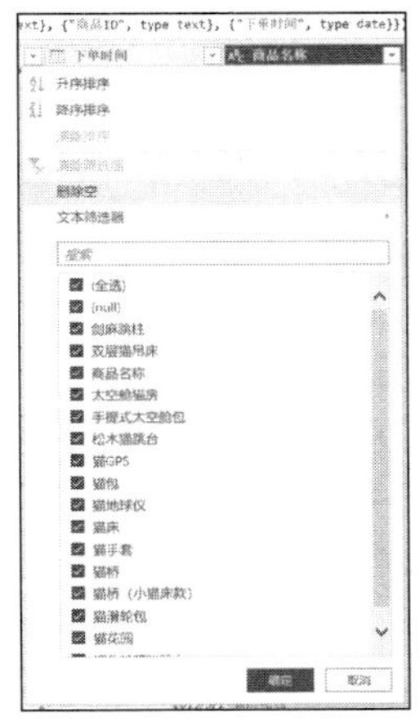

图 2-129　选择【删除空】选项

= Table.SelectRows(删除的列, each [商品名称] <> null and [商品名称] <> "")

	订单号	商品ID	商品数量	下单时间	商品名称	商品售价
1	8003366360365370	4000065938949	1	2024/8/1	猫GPS	15
2	5000560636802820	4000122319641	1	2024/8/1	猫滑轮包	210
3	8003460884386350	4000197026859	1	2024/8/3	猫花园	280
4	5000599043668150	4000065938949	1	2024/8/5	猫GPS	15
5	8003686402997700	4000104421898	1	2024/8/6	猫手套	40
6	8003873462655900	4000069037107	1	2024/8/9	猫桥（小猫床款）	140
7	8004082134117970	4000061907819	1	2024/8/11	猫桥	190
8	8004250811904170	4000061907819	1	2024/8/14	猫桥	190
9	8004291928629960	4000062125943	1	2024/8/4	太空舱猫房	227
10	8004458503119000	4000104421898	1	2024/8/15	猫手套	40
11	8004525307707380	4000104421898	1	2024/8/15	猫手套	40
12	8004544789946350	4000230063237	2	2024/8/16	剑麻跳柱	50
13	8004562061727270	4000104421898	1	2024/8/18	猫手套	40
14	8004576484777680	4000104421898	1	2024/8/10	猫手套	40
15	8004723310478880	4000069037107	1	2024/8/18	猫桥（小猫床款）	140
16	8004808239086900	4000062125943	1	2024/8/19	太空舱猫房	227
17	8004732885797430	4000174783597	1	2024/8/20	手提式太空舱包	80
18	8004857431103210	4000282800719	1	2024/8/12	双层猫吊床	213
19	8004821582417290	4000161475306	1	2024/8/22	松木猫跳台	164
20	5000926408728440	4000118959723	1	2024/8/2	猫地球仪	75
21	5000931453042450	4000069037107	1	2024/8/23	猫桥（小猫床款）	140
22	8005043970780870	4000150852909	1	2024/8/23	猫包	150
23	3000469145490820	4000118959723	1	2024/8/8	猫地球仪	75

图 2-130　删除空值结果

④ 日期提取。在 Power Query 编辑器界面中可以按年、月、日等不同的组合提取日期。选择“下单时间”列，在【转换】选项卡中单击【日期】下拉按钮，选中【月份】→【月份名称】命令，如图 2-131 所示，“下单时间”列就会显示成对应的月份“八月”，结果如图 2-132 所示。

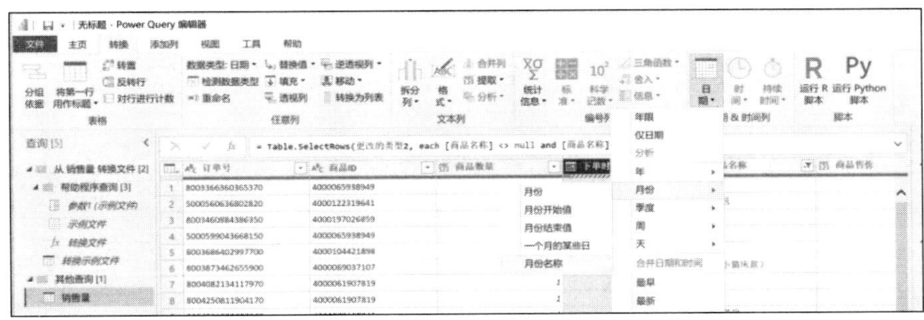

图 2-131　【月份名称】命令

= Table.TransformColumns(筛选的行, {{"下单时间", each Date.MonthName(_), type text}})

	订单号	商品ID	商品数量	下单时间	商品名称	商品售价
1	8003366360365370	4000065938949	1	八月	猫GPS	
2	5000560636802820	4000122319641	1	八月	猫滑轮包	
3	8003460884386350	4000197026859	1	八月	猫花园	
4	5000599043668150	4000065938949	1	八月	猫GPS	
5	8003686402997700	4000104421898	1	八月	猫手套	
6	8003873462655900	4000069037107	1	八月	猫桥（小猫床款）	
7	8004082134117970	4000061907819	1	八月	猫桥	
8	8004250811904170	4000061907819	1	八月	猫桥	
9	8004291928629960	4000062125943	1	八月	太空舱猫房	
10	8004458503119000	4000104421898	1	八月	猫手套	
11	8004525307707380	4000104421898	1	八月	猫手套	
12	8004544789946350	4000230063237	2	八月	剑麻跳柱	
13	8004562061727270	4000104421898	1	八月	猫手套	
14	8004576484777680	4000104421898	1	八月	猫手套	
15	8004723310478880	4000069037107	1	八月	猫桥（小猫床款）	
16	8004808239086900	4000062125943	1	八月	太空舱猫房	
17	8004732885797430	4000174783597	1	八月	手提式太空舱包	
18	8004857431103210	4000282800719	1	八月	双层猫吊床	
19	8004821582417290	4000161475306	1	八月	松木猫跳台	
20	5000926408728440	4000118959723	1	八月	猫地球仪	
21	5000931453042450	4000069037107	1	八月	猫桥（小猫床款）	
22	8005043970780870	4000150852909	1	八月	猫包	
23	3000469145490820	4000118959723	1	八月	猫地球仪	

图 2-132　日期提取结果

⑤ 透视与逆透视。透视就是把表中的值变成列，逆透视就是将表中的列转换成值。选择【主页】→【选择列】命令，在打开的【选择列】对话框中勾选【商品数量】【商品名称】复选框，如图 2-133 所示。单击【确定】后，在新的数据中选中“商品名称”列，选择【转换】→【透视列】命令，在打开的【透视列】对话框中设置【值列】和【聚合值函数】参数，如图 2-134 所示，最终结果如图 2-135 所示。在这个数据透视表中我们可以清楚地看到每个商品的累计销量。逆透视就是反过来操作，选择【转换】→【逆透视列】命令即可。

提示：

在以上的数据转换中，所有的操作都会被记录在右侧的【应用的步骤】区域中，我们可以在该区域移动步骤、删除步骤和互换操作顺序。

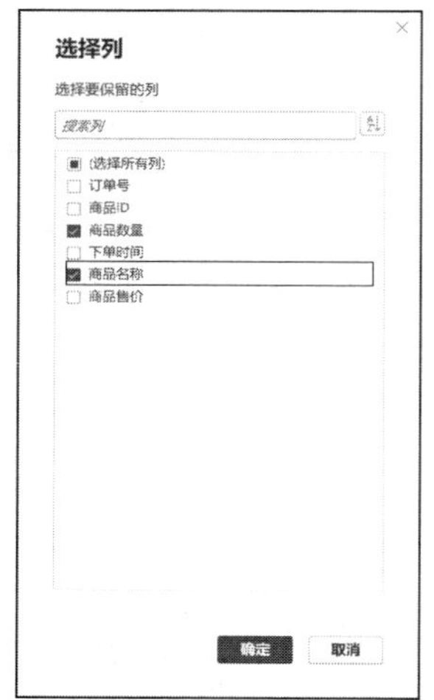

图 2-133 【选择列】对话框参数设置

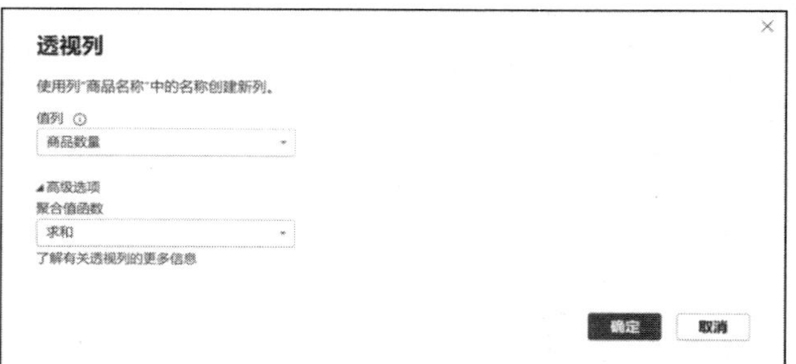

图 2-134 【透视列】对话框参数设置

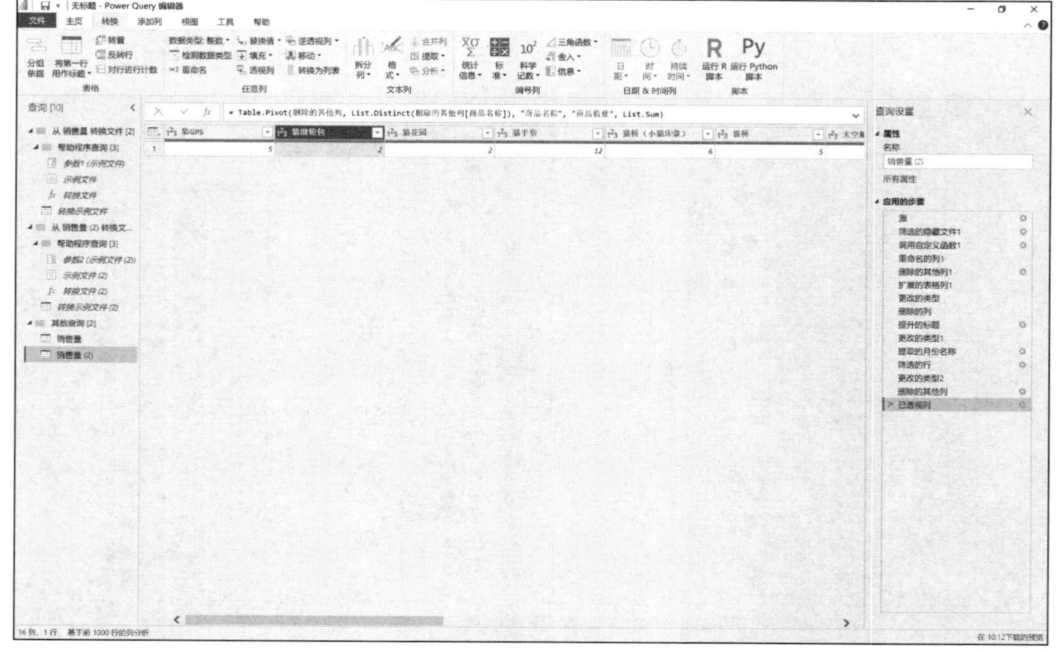

图 2-135 数据透视结果

2.2.3　可视化图表及视觉对象

下面以折线图为例讲解可视化图表及视觉对象。

折线图可以显示随时间变化而变化的连续数据，非常适用于显示在相同时间间隔下的数据趋势。

使用 Power BI 的折线图完成 8 ~ 10 月销售明细数据趋势图，具体操作步骤如下。

① 打开 Power BI，将“8 ~ 10 月销售明细汇总表.xlsx”加载到 Power BI 中，再通过 Power Query 编辑器进行数据预处理。单击【可视化】窗格中的【折线图】按钮，报表画布中将会出现未设置的可视化对象折线图，拖动折线图的边框将其调整到合适的大小，如图 2-136 所示。

② 将【数据】窗格中的字段拖入【可视化】窗格中的【X 轴】和【Y 轴】中，具体参数设置如图 2-137 所示。

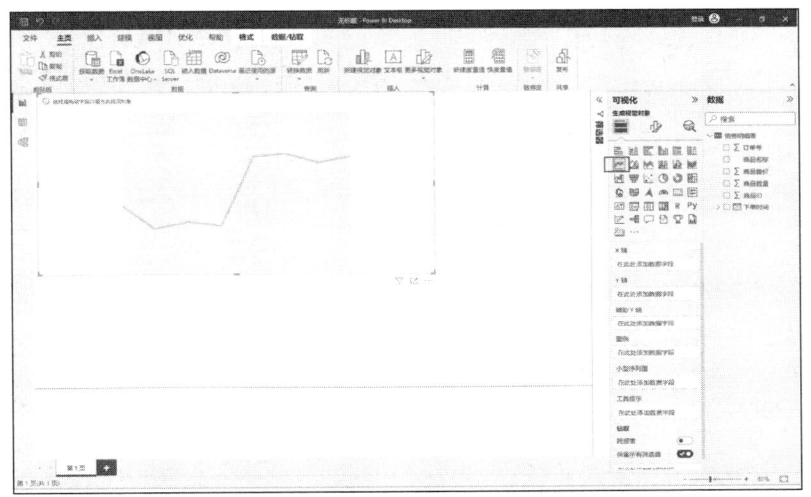

图 2-136　未设置的可视化对象折线图

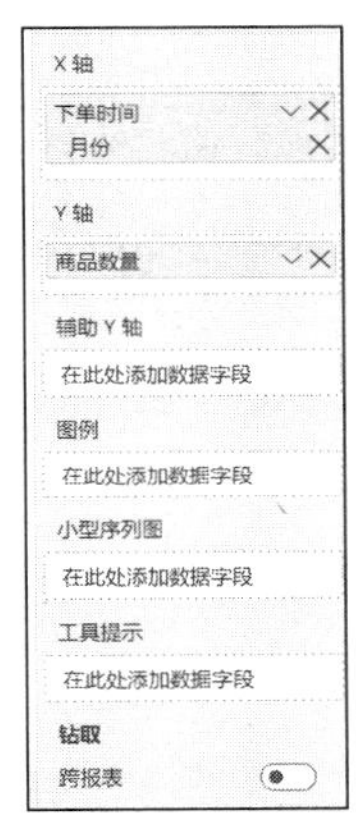

图 2-137 【可视化】窗格中的参数设置

③ 优化可视化对象的格式。在【可视化】窗格中单击【设置视觉对象格式】按钮，如图 2-138 所示，切换到【设置视觉对象格式】界面，在其中即可对对象的 X 轴、Y 轴、数据颜色、数据标签、标题和背景等进行格式化设置，最终效果如图 2-139 所示。

图 2-138 【设置视觉对象格式】按钮

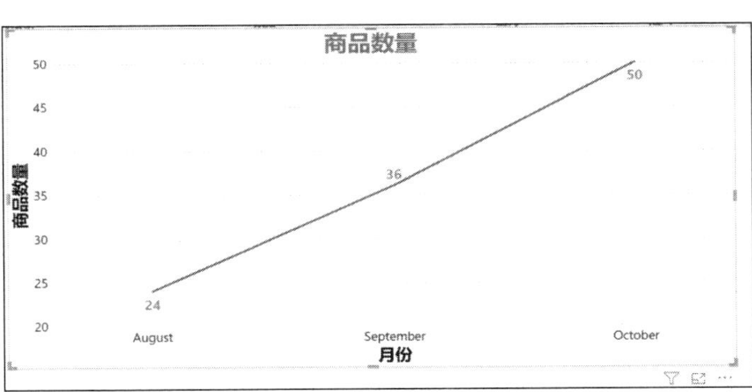

图 2-139　折线图效果

提示：

单击【主页】→【新建视觉对象】按钮，可将多个呈现趋势化数据的视觉对象放在同一张报表中。

④ 自定义视觉对象。Power BI 可从 Microsoft AppSource 下载或导入视觉对象，也可使用 R 语言等创建自定义视觉对象并导入。单击【可视化】窗格中的【…】按钮，选择【获取更多视觉对象】，如图 2-140 所示，即可下载 AppSource 提供的视觉对象。

提示：

获取 AppSource 提供的视觉对象需要使用电子邮箱。

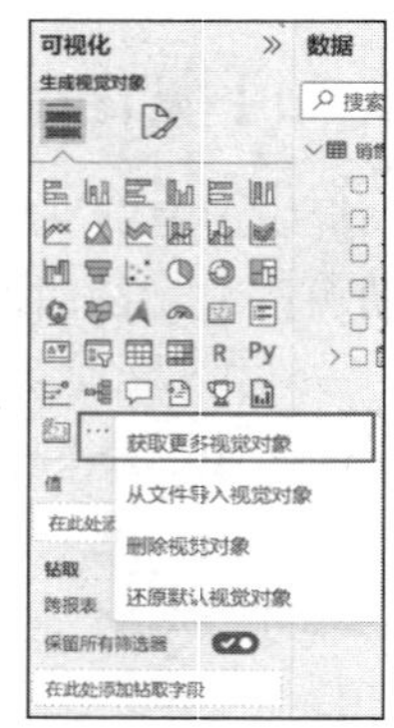

图 2-140　获取 AppSource 提供的视觉对象

2.2.4　可视化报表

1. 报表页的基本操作

想要生成一张合适的报表，前期准备是很有必要的。如果把报表看成一本书，那么不同页面之间的关联，以及每一页要呈现什么内容都需要设计清楚。

① 新建报表页。在 Power BI 的【插入】选项卡中单击【新建页】按钮，在弹出的下拉列表中选择【空白页】选项，即可在当前报表页后插入新报表页，如图 2-141 所示。

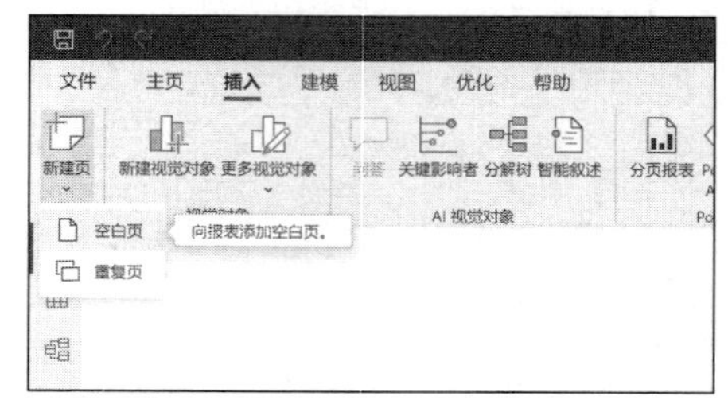

图 2-141　新建报表页

提示：

- 在现有报表中，单击报表页标签右侧的【新建页】按钮，也可在现有报表页后快速插入新报表页。
- 如果报表中包含的报表页较多，标签栏中不一定能够同时显示所有报表标签，可以通过单击标签栏左侧的导航按钮滚动显示报表标签。
- 双击报表标签，可对报表进行重命名。

② 复制和移动报表。选中需要复制的报表页，在 Power BI 的【插入】选项卡中单击【新建页】按钮，在弹出的下拉列表中选择【重复页】选项，报表中即可出现目标报表页的副本。将鼠标指针移到需要移动的报表标签上，按住鼠标左键不放，拖动鼠标，即可将对应报表页移动至其他位置。

③ 删除报表。当鼠标指针悬浮在要删除的报表页上方时，报表标签上会出现【删除页】按钮，如图 2-142 所示，单击该按钮，弹出【删除此页】对话框，单击【删除】按钮即可。

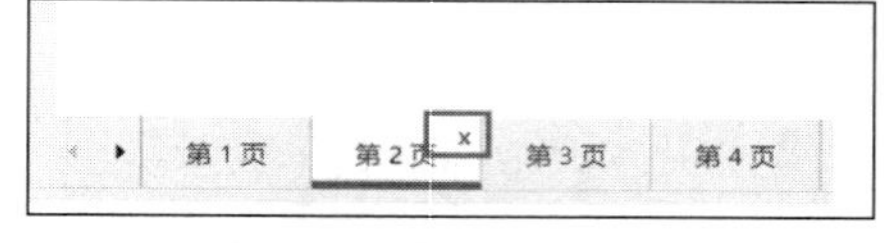

图 2-142　【删除页】按钮

2. 添加视觉对象

① 添加简单对象。在 Power BI 的【插入】选项卡中单击【文本框】按钮，报表画布中将会呈现默认的文本框样式。与此同时，在文本框的旁边会出现文本框编辑工具栏，使用其中的文本编辑工具，可以进行字体、字号、文字颜色、加粗、倾斜、下画线和文本对齐方式等的设置。在【格式】窗格中可以对文本框进行设置，如图 2-143 所示。

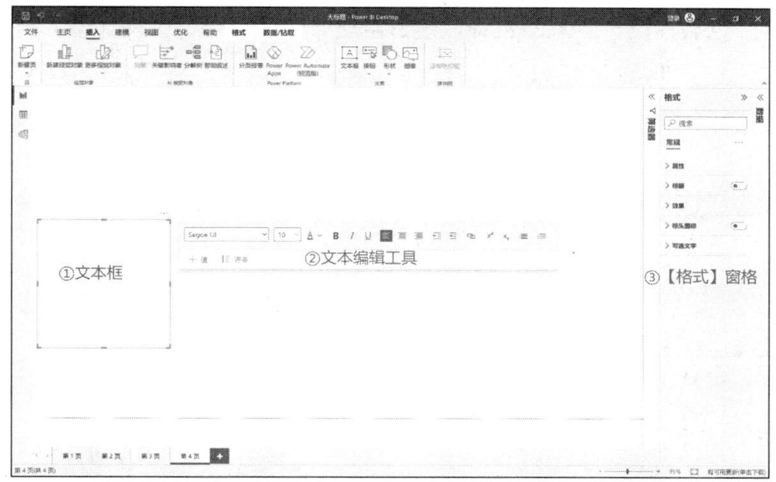

图 2-143　文本框设置

提示：

Power BI 还提供了按钮、形状、图像等简单对象。其操作方法与文本框类似。

② 添加可视化视觉对象。导入实验素材“访客数据.xlsx”和“流量数据.xlsx”，选择访客数、收藏人数和加购人数、成交转化率和成交订单数，分别以折线图、簇状柱形图、堆积柱形图和瀑布图来呈现。将 4 个可视化视觉对象分上下两行布局，第一行呈现访客数等人数变化情况，第二行呈现成交转化率和成交订单数情况。结果如图 2-144 所示。

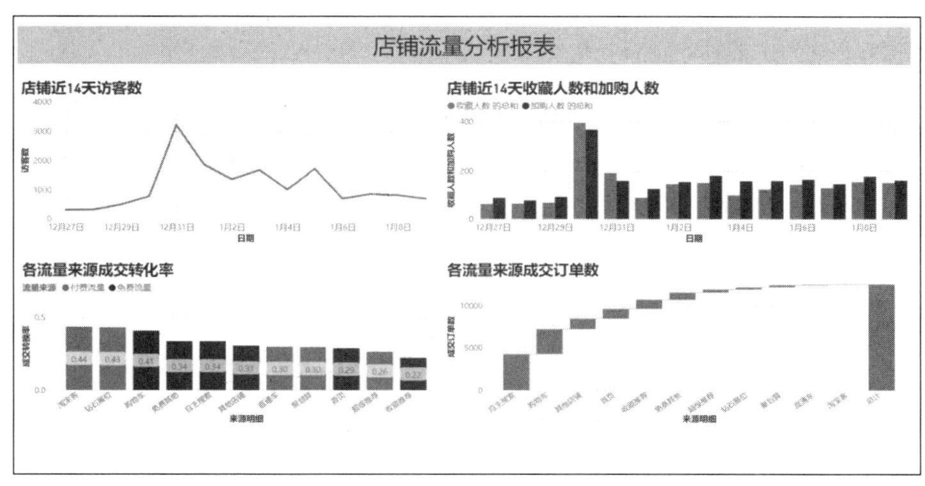

图 2-144　添加可视化视觉对象效果

3. 添加筛选器和切片器

Power BI 中对数据的筛选有 3 种级别：视觉级、页面级和报告级。切片器可以看成一个特殊的视觉对象。切片器可以通过输入数值或滑动滑块的方式对数据进行筛选。

① 筛选器使用。针对“各流量来源成交转化率”可视化对象，在【筛选器】窗格中设置参数，如图 2-145 所示，便可在该视觉对象上应用筛选功能。

② 创建切片器。单击【可视化】窗格中的【切片器】按钮，将【数据】窗格中的“日期”拖入【可视化】窗格的【字段】中，如图 2-146 所示。将切片器对象放置在文本框区域，并设置切

片器对象的文字颜色为白色、背景颜色为蓝色、滑块颜色为黑色，关闭背景。拖动日期滑块设置日期范围，如图 2-147 所示。

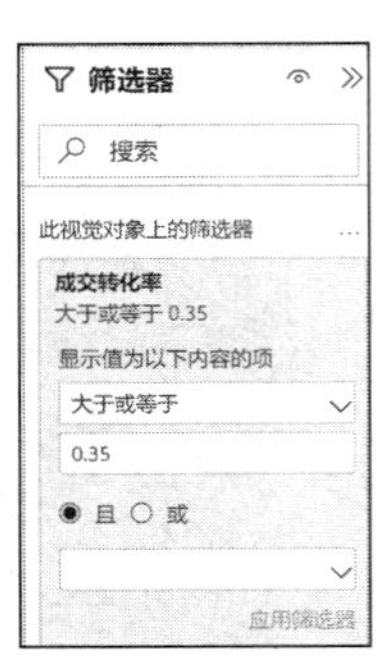

图 2-145　【筛选器】窗格参数设置

图 2-146　切片器字段设置

图 2-147　日期滑块

4. 钻取和分组

钻取是指沿着层次结构（维度的层次）查看数据，分为上钻和下钻。上钻是沿着数据的层次结构向上聚合数据，下钻是沿着数据的层次结构向下聚合数据。比如，当前的维度是月份，按年份查看数据为上钻，而按日期查看数据为下钻。

分组是指将数据按照指定字段分开呈现，分为列表和装箱。对于数字和日期数据，两种分组方式均可使用，对于文本数据则只能采用列表分组。

① 生成瀑布图。导入实验素材“流量数据.xlsx”，首先使用“流量来源”和“成交订单数”构建瀑布图，如图 2-148 所示。

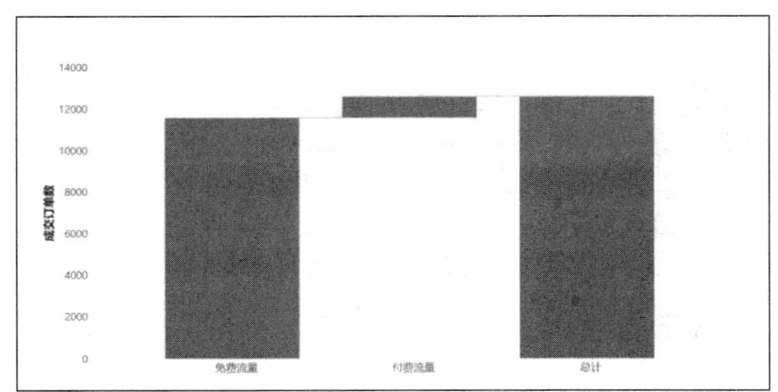

图 2-148　瀑布图

② 设置层次结构并启动数据钻取。在【可视化】窗格中，将“来源明细”拖动至“流量来源”下方，再在瀑布图右上角单击【向下钻取】按钮，如图 2-149 所示。

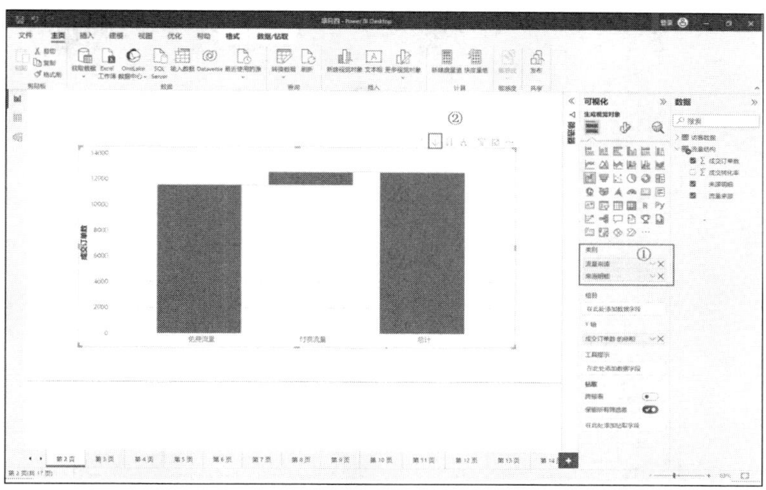

图 2-149　数据钻取设置

③ 当启动数据钻取后，在“免费流量”的柱形上双击，即可呈现出免费流量的来源明细的瀑布图，如图 2-150 所示。单击【向上钻取】按钮即可返回原来的第一层次。

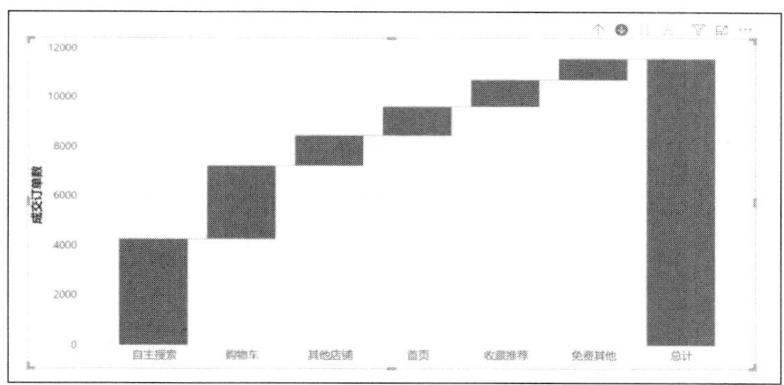

图 2-150　数据钻取结果

④ 生成散点图。使用“访客数据.xlsx”中的“加购人数”和“日期”构建散点图，如图 2-151 所示。

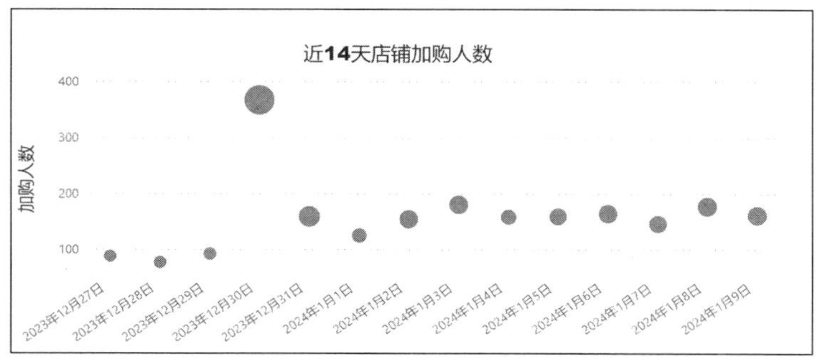

图 2-151　散点图

⑤ 设置数据分组。右击【数据】窗格中的【日期】选项，在弹出的快捷菜单中选择【新建分组】，在弹出的【组】对话框中设置装箱大小，如图 2-152 所示。

图 2-152　新建分组参数设置

⑥ 将产生的新字段“日期(箱)”拖动至【可视化】窗格的【图例】中，如图 2-153 所示。在报表画布中就可看到视觉对象按 7 天每箱进行数据分组，效果如图 2-154 所示。

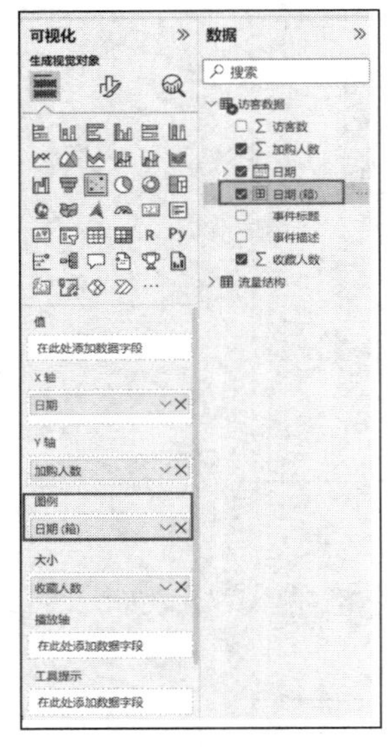

图 2-153　数据分组设置

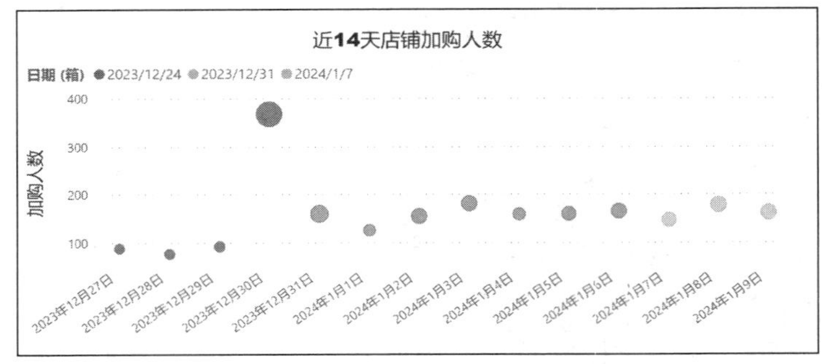

图 2-154　数据分组效果

练习题

一、选择题

1. 对于 Excel，排序是按照（　　）来进行的。

A. 记录　　B. 工作表　　C. 字段　　D. 单元格

2. 在 Excel 中，最适合反映单个数据在所有数据构成的总和中所占比例的一种图表类型是（　　）。

A. 散点图　　B. 折线图　　C. 柱形图　　D. 饼图

3. 下列在单元格中输入的公式中正确的是（　　）。

A. =A1:A2　　B. A1+A2　　C. =A1+A2　　D. (A1+A2)

4. 假设 B1 单元格中为文字“100”，B2 单元格中为数字“3”，则在 B3 单元格中输入公式“=COUNT(B1:B2)”等于（　　）。

A. =3　　B. 1　　C. =103　　D. 100

5. 工资表包含如下信息：员工号、部门、姓名、性别、应发工资、扣除款、实发工资。要计算出“生产部”实发工资总额应使用（　　）函数。

A. SUMIF　　B. COUNTIF　　C. AVERAGEIF　　D. IF

6. 在数据透视表中，需要对某一字段进行对比分析时，应将该列数据放在（　　）区域中更合理。

A. 筛选　　B. 列　　C. 行　　D. 值

7. 在 Excel 中，下面（　　）可以选出某个列中大于某个特定值的所有行。

A. 使用【条件格式】功能

B. 使用【排序】功能

C. 使用【筛选】功能，并在该列的筛选箭头中选择【数字筛选】→【大于】

D. 手动查找并删除不满足条件的行

8. 在 Power BI 中，（　　）视图允许用户创建和编辑可视化报表，并添加各种可视化对象。

A. 报表视图　　B. 关系视图　　C. 数据视图　　D. 查询编辑器视图

9. 在 Power BI Desktop 中，如果你想为报表添加一个交互式的筛选器，你应该使用什么功能？

A. 数据视图　　B. 仪表板　　C. 切片器　　D. 图表类型选择

10. 在 Power BI 中，如果想要创建一个能够显示时间序列数据趋势的图表，应该选择（　　）图表类型。

A. 饼图　　B. 折线图　　C. 散点图　　D. 条形图

二、填空题

1. MAX 函数用于返回一系列数值或单元格区域中的最大值。若要找出 C 列中的最大值，可以使用公式=MAX(__________)。

2. 在 Excel 中导入各种外部数据的方法十分类似，都是通过【数据】选项卡中的【__________】命令组来完成的，只是单击的按钮有所不同。

3. 在进行问卷调查时，涉及多项选择题时如果最多可选 3 项，而被调查者却选择了 4 项及以上，可以综合利用 Excel 提供的__________和__________来判断数据的正确性。

4. 切片器主要通过输入数值或__________的方式对数据进行筛选。

5. 在 Power BI 的关系视图中，用户可以通过拖动表格之间的__________来建立或管理它们之间的关系。

三、操作题

1. 下载并打开工作簿文件 Excel1.xlsx。

（1）将 Sheet1 工作表的 A1:G1 单元格区域合并为一个单元格，单元格内文字居中对齐。

（2）计算“上月销售额”列和“本月销售额”列（销售额=销售额单价×数量，数值型，保留小数点后 0 位）。

（3）计算“销售额同比增长”列（同比增长=[(本月销售额 – 上月销售额)/上月销售额]×100%，百分比型，保留小数点后 1 位）。

（4）选取“产品型号”列、“上月销售量”列和“本月销售量”列，建立簇状柱形图，图表标题为“销售情况统计图”，图例置底部，将图表移动到工作表的 A14:E27 单元格区域内，将工作表命名为“销售情况统计表”。

（5）保存 Excel1.xlsx 文件。

2. 下载并打开“数据整理”文件夹，并完成如下操作。

（1）将“数据整理 1.xlsx”中的一维数据透视成二维表。

（2）将“数据整理 2.xlsx”中 2006—2010 年的数据删除。

（3）在“数据整理 3.xlsx”中按客户名称统计各客户的消费总额。

（4）在“数据整理 4.xlsx”中提取日期字段中的年、月、季度和星期信息，并添加到新建列中。

（5）在“数据建模.pbix”中计算销售金额环比增长率。

3. 下载并打开“数据可视化”文件夹中的“数据可视化 1.pbix”文件，并完成如下操作。

（1）以分区图展示不同月份、不同产品分类的销售金额变化趋势。

（2）新建折线和堆积柱形图：以折线和堆积柱形图展示不同月份、不同产品分类的销售金额、销售数量变化情况。折线图展示销售数量变化情况，堆积柱形图展示销售金额变化情况。

（3）以瀑布图展示不同产品的销售金额及总计情况。

第 3 章 金融统计分析概述

金融统计分析是运用统计学理论和方法，对金融活动内容进行分类、量化、数据搜集和整理，以及描述和分析，反映金融活动的规律性或揭示其基本数量关系，为金融制度的设计和理论研究，以及金融调控机制的实施提供客观和科学的依据。

本章主要介绍金融统计分析的基础知识，包括金融统计分析的对象，以及金融统计分析的基本方法，为后面的学习奠定基础。

【学习目标】

知识目标：

（1）了解金融统计分析的对象；

（2）掌握金融统计分析的基本方法。

技能目标：

能够运用恰当的金融统计分析方法进行分析。

【知识框架】

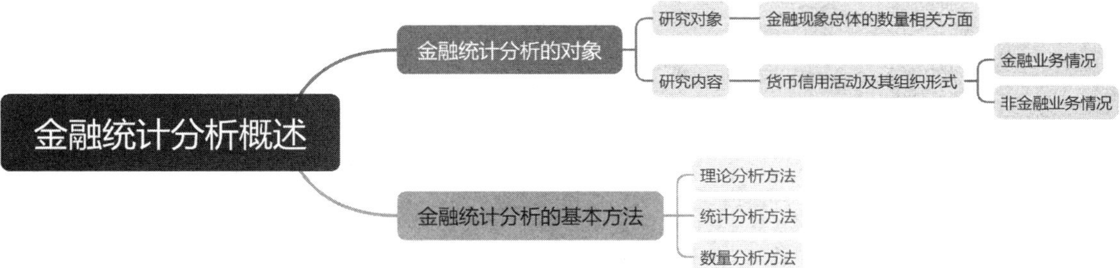

3.1 金融统计分析的对象

在金融领域中，数据是最常见的资源之一。对于政府、公司和个人的决策来说，金融统计分析是非常重要的一环。因此，首先需要了解金融统计分析的对象是什么。本节将带领读者探究金融统计分析的研究对象和研究内容。

3.1.1 金融统计分析的研究对象

金融统计是国民经济统计体系中的重要组成部分。金融统计分析的研究对象是金融现象总体的数量相关方面。其通过对金融现象总体数量相关方面的研究，揭示金融现象的本质和数量规律。

所谓金融现象是指货币资金的融通现象，它包括货币流通现象和以银行信用为主的各种信用现象，例如货币资金的投放、流通和回笼，信贷资金的集聚、运用和收回，以及信贷资金的调拨、结算等货币信用现象。货币流通现象是指货币不断地作为货币流通手段和支付手段与各种商品进行换位活动的现象。信用现象体现一定生产关系的借贷行为，是以偿还和收取利息为条件的价值运动的特殊形式的现象。它包括各专业银行的信用活动、国内和国际间的信用活动、中国人民银行（我国的中央银行）对各专业银行的信贷活动，还包括非银行金融机构的信用活动，如城乡信用社、信托投资公司、保险公司等的信用活动以及商业信用活动、民间信用活动等。其中，银行信用是我国基本的信用形式，银行信用是银行通过货币形式与各种经济单位进行借贷活动的一种信用形式。

研究事物现象的数量相关方面，是认识事物的一个重要方法。对于金融统计分析来说，这一方法论也适用。例如，通过对货币流通量的研究，能了解在什么样的经济条件下才能保持货币流通正常；通过对信贷数量的研究，摸清信贷资金与总产值、商品销售额和企业流动资金的比例关系，就能掌握信贷资金流动的规律。通过对这些数据进行统计分析，可以揭示出潜在的规律和关联性，为金融决策提供科学依据。

3.1.2 金融统计分析的研究内容

金融统计分析的研究内容是根据货币信用活动及其组织形式确定的。具体地说，它包括银行信贷与现金收支统计分析、货币流通统计分析、银行财务成本与劳动工资统计分析、对外金融统计分析、信用社业务统计分析、保险业务统计分析、信托投资业务统计分析和金融市场统计分析等。除此之外，金融统计分析还包括与金融业务有关的其他现象的统计分析等。在理解金融统计分析时，需要注意以下事项。

（1）金融统计分析既包括对金融业务情况的统计分析，也包括对非金融业务情况的统计分析，例如对金融劳动工资和金融财务的统计分析。因为金融机构的数量、人员数量及其构成的变化、财务收支情况等对金融业务的发展和巩固有着重大的影响。

（2）金融统计分析包括金融现象总体数量相关方面，既包括各个银行的信贷、现金收支统计分析，也包括保险公司各项资料的统计分析，如对保额、保费、承保数量，以及银行的相关数据分析，如中国建设银行中基本建设贷款额、投资完成额等的统计分析。

（3）金融统计分析既包括对金融现象总体数量相关方面的统计分析，也包括对与金融业务相关的其他经济现象总体数量相关方面的统计分析。例如对工商企业的经济效益、市场物价的变动、商品流通的客观规律等的统计分析。对这些现象的统计分析是金融业发展本身的要求。宏观控制部门要充分发挥其作用，必须对这些与金融业务相关的经济现象进行研究。

以上只是金融统计分析研究内容的一部分，实际上，金融统计分析的研究内容非常丰富，还包括资产定价、投资组合分析、期权定价、金融市场效率检验等多个领域内容。

3.2 金融统计分析的基本方法

在了解金融统计分析的研究对象和研究内容后，需要了解采用何种方法进行金融统计分析来达到主要目的。本节将带领读者探究金融统计分析的基本方法，包括理论分析方法、统计分析方法、数量分析方法。

金融统计是金融学和统计学互动的产物。它通过建立模型和应用统计方法来研究和解决金融领域中的问题，以帮助人们理解金融市场和经济活动。

3.2.1 理论分析方法

理论分析方法在金融统计分析中的科学运用涵盖构建经济模型、设定理论假说、验证假设、逻辑推理及实证检验。通过数学模型和统计工具，分析金融市场行为、资产定价、风险管理等，揭示经济变量间的关系，预测市场趋势，为决策提供理论依据。理论分析方法在描述性金融统计分析中使用比较多，它们对金融统计分析的科学性而言是非常重要的。

（1）静态分析。静态分析就是分析经济现象的均衡状态以及有关经济变量处于均衡状态所必须具备的条件，但并不涉及达到均衡状态的过程，即完全不考虑时间因素。它是一种状态分析。以均衡价格决定模型为例，该模型包括需求函数和供给函数的方程，以及均衡的条件，即供给量与需求量相等。当需求函数和供给函数中的外生变量（即参数）被赋予确定的数值以后，便可通过求解方程组得到相应的均衡价格和均衡产量的数值，相当于由既定的需求曲线和供给曲线的交点所表示的数值。这种根据既定的外生变量值来求得内生变量值的分析方法，就是静态分析。

（2）比较静态分析。比较静态分析就是分析已知条件变化后经济现象均衡状态的相应变化，以及有关经济变量达到新的均衡状态时的相应变化。显然，比较静态分析只是对个别金融现象一次变动的前后以及两个或两个以上的均衡位置进行比较分析，舍弃对变动过程本身的分析，不涉及从一种均衡状态发展到另一种均衡状态的调节过程和转化过程。简言之，比较静态分析就是对金融现象一次变动后，均衡位置及经济变量变动的前后状态进行比较。

（3）动态分析。动态分析是指考虑时间因素对所有均衡状态向新的均衡状态变动过程的分析。动态分析又被称为过程分析，把金融活动看作一个连续的发展过程，金融分析的角度不是时点上的状态，而是过程上的特征和规律性，包括分析有关经济变量在一定时间内的变化、经济变量在变动过程中的相互关系以及它们在每一时点上变动的速率等。动态分析不是把金融分析的变量看作不断重复的变动，而是基于变量的时序关系展开分析，即随时间变化而变化的过程，以及经济发展由内生因素决定的过程。动态分析十分重视时间因素、重视过程分析。

（4）比较动态分析。比较动态分析是在动态分析基础上进行的。如果说动态分析是就一个经济过程所进行的分析，那么比较动态分析就是对两个经济过程的比较分析，差异集中在两个方面：一是变量之间的时滞关系；二是变量之间的依存关系，即参数变动。

3.2.2 统计分析方法

统计分析方法依据其在分析中的使用目的的不同，可以被划分为以下几类。

（1）描述性统计分析方法。描述性统计分析方法运用科学的变量体系描述分析一个经济运行整体的数量特征，需要使用指标体系的选定方法，也需要对所选定的变量进行准确的估计，包括核算、推算和估算，还需要使用变量数据的可比性处理方法。这些方法既需要经验，也需要理论，还需要统计技术或技巧。描述性统计分析方法对于统计分析应用是一个非常重要的基础方法。

（2）应用回归和多元统计分析方法。应用回归和多元统计分析方法是运用比较广泛的分析方法。然而，应用回归和多元统计分析方法作为统计分析方法的组成部分，应该强调其在金融分析中的有效性技巧或应用的专门性。许多金融活动中的依存关系、结构关系、动态关系，以及经济分析总体中的聚类、因子分析等都需要统计分析方法的支持。

（3）常用统计分析方法。常用统计分析方法包括指数分析方法、因素分析方法、时间序列分析方法、弹性分析方法等。常用统计分析方法在金融统计分析中的组合运用是比较有效的。

此外，利用现代统计思想开发专门的综合分析指标或综合评价指标的方法，也是统计分析方法的重要内容。

3.2.3 数量分析方法

数量分析方法在金融统计分析中发挥着重要作用，主要有以下几种具体方法。

（1）计量经济模型。计量经济模型是融经济理论、数学和统计学于一体的专门分析技术，可以用来描述宏观经济和金融领域主要变量的基本特征和数量关系，进行预测、模拟和规划等方面的分析。一个国家或地区的经济整体，应该建立一个宏观计量经济模型作为提高宏观经济决策科学性的常用手段，其中反映金融活动基本计量关系的方程模型占据核心地位。

（2）投入产出分析方法。投入产出分析方法是用于国民经济部门间技术经济联系分析的一种技术方法。我国已定期编制投入产出表，投入产出分析方法在我国宏观经济和金融统计分析中发挥着重要的作用。

（3）经济周期分析方法。经济周期分析方法是一种动态数量分析的系统方法，即在统计系统描述基础上，分析经济周期波动的因素、机制和控制过程。现代时序分析方法在经济周期分析方法发展中占据重要地位。此外，还有系统动力学、金融数学等分析方法。

除以上方法外，进行金融统计分析还需要掌握一些特定的分析方法。例如，蒙特卡罗模拟可以用来模拟资产价格路径，并进行风险价值估计；均值方差组合理论可以用来进行资产组合优化；因子分析可以用来分析金融市场的共同变动因素和构建投资组合等。

随着人工智能和大数据技术的发展，越来越多的金融企业和机构开始引入机器学习和深度学习等技术来进行金融统计分析。这样可以加速数据分析的速度，并发现更多的数据关联规律和市场机会。在实际应用中，还需要注意对数据质量和分析结果的验证，同时不断更新技术和方法，以满足不断变化的市场需求、应对挑战，提高决策的准确性和效率。

在金融统计分析中，需要掌握一些常用的金融统计分析工具和软件，比如 Excel、SPSS、EViews、Stata、MATLAB、R、Python 等，这些工具和软件可以帮助我们更加轻松地处理金融数据并进行相关分析和模型构建。

练习题

一、选择题

1. 金融统计分析的研究对象是（　　）。

   A. 金融现象　　B. 金融市场　　C. 融资形式　　D. 金融交易

2. 金融统计分析的研究内容不包括（　　）。

   A. 货币统计　　B. 信贷收支统计

   C. 进出口统计　　D. 对外金融统计

3. 常见的金融统计分析的基本方法不包括（　　）。

   A. 理论分析方法　　B. 统计分析方法

   C. 数量分析方法　　D. 数量经济分析方法

4. 静态分析属于（　　）。

　A. 过程分析　　B. 状态分析　　C. 比较分析　　D. 差异分析

5.（　　）是融经济理论、数学和统计学于一体的专门分析技术。

　A. 描述性统计分析　　B. 计量经济模型

　C. 投入产出分析　　D. 经济周期分析

二、填空题

1. 金融统计分析的研究对象是__________的数量相关方面。
2. 金融统计分析的研究内容是根据__________及其组织形式确定的。
3. 考虑时间因素对所有均衡状态向新的均衡状态变动过程的分析称为__________。

三、简答题

1. 简述金融统计分析的研究内容。
2. 简述动态分析的特点。
3. 简述统计分析方法。

第4章 常见金融统计分析软件

金融统计分析的目的是获得更多隐性的数据规律，而使用相应统计分析软件是达成目的最好的方法。统计分析软件是一种用于数据分析和统计的软件，它的作用主要体现在对金融数据的全方位分析和处理上，它可以帮助用户更好地理解和分析数据，从而更好地掌握数据的发展趋势和规律。

本章主要介绍常见的3种金融统计分析软件（SPSS、EViews、Stata），并介绍各软件的基本概况和基础操作，最后通过相关案例展示各软件的基本应用。

【学习目标】

知识目标:

（1）熟悉SPSS的界面和菜单等基本情况;

（2）掌握SPSS数据录入的基本操作;

（3）熟悉EViews的界面和菜单等基本情况;

（4）掌握EViews数据录入的基本操作;

（5）熟悉Stata的界面和菜单等基本情况;

（6）掌握Stata数据录入的基本操作。

技能目标:

（1）能够运用SPSS进行基本统计分析;

（2）能够运用EViews进行基本统计分析;

（3）能够运用Stata进行基本统计分析。

【知识框架】

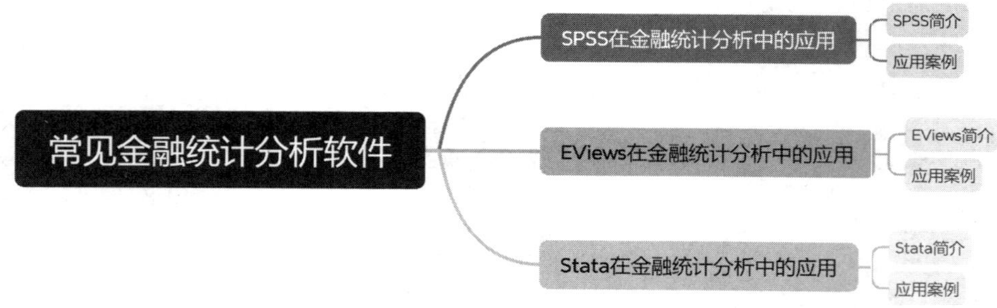

4.1 SPSS 在金融统计分析中的应用

SPSS 作为一种广泛应用的统计分析软件，由于操作简单，在金融统计分析中已起着至关重要的作用。因此除了了解金融统计分析的基本概念之外，更重要的是了解如何进行实践操作，如何应用统计分析软件 SPSS 来实现金融统计分析的目的。本节将为读者介绍 SPSS 的基本情况、数据文件的管理以及 SPSS 在金融统计分析中的相关应用案例。

4.1.1 SPSS 简介

SPSS（Statistical Product and Service Solutions，统计产品与服务解决方案）在金融统计分析中被广泛应用。SPSS 在金融统计分析中的几个常见应用有描述性统计分析、相关性分析、回归分析、时间序列分析、方差分析、风险分析等。此外，SPSS 还提供数据可视化、数据清洗、分类分析、因子分析、聚类分析等功能，可以应用于更广泛的金融统计分析任务。SPSS 的强大功能和友好的用户界面使其成为金融领域中数据分析和统计建模的常用工具。

1. 初识 SPSS

由于 SPSS 的服务领域和服务深度不断扩大，SPSS 公司于 2000 年将软件最初的名称——社会科学统计软件包（Statistical Package for the Social Sciences）更改为现在的名称。2009 年 7 月 28 日，IBM 公司宣布用 12 亿美元现金收购统计分析软件提供商 SPSS 公司。随后其各子产品家族名称前面不再冠以 PASW，产品名称修改为 IBM SPSS。

SPSS 是世界上最早采用图形菜单驱动界面的统计分析软件之一，它最突出的特点之一就是操作界面极为友好，输出结果美观。它将其几乎所有的功能都以统一、规范的界面展现出来，使用类似 Windows 的窗口形式展示各种数据管理和分析功能，使用对话框展示各种功能选项。用户只要掌握一定的 Windows 操作技能、一定的统计分析原理，就可以使用该软件为特定的科研工作服务。SPSS 采用类似 Excel 表格的方式输入与管理数据，数据接口较为通用，能方便地从其他数据库中读入数据。其统计过程包括常用的、较为成熟的统计过程，完全可以满足非统计相关专业人士的工作需要。其输出结果十分美观，存储时则使用专用的 SPO 格式，可以转存为 HTML 格式和文本格式。针对熟悉老版本编程运行方式的用户，SPSS 还特别设计了语法生成窗口，用户只需在菜单中单击各种命令，然后单击【粘贴】按钮就可以自动生成标准的 SPSS 程序，极大地方便了中、高级用户。

SPSS 的基本功能包括数据管理、统计分析、图表分析、输出管理等。SPSS 统计分析过程包括描述性统计分析、均值比较、一般线性模型建立、相关性分析、回归分析、对数线性模型建立、聚类分析、数据简化、生存分析、时间序列分析、多重响应等几大类。每类中又分好几个统计分析过程，比如回归分析中又分为线性回归分析、曲线估计、Logistic 回归分析、Probit 回归分析、加权估计、两阶段最小二乘法、非线性回归分析等多个统计分析过程，而且每个过程中允许用户选择不同的方法及参数。SPSS 也有专门的绘图系统，可以根据数据绘制各种图形。

SPSS 的分析结果清晰、直观，它易学易用，而且可以直接读取 Excel 及 PDF 数据文件。SPSS 现已可用于各种操作系统的计算机，它被称为当今最权威的统计分析软件之一。

2. SPSS 窗口介绍

SPSS 窗口包括数据编辑窗口、语法编辑窗口、结果输出窗口和脚本编辑窗口。其中，数据编辑窗口和结果输出窗口是常用到的两个窗口。

提示：本节基于 IBM SPSS Statistics 26 进行介绍，如果没有特别指明，文中 SPSS 均指 IBM SPSS Statistics 26，以下不再说明。

（1）数据编辑窗口

数据编辑窗口也称数据编辑器（Data Editor）。启动 SPSS 后，系统会自动打开数据编辑窗口。SPSS 处理数据的主要工作全在此窗口中进行，该窗口的左下角会显示两个视图：数据视图（Data View）和变量视图（Variable View）。数据视图用于显示数据，变量视图则用于显示变量的信息，如变量名称、变量类型、变量格式等，两个视图可以通过单击进行切换。

当同时打开多个数据文件时，每个数据文件独占一个不同的数据编辑窗口，系统会对这些数据编辑窗口自动按照“数据集 0”“数据集 1”……这样的名称来命名，data_1.sav 为文件存储名称。数据编辑窗口（见图 4-1）可以用来创建、显示和编辑数据文件。

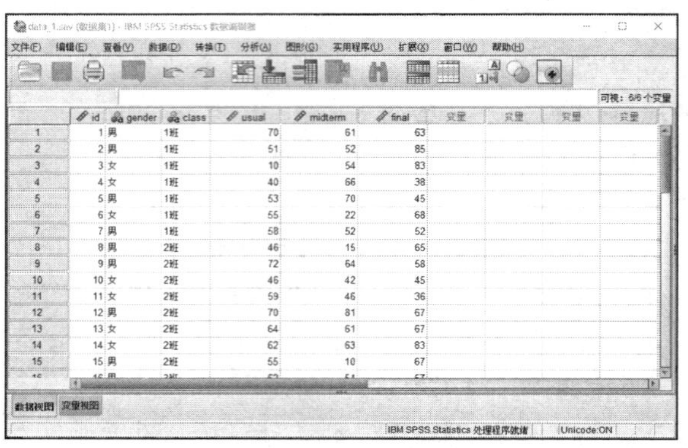

图 4-1　数据编辑窗口

（2）语法编辑窗口

语法编辑窗口也称语法编辑器（Syntax Editor），是用于编辑和运行命令文件的编辑器，也是程序运行的工作窗口。语法编辑窗口的优点是可将 SPSS 操作过程存储成语法文件，保存工作记录，让使用者可以查阅操作历史，并且在有必要时重新执行。图 4-2 所示为语法编辑窗口。

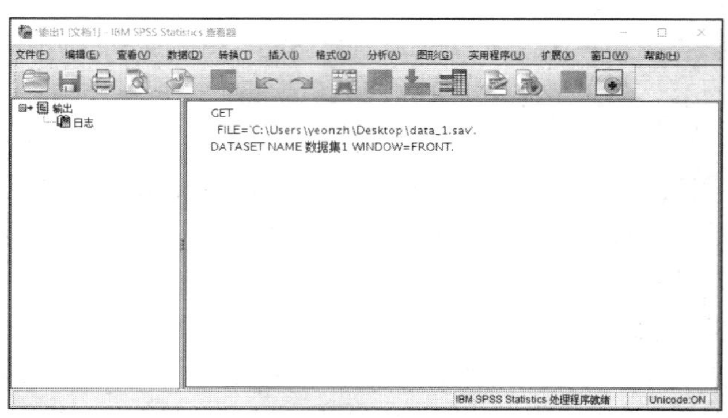

图 4-2　语法编辑窗口

（3）结果输出窗口

结果输出窗口也称结果查看器（Output Viewer），用于显示数据分析的结果。使用者可以直接打印结果，或将所显示的输出数据加以编辑与存储，便于日后使用，还可以配合其他数据库或文字处理软件（例如 Excel、Word）进行编辑整理。存储结果时，仅需单击左上角菜单栏中的“文件(File)”，在下拉菜单中选择“保存(Save)”，输入路径与文件名，SPSS 便会自动给予该结果文件扩展名“.spv”作为标识。

结果输出窗口分成左右两区，左侧是目录，也就是结果输出的结构图，依序显示使用者要求 SPSS 所进行的各项工作的结果，并依照层次排列。结果输出窗口的右侧显示的是输出的内容，存放 SPSS 执行后的所有记录与数据报表。当使用者单击左侧目录当中的任何一个项目时，右侧便会自动显示相应的输出内容。

如果分析过程中所设的参数和统计过程正确，该窗口会显示分析结果；如果分析过程中发生错误使得处理失败，则该窗口中显示系统给出的错误信息。图 4-3 所示为结果输出窗口。

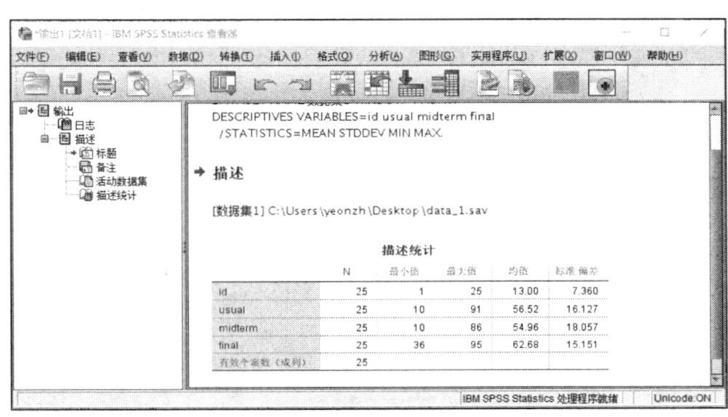

图 4-3　结果输出窗口

（4）脚本编辑窗口

脚本编辑窗口也称脚本编辑器（Script Editor）。SPSS 脚本是用 Sax Basic 语言编写的程序。SPSS 脚本可以像 SPSS 宏一样构建和运行 SPSS 命令，也可以在命令中利用当前数据文件的变量信息，还可以对结果进行编辑，或者构建一些新的自定义的对话框。脚本可用于 SPSS 内部操作自动化、结果格式自定义化。该窗口用于编写采用 SPSS 内嵌的 Sax Basic 或 Python 的自动化数据处理程序。Python 脚本编辑窗口如图 4-4 所示。

上述工作窗口可以同时打开多个，如同时打开多个数据编辑窗口和多个结果输出窗口。实际使用时的窗口数往往不止 4 个。

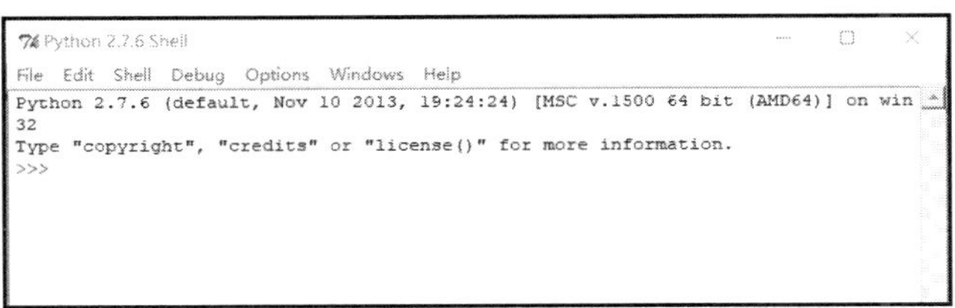

图 4-4　Python 脚本编辑窗口

3. SPSS 数据文件的建立

（1）利用 SPSS 直接录入

在数据编辑窗口中，SPSS 采用的是二维电子表格的形式，即由行和列组成，行和列的交叉处为单元格。利用 SPSS 进行数据分析的第一步工作就是要建立 SPSS 数据文件。SPSS 数据文件中的一列数据称为一个变量。每个变量都应有一个名称，即变量名称，变量名称是存取 SPSS 变量的唯一标志。SPSS 数据文件中的一行数据称为一个个案，所有个案组成 SPSS 数据文件的数据部分。每个单元格存储的是某一个特定观察个案的特定变量的具体数值。

建立一个完整的 SPSS 数据文件需要进行以下操作。

① 启动 SPSS，即进入 SPSS 数据编辑窗口，如图 4-5 所示；或者选择【文件】→【新建】→【数据】。

② 定义变量：包括定义变量名称和变量类型。

③ 输入数据：在数据编辑窗口中完成。

④ 保存数据。

在 SPSS 中，共有 9 种变量类型。这 9 种又可被归纳为 3 种基本类型：日期型、字符串型、数值型。

① 数值型包括标准数值型、逗号数值型、圆点数值型、科学记数型、美元数值型、设定货币数值型、受限数值型等 7 种类型。

② 日期型用来表示日期或者时间，主要在时间序列分析中比较常用。

③ 字符串型用于区分大小写字母，其变量不能进行数学运算。

图 4-5 数据编辑窗口

例 4.1 请将表 4-1 中的内容输入 SPSS 中，并保存到文件名为“data”的数据文件中。

表 4-1 某单位 5 名工作人员的基本信息

姓名	性别	出生日期	受教育年限	年薪/元
张三	男	1976/10/10	15	157000
赵四	男	1979/08/16	16	267500
王五	女	1983/11/12	12	122000
孙六	女	1988/04/12	9	97600
李明	男	1985/07/08	15	165000

操作步骤如下。

① 启动 SPSS。

进入 SPSS 数据编辑窗口，如图 4-5 所示。

② 定义变量。

在图 4-5 所示的数据编辑窗口中，单击左下方的【变量视图】，进入变量视图。

定义变量名称：双击“名称”列下方的单元格，输入变量名称“姓名”，系统默认其为 VAR00001。

定义变量类型：单击“类型”列下方的单元格，单击单元格右侧按钮【…】，打开【变量类型】对话框（见图 4-6），选择【字符串】单选按钮，单击【确定】按钮。

变量的宽度、小数位数、变量标签、数值标签，均保持默认值即可。

第 2 个变量“性别”的定义过程和第 1 个变量“姓名”的定义过程类似。

第 3 个变量“出生日期”在定义变量类型时选择日期型，即在图 4-6 中选择【日期】单选按钮，并在弹出的图 4-7 所示列表框中选择一种日期类型即可。

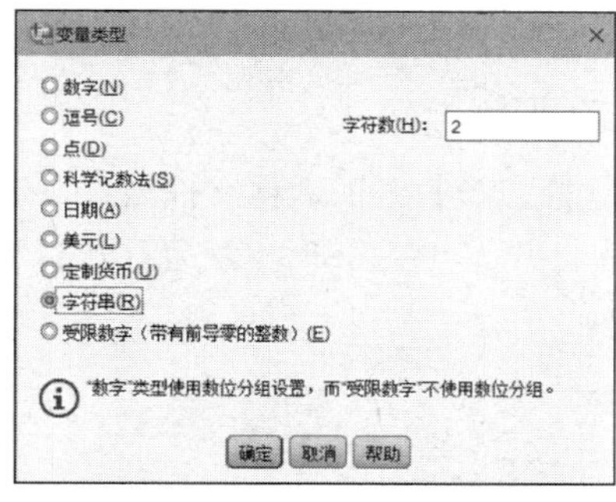

图 4-6　【变量类型】对话框

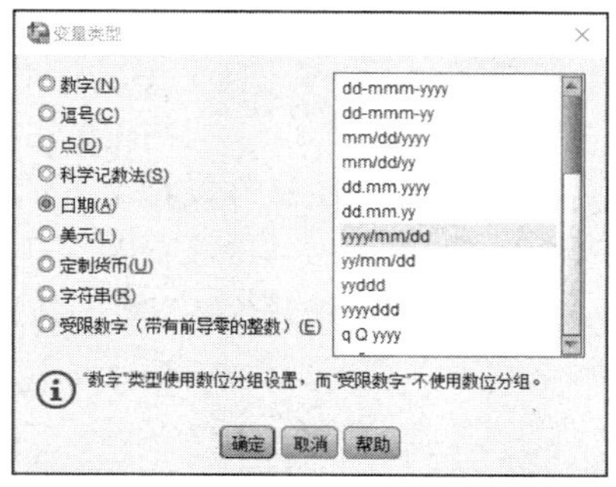

图 4-7　选择一种日期类型

第 4 个变量“受教育年限”为数值型变量，在定义变量类型时保持默认数值型，或者在图 4-6 中选择【数字】单选按钮，可定义小数位数。

其余变量的定义参考变量“姓名”的定义过程。

所有变量定义完成后的变量视图如图 4-8 所示。

③ 输入数据。

单击图 4-8 左下方的【数据视图】，切换视图。录入表 4-1 中的数据，录入完成后的数据视图如图 4-9 所示。

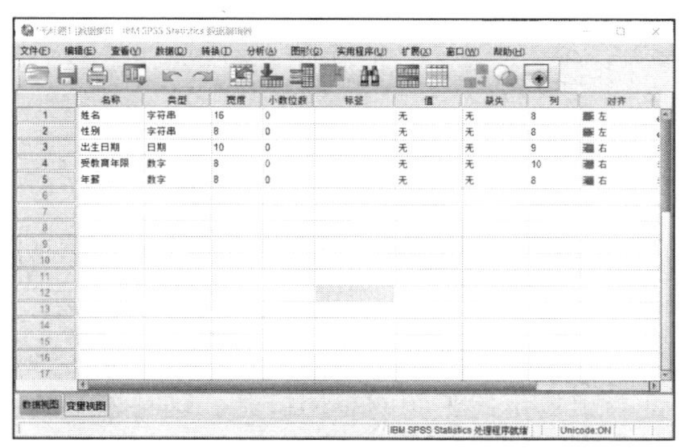

图 4-8　变量定义完成后的变量视图

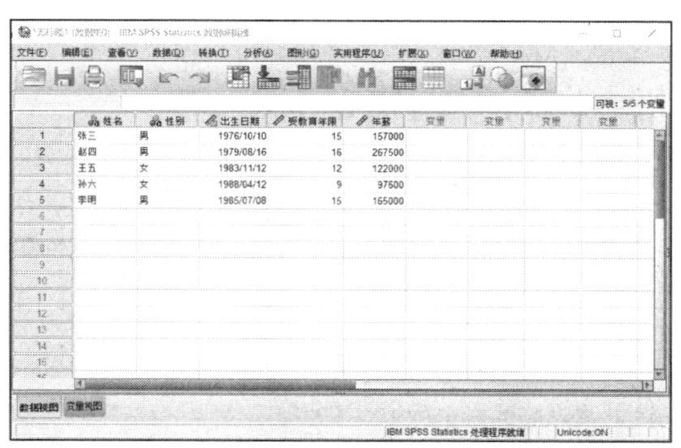

图 4-9　数据录入完成后的数据视图

④ 保存数据。

选择【文件】→【保存】，打开图 4-10 所示的对话框。在【文件名】文本框中输入文件名“data”，选择文件的保存路径，单击【保存】按钮即可。

（2）直接读取 Excel 文件数据

除 SPSS 格式的数据外，SPSS 可以直接读入许多其他格式的数据文件。选择【文件】→【打开】→【数据】命令，打开图 4-11 所示的对话框。

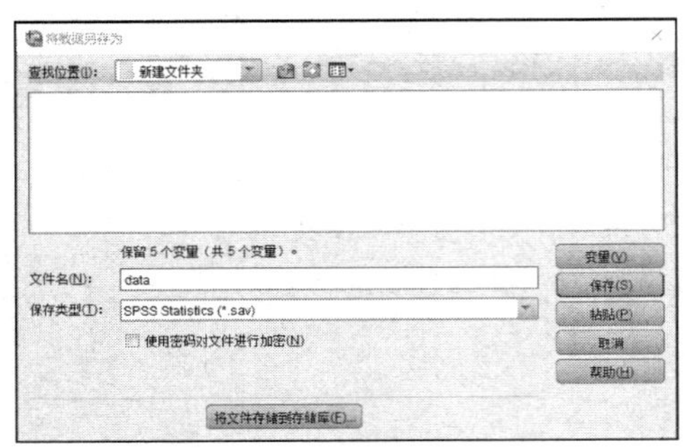

图 4-10　保存 SPSS 格式文件

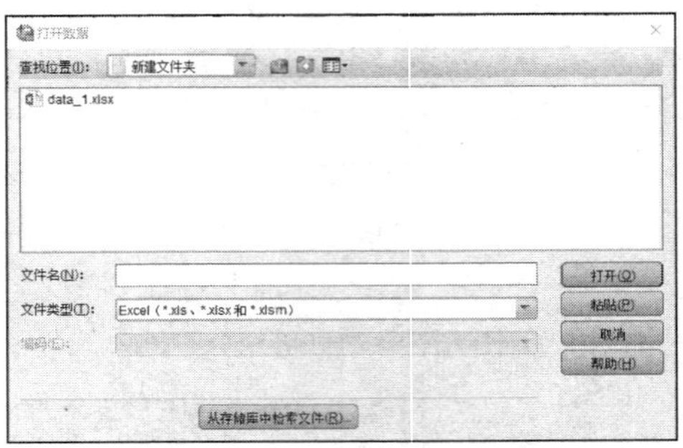

图 4-11　【打开数据】对话框

打开对话框中的【文件类型】下拉列表，可以看到能直接被打开的数据文件格式，选择好所需要使用文件的类型后，再选中需要打开的文件，单击【打开】按钮，SPSS 就会打开需要使用的文件，并将其自动转换成 SPSS 数据格式，如图 4-12 所示。

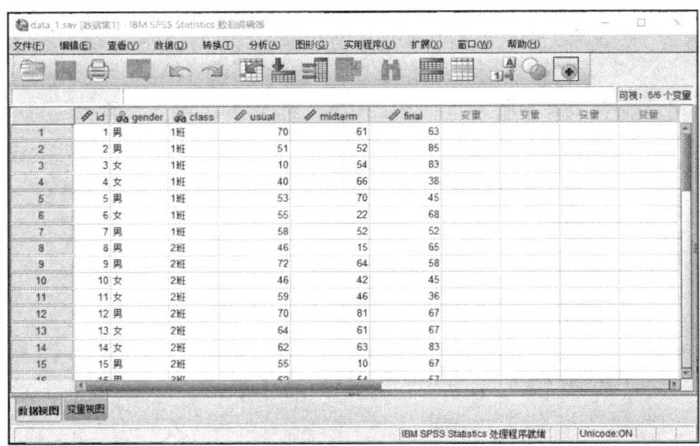

图 4-12　Excel 文件数据的读取示例

4.1.2　应用案例

1. 案例背景与目的

股票投资者大多根据企业的财务报表选择有发展潜力的股票。财务报表的目标之一就是为信息使用者提供对其决策有用的信息，所以研究上市商业银行股票价格与会计信息的相关性具有现实意义。

会计信息与股票价格关系研究是指对会计信息披露与股票的价格之间是否具有统计意义的显著相关性研究，也就是研究会计信息的披露是否向证券市场传递了新的有用信息。这一领域的研究始于波尔、布朗、比弗，他们用实证方法证明了会计信息与股票价格存在相关联系，表明了会计信息的披露向证券市场传递了新的有用信息。本案例的研究目的是通过银行业上市公司的财务数据分析股票价格的财务影响因素，为银行业上市公司的投资提供科学依据。

2. 研究方法

本案例的分析思路如下，搜集上市商业银行的财务数据分析股票价格的财务影响因素，观测股票价格、每股收益、每股净资产、净资产收益率、资产负债率、每股经营活动产生的现金流量净额等数据。首先利用描述性分析对银行业上市公司的财务数据进行基础性描述，以便对整个行业形成直观的印象，然后利用因子分析提取对银行业上市公司股票价格影响较为明显的因素，分析银行业上市公司股票价格的决定因素，最后利用回归分析确定这些因素对股票价格的影响方向和强弱。

采用的数据分析方法主要如下。

（1）描述性分析。描述性分析主要是对银行业上市公司股票价格信息以及各种财务数据进行基础性描述，主要用于描述变量的基本特征。

（2）因子分析。因子分析是一种数据简化技术。它通过研究众多银行业财务变量之间的内部依赖关系，观测财务数据的基本结构，并用少数几个独立的不可观测变量来表示。

（3）回归分析。回归分析是研究一个因变量与一个或多个自变量之间的线性或非线性关系的一种统计分析方法。

3. 研究过程

（1）数据搜集及 SPSS 数据文件的建立

为了研究的准确性和普遍性，选取沪深证券交易所 A 股上市的 42 家商业银行为研究对象，以 2022 年的财务报表作为研究数据，我们选择了：反映企业盈利能力的每股收益、每股净资产、净资产收益率；反映企业偿债能力的资产负债率；反映企业营运能力的总资产周转率；反映企业现金流量能力的每股经营活动产生的现金流量净额；反映企业成长能力的净利润增长率、总资产增长率、营业收入增长率。

一般上市公司的年度财务报表都在次年 4 月对外发布，考虑到财务报表对股票价格影响的滞后性，将次年 4 月 30 日的股票收盘价作为上市商业银行的股票价格。银行股票价格与部分财务指标示例如表 4-2 所示。

表 4-2　银行股票价格与部分财务指标示例（数据保留小数点后 4 位）

股票价格/元	每股收益/元	每股净资产/元	净资产收益率/%	资产负债率/%	总资产周转率
12.5500	2.2000	18.8000	10.9660	91.8316	0.0351
3.0100	0.2645	4.6700	5.7481	92.6777	0.0178
27.3800	3.3800	23.1400	14.5561	92.8775	0.0264
4.0800	0.7440	6.4066	11.8389	91.4575	0.0235
4.6100	0.7300	6.0434	11.2216	91.6144	0.0274
2.3200	0.1700	4.9300	4.4635	91.1033	0.0259
3.3200	0.4500	5.0500	9.0071	93.0906	0.0221
2.9000	0.3700	5.5000	6.6452	91.6092	0.0230
7.5200	1.0700	9.6900	11.0107	92.2863	0.0241
7.6000	1.5600	20.0300	7.4818	91.8805	0.0224
5.7600	1.4300	16.3700	8.0921	91.7100	0.0248
3.6300	0.7100	11.5300	6.0073	91.5540	0.0201
33.6000	5.2600	32.7100	15.2986	90.5884	0.0356
5.6800	1.0200	7.8035	11.3773	90.7751	0.0217
7.7100	1.6000	11.2305	12.6658	92.7715	0.0252
12.5600	1.8300	13.7600	12.3824	93.9022	0.0219
3.6200	0.5500	6.5700	8.5478	92.7932	0.0175
9.4200	1.7600	12.2200	13.2615	92.3428	0.0234

根据我们搜集的数据，建立 SPSS 数据文件后进行下一步的分析和研究，可通过 Excel 表格直接导入建立 SPSS 数据文件。导入数据后的 SPSS 数据视图和变量视图分别如图 4-13、图 4-14 所示。

	股票价格	每股收益	每股净资产	净资产收益率	资产负债率	总资产周转率	每股经营活动产生的现金流量净额
1	12.5500	2.2000	18.800000000000	10.9660196982	91.8316479107	.035125815028	6.930000000000
2	3.0100	.2645	4.670000000000	5.7480790858	92.6777471938	.017817867023	1.632530280908
3	27.3800	3.3800	23.140000000000	14.5560637123	92.8774686752	.026418489245	14.350000000000
4	4.0800	.7440	6.406622588512	11.8389162734	91.4575361498	.023486509270	.180290886356
5	4.6100	.7300	6.043416995946	11.2215877103	91.6143836489	.027419566060	3.518125352280
6	2.3200	.1700	4.930000000000	4.4634824791	91.1032925703	.025891876548	-3.792858613680
7	3.3200	.4500	5.050000000000	9.0071398700	93.0905724636	.022139765988	-.287735885526
8	2.9000	.3700	5.500000000000	6.6452294343	91.6091606117	.022985573378	.355486616231
9	7.5200	1.0700	9.690000000000	11.0106820039	92.2863183623	.024065515300	.158381207524
10	7.6000	1.5600	20.030000000000	7.4818021185	91.8804900966	.022399789851	12.440000000000
11	5.7600	1.4300	16.370000000000	8.0921342903	91.7100472877	.024763035584	4.960000000000
12	3.6300	.7100	11.530000000000	6.0072832071	91.5540019513	.020055095348	3.800000000000
13	33.6000	5.2600	32.710000000000	15.2985620602	90.5883589876	.035566762068	22.610000000000
14	5.6800	1.0200	7.803457276808	11.3772854091	90.7751440158	.021676810719	.781496572708

图 4-13　SPSS 数据视图

	名称	类型	宽度	小数位数	标签	值
1	股票价格	数字	7	4	收盘价[交易日...	无
2	每股收益	数字	6	4	每股收益EPS(...	无
3	每股净资产	数字	15	12	每股净资产BP...	无
4	净资产收益率	数字	13	10	净资产收益率R...	无
5	资产负债率	数字	13	10	资产负债率[报...	无
6	总资产周转率	数字	14	12	总资产周转率[...	无
7	每股经营活动产生的现金流量净额	数字	16	12	每股经营活动产...	无
8	净利润增长率	数字	14	10	净利润同比增长...	无
9	总资产增长率	数字	13	10	总资产同比增长...	无
10	营业收入增长率	数字	19	15	营业收入同比增...	无

图 4-14　SPSS 变量视图

（2）银行业上市公司股票价格及财务指标的描述性分析

银行业上市公司股票价格及财务指标的描述性分析操作步骤如下。

① 打开 SPSS 数据文件，进入 SPSS 数据编辑窗口，选择【分析】→【描述统计】→【描述】命令，在打开的【描述】对话框（见图 4-15）中将各变量添加到【变量】列表框中，并勾选【将标准化值另存为变量】。

② 单击【选项】按钮，打开【描述：选项】对话框。勾选【最大值】、【最小值】、【范围】、【标准差】、【标准误差平均值】和【方差】复选框，如图 4-16 所示，然后单击【继续】按钮，返回【描述】对话框。

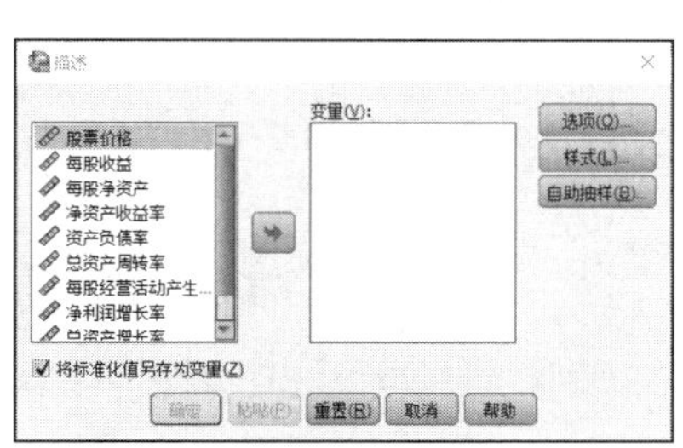

图 4-15　【描述】对话框

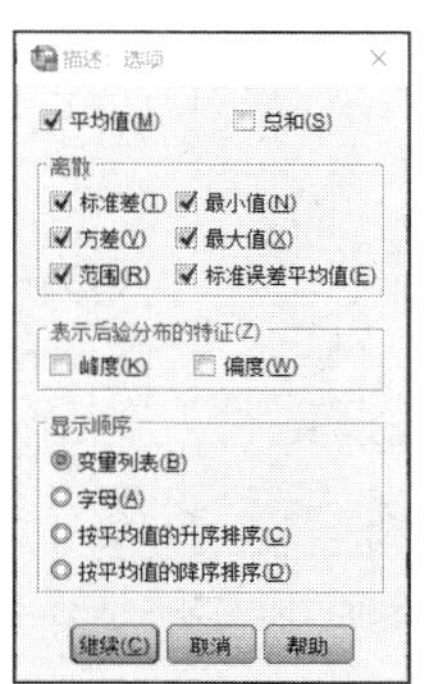

图 4-16　【描述：选项】对话框

③ 单击【确定】按钮，得到描述性分析结果。

由图 4-17 可知，在 2022 年的样本期，我国银行业上市公司股票价格的均值约为 7.28 元，最大值与最小值之间的差异约为 31.28 元，标准差约为 6.18 元，可见我国银行业上市公司之间的股票价格差距较大。另外，就净资产收益率来看，我国银行业上市公司净资产收益率的均值约为 10.44%，表明我国银行业上市公司经营状况良好。

描述统计

	N	范围	最小值	最大值	均值		标准 偏差	方差
	统计	统计	统计	统计	统计	标准 错误	统计	统计
股票价格	42	31.28000000	2.320000000	33.60000000	7.279047619	.9538544467	6.181683333	38.213
每股收益	42	5.090000000	.1700000000	5.260000000	1.288059524	.1551738527	1.005641503	1.011
每股净资产	42	28.04000000	4.670000000	32.71000000	11.21343236	.9855620816	6.387172293	40.796
净资产收益率	42	13.26639238	4.463482479	17.72987486	10.43913191	.3880444247	2.514815296	6.324
资产负债率	42	3.636832061	90.49270910	94.12954116	92.08378667	.1380894248	.8949217551	.801
总资产周转率	42	.0187405492	.0168262129	.0355667621	.0238476377	.0005993010	.0038839146	.000
每股经营活动产生的现金流量净额	42	39.20000000	-16.5900000	22.61000000	4.355865633	.9539964778	6.182603800	38.225
净利润增长率	42	54.03454335	-24.1139018	29.92064155	10.79685257	1.963876314	12.72737315	161.986
总资产增长率	42	18.42051009	1.011347764	19.43185785	10.92212284	.7413841157	4.804718212	23.085
营业收入增长率	42	30.66182749	-15.5967868	15.06504069	3.171704472	1.034428926	6.703865643	44.942
有效个案数（成列）	42							

图 4-17　银行业上市公司股票价格及财务指标的描述性分析结果

（3）银行业上市公司财务指标的因子分析

计算主因子的操作步骤如下。

① 在打开的 SPSS 数据编辑窗口，选择【分析】→【降维】→【因子分析】命令，在弹出的对话框中将各标准化变量“Zscore（...）”添加到【变量】列表框中，如图 4-18 所示。

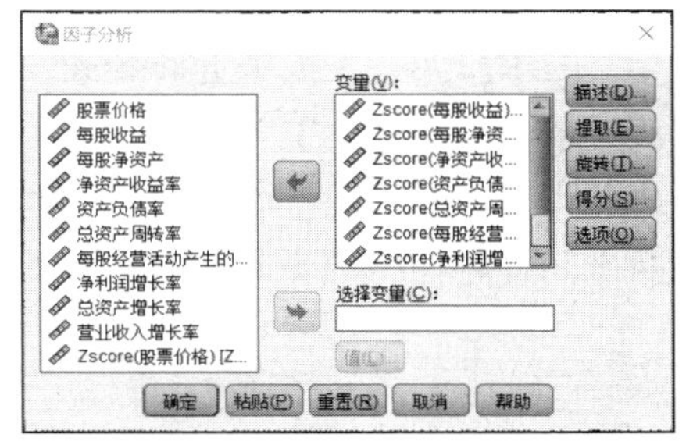

图 4-18　【因子分析】对话框

② 单击【描述】按钮，在打开的【因子分析：描述】对话框中勾选【初始解】复选框和【KMO 和巴特利特球形度检验】复选框，如图 4-19 所示，单击【继续】按钮，保存设置结果。

③ 单击【旋转】按钮，在打开的【因子分析：旋转】对话框中选择【最大方差法】单选按钮，其他保持系统默认选择，如图 4-20 所示，单击【继续】按钮，保存设置结果。

④ 单击【得分】按钮，在打开的【因子分析：因子得分】对话框中勾选【保存为变量】，方法选取【回归】方法来计算因子得分，并勾选【显示因子得分系数矩阵】复选框，如图 4-21 所示，单击【继续】按钮，保存设置结果。

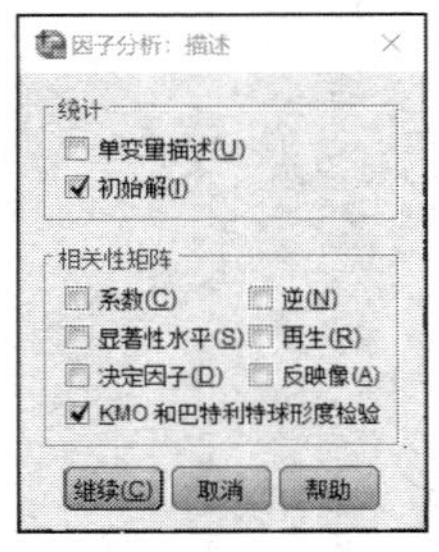

图 4-19 【因子分析：描述对】话框

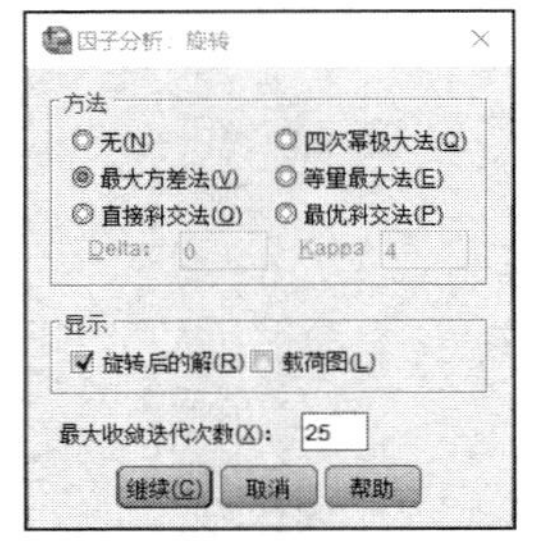

图 4-20 【因子分析：旋转】对话框

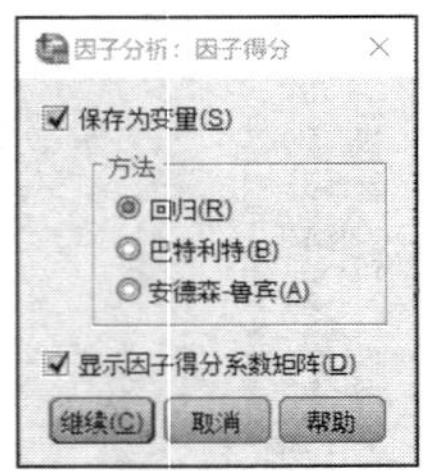

图 4-21 【因子分析：因子得分】对话框

⑤ 单击【确定】按钮，输出统计分析结果。

图 4-22 展示了 KMO 和巴特利特球形度检验结果，其中 KMO 值越接近 1 表示越适合进行因子分析，从该分析结果可知 KMO 值为 0.640，表示比较适合进行因子分析。巴特利特球形度检验的原假设为相关矩阵为单位矩阵，显著性为 0.000，小于显著性水平 0.05，因此拒绝原假设，即表示变量之间存在相关关系，适合进行因子分析。

图 4-23 展示了变量共同度的结果。该图左侧表示每个变量可以被所有因素解释的方差，右侧表示变量的共同度。从该图可以看到，因子分析的变量共同度都非常高，表明变量中的大部分信息均能够被因子分析所提取，说明因子分析的结果是有效的。

KMO 和巴特利特球形度检验

KMO 取样适切性量数。		.640
巴特利特球形度检验	近似卡方	249.546
	自由度	36
	显著性	.000

图 4-22 银行业上市公司财务指标的 KMO 和巴特利特球形度检验结果

变量共同度

	初始	提取
Zscore(每股收益)	1.000	.938
Zscore(每股净资产)	1.000	.909
Zscore(净资产收益率)	1.000	.829
Zscore(资产负债率)	1.000	.616
Zscore(总资产周转率)	1.000	.622
Zscore(每股经营活动产生的现金流量净额)	1.000	.605
Zscore(净利润增长率)	1.000	.730
Zscore(总资产增长率)	1.000	.716
Zscore(营业收入增长率)	1.000	.780

提取方法：主成分分析法。

图 4-23 银行业上市公司财务指标的变量共同度结果

图 4-24 展示了因子贡献率的结果。该图左侧为初始特征值，中间为提取载荷平方和，右侧为旋转载荷平方和。“总计”是指因子的特征值，“方差百分比”表示该因子的特征值占总特征值的百分比，“累积%”表示累积的百分比。其中，只有前 3 个因子的特征值大于 1，并且其特征值之和占总特征值的 74.927%，因此，提取前 3 个因子作为主因子即可。

因子贡献率

	初始特征值			提取载荷平方和			旋转载荷平方和		
成分	总计	方差百分比	累积 %	总计	方差百分比	累积 %	总计	方差百分比	累积 %
1	3.643	40.483	40.483	3.643	40.483	40.483	2.692	29.915	29.915
2	2.011	22.348	62.831	2.011	22.348	62.831	2.593	28.816	58.731
3	1.089	12.096	74.927	1.089	12.096	74.927	1.458	16.196	74.927
4	.800	8.891	83.817						
5	.613	6.808	90.625						
6	.388	4.312	94.937						
7	.268	2.983	97.920						
8	.170	1.885	99.805						
9	.018	.195	100.000						

提取方法：主成分分析法。

图 4-24 银行业上市公司财务指标的因子贡献率结果

图 4-25 展示了旋转后的因子载荷值。通过因子旋转，各个因子有了比较明确的含义。图 4-25 所示的 3 个成分可以集中体现原始数据的大部分信息，所以用这 3 个成分变量代替原来的 9 个解释变量。

这 3 个成分因子不能从结果输出窗口直接得到，因为“成分矩阵”是指初始因子的载荷矩阵，而每一个载荷量表示主成分与对应变量的相关系数。根据数理统计的相关知识，主成分分析的变换矩阵（主成分载荷矩阵 $\boldsymbol{U}_i$）与因子载荷矩阵 $\boldsymbol{A}_i$ 和特征值 λ_i 之间存在如下关系。

$$\boldsymbol{U}_i=\frac{\boldsymbol{A}_i}{\sqrt{\lambda_i}}$$

旋转后的因子载荷值[a]

	成分		
	1	2	3
Zscore(每股收益)	.190	.946	.084
Zscore(每股净资产)	-.012	.952	.044
Zscore(净资产收益率)	.730	.514	.177
Zscore(资产负债率)	.239	-.271	.697
Zscore(总资产周转率)	.419	.579	-.333
Zscore(每股经营活动产生的现金流量净额)	.011	.319	.709
Zscore(净利润增长率)	.842	.125	.070
Zscore(总资产增长率)	.642	.001	.551
Zscore(营业收入增长率)	.877	.032	.097

提取方法：主成分分析法。
旋转方法：凯撒正态化最大方差法。
a. 旋转在 6 次迭代后已收敛。

图 4-25　银行业上市公司财务指标的因子载荷值

操作步骤如下。

① 新建“因子载荷矩阵.sav”（数据为图 4-25 中的数据），如图 4-26 所示。

② 单击【转换】→【计算变量】，打开【计算变量】对话框，在【目标变量】中输入新变量名“U1”，在【数字表达式】中输入“A1/SQRT(3.643)”，单击【确定】按钮，得到 U2 和 U3，如图 4-27 所示。

*因子载荷矩阵.sav [数据集2] - IBM SPSS Statistics 数据编辑器

	VAR	A1	A2	A3
1	Zscore(每股收益)	.190	.946	.084
2	Zscore(每股净资产)	-.012	.952	.044
3	Zscore(净资产收益率)	.730	.514	.177
4	Zscore(资产负债率)	.239	-.271	.697
5	Zscore(总资产周转率)	.419	.579	-.333
6	Zscore(每股经营活动产生的现金流量	.011	.319	.709
7	Zscore(净利润增长率)	.842	.125	.070
8	Zscore(总资产增长率)	.642	.001	.551
9	Zscore(营业收入增长率)	.877	.032	.097

图 4-26　新建“因子载荷矩阵.sav”

*因子载荷矩阵.sav [数据集2] - IBM SPSS Statistics 数据编辑器

	VAR	A1	A2	A3	U1	U2	U3
1	Zscore(每股收益)	.190	.946	.084	.100	.667	.080
2	Zscore(每股净资产)	-.012	.952	.044	-.006	.671	.042
3	Zscore(净资产收益率)	.730	.514	.177	.382	.362	.170
4	Zscore(资产负债率)	.239	-.271	.697	.125	-.191	.668
5	Zscore(总资产周转率)	.419	.579	-.333	.220	.408	-.319
6	Zscore(每股经营活动产生的现金流量	.011	.319	.709	.006	.225	.679
7	Zscore(净利润增长率)	.842	.125	.070	.441	.088	.067
8	Zscore(总资产增长率)	.642	.001	.551	.336	.001	.528
9	Zscore(营业收入增长率)	.877	.032	.097	.459	.023	.093

图 4-27　主成分载荷矩阵

③ 计算主成分的表达式，将 $\boldsymbol{U}_i$ 与 8 个变量的标准值 ZX_i 相乘求和后即可得到 3 个主因子 Y1、Y2、Y3 的表达式，单击【转换】→【计算变量】，打开【计算变量】对话框，在【目标变量】文本框中输入“Y1”，在【数字表达式】文本框中输入表达式：$\boldsymbol{U}_i$ 与 8 个变量的标准值 ZX_i 的乘积之和，如图 4-28 所示，单击【确定】按钮，即可得出 Y1。

根据上述步骤，就可得到 Y1、Y2 和 Y3，如图 4-29 所示。

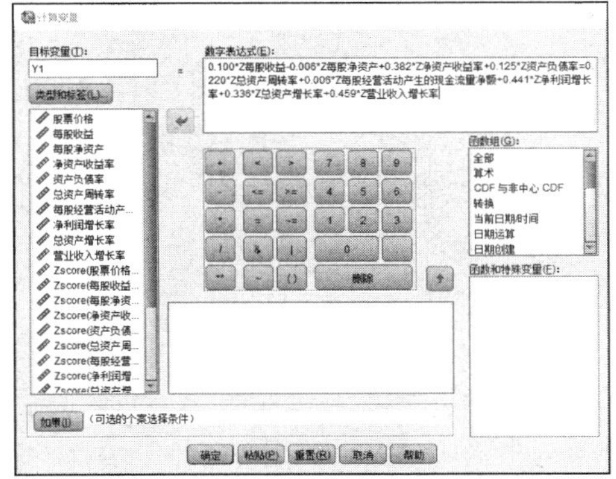

图 4-28　主因子计算变量

*无标题2 [数据集1] - IBM SPSS Statistics 数据编辑器

	Y1	Y2	Y3	变量
1	1.284	2.920	-.862	
2	-1.771	-2.930	-.139	
3	2.234	3.771	2.841	
4	1.146	-.585	-.750	
5	1.076	-.238	-.324	
6	-2.871	-2.377	-3.409	
7	-.998	-2.004	-.874	
8	-3.136	-2.156	-2.454	
9	1.317	-.276	.370	
10	-1.599	.753	.166	
11	-1.193	.448	-1.028	
12	-3.047	-1.416	-1.513	

图 4-29　主因子

下面计算综合主成分值。

以 3 个主成分所对应的特征值占所提取主成分总的特征值的比例作为权重，计算主成分综合模型。根据主成分综合模型即可算出综合主成分值，计算公式如下。

$$Y = \frac{\lambda_1}{\lambda_1 + \lambda_2 + \lambda_3} \cdot Y_1 + \frac{\lambda_2}{\lambda_1 + \lambda_2 + \lambda_3} \cdot Y_2 + \frac{\lambda_3}{\lambda_1 + \lambda_2 + \lambda_3} \cdot Y_3$$

单击【转换】→【计算变量】，打开【计算变量】对话框，在【目标变量】中输入“Y”，在【数字表达式】文本框中输入表达式，如图 4-30 所示，单击【确定】按钮，即可得到 Y，Y 即以各主成分的因子贡献率为权重构造的各家上市公司的综合绩效指标。

图 4-30　综合主成分值计算变量

（4）银行业上市公司股票价格与综合绩效指标的回归分析

下面利用因子分析得到的综合绩效指标进行回归分析，进一步发掘我国银行业上市公司股票价格与其主要财务指标的关系。

操作步骤如下。

① 在打开的 SPSS 数据编辑窗口，选择【分析】→【回归】→【线性】命令，打开【线性回归】对话框，然后将标准化股票价格添加到【因变量】列表框中，将综合绩效指标 Y 添加到【自变量】列表框中，如图 4-31 所示。

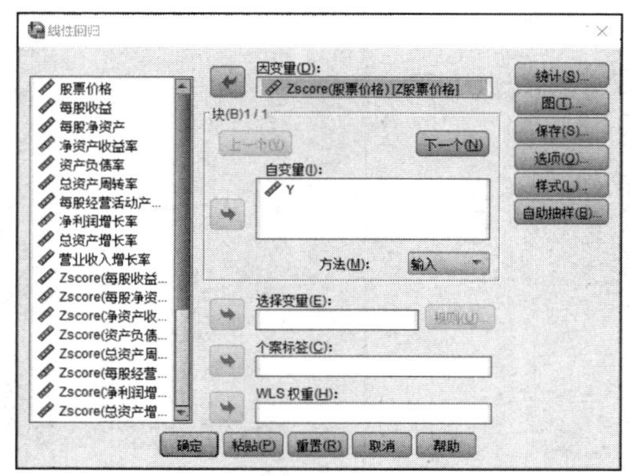

图 4-31　【线性回归】对话框

② 单击【统计】按钮，打开【线性回归：统计】对话框。勾选【估算值】、【模型拟合】、【德宾-沃森】复选框，如图 4-32 所示，然后单击【继续】按钮，保存设置。

③ 单击【选项】按钮，打开【线性回归：选项】对话框。步进法条件中，“使用 F 的概率”选项用于设置进入模型或从模型中移除变量的显著性水平（p 值），使用默认值“进入（E）：0.05”和“除去（M）：0.10”，勾选【在方程中包括常量】复选框，“缺失值”选勾选【成列排除个案（L）】如图 4-33 所示，然后单击【继续】，保存设置。

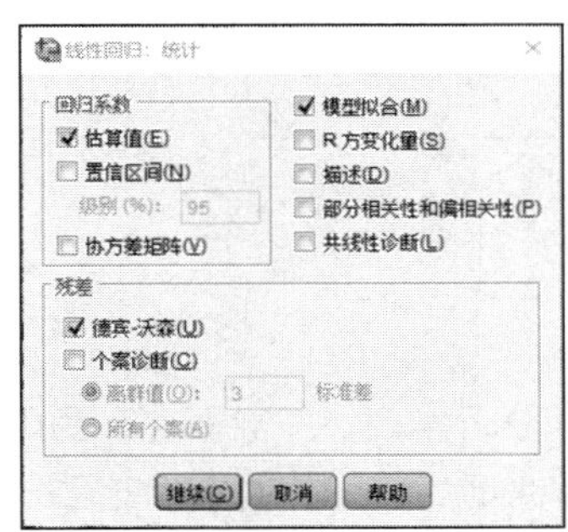

图 4-32　【线性回归：统计】对话框

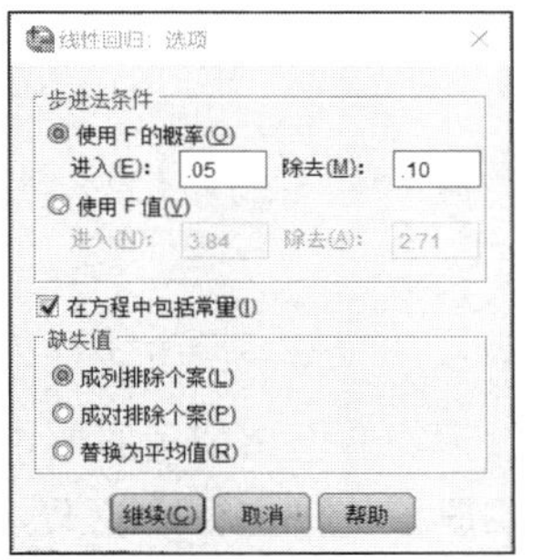

图 4-33　【线性回归：选项】对话框

④ 单击【确定】按钮，输出分析结果。

图 4-34 展示了评价模型的检验统计量。从该图中可以得到 R、R 方、调整后 R 方、标准估算误差及德宾-沃森统计量，如本案例中回归模型调整后 R 方为 0.554，模型的拟合优度不是特别理想，但是也能在较大程度上说明解释变量和被解释变量之间的关系。德宾-沃森统计量约等于 2，说明回归模型不存在自相关现象，对回归模型的估计和假设都是可靠的。

模型摘要[b]

模型	R	R 方	调整后 R 方	标准估算误差	德宾-沃森统计量
1	.752[a]	.565	.554	.66755863	1.900

a. 预测变量：(常量), Y
b. 因变量：Zscore(股票价格)

图 4-34　银行业上市公司财务指标评价模型的检验统计量

图 4-35 展示了方差分析的结果。由该图可以得到回归部分的 F 值为 52.004，显著性值为 0.000，小于显著性水平值 0.05，因此可以判断综合绩效指标 Y 对银行业上市公司的股票价格解释能力非常显著。

ANOVA[a]

模型		平方和	自由度	均方	F	显著性
1	回归	23.175	1	23.175	52.004	.000[b]
	残差	17.825	40	.446		
	总计	41.000	41			

a. 因变量：Zscore(股票价格)
b. 预测变量：(常量), Y

图 4-35　银行业上市公司财务指标的方差分析结果

图 4-36 展示了线性回归模型的回归系数及相应的一些统计量。从该图可以得到线性回归模型

中的综合绩效指标的系数为 0.542，回归系数 t 检验的 t 值为 7.211，在显著性水平 1%下认为解释变量的影响是显著的，这与图 4-35 所示方差分析的结果十分一致，即我国银行业上市公司股票价格受其综合绩效指标的影响。

系数[a]

模型		未标准化系数 B	标准错误	标准化系数 Beta	t	显著性
1	(常量)	-8.845E-16	.103		.000	1.000
	Y	.542	.075	.752	7.211	.000

a. 因变量：Zscore(股票价格)

图 4-36　银行业上市公司财务指标线性回归模型的回归系数及相应的一些统计量

4. 研究结论

根据以上分析，我们可以比较有把握地得出以下结论。

（1）通过银行业上市公司股票价格及财务指标的描述性分析发现，一般而言，我国银行业上市公司之间的股票价格差距比较大。另外，就净资产收益率来看，我国银行业上市公司净资产收益率的均值约为 10.44%，表明我国银行业上市公司经营状况良好。

（2）通过银行业上市公司的各项财务指标，运用因子分析方法和回归方法，构建了对我国上市公司股票价格和其财务信息相关性的指标体系，并进行了深入的研究，数据分析的结果证明我国银行业上市公司的股票价格和其财务信息呈现正相关。但是，鉴于仅用 2022 年的横截面财务数据对上述模型进行了检验，所选用的样本比较有限，其研究结果具有一定的局限性，如果搜集多年的数据可以比较不同年份各类指标对股票价格的影响程度，从而做出趋势分析。

4.2　EViews 在金融统计分析中的应用

EViews 是专门用于数据分析、回归分析和预测分析的计算机软件，在金融统计分析与评价中被广泛应用。那么，我们该如何应用 EViews 进行基础的金融统计分析呢？本节将为读者介绍 EViews 的基本情况、数据文件的管理以及 EViews 在金融统计分析中的相关应用案例等。

4.2.1　EViews 简介

EViews（Econometric Views）是一种与计量经济学相关的软件，它在金融统计分析中有着广泛的应用。EViews 在金融统计分析中的几个常见应用有时间序列（Time Series）分析、单位根检验、面板数据分析、经济计量模型构建、异方差检验和修正、统计检验和显著性分析等。此外，EViews 还提供数据处理、图表绘制、模型诊断和可视化等功能，成为金融统计分析和经济计量模型构建的常用工具。

1. EViews 概述

EViews 直译为计量经济学观察，或计量经济学软件包，本意是对社会经济关系与经济活动的数量规律，采用计量经济学方法与技术进行“观察”。

EViews 是 QMS（Quantitative Micro Software）公司研制的在 Windows 下专门用于数据分析、回归分析和预测的计算机软件，是优秀的计量经济工具软件之一，具有操作简便、界面友好、功能强大等特点。使用 EViews 可以迅速地从数据中导出统计关系以及对经济变量进行预测。EViews 主要应用于经济领域的回归分析与预测（Regression Analysis and Forecasting）、时间序列以及横截面数据（Cross-Sectional Data）分析，但 EViews 的应用领域并不局限于此。与其他统计软件（如 Excel、SAS、SPSS 等）相比，EViews 处理的主要对象是时间序列，其功能优势是回归分析与预测。

对于时间序列，每一个序列有一个名称，只要提出序列的名称就可以对序列中所有的数据进行操作。EViews 允许用户从键盘或磁盘文件中输入数据，并根据已有的序列或新生成的序列，对序列之间的关系进行统计分析。EViews 具有操作简便且可视化的操作风格，体现在从键盘输入数据序列、根据已有序列生成新序列、显示和输出序列以及对序列之间存在的关系进行统计分析等方面。

EViews 支持基于时间序列的数据分析和建模，可以处理金融、商业和工程等领域的数据，为用户提供广泛的统计分析和数据可视化功能，如描述性统计、回归分析、时间序列分析、面板数据分析等。EViews 的主要特点和功能如下。

- 易于使用：EViews 提供友好的用户界面和易于使用的命令语言，可以方便地导入数据、执行分析和生成报告。
- 统计分析：EViews 提供多种统计分析方法，包括描述性统计、假设检验、时间序列分析、面板数据分析等，可以帮助用户对数据进行深入分析和理解。
- 数据可视化：EViews 提供多种数据可视化形式，如散点图、柱形图、热力图等，可以帮助用户更直观地理解数据分析结果。
- 模型建立：EViews 支持多种模型建立方法，包括线性回归、非线性回归、时间序列等，可以帮助用户构建适合自己的数据的模型，并进行预测和分析。
- 编程：EViews 支持面向对象的编程语言，用户可以使用 EViews 的编程语言自定义分析方法，也可以使用外部编程语言（如 C++）来扩展 EViews 的功能。

2. EViews 窗口介绍

运行 EViews，屏幕上会出现 EViews 窗口，如图 4-37 所示。按照从上到下的顺序，EViews 窗口由 5 部分组成：标题栏、菜单栏、命令窗口、工作区域、状态栏。

提示：本节基于 EViews 12 进行介绍，如果没有特别说明，文中 EViews 均指 EViews 12，以下不再说明。

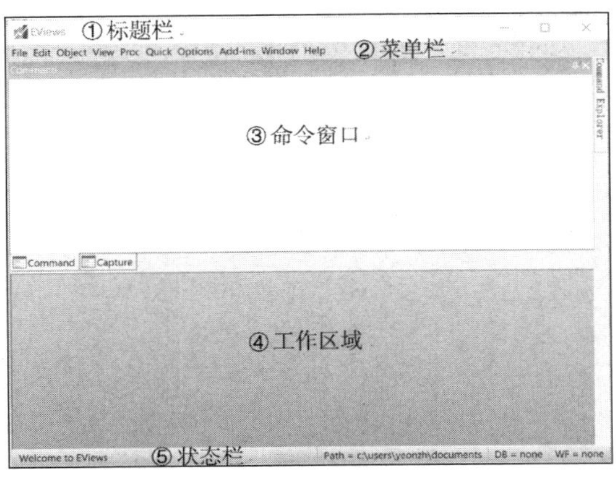

图 4-37　EViews 窗口

（1）标题栏

标题栏位于 EViews 窗口的顶部，标记有 EViews 字样。当 EViews 窗口处于激活状态时，标题栏颜色为蓝色。单击 EViews 窗口的任意区域将使其处于激活状态。

（2）菜单栏

菜单栏包括 10 个选项卡：【File】、【Edit】、【Object】、【View】、【Proc】、【Quick】、【Options】、【Add-ins】、【Window】、【Help】。单击选项卡标签可打开菜单，选择菜单中的命令，就可以进行相应操作。

（3）命令窗口

命令窗口位于菜单栏下方。在命令窗口中可以通过键盘输入相应的 EViews 命令，按 Enter 键即可执行。命令窗口支持 Windows 下的复制和粘贴功能，可在命令窗口和其他 Windows 窗口间进行相应的文本转换。选择【File】→【Save As】命令，可将命令窗口中的内容直接保存到文本文件中备用。

（4）工作区域

EViews 窗口的中间区域称为工作区域。工作区域用于显示各种命令的执行结果。当存在多个子窗口时，这些子窗口会相互重叠，当前活动窗口位于最上方。如果需要激活其他子窗口，只需要单击子窗口的标题栏或者任何可见部分即可。

（5）状态栏

EViews 窗口底部是状态栏。状态栏用于显示当前 EViews 的工作状态和 EViews 默认的数据文件保存路径等。状态栏分为 4 个部分：最左侧显示当前 EViews 的工作状态；Path 栏用于显示 EViews 默认的数据文件保存路径；DB 栏用于显示当前数据库的名称；WF 栏用于显示当前活动工作文件名称。

3. 工作文件

在使用 EViews 时，首先需要建立一个新的工作文件（Workfile）。只有建立了新工作文件，才能进行数据处理、存取对象等操作。以 EViews 12 为例，单击【File】→【New】→【Workfile】，生成一个新的工作文件，也可以使用组合键【Ctrl+N 快速生成】。EViews 会打开图 4-38 所示的对话框，根据需要进行选项设定。

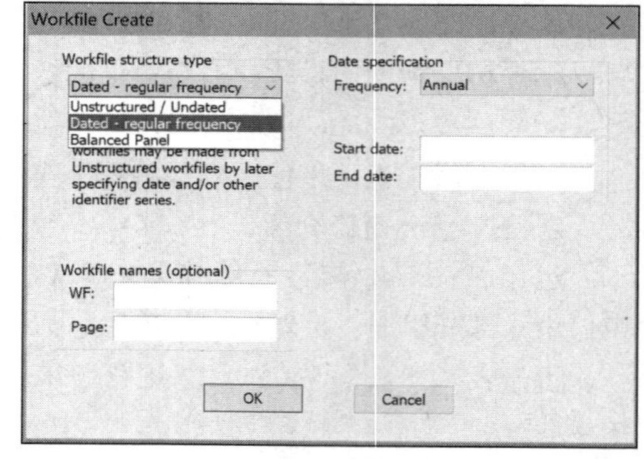

图 4-38 新建工作文件对话框

对话框中的【Workfile structure type】用于设置工作文件的数据结构类型，可供选择的类型有【Unstructured / Undated】（横截面数据）、【Dated-regular frequency】（时间序列数据）、Balanced Panel（面板数据）。另外，在【Date specification】（日期设定）下的【Frequency】（频率）下拉列表中，根据数据样本的情况，选择数据输出格式，包括 Annual（年度）、Semi-annual（半年度）、Quarterly（季度）、Weekly（周度）等。

如果选择【Dated-regular frequency】或【Balanced Panel】，则需要设置【Start date】（起始日期）和【End date】（截止日期）；如果选择【Unstructured/Undated】，则需要在对应的位置中输入观测值的个数。

对话框中的【Workfile names(optional)】下的文本框用来给所建立的工作文件命名，当该文本框空白时，建立工作文件后，工作文件窗口标题栏显示 Untitled，表示未对新建的工作文件命名。

以面板数据文件为例，创建一个涵盖 2010—2020 年数据的工作文件，选择【Balanced Panel】，在“Data specification”中选择“年度数据【Annual】”，在【Start date】和【End date】中分别输入“2010”“2020”，则会出现图 4-39 所示的工作文件。工作文件窗口是 EViews 的子窗口，它由标题栏、工具栏和信息栏组成。对于新建的工作文件，EViews 自动生成两个对象：c 和 resid。其中，c 表示系数向量（Coefficient Vector），resid 表示变量残差（Residual）。

单击工具栏中的【View】，然后单击【Save】，或选择【File】→【Save As】命令，软件将保存输入的数据。保存工作文件时，保存类型为“*.wfl”；保存程序文件时，保存类型为“*.prg”。完成相应输入后，单击【Save】，就会保存该 EViews 工作文件。

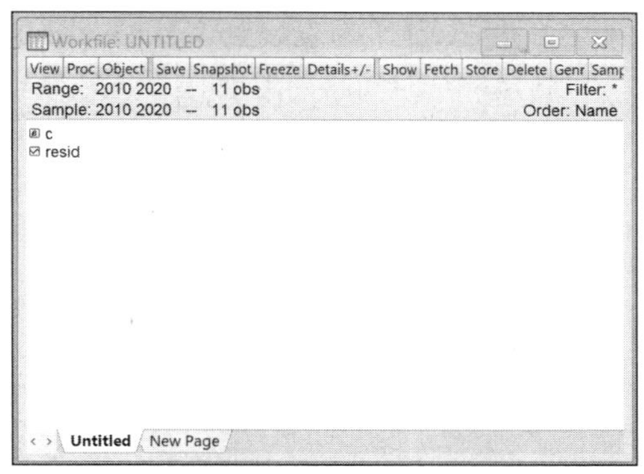

图 4-39　新建工作文件

4. 数据录入

（1）直接输入

创建工作文件后，需要将数据输入 EViews。当输入一个或多个序列数据时，可选择【Quick】→【Empty Group】，将打开图 4-40 所示的数据组窗口。

这个窗口也被称为数据录入窗口，接着在单元格内输入数据，按 Enter 键，完成数据输入操作（或者先将数据输入 Excel，然后复制到 EViews 中）。当第一次输入数据时，EViews 将第一个序列自动命名为“SER01”，如图 4-41 所示，依次类推。

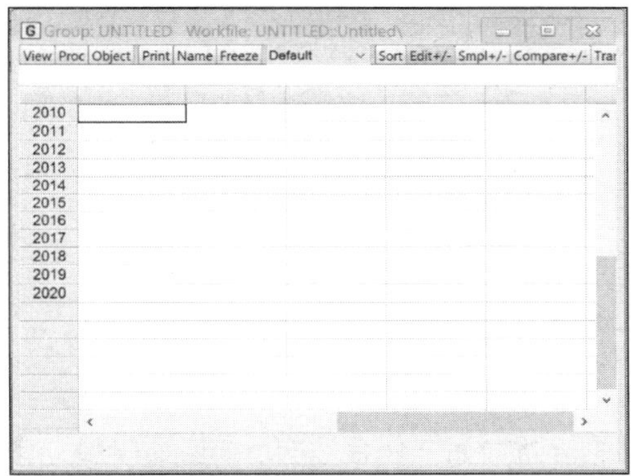

图 4-40　数据组窗口

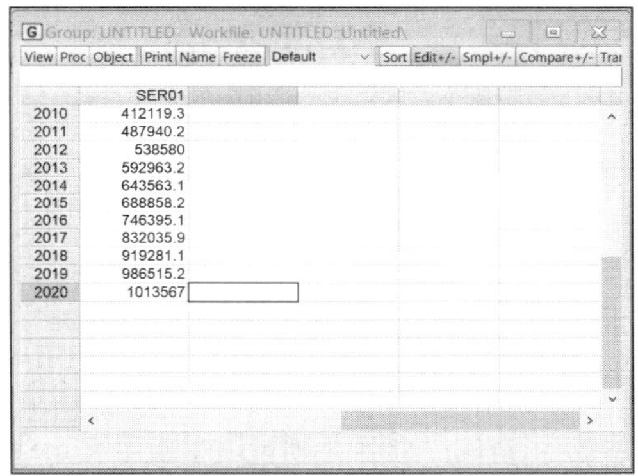

图 4-41　数据录入

在数据表中输入任意多列数据，输入的数据将立即成为当前工作文件的一部分，在输入完数据后可以关闭该数据组窗口。如果希望保存并命名该数据组对象，单击【Name】，将出现图 4-42 所示的对话框。（需要注意的是，EViews 不区分变量的大小写，不能用同一个字母的大写和小写代表两个变量。）输入完数据后，即使在数据组窗口中删除序列“SER01”，其中的序列“SER01”对象也已经自动保存在工作文件中。

（2）外部数据文件导入

EViews 允许从外部数据文件中直接导入 3 种格式的数据：ASCII、Lotus 和 Excel 工作表。下面以导入 Excel 工作表为例，讲解外部数据文件的导入过程。

例 4.2　图 4-43 所示的是 2010—2020 年国内生产总值（Gross Domestic Product，GDP）和广义货币供应量（Broad Money Supply，M2）数据的 Excel 工作表，单位为亿元。

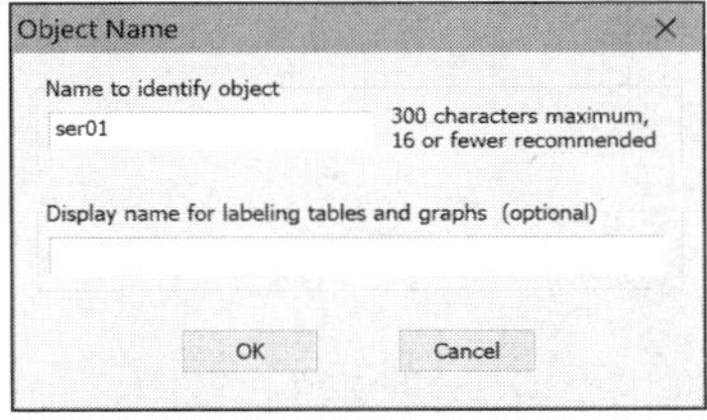

图 4-42　变量命名

	A	B	C
1	指标名称	GDP	M2
2	2010	419253.3	725851.8
3	2011	495707.6	851590.9
4	2012	547510.6	974148.8
5	2013	603660.4	1106524.98
6	2014	655782.9	1228374.81
7	2015	702511.5	1392278.11
8	2016	761193	1550066.67
9	2017	847382.9	1690235.31
10	2018	936010.1	1826744.2
11	2019	1005872.4	1986488.82
12	2020	1034867.6	2186795.89

图 4-43　Excel 工作表数据

将此 Excel 工作表数据导入 EViews 工作文件的操作如下。

新建一个时间序列类型的工作文件，设置时间范围为 2010—2020 年。在新建的工作文件中，选择【Proc】→【Import】→【Import from file】命令或者【File】→【Import】→【Import from file】命令，找到要导入的 Excel 工作表并双击，此时 EViews 会弹出图 4-44 所示的【Excel Read】对话框，根据需要按步骤进行设定。

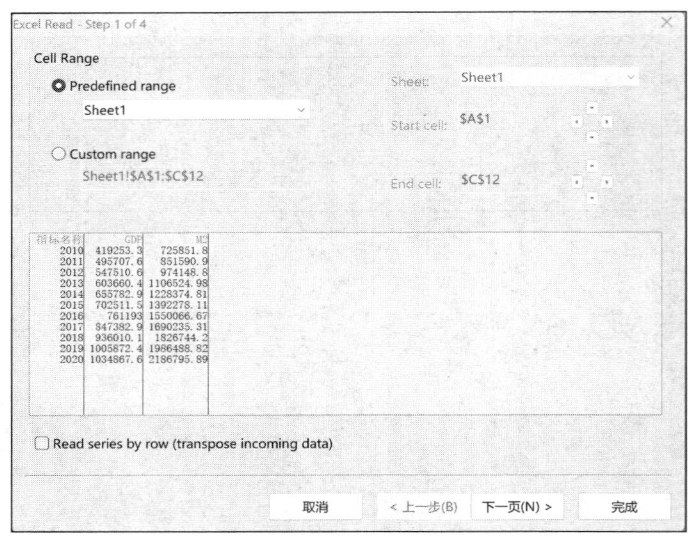

图 4-44 【Excel Read】对话框

数据导入完成后如图 4-45 所示，第一个输入的序列名对应 Excel 工作表中第一行的变量名称，如果使用新的序列名，则可以单击【Name】，对数据组进行命名并保存。

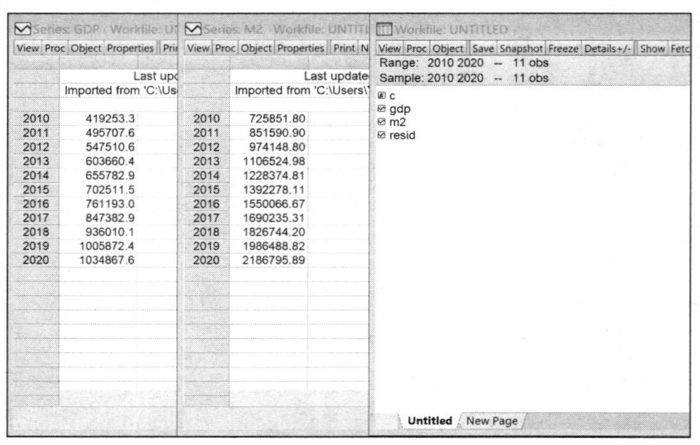

图 4-45 导入数据后的数据组对象窗口

4.2.2 应用案例

1. 案例背景与目的

全社会固定资产投资是指以货币形式表现的在一定时期内全社会建设和购置固定资产的工作量以及与此有关的费用的总称，它不仅反映了固定资产投资的规模、结构以及发展速度，也是观察工程进度和考核投资效果的重要来源。通过对固定资产的建设及购置，国民经济各行业引进了先进的技术装备，在一定程度上调整了经济结构，是提高经济产出的重要手段。

在现代经济周期理论中，固定资产投资周期是影响宏观经济周期波动的一个直接的、物质性的主导因素，固定资产投资也成为经济周期波动的物质基础。本案例基于我国固定资产投资对于经济增长的影响，利用相关性分析和回归分析定量研究两者的关系，分析我国固定资产投资对经济的拉动作用，并给出如何通过调节固定资产投资来发展经济的政策建议。

2. 研究方法

采用的数据分析方法主要如下。

（1）相关性分析。相关性分析是指对两个及以上具备相关性的变量元素进行分析，从而衡量两个及以上变量元素的相关密切程度。

（2）回归分析。回归分析是研究一个因变量与一个或多个自变量之间的线性或非线性关系的一种统计分析方法。

3. 研究过程

（1）数据搜集及 EViews 工作文件的建立

本案例选取了 2000—2022 年我国固定资产投资额（Investment In Fixed Assets，IIFA）和 GDP 的数据，如表 4-3 所示。

表 4-3　IIFA 和 GDP 的年份数据

年份	GDP/亿元	IIFA/亿元	年份	GDP/亿元	IIFA/亿元
2000	101308.6	32917.7	2012	547510.6	241745.5
2001	112157.3	37213.5	2013	603660.4	282485.5
2002	123311.9	43499.9	2014	655782.9	320330.9
2003	139377.3	53841.15	2015	702511.5	347827.4
2004	164228	66234.97	2016	761193	372020.7
2005	189907.5	80993.58	2017	847382.9	394926.2
2006	222578.4	97583.07	2018	936010.1	418215.2
2007	274179.7	118323.17	2019	1005872.4	439541.2
2008	324317.8	144586.76	2020	1034867.6	451154.8
2009	354521.6	181760.35	2021	1173823	473002.5
2010	419253.3	218833.61	2022	1234029.4	495966.4
2011	495707.6	205036.4			

根据搜集的数据，建立 EViews 工作文件后进行下一步的分析和研究，可通过 Excel 表格直接导入建立 EViews 工作文件。如图 4-46 所示，工作文件窗口中有 4 个变量，其中 iifa 表示固定资产投资额序列，gdp 表示 GDP 序列。

（2）相关性分析

对经济变量进行分析之前，首先需要分析 IIFA 和 GDP 之间的相关性，可以通过计算两者的相关系数以及绘制两者之间的散点图进行分析。

操作步骤如下。

① 按住【Ctrl】键选中 IIFA 和 GDP 两个序列，然后右击，在弹出的快捷菜单中选择【Open】→【Group】命令，将这两个序列在数据组窗口中打开，如图 4-47 所示。

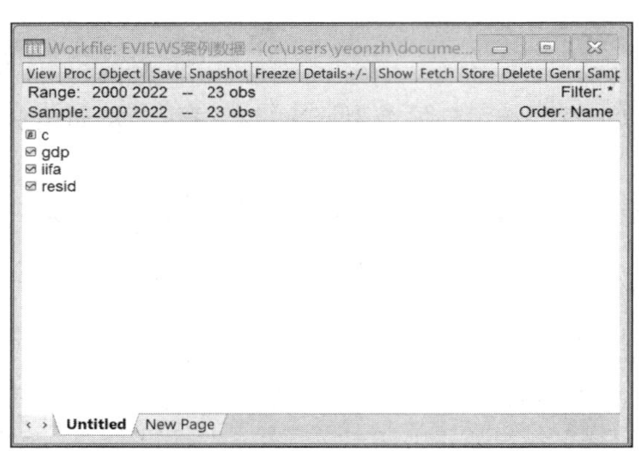

图 4-46　工作文件窗口

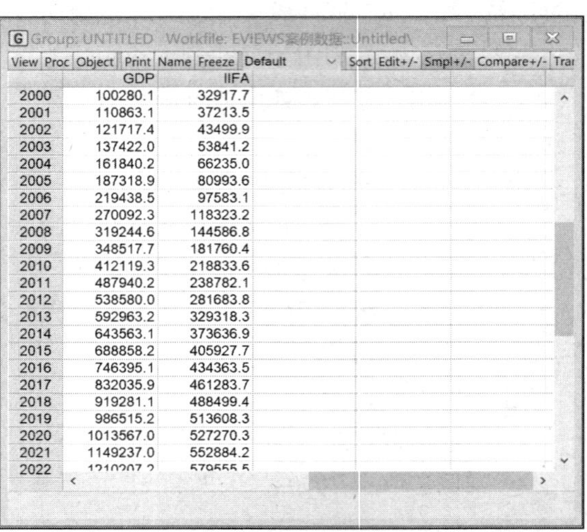

	GDP	IIFA
2000	100280.1	32917.7
2001	110863.1	37213.5
2002	121717.4	43499.9
2003	137422.0	53841.2
2004	161840.2	66235.0
2005	187318.9	80993.6
2006	219438.5	97583.1
2007	270092.3	118323.2
2008	319244.6	144586.8
2009	348517.7	181760.4
2010	412119.3	218833.6
2011	487940.2	238782.1
2012	538580.0	281683.8
2013	592963.2	329318.3
2014	643563.1	373636.9
2015	688858.2	405927.7
2016	746395.1	434363.5
2017	832035.9	461283.7
2018	919281.1	488499.4
2019	986515.2	513608.3
2020	1013567.0	527270.3
2021	1149237.0	552884.2
2022	1210207.2	579555.5

图 4-47　IIFA 和 GDP 数据组数据

② 单击数据组窗口工具栏中的【View】→【Covariance Analysis】命令，打开图 4-48 所示的对话框。勾选【Correlation】复选框，单击【OK】按钮，得到图 4-49 所示的序列组的相关分析结果。

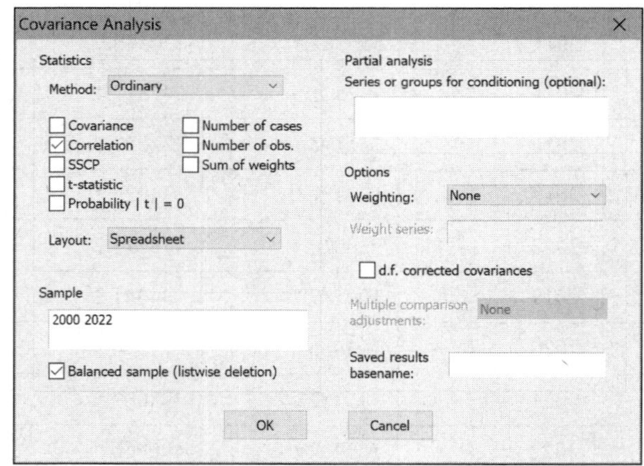

图 4-48　【Covariance Analysis】对话框

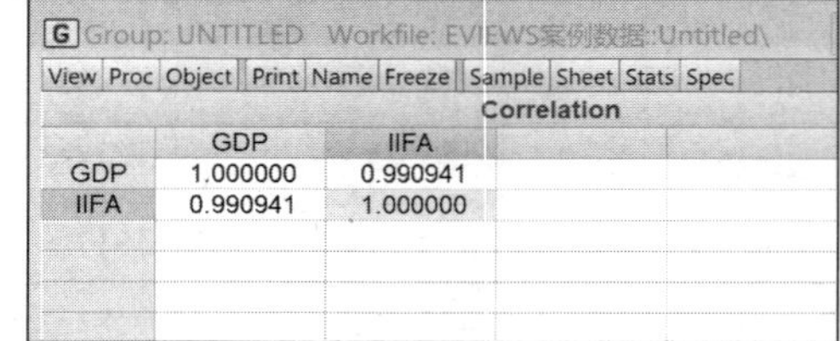

Correlation	GDP	IIFA
GDP	1.000000	0.990941
IIFA	0.990941	1.000000

图 4-49　相关系数矩阵

图 4-49 展示的相关系数矩阵表明，IIFA 和 GDP 之间的相关系数为 0.990059，几乎接近 1，两者属于正向高度相关关系。

③ 单击数据组窗口工具栏中的【View】→【Graph】命令，在弹出的对话框中保持默认设置。两个序列的时序图如图 4-50 所示。

通过图 4-50 可以发现两个序列都呈指数形式增长，并且增长的趋势基本一致，因此，IIFA 与 GDP 呈正相关关系。为了能够利用线性模型拟合，需对两个序列进行对数化处理，一方面可以消除这种指数增长的趋势，方便利用线性模型拟合；另一方面可以减轻线性模型拟合残差的异方差问题。

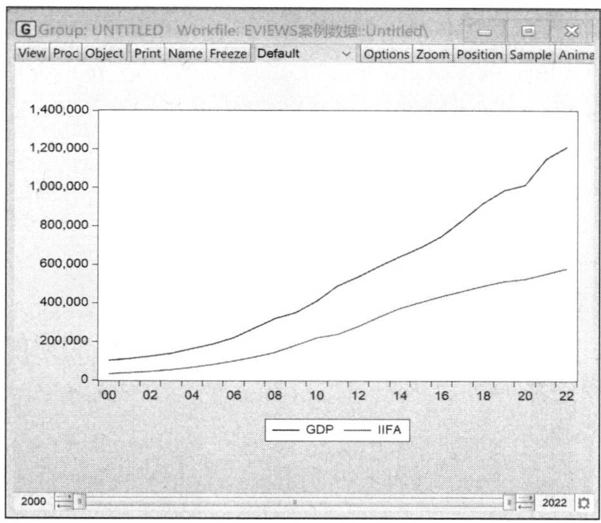

图 4-50　IIFA 和 GDP 的时序图

④ 为了生成 IIFA 和 GDP 两个序列的对数序列，在工作文件窗口工具栏中单击【Genr】，打开图 4-51 所示的【Generate Series by Equation】对话框。在【Enter equation】文本框中输入“lng=log(gdp)”，单击【OK】按钮，就可以在工作文件中生成 GDP 的对数序列 lng；用同样的方法生成 IIFA 的对数序列 lni。

按上述方法将 lng 和 lni 的时序图绘制出来，如图 4-52 所示。可以发现 lng 和 lni 的时序图明显呈现出线性趋势，此时可以建立线性回归模型。

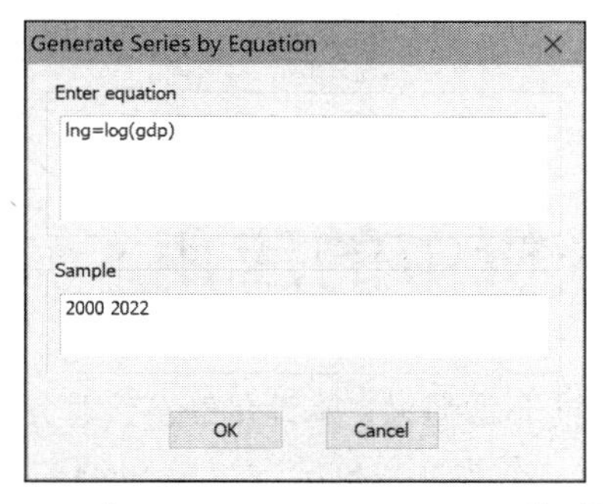

图 4-51　【Generate Series by Equation】对话框

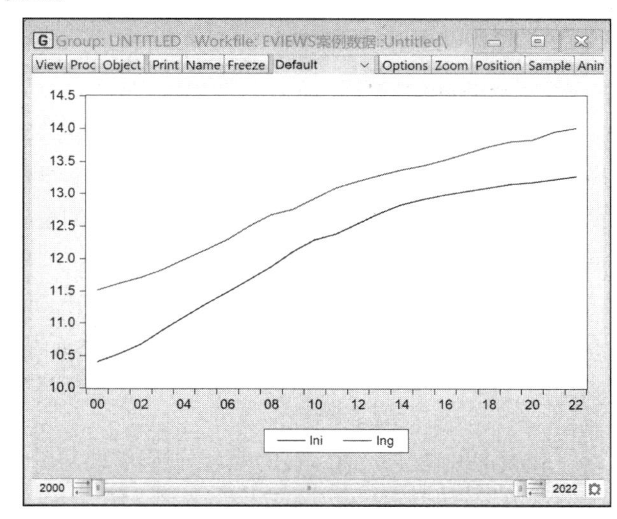

图 4-52　lng 和 lni 的时序图

（3）回归分析

本案例运用经典线性回归模型来分析我国固定资产投资对经济的拉动作用。根据计量经济学模型的基本假设，建立两个变量之间的模型如下：

$$\ln \mathrm{GDP} = \alpha + \beta \ln \mathrm{IIFA} + \varepsilon$$

具体操作步骤如下。

① 在 EViews 窗口的菜单栏中依次选择【Quick】→【Estimate Equation】命令，打开【Equation Estimation】对话框。在【Equation specification】文本框中输入“lng c lni”。

② 在【Estimation settings】的【Method】下拉列表中选择【LS-Least Squares(NLS and ARMA)】选项。

③ 在【Sample】文本框中输入“2000 2022”，如图 4-53 所示，然后单击【确定】按钮就可以得到回归分析结果。

回归分析结果如图 4-54 所示。该结果表明，自变量 IIFA 的系数约为 0.905，说明 IIFA 每增加 1%，GDP 大约增加 0.905%。IIFA 系数的显著性检验显示，t=39.88831，概率 P=0.000，在 1% 的显著性水平下，认为 IIFA 对 GDP 的影响是显著的。R^2≈0.987，说明模型对于数据的拟合优度很高，GDP 的变动当中约有 98.7%的部分可以由 IIFA 的变动得到解释。

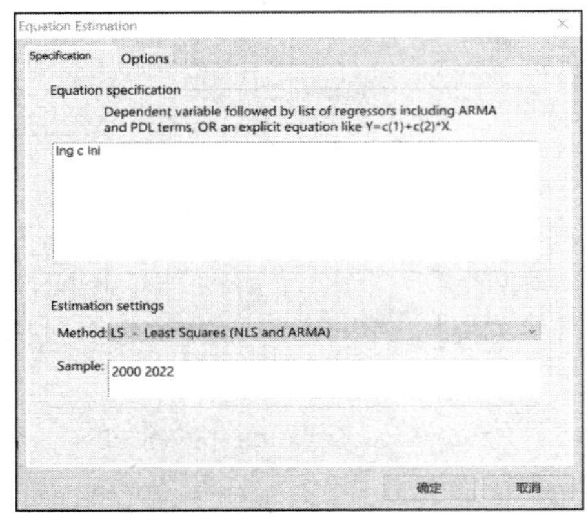

图 4-53 【Equation Estimation】对话框

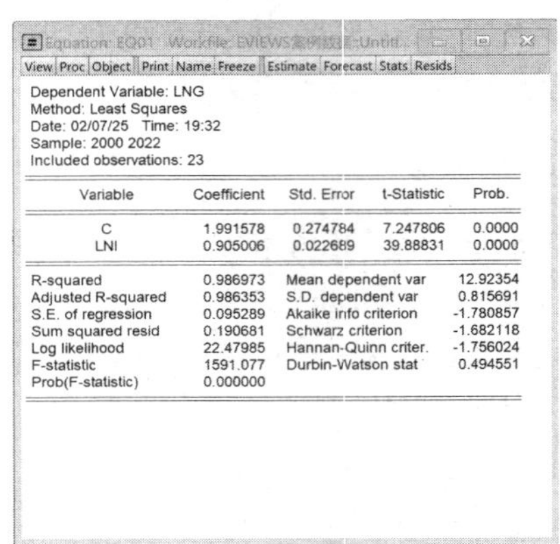

Dependent Variable: LNG
Method: Least Squares
Date: 02/07/25 Time: 19:32
Sample: 2000 2022
Included observations: 23

Variable	Coefficient	Std. Error	t-Statistic	Prob.
C	1.991578	0.274784	7.247806	0.0000
LNI	0.905006	0.022689	39.88831	0.0000

R-squared	0.986973	Mean dependent var	12.92354
Adjusted R-squared	0.986353	S.D. dependent var	0.815691
S.E. of regression	0.095289	Akaike info criterion	-1.780857
Sum squared resid	0.190681	Schwarz criterion	-1.682118
Log likelihood	22.47985	Hannan-Quinn criter.	-1.756024
F-statistic	1591.077	Durbin-Watson stat	0.494551
Prob(F-statistic)	0.000000		

图 4-54 回归分析结果

4. 研究结论

本案例选取我国 2000—2022 年 GDP 和 IIFA 进行分析，运用 EViews 进行相关性分析和回归分析可以得出，IIFA 与 GDP 有很强的正向相关性，增加固定资产投资可以有效促进经济增长。因此，政府部门应该重视 IIFA 在经济增长中的重要作用，对 IIFA 规模及结构做好管理和监控，同时思考如何利用 IIFA 提高产出，增加利润。

4.3 Stata 在金融统计分析中的应用

Stata 是一个全面而综合的统计分析软件，其计量统计功能非常强大，是计量经济、财务金融等领域的统计利器之一。本节将为读者介绍 Stata 的基本情况、数据文件的管理以及 Stata 在金融统计分析中的相关应用案例等。

4.3.1 Stata 简介

Stata 是一种流行的统计分析软件，广泛应用于金融统计分析领域。Stata 在金融统计分析中的几个常见应用有金融时间序列分析、回归分析、面板数据分析、金融计量经济学分析、金融风险管理、统计推断和假设检验等。此外，Stata 还具有数据处理、数据可视化、面向对象编程和模型诊断等功能。它被广泛应用于金融研究、投资管理和学术研究等领域，是金融统计分析的重要工具。

1. Stata 概述

Stata 由美国计算机资源中心（Computer Resource Center）研制，是一套完备、整合式的统计分析软件，提供研究人员所需的强大的数据分析、数据管理和绘图功能。它同时具有数据管理软件、统计分析软件、绘图软件、矩阵计算软件和程序语言的特点，运行速度快且功能强大。Stata 不仅包括一整套预先编排好的数据分析功能，还允许用户根据自己的需要来创建程序，从而添加更多的功能。Stata 可以满足用户关于数据操作、可视化、统计和自动报告的需求，被企业和学术机构广泛应用，特别是经济学、社会学、政治学及流行病学领域。与其他软件相比，Stata 具有以下优势。

（1）支持多种操作风格，运行速度快

Stata 的操作可以通过多种方式来实现，既可以通过输入命令来完成，也可以通过菜单命令来完成。输入命令的优点在于简洁明快、逻辑清晰、灵活方便；菜单操作界面类似于 Windows 和 Office 操作界面，并且有多种语言可供选择，用户可以根据自己熟悉的语言进行设置。此外，作为一个统计分析软件，Stata 具有很强的编程语言功能。Stata 的 ADO（ActiveX Data Object，ActiveX 数据对象）文件（高级统计部分）都是用 Stata 自己的编程语言编写的，用户完全可以根据研究需要在 Stata 中进行编程，并将相关程序固化，方便以后运行时调用。Stata 在分析时将数据全部读入内存，在统计、分析或计算全部完成后才和磁盘交换数据，因此，运行速度很快。

（2）开放的、实时更新的软件系统

与其他统计分析软件相比，Stata 可以开放地、实时更新地吸纳研究者、用户的最新研究成果，许多高级统计分析模块均是编程人员用宏语言写成的程序文件（ADO 文件），这些文件可以修改、添加和下载。用户可以在 Stata 网站寻找并下载新的升级文件，实时更新功能，也可以就相关问题向世界各地的用户求助。此外，Stata 可以非常便利地与 Python 编程进行交互，Stata 和 Python 之间还可以无缝传递数据和运行结果。

（3）强大的数据分析功能

Stata 提供从简单的统计描述到复杂的多因素统计分析方法，如数据的探索性分析、统计描述、交叉表分析、二维相关分析、秩相关分析、偏相关分析、方差分析、非参数检验分析、多元回归分析、协方差分析、判别分析、因子分析、聚类分析、非线性回归分析、Logistic 回归分析等，可以实现多种计量模型的应用，如单方程模型、联立方程模型、离散被解释变量模型、受限因变量模型、时间序列分析模型、面板数据模型、分位数回归模型等的应用。除了传统的统计分析方法外，Stata 还收集了近 20 年发展起来的新方法，如 Cox 比例风险回归、指数与 Weibull 回归、负二项回归及广义负二项回归等。Stata 的功能非常强大，可为大型统计项目提供完善的解决方案。

（4）强大的图形制作功能

用户可以根据研究需要通过菜单命令或直接输入命令的方式创建自定义图形，包括直方图、散点图、曲线标绘图、连线标绘图、箱图、饼图、条形图、点图等，也可以编写程序生成数百或数千个图表。用户可以将图形导出为 EPS 格式或 TIFF 以供发布，也可以导出为 PNG 格式或 SVG 格式以供 Web 使用，还可以导出为 PDF 格式以供查看。除了专门的图形绘制模块外，在有些非绘图命令中，Stata 也提供专门用于某种图形的功能，如在回归分析中提供残差图等。

2. Stata 窗口介绍

在正确安装 Stata 17.0 后，双击 Stata 主程序的图标，即可打开 Stata，Stata 的主界面如图 4-55 所示。

提示：本节基于 Stata 17.0 介绍，如果没有特别说明，文中 Stata 均指 Stata 17.0，以下不再说明。

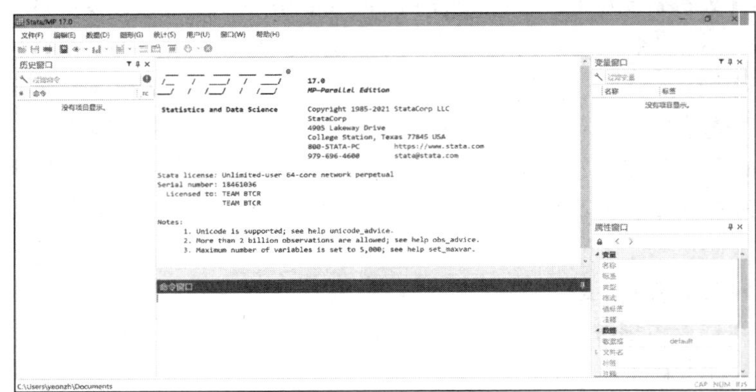

图 4-55　Stata 的主界面

与大部分程序窗口类似，Stata 也有自己的菜单栏、工具栏，其特色在于主界面中的 5 个区域：历史窗口、变量窗口、命令窗口、结果窗口、属性窗口。

（1）历史窗口：此窗口用于记录在启动 Stata 后所执行过的所有命令。历史窗口中显示的命令可以非常方便地被用户调用，如果想要重复使用命令，只要在该命令上双击即可执行相同的命令；如果想要使用类似的命令，单击该命令，该命令即会出现在命令窗口中，再进行修改即可。此外，Stata 还可以将执行过的命令存储下来，存在一个 do-file（*.ado）内，这样下次就可再执行相同的命令。

（2）变量窗口：此窗口用于呈现当前 Stata 数据文件中的所有变量。当数据中的所有变量都有其名称时，所有的变量名称就会出现在此窗口中。只要数据读进 Stata 中，变量名称就会出现。单击某个变量名称时，该变量会出现在命令窗口中。

（3）命令窗口：此窗口用于输入准备执行的命令。

（4）结果窗口：此窗口显示每次执行 Stata 命令后的执行结果，执行失败时 Stata 将会给出红色信息。

（5）属性窗口：此窗口显示当前数据文件中指定的变量以及数据的属性。

3. 数据录入

（1）直接输入

① 打开 Stata 主程序，选择【数据】→【数据编辑器】→【数据编辑器(编辑)】命令；或者直接在命令窗口中执行“edit”命令，弹出图 4-56 所示的对话框。

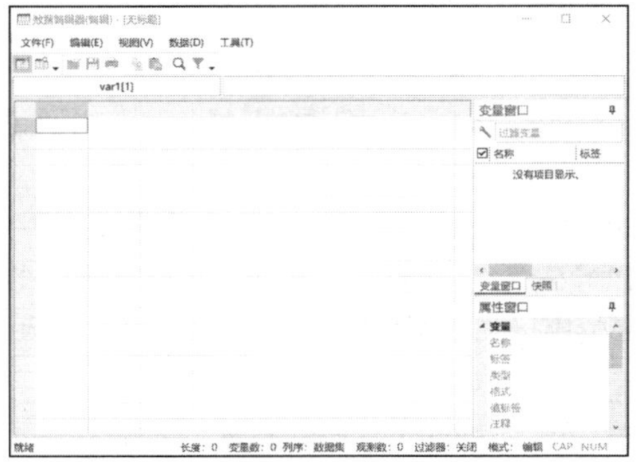

图 4-56　【数据编辑器(编辑)】对话框

② 在【数据编辑器(编辑)】对话框左上角的单元格中可以输入数据，比如输入“100”，系统会自动创建“var1”变量，如图 4-57 所示。

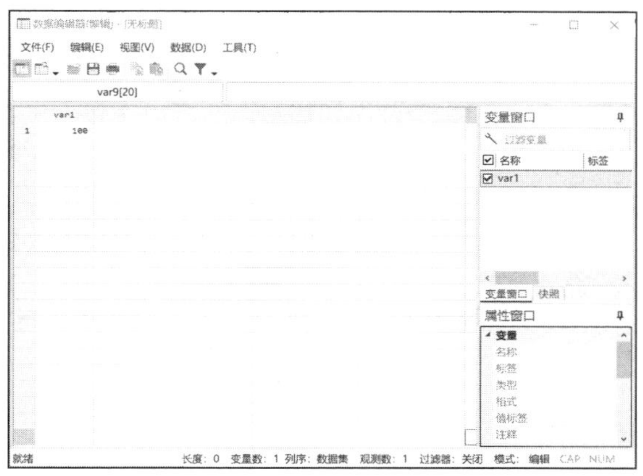

图 4-57 创建“var1”变量

③ 单击右下方属性窗口中变量的相关属性，变量的属性（包括名称、标签、类型等）进入可编辑状态。可以对变量名称进行修改，比如把变量的名称“var1”修改为“序号”，如图 4-58 所示，修改完成后单击左侧数据输入区域的空白处，再单击【保存】按钮，即可对编辑的变量和数据进行保存。

图 4-58　编辑变量属性

（2）导入 Excel 文件数据

在统计分析过程中，Stata 需要自行创建数据集的情形较少，更多的是读取已经存在的数据。由于 Excel 文件相对较常用，接下来我们介绍用 Stata 读取 Excel 文件数据。

假设有图 4-59 所示的数据位于 Excel 文件中，现将其导入 Stata。可以将数据复制到【数据编辑器(编辑)】中，也可以直接读取 Excel 文件数据。

① 在图 4-60 所示的 Stata 支持的文件类型中选择【Excel 电子表格(*.xls;*.xlsx)】，即可弹出【import excel-导入 Excel 文件】对话框，如图 4-61 所示。

	A	B	C	D	E	F
1	**id**	**bps**	**roe**	**ncfps**	**gpm**	**eps**
2	300729.SZ	11.7688	14.9626	1.1315	37.1593	1.6600
3	002656.SZ	0.6312	-11.2082	-0.0035	68.1544	-0.0752
4	300868.SZ	12.6342	-0.5777	-0.1106	25.1875	-0.0732
5	300262.SZ	0.2419	-11.1930	-0.0009	29.6967	-0.0283
6	688260.SH	3.5087	-6.8685	0.4051	10.9965	-0.2485
7	600178.SH	5.3129	-0.4624	-0.5475	7.3331	-0.0246
8	002866.SZ	7.1885	1.2473	0.8824	28.3719	0.0900
9	002996.SZ	5.4676	2.0399	0.8977	2.4304	0.1200
10	301486.SZ	7.9710	2.1976	-0.2522	35.4914	0.1700

图 4-59　Excel 文件中的示例数据

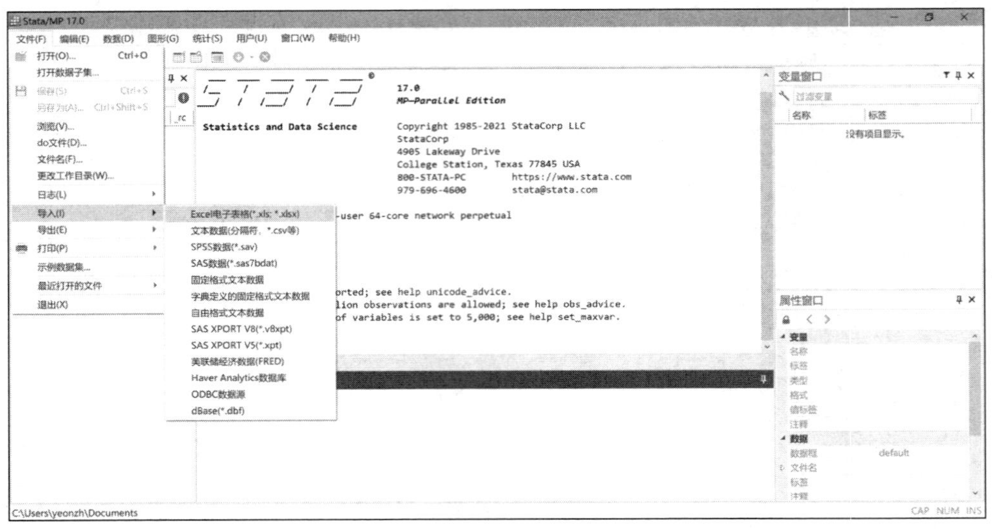

图 4-60 Stata 支持的文件类型

② 【将第一行作为变量名称】复选框用于设定是否将第一行作为变量名称。本例中由于第一行的确是变量名称，因此需要勾选【将第一行作为变量名】复选框。

③ 【将所有数据导入为字符串类型】复选框用于设定是否将所有数据导入为字符串类型。本例中的数据包含数值型数据，所以不勾选。

④ 【变量名大小写】下拉列表用于设置保留原 Excel 文件中变量名称的大小写、全部统一为大写或者全部统一为小写，用户根据自己的研究需要灵活设置即可。本例中采用系统默认设置的【保留】选项。

⑤ 最后单击【确定】按钮，即可得到图 4-62 所示的数据导入结果。

	id	bps	roe	ncfps	gpm	eps
2	300729.SZ	11.768826	14.962589	1.13148	37.1593	1.66
3	002656.SZ	.63116534	-11.208232	-.003528	68.1544	-.0752
4	300868.SZ	12.634249	-.57765612	-.110572	25.1875	-.0732
5	300262.SZ	.24188714	-11.192961	-.000914	29.6967	-.0283
6	688260.SH	3.5086712	-6.8684648	.405051	10.9965	-.2485

图 4-61 【import excel-导入 Excel 文件】对话框

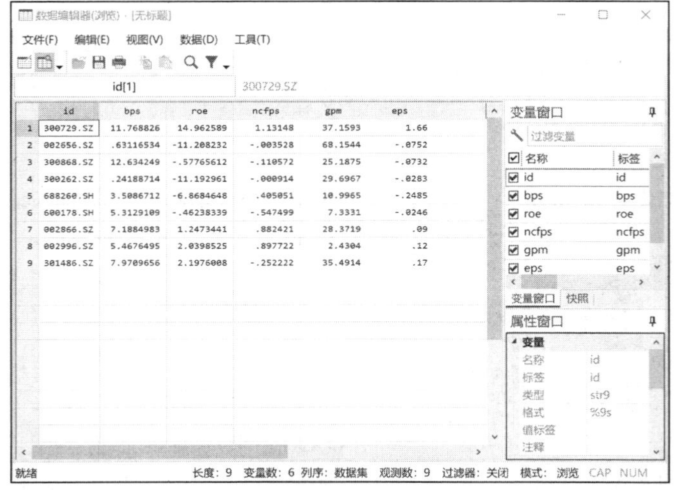

	id	bps	roe	ncfps	gpm	eps
1	300729.SZ	11.768826	14.962589	1.13148	37.1593	1.66
2	002656.SZ	.63116534	-11.208232	-.003528	68.1544	-.0752
3	300868.SZ	12.634249	-.57765612	-.110572	25.1875	-.0732
4	300262.SZ	.24188714	-11.192961	-.000914	29.6967	-.0283
5	688260.SH	3.5086712	-6.8684648	.405051	10.9965	-.2485
6	600178.SH	5.3129109	-.46238339	-.547499	7.3331	-.0246
7	002866.SZ	7.1884983	1.2473441	.882421	28.3719	.09
8	002996.SZ	5.4676495	2.0398525	.897722	2.4304	.12
9	301486.SZ	7.9709656	2.1976008	-.252222	35.4914	.17

图 4-62 Excel 文件数据导入结果

4.3.2　应用案例

1. 案例背景与目的

股票市场自诞生以来，一直受到投资者的广泛关注，且其作为经济的晴雨表，反映了我国经济的发展状况。货币政策是货币当局调控宏观经济的重要手段，其变化可以通过货币供应量、货币利率和公开市场业务等传导到股票市场，对股票市场有着非常重要的影响。同时，股票市场的波动会对货币政策的实施效果等产生一定的影响。因此，本案例基于货币供应量研究货币政策与股票价格之间的关系。

2. 研究方法

采用的数据分析方法主要如下。

（1）时序图分析：时序图可用于直观展示随时间变化的某变量的数据变化情况，其通常用于某项分析前的直观判断，比如运用 VAR 模型之前查看研究变量的稳定性。

（2）描述性统计分析：描述性统计分析包括对数据的集中趋势、离散程度以及分布情况进行统计分析。通过统计分析，分析者能够了解数据的基本统计特征、把握数据的总体分布情况。

（3）VAR（Vector Autoregression，向量自回归）模型分析：VAR 模型基于 VAR 技术通过稳定性检验、格兰杰因果检验、脉冲分析，对货币供应量与股票价格在时序维度的关系及动态性进行实证研究。

3. 研究过程

（1）数据搜集及录入

选取样本区间为 2012 年 1 月—2022 年 12 月的股票价格——上证综指月末收盘价（SZ），选取的货币政策的工具变量为货币供应量——月度广义货币供应量（M2），单位为亿元，对各变量均进行对数化处理，得到变量货币供应量（lnm2）和股票价格（lnsz），将 Excel 数据表导入 Stata 中，如图 4-63 所示。

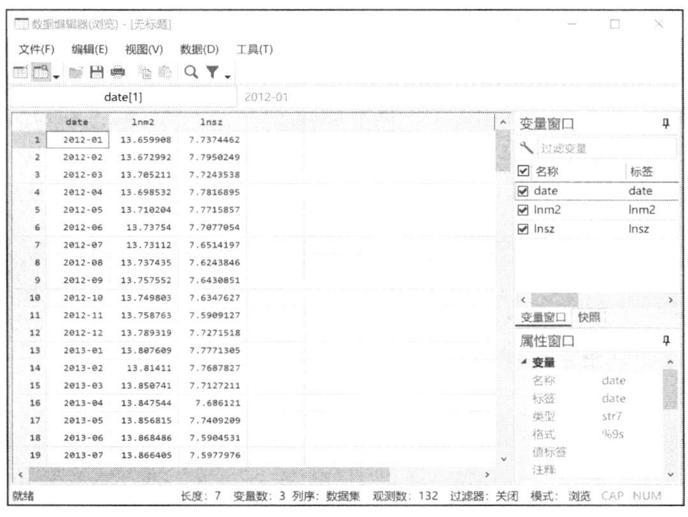

图 4-63　Stata 案例数据

（2）时序图分析

在命令窗口中执行以下命令。

```
destring date, replace ignore("-")
```

命令含义：将 date 的数据类型从字符串型转化为数值型。

```
tsset date
```

命令含义：定义 date 为时间序列。

```
tsline lnm2 lnsz,lpattern (solid dash)
```

命令含义：绘制 lnm2 和 lnsz 的时序图，并用实线和虚线区分。

命令执行结果如图 4-64 所示。从该图中可知，2012 年到 2022 年，lnm2 有明显的上涨趋势，lnsz 一直处于波动中。另外，两个变量在这 11 年间波动幅度都不大，基本保持平稳，也说明我国宏观经济运行较为平稳。但凭借时序图（见图 4-64）只能进行粗略的估计，还需要进一步进行单位根检验，才能证明两个变量序列是否符合建立模型的要求，以探究二者之间的关系。

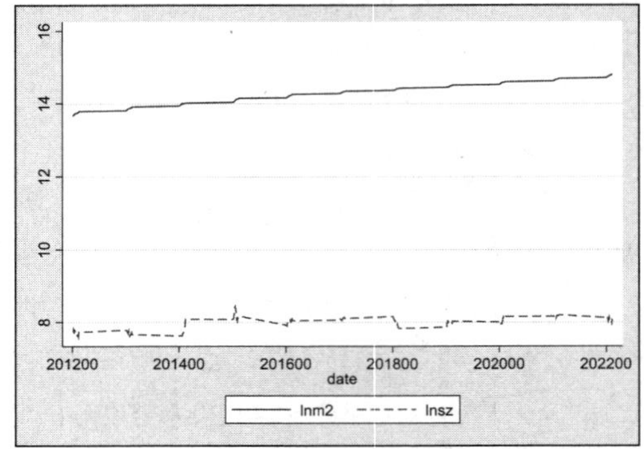

图 4-64　变量 lnm2 和 lnsz 的时序图

（3）描述性统计分析

在命令窗口中执行以下命令。

```
sum lnm2 lnsz
```

命令含义：对变量进行描述性统计（使用 sum lnm2 lnsz,d 对显示变量进行更详细的分析）。

上述命令的执行结果如图 4-65 所示，从左到右每列分别表示变量名、观测值个数、均值、标准差、最小值和最大值。

Variable	Obs	Mean	Std. dev.	Min	Max
lnm2	132	14.27342	.3179519	13.65991	14.79546
lnsz	132	7.965524	.1919342	7.590453	8.436361

图 4-65　变量 lnm2 和 lnsz 的描述性统计分析结果

2012—2022 年，lnm2 和 lnsz 的均值分别约为 14.273、7.966；标准差分别约为 0.318、0.192。其中，lnm2 的离散程度较大，lnsz 的离散程度不大，波动幅度不大。

（4）VAR 模型分析

① 估计 VAR 模型的系统阶数。

在实际运用中，若 VAR 模型的系统阶数过小会出现残差自相关等问题，模型的系统阶数过大虽可以清晰显示模型变量之间的动态关系，但会损失自由度，从而影响模型的有效性。因此，需要一个均衡的阶数，才能建立有效的 VAR 模型。

在命令窗口中执行下列命令。

```
varsoc lnm2 lnsz
```

命令含义：估计 VAR 模型的系统阶数，默认显示滞后 4 阶。如果需要显示更多的滞后阶数，可以添加子命令，如 varsoc lnm2 lnsz,lags(10)，lags(10)表示显示滞后 10 阶。

结果如图 4-66 所示，Lag 为 4 时 FPE、AIC、HQIC 和 SBIC 的数值最小，即当滞后阶数为 4 时 FPE、AIC、HQIC 和 SBIC 等信息准则最小化，同时数值后边显示“*”。因此，VAR 模型最优滞后阶数为 4。

```
Lag-order selection criteria

 Sample: 201205 thru 202212, but with gaps           Number of obs = 88
```

Lag	LL	LR	df	p	FPE	AIC	HQIC	SBIC
0	23.7029				.002093	-.493248	-.470565	-.436945
1	432.589	817.77	4	0.000	2.1e-07	-9.6952	-9.62715	-9.52629
2	440.116	15.053	4	0.005	1.9e-07	-9.77535	-9.66194	-9.49384
3	449.425	18.618	4	0.001	1.7e-07	-9.89601	-9.73723	-9.50189
4	469.847	40.845*	4	0.000	1.2e-07*	-10.2693*	-10.0651*	-9.76253*

```
 * optimal lag
 Endogenous: lnm2 lnsz
  Exogenous: _cons
```

图 4-66　VAR 模型系统阶数估计结果

② VAR 模型估计。

在命令窗口中执行下列命令。

```
var lnm2 lnsz,lags(1/4)
```

命令含义：估计 4 阶 VAR 回归模型。

结果如图 4-67 所示，部分参数统计结果显著，这可能是由于样本数据量不足的原因。

```
Vector autoregression

Sample: 201205 thru 202212, but with gaps       Number of obs     =         88
Log likelihood =   469.8471                     AIC               =  -10.26925
FPE            =   1.19e-07                     HQIC              =  -10.06511
Det(Sigma_ml)  =   7.90e-08                     SBIC              =  -9.762525
```

Equation	Parms	RMSE	R-sq	chi2	P>chi2
lnm2	9	.006089	0.9997	260430.5	0.0000
lnsz	9	.051867	0.9358	1282.977	0.0000

	Coefficient	Std. err.	z	P>|z|	[95% conf.	interval]
lnm2						
lnm2						
L1.	.7020153	.0881613	7.96	0.000	.5292224	.8748082
L2.	.1257217	.085811	1.47	0.143	-.0424648	.2939082
L3.	.6772423	.0838906	8.07	0.000	.5128197	.8416649
L4.	-.5106864	.0774786	-6.59	0.000	-.6625416	-.3588312
lnsz						
L1.	.0167291	.012614	1.33	0.185	-.0079939	.0414522
L2.	.0056671	.0190821	0.30	0.766	-.0317331	.0430672
L3.	.0010291	.0187844	0.05	0.956	-.0357876	.0378458
L4.	-.0161782	.0118545	-1.36	0.172	-.0394126	.0070561
_cons	.0301319	.0302284	1.00	0.319	-.0291146	.0893784
lnsz						
lnm2						
L1.	-2.011836	.750984	-2.68	0.007	-3.483737	-.5399338
L2.	.8095733	.730964	1.11	0.268	-.6230898	2.242236
L3.	.0834314	.7146054	0.12	0.907	-1.317169	1.484032
L4.	1.146621	.6599857	1.74	0.082	-.1469269	2.44017
lnsz						
L1.	1.073342	.1074501	9.99	0.000	.8627435	1.28394
L2.	-.1608765	.1625467	-0.99	0.322	-.4794621	.1577091
L3.	-.0634648	.1600108	-0.40	0.692	-.3770802	.2501506
L4.	.0610617	.10098	0.60	0.545	-.1368554	.2589788
_cons	.3532982	.2574942	1.37	0.170	-.1513813	.8579776

图 4-67　VAR 回归分析结果

③ VAR 模型的稳定性检验。

在命令窗口中执行下列命令：

```
varstable,graph
```

命令含义：检验 VAR 模型的稳定性。

结果如图 4-68 所示，所有特征值均在单位圆之内，满足 VAR 模型的稳定性要求。可以对其进行下一步的相关动态关系分析。

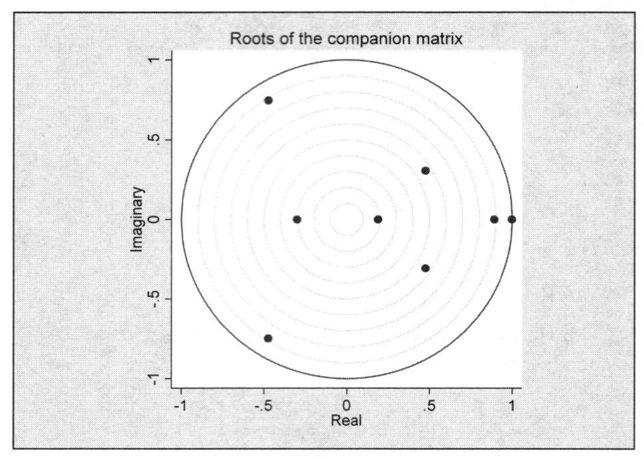

图 4-68　VAR 模型的稳定性检验结果

④ 格兰杰因果检验。

在命令窗口中执行下列命令。

```
Vargranger
```

命令含义：对 VAR 模型进行格兰杰因果检验。

结果如图 4-69 所示，Prob 值分别为 0.022 和 0.013，均较小，说明 lnm2 与 lnsz 二者互为格兰杰原因，货币供应量的变动会引起股票价格的变动；反过来，股票价格的变动也会引起货币供应量的变动。

Granger causality Wald tests

Equation	Excluded	chi2	df	Prob > chi2
lnm2	lnsz	11.425	4	0.022
lnm2	ALL	11.425	4	0.022
lnsz	lnm2	12.698	4	0.013
lnsz	ALL	12.698	4	0.013

图 4-69　格兰杰因果检验结果

⑤ 脉冲分析。

在命令窗口中执行下列命令。

```
irf set result
```

命令含义：创建并激活 result 文件。

```
irf creat result,order (lnm2 lnsz)
```

命令含义：将名为 result 的文件进行变量顺序的排序。

```
irf graph oirf
```

命令含义：绘制脉冲响应图。

结果如图 4-70 所示，其中每个小图的标题，如“result,lnm2,lnsz”，依次表示脉冲响应结果文件名、脉冲变量、响应变量。当 lnm2 受到一个单位的脉冲时，lnsz 第 1 期出现负向的脉冲响应，第 2 期则出现更大程度的负向脉冲响应，第 4 期达到负向冲击响应峰值后逐渐趋于 0。当 lnsz 受到一个单位的脉冲时，lnm2 在第 1 期会有一个正向的脉冲响应，持续到第 2 期正向脉冲响应越来越小，第 3 期及之后正向响应逐渐趋于 0。

综上，脉冲响应结果表明，货币供应量会对股票价格产生较为微弱的负向影响；反过来，不论是从短期还是从长期来看，股票价格会对货币供应量产生正向影响。

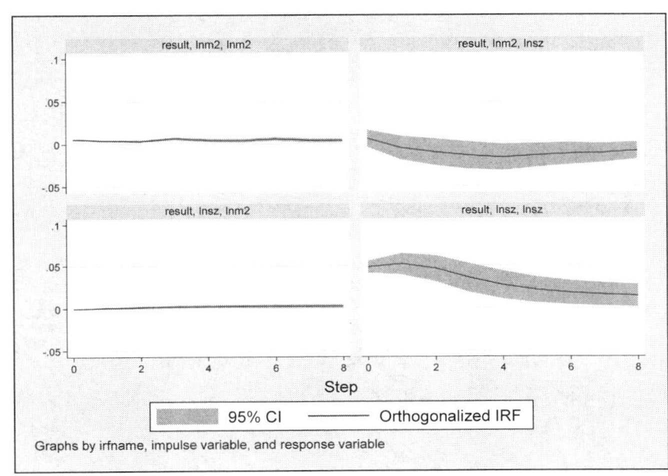

图 4-70　正交化脉冲响应图

4. 研究结论

本案例通过选取月度广义货币供应量和上证综指月末收盘价建立 VAR 模型，检验货币政策对股票价格的影响，得出以下结论：货币供应量会对股票价格产生微弱的负向影响，且在短期内影响较强；股票价格的变动会对货币供应量产生一定影响，这是由于股票价格上涨，企业或人们会增加对股票的投资，进而提高企业或者居民的账面资金数量。因此，政府当局在制定和调整货币政策时可以将股票价格波动作为参考。

练习题

一、选择题

1. 下列不属于常用的统计分析软件的有（　　）。

   A. 证券行情分析软件　　B. SPSS

   C. EViews　　D. Stata

2. SPSS 数据编辑窗口的主要功能不包括（　　）。

   A. 创建数据　　B. 显示数据　　C. 编辑数据　　D. 结果输出

3. SPSS 默认打开文件扩展名为（　　）的文件。

A. .doc　　B. .xls　　C. .pdf　　D. .sav

4. 下列（　　）不是 SPSS 的基本变量类型。

A. 数值型　　B. 整数型　　C. 字符串型　　D. 日期型

5. EViews 窗口中的（　　）用于显示各种命令的分析结果。

A. 标题栏　　B. 菜单栏　　C. 工作区域　　D. 命令窗口

6. EViews 数据结构类型不包括（　　）。

A. 横截面数据　　B. 时间序列数据

C. 面板数据　　D. 虚拟变量数据

7. Stata 中的（　　）用于记录在启动 Stata 后所执行的所有命令。

A. 历史窗口　　B. 变量窗口　　C. 命令窗口　　D. 结果窗口

二、填空题

1. SPSS 的工作窗口包括数据编辑窗口、语法编辑窗口、__________和脚本编辑窗口。

2. EViews 是专门用于数据分析、__________的计算机软件。

3. EViews 工作文件自动生成两个对象：c 和 resid。其中，c 表示系数向量，resid 表示__________。

4. Stata 具有强大的__________、数据分析和绘图功能。

三、操作题

1. 请通过网络或者上市公司数据库等途径自行搜集我国纺织业上市公司的股票价格，为分析上市公司财务报表呈现财务信息与股票价格的关系，搜集上市公司的流动比率、净资产负债率、固定资产比率、每股收益、每股净利润、每股增长率等财务指标。利用 SPSS 进行以下练习。

（1）将搜集的数据进行整理并绘制成表格，格式如表 4-1 所示。同时将数据导入 SPSS 数据文件。

（2）打开数据文件，并进行初步的描述性统计分析，主要输出的变量有最大值、最小值、标准差、均值和方差。

（3）将流动比率、净资产负债率、固定资产比率、每股收益、每股净利润、每股增长率等财务指标进行因子分析，在提取主因子的同时计算各因子得分。

（4）利用因子分析得到的主因子进行回归分析，进一步发掘我国纺织业上市公司股票价格与其主要财务指标的关系。

2. 宏观经济中的消费理论认为，人均消费支出（CS）和人均可支配收入（INC）存在很强的线性关系，请自行搜集 2000 年至今我国人均消费支出和人均可支配收入的年度数据，建立如下消费模型：$\mathrm{CS} = \alpha + \beta \times \mathrm{INC} + \varepsilon_t$。利用 EViews 来研究两者之间是否存在线性关系。

3. 在现代货币政策分析中，研究者的研究焦点经常放在中央银行发行货币供给对消费者物价的影响上。从我国 M1 增长率与 CPI（Consumer Price Index，消费价格指数）的波动规律基本一致可以看出物价变动和货币供应量之间确实存在紧密的联系。请自行搜集 2000 年至今我国消费者物价指数的增长率和货币供应增长率的季度数据，利用 Stata 统计分析二者之间是否存在联系以及如何解释。

第 5 章 Python 概述

Python 是一种跨平台、开源、免费、解释型的高级编程语言。Python 的应用领域非常广泛，它在 Web 编程、图形处理、大数据处理、网络爬虫和科学计算等领域都有广泛应用。

本章将介绍 Python 的发展史、优势及应用领域，重点介绍 Python 及 PyCharm 软件的安装及使用，通过对代码缩进、注释以及多行语句等知识点的说明介绍 Python 程序的书写规范，最后对输入和输出函数进行详细说明。

【学习目标】

知识目标：

（1）了解 Python 的发展史、优势和应用领域；

（2）掌握 Python 的基本语法。

技能目标：

（1）独立完成 Python 的安装；

（2）会简单使用 PyCharm 新建 Python 文件；

（3）具备规范使用缩进和合理使用注释的能力；

（4）具备使用输入、输出、赋值语句的能力。

【知识框架】

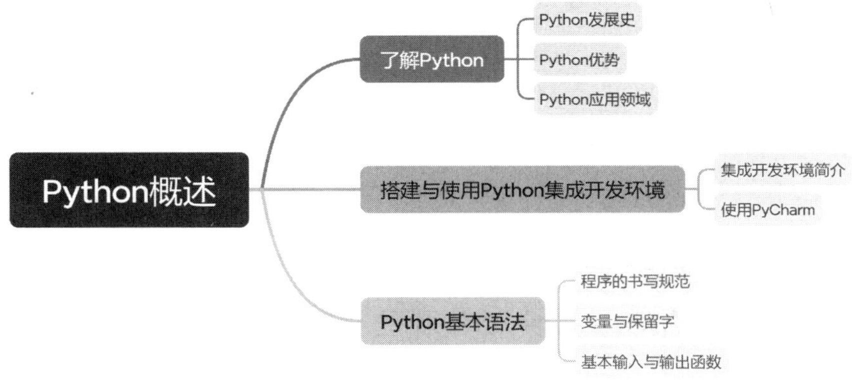

5.1 了解 Python

Python 具有强大的科学及工程计算能力，它不但具有以矩阵计算为基础的强大的数学计算能力和分析功能，还具有丰富的可视化表现功能和简洁的程序设计能力。了解 Python 的发展史、优势、应用领域是学习 Python 的第一步。

5.1.1 Python 发展史

Python 是吉多·范罗苏姆（Guido van Rossum）于 1989 年圣诞节开始开发的一种面向对象的解释型高级编程语言。“Python”的命名源于他是一个名为 Monty Python 的喜剧团体的爱好者，他觉得“Python”这个名字又酷又好记，因此使用其为该语言命名。经过多年的发展，Python 已经成为最受欢迎的编程语言之一。在 2023 年 8 月的 TIOBE 编程语言排行榜（编程语言流行程度的权威榜单）中，Python 依然排行第一。

Python 自发布以来，主要有 3 个版本。第一个版本是 1994 年发布的 Python 1.0（已过时）；第二个版本是 2000 年发布的 Python 2.0（2020 年 1 月后已不再更新）；第三个版本是 2008 年发布的 Python 3.0。Python 3.x 在 Python 2.x 的基础上进行功能升级，修复了 Python 2.x 中的设计缺陷，并且不兼容 Python 2.x。本书中的程序在 Python 3.11.5 下实现。

5.1.2 Python 优势

Python 是目前最流行且发展最迅速的计算机语言之一，作为一种功能强大的编程语言，其因简单易学而受到很多开发者的青睐。与其他编程语言相比，Python 具有如下优势。

1. 简单易学

Python 语法简洁，易于上手，它引用了一种极简的设计思想。若实现相同功能，Python 的代码行数几乎只是其他语言的 1/10 ~ 1/5。与其他编程语言编写的代码相比，Python 代码更易于阅读和理解，因此可减少开发时间和成本。Python 提供大量的文档和在线资源，使新手能够快速上手编写代码。

2. 免费和开源

Python 是一款自由、开放、免费的软件，无论用于何种用途，开发人员都无须支付任何费用，任何人都可以自由复制、修改并发布 Python 的源码。因为 Python 是开源的，越来越多的优秀程序员加入 Python 开发，Python 的功能也愈加丰富和完善。

3. 良好的跨平台性和可移植性

Python 是开源的，可以被移植到多个平台。如果用户的 Python 程序能够避免使用依赖于操作系统的某些特性，那么几乎所有的 Python 程序无须修改就可以在不同的操作系统上运行。

4. 类库丰富

Python 拥有丰富而强大的内置类和函数库，可以帮助开发者处理各种工作，包括正则表达式生成、文档生成、单元测试、数据库开发和其他与系统有关的操作。由于 Python 的开源特性，其第三方库也非常多，如 wxPython、Twisted 等。Python 具备良好的编程生态，开发者可以用 Python 实现完整应用程序所需的各种功能。

提示：

开源软件（Open Source Software）是开放源码软件的统称。这类软件的源码在特定许可协议范围内，可以被任何人学习、修改甚至发布，开源软件的更多定义和资源请参考开源软件网站。

5.1.3　Python 应用领域

随着版本的不断更新和新的语言特性的增加，Python 越来越多地被用于独立的大型项目开发，覆盖 Web 应用开发、科学计算和统计、人工智能、系统运维、图形界面开发等诸多领域。

1．Web 应用开发

Python 包含标准的 Internet 模块，可用于实现网络通信及应用。Python 的第三方框架，如 Django、web2py、Flask 等，让程序员可以轻松地开发和管理复杂的 Web 应用。目前许多大型网站均用 Python 进行开发。

2．科学计算和统计

NumPy、SciPy、Matplotlib 等众多科学计算扩展库的开发和完善为 Python 提供了快速数组处理、数值运算和绘图功能。因此，Python 及其众多的扩展库所构成的开发环境十分适合工程技术、科研人员处理实验数据、制作图表、绘制高质量的二维和三维图像，甚至开发科学计算和统计应用程序。

3．人工智能

Python 在人工智能大范畴领域内的机器学习、神经网络、深度学习等方面都是主流的编程语言，得到广泛的支持和应用。基于大数据分析和深度学习发展的人工智能本质上已经无法离开 Python 的支持，目前非常优秀的人工智能学习框架，如谷歌的 TensorFlow、Meta 的 PyTorch 和开源社区的神经网络库 Karas 等，都是用 Python 实现的。

4．系统运维

Python 是运维工程师首选的编程语言，Python 标准库包含多个调用操作系统功能的库。Python 编写的系统管理脚本在可读性、性能、代码重用度、可扩展性等方面都优于普通的 Shell 脚本。

5．图形界面开发

从 Python 诞生之日起，就有许多优秀的 GUI（Graphical User Interface，图形用户界面）工具集被整合到 Python 当中，使用 Tkinter、wxPython、PyQt 等库可以开发跨平台的桌面软件。这些优秀的 GUI 工具集使得 Python 也可以在图形界面开发领域大展身手。

5.2　搭建与使用 Python 集成开发环境

工欲善其事，必先利其器。在我们开始学习使用 Python 之前，选择一个合适的开发环境，有利于我们快速上手 Python，在学习中起到事半功倍的效果。下面介绍几种常用的 Python 集成开发环境。

5.2.1　集成开发环境简介

Python 是解释型编程语言，其开发环境较为简单，只需要安装 Python 解释器就可以利用内置的集成开发环境（IDLE）编写 Python 程序。IDLE 具有代码编辑、调试、执行等功能。它可以在 Windows、macOS、Linux 等操作系统上运行。IDLE 的优点是简单易用，缺点是功能较为基础。

1．在 Windows 环境中安装 Python

Python 安装包可从 Python 官网下载。在下载列表中找到要下载的 Python 版本，本书采用 Python 3.11.5。下面分步骤介绍如何在 Windows（Windows 10，64 位）环境中安装 Python 3.11.5。

（1）从 Python 官网下载所需的 Python 3.11.5 安装包。Python 下载界面如图 5-1 所示。

图 5-1　Python 下载界面

（2）下载完成后，双击运行下载的安装包，弹出 Python 安装向导窗口，其中安装初始界面如图 5-2 所示，选择安装模式（“默认安装”或“自定义安装”），开始安装 Python。

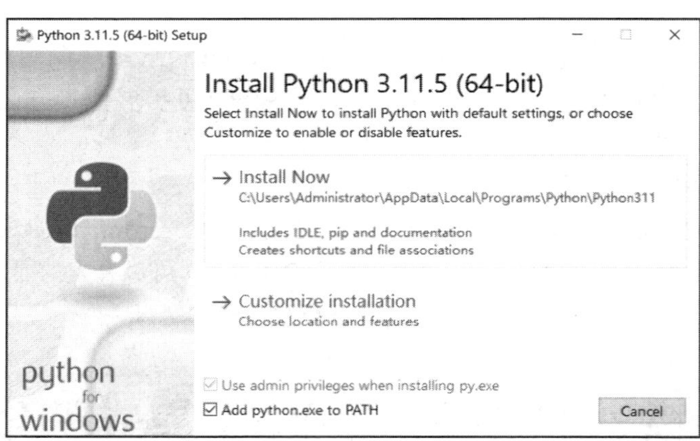

图 5-2　安装初始界面

【Install Now】代表默认安装，是指在默认选择的路径上进行安装；【Customize installation】代表自定义安装，可将 Python 安装在用户选择的路径上。建议勾选【Add python.exe to PATH】，勾选后可以不用在操作系统中配置 PATH 环境变量。

（3）安装完成后，Python 安装向导窗口将显示安装成功界面，如图 5-3 所示，单击【Close】按钮关闭 Python 安装向导窗口，完成 Python 安装。

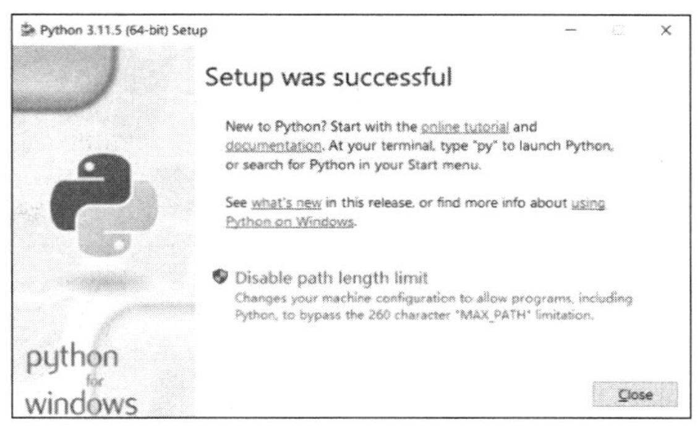

图 5-3　安装成功界面

2. PATH 系统变量设置

按组合键【Win+R】，打开图 5-4 所示的【运行】对话框，在对话框中输入“cmd”，单击【确定】按钮，打开图 5-5 所示的命令提示符窗口。

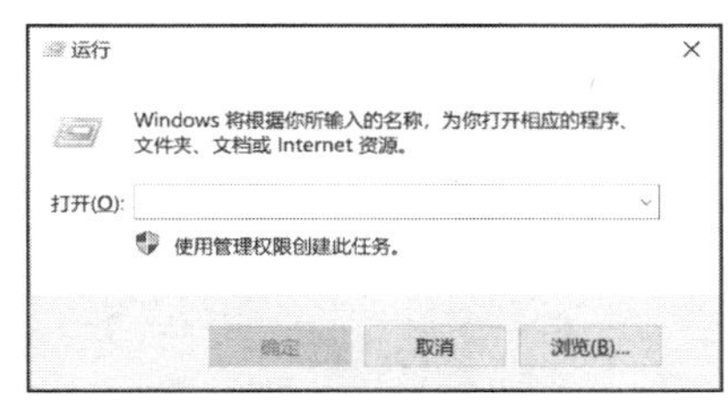

图 5-4　【运行】对话框

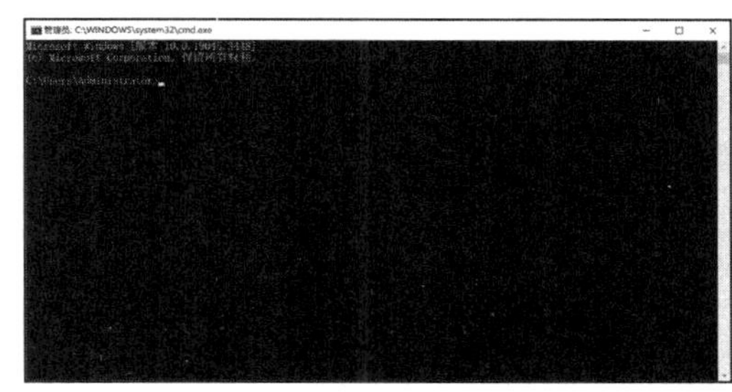

图 5-5　命令提示符窗口

当在命令提示符窗口中输入“python”命令并执行时，会出现以下两种情况。

第一种：若出现图 5-6 所示信息，说明 Python 已经成功安装，并已配置好 PATH 环境变量。

第二种：若在图 5-2 中没有勾选【Add python.exe to PATH】，则会出现图 5-7 所示信息，此时则需要将 python.exe 所在的路径添加到 PATH 中，以 Windows 10 为例，操作步骤如下。

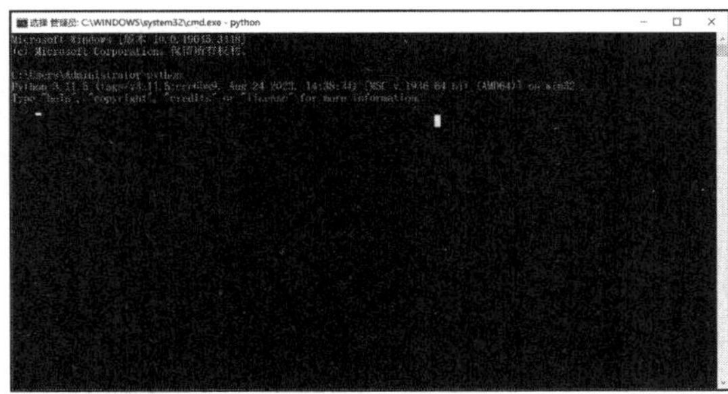

图 5-6　找到 Python 提示信息

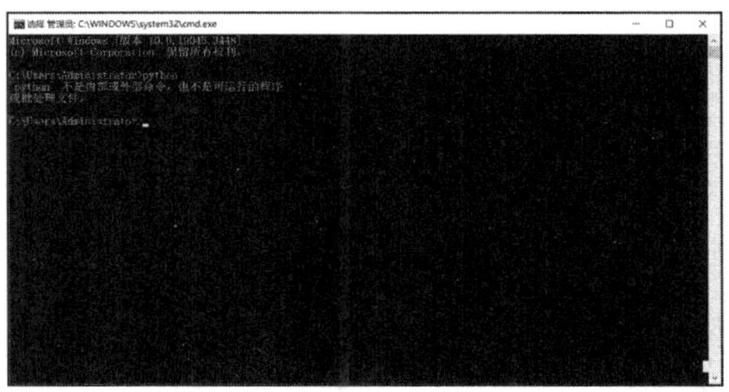

图 5-7　找不到 Python 提示信息

① 右击【我的电脑】图标，选择【属性】命令，如图 5-8 所示。

② 在弹出的窗口中，单击左下角的【关于】，将窗口右边滚动条拉到最下方，选择【高级系统设置】，如图 5-9 所示。

③ 在弹出的对话框中，选择【高级】选项卡，如图 5-10 所示，单击【环境变量】按钮。

④ 在弹出的对话框中找到【系统变量】列表框中的【path】选项，如图 5-11 所示。

⑤ 双击【path】选项，在弹出的对话框中可编辑变量值，在【变量值】文本框中添加 Python 的安装路径，并用“;”（英文状态下的分号）隔开，如图 5-12 所示。

⑥ 单击【确定】按钮。再次打开命令提示符窗口，执行 python 命令，即会出现图 5-6 所示信息，说明已经配置好 Python 的系统变量。

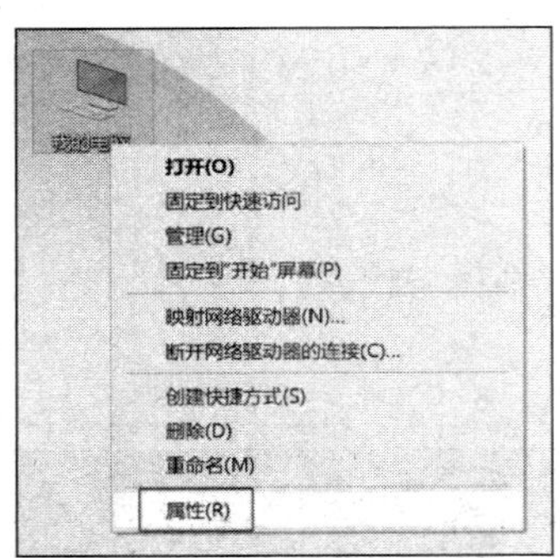

图 5-8　选择【属性】命令

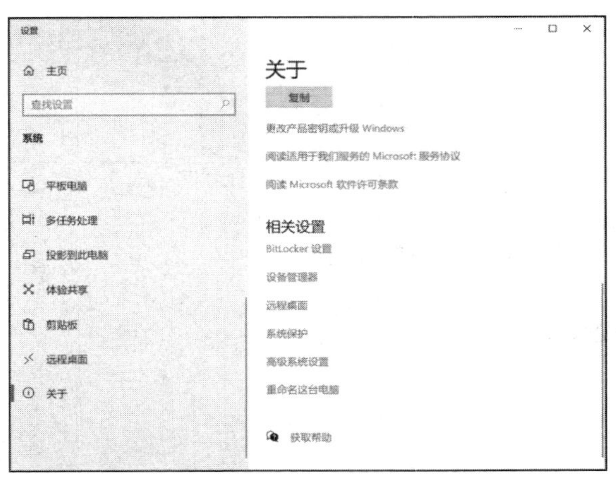

图 5-9　选择【高级系统设置】选项

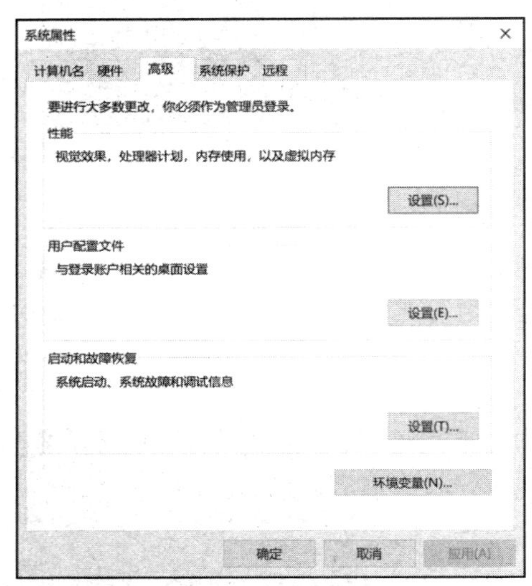

图 5-10　选择【高级】选项卡

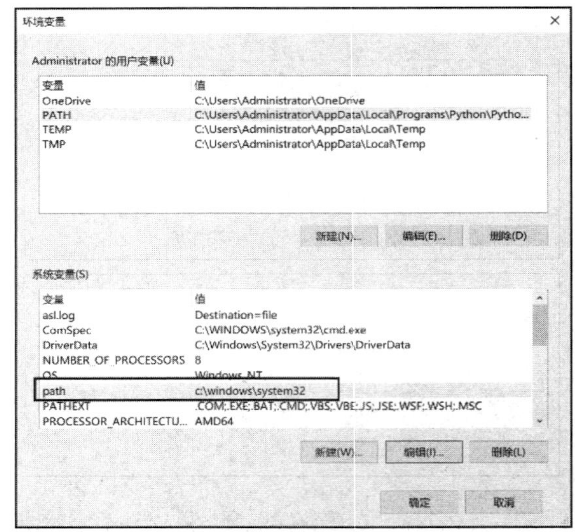

图 5-11　找到【path】选项

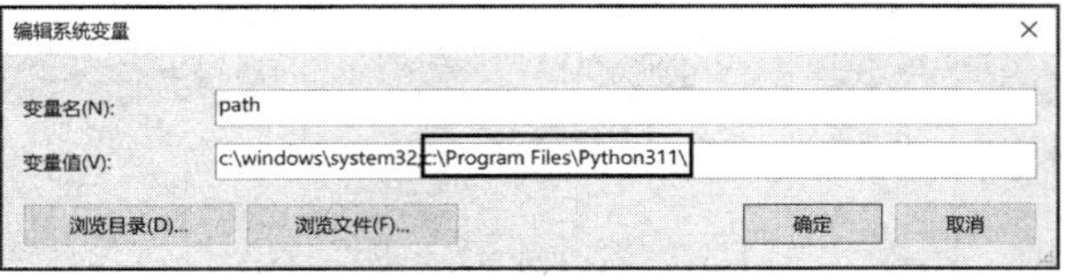

图 5-12　添加 Python 安装路径

3. 在 IDLE 中执行 Python 程序

IDLE 是 Python 的集成开发和学习环境，支持 Windows、UNIX 和 macOS 等多种操作系统。IDLE 具有两种类型的窗口：Shell 窗口和文件编辑窗口（分别用于交互式编程和文件式编程）。交互式编程指 Python 解释器即时响应用户输入的每条代码，给出输出结果。文件式编程指用户将 Python 代码写在一个或多个文件中，然后启动 Python 解释器，执行文件中的代码。交互式编程主要用于运行简单的 Python 程序或者调试 Python 程序，而文件式编程是运行 Python 程序的主要方法。

（1）Shell 窗口运行程序

① 单击 Windows 10 操作系统的【开始】，然后依次选择【所有程序】→【Python 3.11】→【IDLE(Python 3.11 64-bit)】，即可打开 Shell 窗口，各部分的名称如图 5-13 所示。

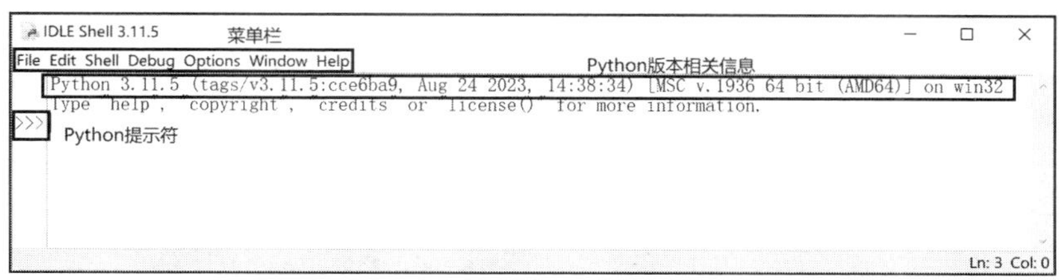

图 5-13　Shell 窗口

② 在 Python 提示符“>>>”后输入如下代码行：

```
print("Hello World!")
```

提示：在输入代码时，程序设计中的圆括号和引号都为半角形式，即在英文状态下的输入。

③ 代码输入完成后按【Enter】键，程序便输出“Hello World!”。

（2）文件编辑窗口运行程序

① 在 Shell 窗口中，选择【File】→【New File】，或按组合键【Ctrl+N】，打开文件编辑窗口，它是一个具备 Python 语法高亮辅助功能的编辑器，可以在窗口中进行代码编辑。其各部分的名称如图 5-14 所示。

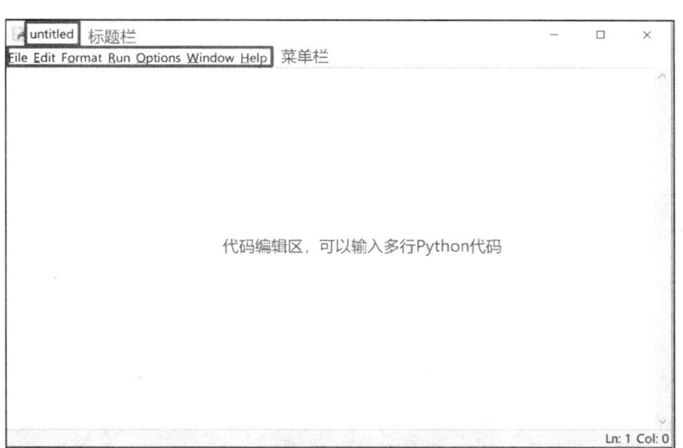

图 5-14　文件编辑窗口

② 在代码编辑区中编写代码，如：

```
print("金融")
```

③ 按组合键【Ctrl+S】保存文件，这里保存为“ex01.py”。

提示：“.py”是 Python 文件的扩展名。

④ 在菜单栏中选择【Run】→【Run Module】或者按【F5】键运行该文件。

Python 所集成的 IDLE 是一个简单和有效的集成开发环境，无论是 Shell 窗口还是文件编辑窗口，均能快速有效地编写和调试程序代码。

5.2.2 使用 PyCharm

除了 Python 自带的 IDLE 以外，PyCharm、Jupyter Notebook、Spyder 等均能够进行 Python 编程。PyCharm 是 JetBrains 公司开发的一款 Python 开发工具，分为社区版和专业版，其中社区版是免费的，专业版是付费的。本小节将重点介绍 PyCharm 的使用。Jupyter Notebook 采用网页形式的 Python 编写交互模式，其使用过程类似于使用纸和笔，可轻松擦除先前写的代码，并且可以将编写的代码进行保存。Spyder 是专门面向科学计算的 Python 交互开发环境，集成了 Pyflakes、Pylint 和 Rope。Spyder 是开源的，提供代码补全、语法高亮、类和函数浏览以及对象检查等功能。

1. 下载和安装 PyCharm

① 打开 PyCharm 官网，如图 5-15 所示，单击【DOWNLOAD】按钮。

图 5-15　PyCharm 官网

② 选择 Windows 下的社区版，单击【Download】按钮即可进行下载，如图 5-16 所示。

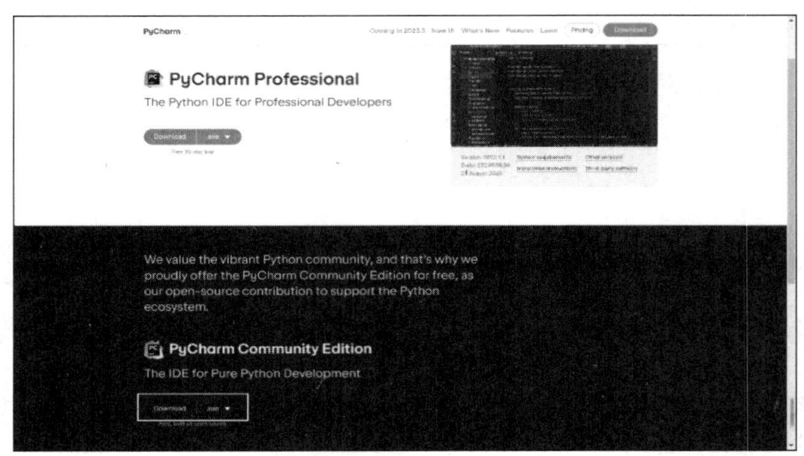

图 5-16　选择社区版并下载

③ 下载完成后，双击安装包打开 PyCharm 安装向导窗口，其中欢迎安装界面如图 5-17 所示，单击【Next】按钮。

④ 自定义 PyCharm 的安装路径，如图 5-18 所示，单击【Next】按钮。

图 5-17　欢迎安装界面

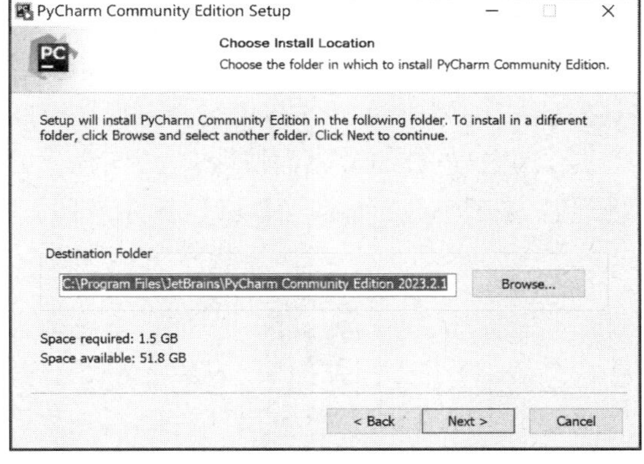

图 5-18　自定义安装路径

⑤ 在图 5-19 中根据需要设置创建桌面快捷方式及关联.py 文件等安装选项，然后单击【Next】按钮。

⑥ 选择要创建程序快捷方式的【开始】菜单中的相应文件夹，也可以自己输入创建的文件夹的名称，如图 5-20 所示，单击【Install】按钮，进入安装界面。

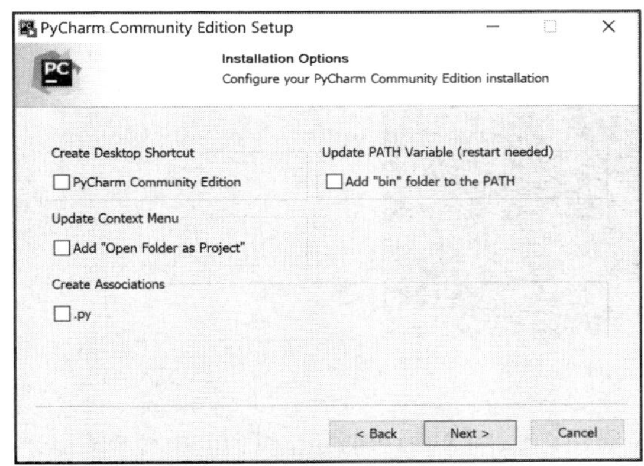

图 5-19　设置安装选项

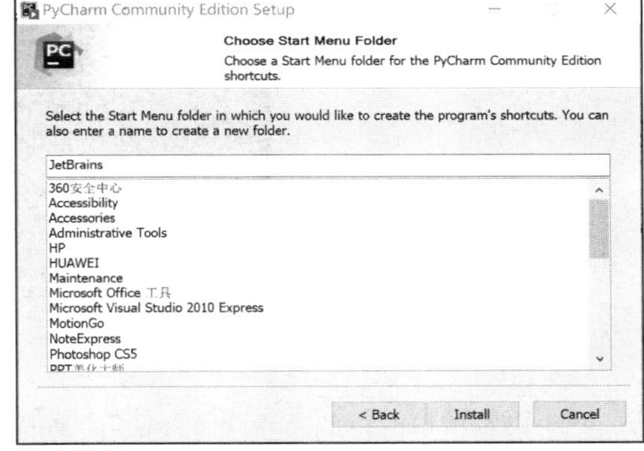

图 5-20　选择或创建文件夹

⑦ 安装完成后，选择是立即重启还是随后重启，如图 5-21 所示，单击【Finish】按钮，完成 PyCharm 安装。

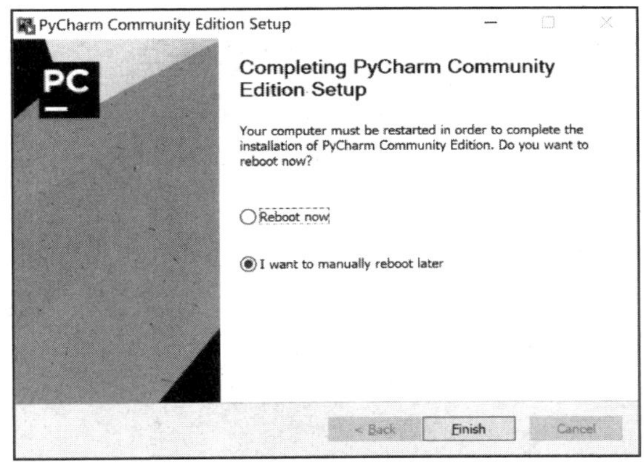

图 5-21　完成 PyCharm 安装

2. 新建 Python 项目和文件

第一次启动 PyCharm 时，会显示初始化的提示信息，保持默认值即可。如果不是第一次启动 PyCharm，则创建的 Python 项目会出现在窗口中。

① 双击 PyCharm 桌面快捷方式图标，如图 5-22 所示，在弹出的对话框中选择不导入开发环境配置，如图 5-23 所示，单击【OK】按钮。

图 5-22　PyCharm 桌面快捷方式图标

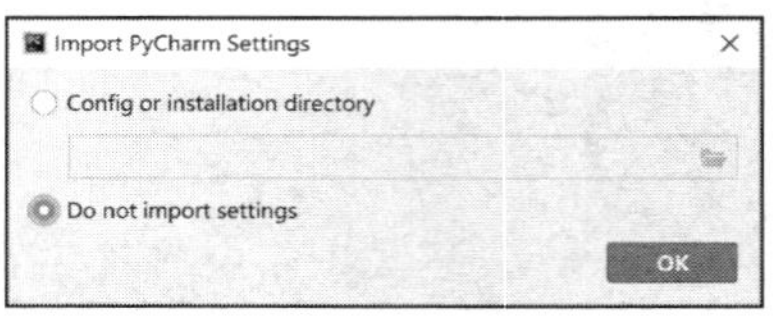

图 5-23　选择不导入开发环境配置

② 选择【New Project】新建 Python 项目（如果是打开已有的 Python 项目，则选择【Open】），如图 5-24 所示。

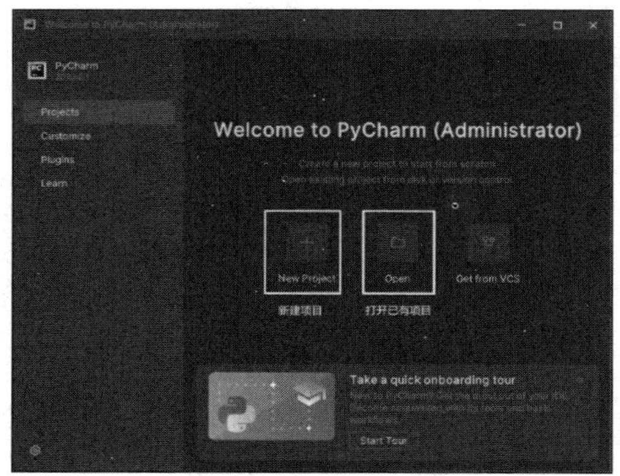

图 5-24　新建 Python 项目

③ 设置项目的存放路径及解释器等，如图 5-25 所示，单击【Create】按钮，即可进入 PyCharm 界面，如图 5-26 所示。

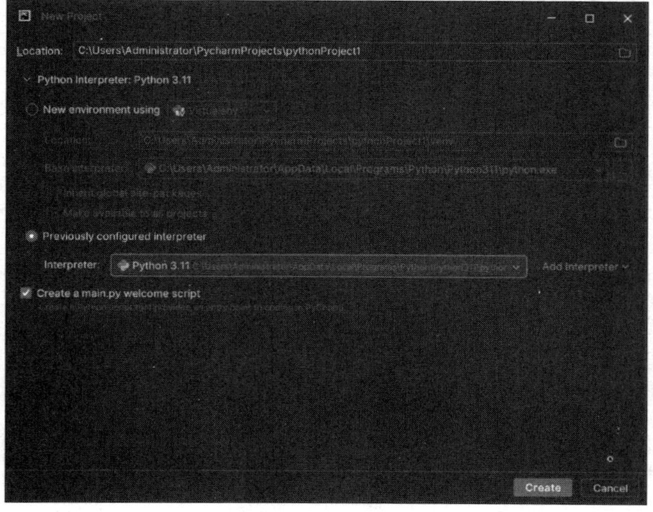

图 5-25　设置新建项目的存放路径及解释器等

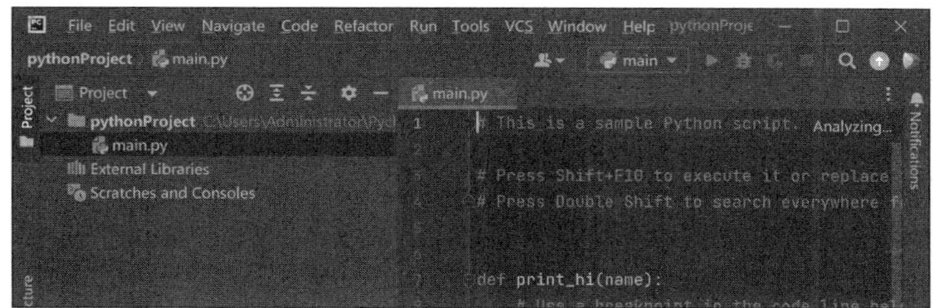

图 5-26　PyCharm 界面

④ 右击项目文件夹，在弹出的快捷菜单中选择【New】→【Python File】，如图 5-27 所示。在弹出的对话框中输入 Python 文件名“hello”，按【Enter】键，即可创建 Python 文件。

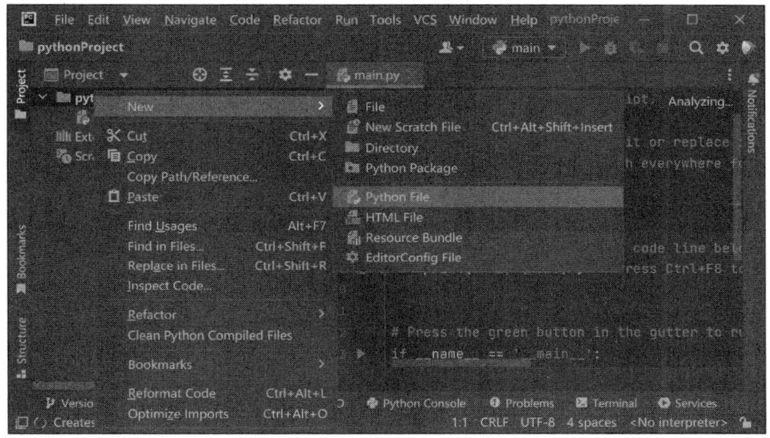

图 5-27　新建 Python 文件

⑤ 在程序编辑窗口中输入【print("hello")】，右击 hello.py 文件名，在弹出的快捷菜单中选择【Run ‘hello’】命令，如图 5-28 所示，程序运行的结果会显示在下面的窗体中。至此，完成了 PyCharm 中 Python 项目和文件的新建及运行操作。

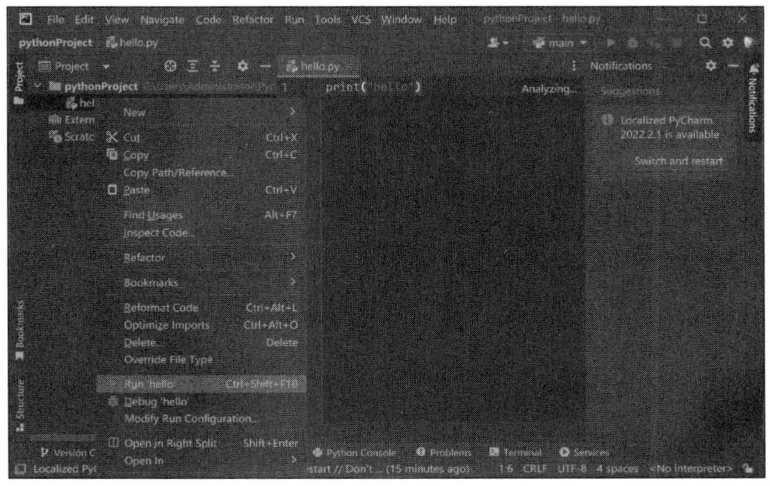

图 5-28　编写程序并执行

3. 设置 PyCharm

完成 PyCharm 安装后，可以根据自己的喜好对界面风格、主题、字体、字号等进行设置。

（1）设置背景主题、字体和字号

在菜单栏中选择【File】→【Settings】，在打开的对话框中，展开【Appearance &Behavior】→【Appearance】选项，可以设置主题、字体、字号等，如图 5-29 所示。

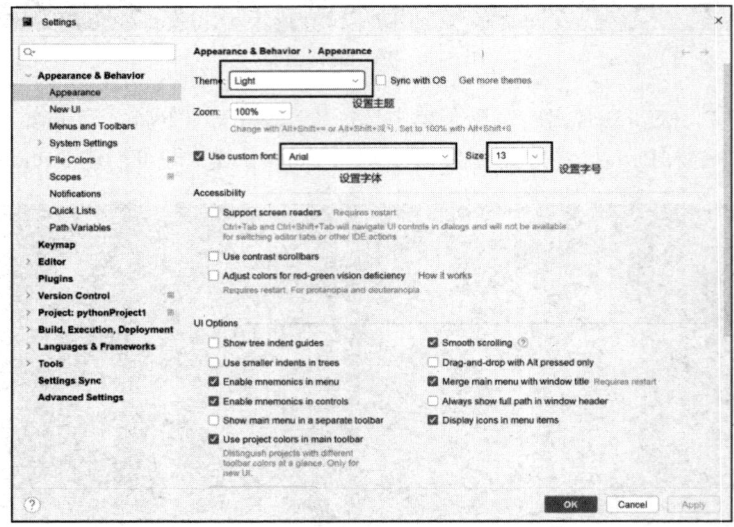

图 5-29　设置主题、字体和字号

（2）PyCharm 中文版配置

PyCharm 安装好之后，默认是英文版的。如果想使用中文版的，只需要安装一个中文版的插件即可。选择【File】→【Settings】，在打开的对话框中，单击【Plugins】选项，单击【Chinese (Simplified)Language Pack】旁的【Install】按钮，如图 5-30 所示。安装完成后【Install】按钮变为【Restart IDE】按钮，单击该按钮，重启软件，即可进入 PyCharm 中文版界面。

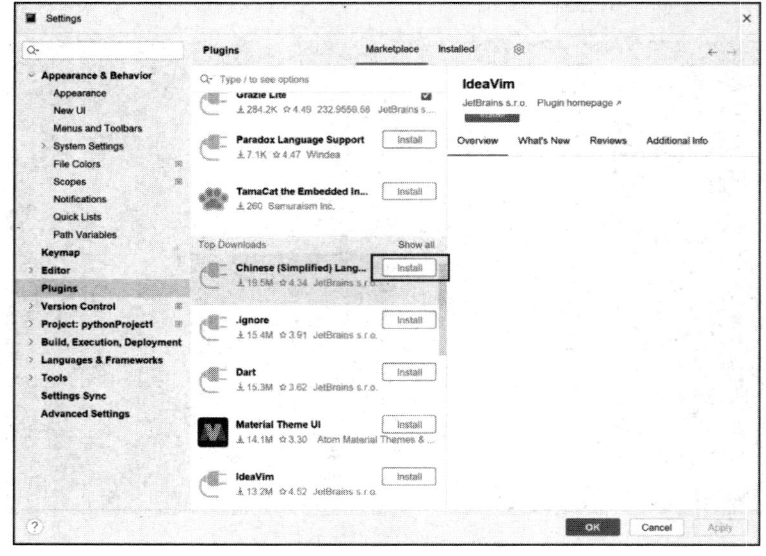

图 5-30　PyCharm 中文版配置

5.3　Python 基本语法

Python 是一门简单而优雅的语言，在使用之前，我们需要掌握它的基本语法，这有助于对代码进行学习和运用，并有利于保持一个良好的编程风格。只有遵循语法规则，开发才能更加有效。我们将正式踏上 Python 开发之旅，体验 Python 带给我们的简洁、快乐。

5.3.1　程序的书写规范

1. 代码缩进

Python 不像 C 语言等其他编程语言一样采用花括号“{}”标识代码块，而是采用代码缩进和冒号“:”区分代码之间的层次。

缩进可以通过按【Tab】键或使用多个空格（通常是 4 个空格）来实现，在 Python 的代码缩进中最好采用空格的方式，每一层向右缩进 4 个空格，通常不建议采用【Tab】键，更不能两种混合使用。

有些 Python 辅助工具可以自定义代码缩进，按一次【Tab】键生成 4 个空格的代码缩进，还有一些 Python 编辑器能根据所输入的代码层次关系自动缩进代码，以提高编程效率。

除满足必须缩进的特定条件外，Python 程序每一行都要靠左顶格书写，错误的缩进可能导致代码的含义完全不同。例如：

```
x=1
if x==2:
    x=x+1
print(x)
```

上述代码执行结果会输出 1。因为“print(x)”语句位于 if 代码块之外，和 if 语句属于一个层次，即使不满足条件“x==2”，该语句也会被执行。

将“print(x)”缩进 4 个空格后：

```
x=1
if x==2:
    x=x+1
    print(x)
```

代码执行结果没有任何输出。因为“print(x)”语句位于 if 代码块里面，当不满足“x==2”时，该语句不会被执行。

2. 注释

注释是程序员对程序代码、函数等的解释和说明，可以提高代码的可读性和可维护性。Python 中的注释有单行注释和多行注释，单行注释以“#”开头，直到行尾结束，可以出现在任何位置，多行注释用 3 个单引号“'''”或者 3 个双引号“"""”标识。Python 解释器将忽略所有的注释语句，即注释语句不会影响程序的执行结果。

```
# 以下语句使用 print()函数输出“Hello!”
print("Hello! ")
"""
可以使用 3 个单引号标识多行注释语句
```

```
也可以使用 3 个双引号标识多行注释语句
"""
```

3. 语句续行

若一条语句太长，一行写完一条语句会显得不美观，可以使用反斜线（“\”）实现一条长语句写在多行。

```
if x<50\
  and x>10:
   y=x+6
   print(y)
```

但是在 Python 中，[]、{}、()里面的多行语句在换行时不需要使用反斜线，例如：

```
letters=['A','B',
        'C','D']
```

4. 语句分隔符

Python 中也可以将多条语句写在一行，使用分号“;”分隔，例如：

```
x=3;y=6
```

Python 允许将单独的语句或复合语句写在冒号之后，例如：

```
if  x<50  and x>10:y=x+6
else:y=1;print('x>=50 or x<=10')
```

5.3.2 变量与保留字

1. 变量

在 Python 程序中，通过变量来存储和标识具体数据值，数据的调用和操作通过变量的名称来实现。不需要先声明变量名及其类型，直接对变量赋值即可创建各种类型的变量。变量的命名应遵循如下规则。

（1）变量名只允许包含字母、数字和下画线（可以使用汉字），变量名以字母或下画线开头，不能以数字开头。

（2）变量名不允许包含空格，可以使用下画线来分隔其中的单词，如 user_name。

（3）变量名不能使用 Python 中的保留字。

（4）变量名大小写敏感，如 user_name 与 User_name 是不同的变量名。

提示：编写 Python 程序的过程中，建议使用小写的变量名。

将数据放入变量的过程叫作赋值，Python 使用等号“=”作为赋值运算符，变量赋值的语法格式如下：

```
变量名=表达式
```

例如，x=3，表示将“=”右边表达式的值赋给“=”左边的变量。Python 中还有一种同步赋值语句，该语句可以同时对多个变量赋值（先运算右侧 *N* 个表达式，然后同时将表达式的计算结果赋值给左侧的变量），语法格式如下：

```
<变量 1>,<变量 2>,…,<变量 N>=<表达式 1>,<表达式 2>,…,<表达式 N>
```

例如：

```
x,y,z=3,5,7
```

2. 保留字

保留字又称关键字，是指被赋予特定意义的单词。Python 有 35 个保留字，如表 5-1 所示。

表 5-1　　Python 的 35 个保留字

保留字	功能描述
import	用于导入模块，与 from 结合使用
from	用于导入模块，与 import 结合使用
in	判断对象是否在序列中
is	判断对象是否为某个类的实例
if	用于条件语句，可与 else、elif 组合使用
elif	用于条件语句，与 if、else 组合使用
else	用于条件语句，与 if、elif 组合使用
for	迭代循环
while	条件循环
continue	跳过本次循环剩余语句的执行，继续执行下一次循环
break	中断当前循环的执行
pass	空的类、方法或函数的占位符
and	逻辑与操作，用于表达式运算
or	逻辑或操作，用于表达式运算
not	逻辑非操作，用于表达式运算
True	布尔型，表示真
False	布尔型，表示假
None	表示什么也没有，数据类型为 NoneType
class	用于定义类
def	用于定义函数或者方法
return	用于从函数中返回计算结果
yield	用于从函数中依次返回值
lambda	用于定义匿名函数
try	包含可能会出现异常的语句，与 except、finally 结合使用
except	包含捕获异常后的操作代码块，与 try、finally 结合使用
finally	用于异常语句，出现异常后，始终要执行 finally 包含的代码块，与 try、except 结合使用
assert	断言，用于判断变量或者条件表达式的值是否为真
with	上下文管理器，可用于优化 try、except、finally 语句
as	用于类型转换
raise	用于异常抛出操作
del	用于删除对象或者删除变量、序列和值
nonlocal	用于标识外部作用域的变量
global	用于定义全局变量
await	等待一个异步操作的完成
async	定义一个异步函数

5.3.3 基本输入与输出函数

Python 通过内置的 input()函数和 print()函数实现数据的输入读取和输出显示。

1. input()函数

input()函数可以在程序运行时，从输入设备获得数据，语法格式如下：

```
变量名=input([提示性文字])
```

input()函数首先输出提示性文字，然后等待用户从键盘输入，直到用户按【Enter】结束输入，函数返回用户输入的字符串（不含最后的回车符）。若省略提示性文字，则直接等待用户输入。例如：

```
name=input("请输入您的名字: ")
print(name+", 您好! ")
```

程序运行时显示：

```
请输入您的名称:
```

用户输入“Mary”后按【Enter】键，程序输出：

```
Mary, 您好!
```

提示：无论用户输入的是字符还是数字，input()函数统一按照字符串型对待。

2. print()函数

print()函数用于输出字符信息，也可以用于以字符形式输出变量值，其语法格式如下：

```
print(objects,sep='  ',end='\n')
```

参数说明如下。

objects：可以一次输出多个对象，输出多个对象时，需要用逗号分隔。

sep：设定输出多个对象时的分隔符，默认为一个空格。

end：用来设定输出的结尾字符，默认值是换行符“\n”，若输出后不想进行换行操作，也可以换成其他字符。

例如：

```
>>>print('a','b','c',sep='$$',end=' ')
a$$b$$c
```

练习题

一、选择题

1. 以下（　　）不是 Python 的优势。

   A. 付费使用　　B. 跨平台性　　C. 可移植性　　D. 类库丰富

2. Python 用于定义代码块的符号是（　　）。

   A. #　　B. 空格　　C. \　　D. {}

3. 可以使用（　　）接收用户从键盘输入的数据。

A. input()函数　B. output()函数　C. print()函数　D. eval()函数

4. 以下（　　）是非法变量名。

A. 3hx　B. 人工智能　C. ab_3　D. _adr

5. 以下（　　）不属于 Python 的保留字。

A. for　B. def　C. while　D. user

6. 以下可以作为变量名的是（　　）。

A. true　B. False　C. for　D. 5_bc

7. 以下（　　）不是 Python 集成开发环境。

A. PyCharm　B. Spyder

C. Jupty Notebook　D. RStudio

二、填空题

1. 在 Python 中，单行注释以__________开头，直到行尾结束。
2. 在 Python 中，一个命令行写多条语句时，语句之间用__________分隔。
3. Python 程序文件的扩展名是__________。

三、操作题

1. 下载并安装最新版本的 Python 软件，检查系统变量 PATH 中的安装路径。
2. 下载并安装 PyCharm，编写一个简单的 Python 程序。

第 6 章 数据类型

计算机可以处理多种形式的数据，不同形式的数据在计算机中的存储格式不同。学习数据类型是了解一门语言的基础过程，对于理解语言的逻辑结构有着至关重要的作用。

本章将介绍 Python 的基本数据类型、组合数据类型以及运算符与表达式。

【学习目标】

知识目标:

（1）了解基本数据类型;

（2）掌握数据类型的操作方法;

（3）掌握字符串的输入输出方法及格式化方法;

（4）掌握数据类型的转换方法;

（5）掌握元组、列表、字典和集合的创建和常用操作方法;

（6）掌握运算符及其优先级顺序。

技能目标:

（1）具备字符串输入输出的编程能力;

（2）具备使用各种运算符进行编程的能力;

（3）掌握组合数据类型的应用。

【知识框架】

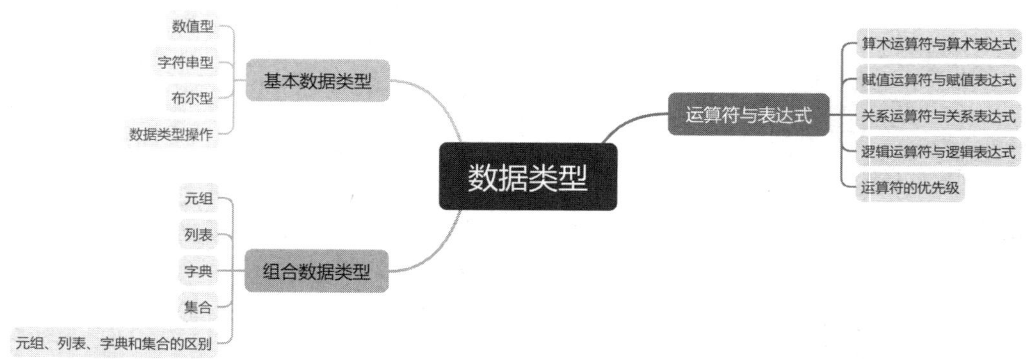

6.1 基本数据类型

在内存中存储的数据有多种类型，例如，一个人的姓名可以用字符串型存储，身高可以用数值型存储，性别可以用布尔型存储。这里的字符串型、数值型和布尔型都是 Python 中提供的基本数据类型。那么，各种基本数据类型的区别是什么？又有哪些相关操作呢？

6.1.1　数值型

在 Python 中，数值型包括整数、浮点数和复数这 3 种类型。

1. 整数

Python 中的整数类型对应数学中的整数，即不带小数点的数。Python 中的整数没有长度限制，可以是任意大小，可以用 4 种进制表示：十进制、二进制、八进制、十六进制（默认为十进制）。二进制、八进制、十六进制需增加引导符号，如表 6-1 所示。

表 6-1　整数类型的 4 种进制表示

进制为类	引导符号	功能描述
十进制	无	由 0 ~ 9 组成，逢十进一，例如 178
二进制	0b 或 0B	由 0 ~ 1 组成，逢二进一，例如 0B101101
八进制	0o 或 Oo	由 0 ~ 7 组成，逢八进一，例如 0o56
十六进制	0x 或 0X	由 0 ~ 9 和 A ~ F（或 a ~ f）组成，逢十六进一，例如 0x5BF

2. 浮点数

在 Python 中，浮点数类型用来表示带有小数的数值，有以下两种表示形式。

（1）十进制小数形式：由数字和小数点组成（小数点不能省略），例如 3.14、6.、−5.68、.7。

（2）指数形式：采用科学记数法表示，用字母 e（或者 E）表示以 10 为底的指数，采用“*a*E*n*”形式表示，*a* 为数字部分，*n* 为指数部分，例如 1.2×10^6 的浮点数表示为 1.2e6 或者 1.2E6。

提示：使用指数形式表示浮点数时，e（或 E）前面必须有数字，后面必须是整数，例如 e−3、3E0.5 都是错误的。

3. 复数

Python 中的复数表示形式与数学中的复数表示形式完全一致，都由实部和虚部组成，采用“*a*+*b*j”的形式表示，其中 *a* 表示实部，*b* 表示虚部，j 表示虚部单位，例如 3+4j。

提示：当 *b* 为 1 时，1 不能省略，即 3+1j 不能写成 3+j。

6.1.2　字符串型

字符串是一组不可变且有序的序列，用于表示文本信息，是最常见的基本数据类型之一。

1. 字符串的定义

在 Python 中，可以使用单引号（''）、双引号（""）和三引号（''' '''或""" """）这 3 种形式来创建字符串。

（1）单引号：如' '、'a'、'She say "how are you?" '。当字符串中含有双引号时，最好使用单引号作为界定符。

（2）双引号：如" "、"中国"、"She is my friend."。当字符串中含有单引号时，最好使用双引号作为界定符。

（3）三引号：如'''China'''、'''ABC'''、"Hello"。可以是连续 3 个单引号，也可以是连续 3 个双引号。

2. 转义字符

转义字符用于表示一些不能直接输入的特殊字符，用反斜线引导，与后面相邻的字符表示新的含义。常用的转义字符如表 6-2 所示。

表 6-2 常用的转义字符

转义字符	功能描述	转义字符	功能描述
\\	反斜线	\n	换行符
\'	单引号	\r	回车符
\"	双引号	\t	水平制表符
\a	响铃符	\v	纵向制表符
\b	退格符	\f	换页符

3. 字符串的相关操作

（1）计算字符串的长度

使用 len()函数可以计算指定字符串的长度，语法格式为：

```
len(string)
```

其中，string 用于指定要进行长度统计的字符串。计算字符串的长度示例如下：

```
>>>len("中华人民共和国")
7
```

（2）字符串索引

字符串是一个有序的集合，应用方括号“[]”通过索引（下标）得到相应位置的字符。Python 的索引有两种方式：第一种是从左向右的正向索引，由 n 个字符组成的字符串，其索引为 $0 \sim n-1$；第二种是从右向左的负数索引，由 n 个字符组成的字符串，其索引为 $-1 \sim -n$。字符串索引示例如下：

```
>>>s="Python"
>>>s[1]
'y'
>>>s[-1]
'n'。
```

（3）字符串切片

字符串切片也称为分片，利用索引范围从字符串中获得连续的多个字符（即子字符串）。字符串切片的基本格式如下：

```
x[start:end]
```

其中，start 表示切片的开始位置，end 表示切片的截止位置（但不包含这个位置）。start 和 end 参数均可省略，start 默认为 0，end 默认为字符串长度。字符串切片示例如下：

```
>>>x="0123456"
>>>x[1:5]
'1234'
>>>x[1:]
'123456'
>>>x[:5]
```

```
'01234'
>>>x[:]
'0123456'
```

默认情况下，切片用于返回字符串中连续的多个字符，可以通过步长参数来跳过中间的字符，其基本格式如下：

```
x[start:end:step]
```

用这个格式切片时，会跳过中间 step – 1 个字符，step 默认值为 1，示例如下：

```
>>>x="0123456"
>>>x[1:7:2]
'135'
>>>x[::2]
'0246'
>>>x[::-1]
'6543210'
```

（4）字符串连接

利用加号“+”可以将两个字符串首尾相连，示例如下：

```
'Python'+'Code'
'PythonCode'
```

4. 字符串格式化

程序运行的结果经常以字符串形式输出，为了实现输出的灵活性和可编辑性，需要控制字符串的输出格式，即字符串格式化。Python 支持两种字符串格式化方法：第一种是使用格式化操作符“%”；另一种是采用专门的 format()方法。

（1）用“%”操作符格式化字符串

Python 的“%”操作符可用于格式化字符串，控制字符串的呈现方式，其基本格式如下：

```
格式字符串%(参数 1,参数 2,…)
```

“%”之前为格式字符串，“%”之后为需要填入格式字符串中的参数，多个参数之间用逗号分隔，当只有一个参数时，可省略圆括号。在格式字符串中，用格式控制符代表要填入的参数的格式，例如：

```
>>>"%s is %d years old."%("Mary",20)
'Mary is 20 years old.'
```

在格式字符串"%s is %d years old."中，“%s”和“%d”都是格式控制符。常用格式控制符如表 6-3 所示。

表 6-3　常用格式控制符

格式控制符	功能描述	格式控制符	功能描述
%s	格式化字符串	%u	格式化无符号数
%c	格式化单个字符	%f	格式化浮点数
%d	格式化十进制整数	%e	用科学记数法格式化浮点数

（2）用 format()方法格式化字符串

format()方法的基本格式如下：

```
<用花括号表示的模板字符串>.format(<用逗号分隔的参数>)
```

基本思想是：用逗号分隔的参数代替模板字符串中花括号所在位置，即用参数来传入具体的值，用花括号来指定字符串的格式。模板字符串由一系列的槽组成，用来控制格式字符串中嵌入值出现的位置。模板字符串中的花括号可以包含参数序号和格式控制信息，如果花括号中没有参数序号，则按照顺序替换，如果花括号中指定了参数序号，按照参数序号对应的参数进行替换。调用 format()方法后会返回一个新的字符串。例如：

```
>>>"本学期{}课程的期末考试时间为：{}".format("Python","2024-1-12")
'本学期 Python 课程的期末考试时间为：2024-1-12'
>>>"本学期{1}课程的期末考试时间为：{0}".format("2024-1-12","Python")
'本学期 Python 课程的期末考试时间为：2024-1-12'
```

format()方法的模板字符串的内部格式如下：

```
{<参数序号>:<格式控制标记>}
```

其中，<格式控制标记>用来控制参数显示的格式，包括<填充>、<对齐>、<宽度>、<精度>、<类型>这 6 个字段。格式控制标记说明如表 6-4 所示。

表 6-4　format()的格式控制标记

<填充>	<对齐>	<宽度>	<,>	<精度>	<类型>
用于填充的单个字符	<：左对齐 >：右对齐 ^：居中对齐	设定输出的宽度	数字的千位分隔符 适用于整数和浮点数	浮点数小数部分的精度或字符串的最大输出长度	整数类型：b,c,d,o,x,X 浮点数类型：e,E,f,%

格式控制标记中的填充、宽度、对齐是 3 个相关联的字段，通常在一起使用。填充则是指当字符串实际宽度小于设定的宽度时，除了实际的字符串外，默认用空格表示其他内容，也可以使用其他值。宽度指的是设定输出字符串宽度，如果字符串实际宽度比设定值大，则使用实际宽度；如果字符串实际宽度比设定值小，则使用设定值宽度，默认用空格填充。对齐则表示输出字符串的对齐方式，分别用<、>、^来表示左对齐、右对齐、居中对齐，默认使用左对齐，例如：

```
>>>str1="Python"
>>>"{0:20}".format(str1)        # 默认为左对齐
'Python              '
>>>"{0:>20}".format(str1)       # 设置为右对齐
'Python'
>>>"{0:#^20}".format(str1)      # 居中对齐且使用#填充
'#######Python#######'
```

格式控制标记中的“,”用于显示数字的千位分隔符，例如：

```
>>>"{0:^20,}".format(987654321)
'    987,654,321     '
```

格式控制标记中的精度有两种含义：对于浮点数，精度表示小数部分输出的有效位数；对于字符串，精度表示输出的最大长度。具体示例如下：

```
>>>"{0:.2f}".format(3.1415926)
'3.14'
>>>"{0:.2}".format("Python")
'Py'
```

6.1.3 布尔型

布尔型只有两种值：True 和 False。在 Python 中，当把布尔型数据转换为数值型数据时，False 转换为 0，True 转换为 1；当把其他类型数据转换为布尔型数据时，以下情况得到的值为 False，其他均被看作 True。

（1）None；

（2）数值中的 0，包括 0、0.0、虚数 0 等；

（3）空序列，包括空字符串、空元组、空列表、空字典等。

6.1.4 数据类型操作

Python 提供数据类型判断和转换的内置函数。

1. 数据类型判断

type()函数可以用于判断某个数据的类型，是 Python 的内置函数，示例如下：

```
type("abc")
```

运行上述语句输出：

```
<class 'str'>
```

2. 数据类型转换

在程序设计过程中，经常需要对数据类型进行转换。Python 内置的数据类型转换函数如表 6-5 所示。

表 6-5　　Python 内置的数据类型转换函数

函数	功能描述	示例
int(x)	将 x 转换为整数	int(5.16)的值为：5
float(x)	将 x 转换为浮点数	float(3)的值为：3.0
complex(x,[y])	将 x、y 转换为复数，实部为 x，虚部为 y，若 y 省略则虚部为 0	complex(3,4)的值为：(3+4j)
eval(x)	把字符串 x 当作有效表达式求值，并返回计算结果	eval("3+5")的值为：8
str(x)	把 x 转换为字符串	str(65)的值为：'65'
chr(x)	将整数 x 转换为一个字符，整数为字符的 ASCII 值	chr(65)的值为：'A'
ord(x)	将字符 x 转换为它的 ASCII 值	ord('A')的值为：65

提示：当使用 int(x)函数把浮点数转换为整数时，只提取其整数部分，小数部分直接舍弃。

6.2 组合数据类型

Python 的基本数据类型能够表示单一的数据，但现实生活中往往需要处理复杂的数据，比如表示一个同学的基本信息，包括姓名、年龄、专业、每门课程成绩等，此时基本数据类型就无法满足要求，我们需要对这些数据进行有效组织并统一表示。本节将重点介绍元组、列表、字典和集合等 4 种组合数据类型的概念及其应用方法。

6.2.1 元组

1. 元组的概念

元组（tuple）用“()”标识，所有元素包含在“()”中，每个元素使用“,”分隔，元组元素的数据类型可以相同，也可以不同，例如(1,2,3)、("a",12,True)。元组可以没有元素，即()表示长度为 0 的空元组。元组的主要作用是作为参数传递给函数，或是从函数调用那里获得参数时，保护其内容不被外部接口修改。元组的主要特点如下：

（1）元组可以包含任意类型的对象（元素可以为任意类型的对象）；

（2）元组是有序的，元组中的对象可通过位置进行索引和切片；

（3）元组的大小不能改变，既不能为元组添加对象，也不能删除元组中的对象；

（4）元组中的对象不能改变。

2. 元组的基本操作

（1）元组的创建

元组可以通过“()”和 tuple()函数进行创建，格式如下：

```
格式 1：元组名称=(元素 1,元素 2,…)
格式 2：元组名称=tuple(变量名或对象数据)
```

格式 1：用“()”创建元组，“()”里的元素用逗号隔开。当元组中只有一个元素时，元素后必须加上“,”来消除歧义。“()”可以省略，若“()”中没有元素时，表示创建一个空元组。具体示例如下：

```
>>>tuple1=()
>>>tuple1
()
>>>tuple2=(1,2,3)
>>>tuple2
(1, 2, 3)
>>>tuple3="a","b","c"
>>>tuple3
('a', 'b', 'c')
>>>tuple4=(1,)
>>>tuple4
(1,)
```

格式 2：使用 tuple()函数进行创建，参数可以是一个字符串、元组、列表、集合、字典、range 对象、其他可迭代对象或包含上述数据的变量。具体示例如下：

```
>>>tuple1=tuple("abc")
```

```
>>>tuple1
('a', 'b', 'c')
>>>tuple2=tuple()
>>>tuple2
()
>>>tuple3=tuple([1,2,3])
>>>tuple3
(1, 2, 3)
```

（2）元组元素的提取

虽然元组中的元素是不可改变的，但仍然可以对元组内的元素进行索引、访问、提取和切片等操作。提取有两种方法：一种是索引提取，即通过元素的位置提取元素，索引的范围不能超出元组的长度；另一种是切片提取，元组的切片也是一个元组。具体示例如下：

```
>>>tuple1=(0,1,2,3,4,5)
>>>print(tuple1[2])
2
>>>print(tuple1[2:5])
(2, 3, 4)
```

（3）元组常用的操作符、函数和方法

元组常用的操作符、函数和方法如表 6-6 所示。

表 6-6　元组常用的操作符、函数和方法

操作符、函数和方法	功能描述
+	合并元组
*	合并多个重复的元组
in	判断对象是否属于元组
len()	返回元组的长度
tuple.count()	返回指定值在元组中出现的次数
tuple.index()	返回指定值在元组中第一次出现的位置

具体示例如下：

```
>>>(1,2)+("a","b")
(1, 2, 'a', 'b')
>>>(1,2)*3
(1, 2, 1, 2, 1, 2)
>>>len((1,2))
2
>>>"a" in (1,2)
False
>>>tuple1=("a",1,"b","a",2,3)
>>>tuple1.count("a")
2
>>>tuple1=("a",1,"b","a",2,3)
>>>tuple1.index("b")
2
```

6.2.2 列表

1. 列表的概念

列表（list）是包含 0 个、1 个或多个对象引用的有序序列，列表的所有元素置于“[]”中，表示一组数据，元素之间用“,”分隔。列表的长度和内容都是可变的，列表可以包含能存储的任何类型对象，包括数字、字符串、元组等，也可以包含其他列表。列表中各元素类型可以相同，也可以不同，例如[1,2,3]、["df","f",35]。

列表的主要特点如下：

（1）列表可以包含任意类型的对象，如数字、字符串、列表、元组或其他对象；

（2）列表是一个有序序列，与字符串一样，可通过索引执行列表的索引和切片操作；

（3）列表是可变的，列表的长度可变，即可添加或删除列表元素，列表元素的值也可以改变。

2. 列表的基本操作

（1）列表的创建

可以使用“[]”和 list()函数创建列表，格式如下：

```
格式 1：列表名称=[元素 1,元素 2,…]
格式 2：列表名称=list(变量名或对象数据)
```

格式 1：可以直接通过在“[]”中列举数据元素的方式创建并初始化一个列表变量。具体示例如下：

```
>>>lst1=["xiaozhou",28,"male"]
>>>lst1
['xiaozhou', 28, 'male']
```

格式 2：list()函数可以利用字符串、元组、列表、range 对象、集合等可迭代对象创建列表。具体示例如下：

```
>>>lst1=list(range(5))
>>>lst1
[0, 1, 2, 3, 4]
```

（2）列表元素的提取

类似字符串索引操作，Python 列表中的元素可以通过下标来索引，假设列表总长度为 n。

- 从左到右索引，使用正数，元素下标从 0 开始，依次为 $0,1,\cdots,n-1$。
- 从右到左索引，使用负数，元素下标从 −1 开始，依次为 $-1,-2,\cdots,-n$。

也可以对列表进行切片操作，切片运算格式为[起点:终点:步长]。

切片运算结果包含起点下标对应的元素，不包含终点下标对应的元素。

若省略起点下标，则起点是首元素。

若省略终点下标，则终点是末元素。

若省略步长，则步长为 1。

具体示例如下：

```
>>>lst1=["a","b","c","d","e","f","g"]
>>>lst1[2]
'c'
>>>lst1[-1]
'g'
```

```
>>>lst1[1:6:2]
['b', 'd', 'f']
>>>lst1[:]
['a', 'b', 'c', 'd', 'e', 'f', 'g']
```

（3）列表常用的操作符、函数和方法

列表常用的操作符、函数和方法如表 6-7 所示。

表 6-7　列表常用的操作符、函数和方法

操作符、函数和方法	功能描述
+	连接列表
in	判断对象是否属于列表
len()	返回列表长度
max()	返回列表中的最大元素
min()	返回列表中的最小元素
sum()	列表元素求和
lst.append(x)	在列表最后增加元素 x
lst.clear()	删除列表中的所有元素
lst.copy()	复制列表
lst.pop(i)	返回第 i 个元素，并删除该元素
lst.remove(x)	删除列表中出现的第一个 x
lst.reverse()	将列表所有元素反转

具体示例如下：

```
>>>list1=[1,2,3]
>>>list2=[4,5]
>>>print(list1+list2)
[1, 2, 3, 4, 5]
>>>print(max(list1))
3
>>>print(sum(list1))
6
>>>list1.append(7)
>>>list1.remove(3)
>>>print(list1)
[1, 2, 7]
```

6.2.3　字典

1. 字典的概念

字典（dict）以“{}”为界定符，是以“,”分隔的无序键值对的集合。每个键值对都包含两部分：键（Key）和值（Value）。键相当于索引，映射的值就是数据。字典内的键必须是唯一的，值可以相同。字典中的键必须是不可变数据类型，如数值型、字符串型等，不允许使用列表等作

为字典的键，例如{"a":1,"b":2}、{"name":"张凯","age":25}是合法的；而{[1,2]:"ab"}是非法的。

字典的主要特点如下：

（1）字典的键名通常用字符串类型（只能是不使用界定符的字符串），也可以用数值、元组等不可变数据类型的形式表示；

（2）字典的值可以是任意类型；

（3）字典是无序的，通过键来访问映射的值，而不是通过位置来索引；

（4）字典属于可变映射，可修改键映射的值；

（5）字典的长度是可变的，可为字典添加或删除键值对；

（6）字典是可以嵌套的，即键映射的值可以是一个字典。

2. 字典的基本操作

（1）字典的创建

可以使用“{}”和 dict()函数来创建字典，格式如下：

```
格式 1：字典名称={键 1:值 1,键 2:值 2,…}
格式 2：字典名称=dict(键 1=值 1,键 2=值 2,…)
```

格式 1：键和值之间采用“:”分隔。具体示例如下：

```
dict1={"name":"Mary","age":28,"gender":"female"}
```

格式 2：键和值之间用“=”连接。具体示例如下：

```
dict1=dict(name="Mary",age=28,gender="female")
```

（2）字典的常用操作符、函数和方法

Python 内置了一些字典的常用操作符、函数和方法，如表 6-8 所示。其中，dicts 为字典名称，key 为键，value 为值。

表 6-8　字典的常用操作符、函数和方法

操作符、函数和方法	功能描述
in	如果键在字典中返回 True，否则返回 False
dicts.keys()	返回所有的键信息
dicts.values()	返回所有的值信息
dicts.items()	返回所有的键值对
dicts.get(key,default)	键存在则返回相应值，否则返回默认值
dicts.pop(key,default)	键存在则返回相应值，同时删除键值对，否则返回默认值
dicts.popitem()	随机从字典中取出键值对，以元组(key,value)的形式返回
dicts.clear()	删除所有的键值对；另外，如果想要删除字典中某个键值对，使用 del dicts[key]形式
dicts.copy()	复制字典

具体示例如下：

```
>>>dict1={"name":"Mary","age":28,"gender":"female"}
>>>dict1.keys()
```

```
dict_keys(['name', 'age', 'gender'])
>>>dict1.values()
dict_values(['Mary', 28, 'female'])
>>>dict1.items()
dict_items([('name', 'Mary'), ('age', 28), ('gender', 'female')])
>>>dict1.get("name","Lili")
'Mary'
>>>dict1.pop("age",0)
28
```

6.2.4　集合

1. 集合的概念

集合（set）是一组对象的组合，是一个不重复的、无序的数据集合体，也以“{}”作为界定符。集合中的元素只能是不可变数据类型的，例如整数、字符串、元组等，而列表、字典和集合等类型本身是可变数据类型，不能作为集合的元素。集合中的元素可以是不同数据类型的，例如{1,2,'df'}。

集合的主要特点如下：

（1）集合元素唯一，即集合中的元素不能重复；

（2）集合元素无序，即不能通过下标索引集合元素；

（3）集合对象可变。

2. 集合的基本操作

（1）集合的创建

可以使用“{}”和 set()函数创建集合，格式如下：

```
格式 1：集合名称={元素 1,元素 2,…}
格式 2：集合名称=set(变量名或对象数据)
```

使用格式 1 创建集合时，“{}”会把输入对象作为一个集合元素，整体加入集合，因此输入对象不能是可变数据类型的。具体示例如下：

```
>>>set1={1,3,"a"}
>>>set1
{3, 1, 'a'}
```

而如果：

```
>>>set1={[1,3,"a"]}
```

这就会报错，因为整个列表被当作一个元素，但列表是可变类型，不能作为元素。

使用格式 2 创建集合时，set()函数会把输入对象的元素作为集合元素加入集合，所以输入对象可以是可变数据类型的，但其元素必须是不可变数据类型的。具体示例如下：

```
>>>set1=set([1,2,3])     # 若写成 set1=set([[1,2],[3]])则会引发错误
>>>set1
{1, 2, 3}
```

提示：“{}”已经被用于创建空字典，因此不能直接使用“{}”创建空集合，只能用 set()函数创建。

（2）集合的常用函数和方法

Python 提供了内置的函数和方法，用于为集合添加、删除元素。集合的常用函数和方法如表 6-9 所示。

表 6-9　集合的常用函数和方法

函数和方法	功能描述
S.add(x)	如果元素 x 不在集合 S 中，将 x 添加到 S
S.clear()	移除 S 中的所有元素
S.copy()	复制集合，返回集合 S 的一个副本
S.pop()	随机选择集合 S 中的一个元素，并在集合中移除该元素，S 为空时，产生 KeyError 异常
S.discard(x)	如果 x 在集合 S 中，移除该元素；如果 x 不存在，不报异常
S.remove(x)	如果 x 在集合 S 中，移除该元素；如果 x 不存在，产生 KeyError 异常
S.isdisjoint(T)	判断集合中是否存在相同的元素，如果集合 S 与 T 中没有相同的元素，返回 True，否则返回 False
len(S)	返回集合 S 的元素个数

具体示例如下：

```
>>>set1={1,2,3,4}
>>>set1.add(5)
>>>set1
{1, 2, 3, 4, 5}
>>>set2=set1.copy()
>>>set2
{1, 2, 3, 4, 5}
>>>set1.clear()
>>>set1
set()
>>>set2.pop()
1
>>>set2
{2, 3, 4, 5}
>>>set2.discard(4)
>>>set2
{2, 3, 5}
>>>len(set2)
3
```

（3）集合运算

集合常用的运算就是交集、并集、差集和对称差集运算。交集运算用“∩”符号，并集运算用“∪”符号，差集运算用“–”，对称差集运算用“^”符号。

交集：由同时属于集合 A 和集合 B 的元素组成的集合称为集合 A 和集合 B 的交集，表示为 $A \cap B$，如图 6-1 所示。

并集：由属于集合 A 或集合 B 的所有元素组成的集合称为集合 A 和集合 B 的并集，表示为 $A \cup B$，如图 6-2 所示。

差集：由属于集合 A 但不属于集合 B 的元素构成的集合称为集合 A 和集合 B 的差集，表示为 $A-B$，如图 6-3 所示。

对称差集：由属于集合 A 或者集合 B，但不同时属于集合 A 和集合 B 的元素所组成的集合，称为集合 A 和集合 B 的对称差集，如图 6-4 所示。

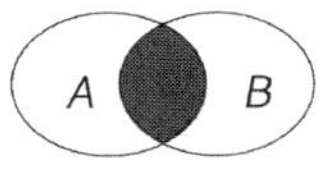

图 6-1　$A \cap B$

图 6-2　$A \cup B$

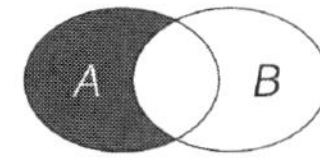
图 6-3　$A-B$

图 6-4　A^B

6.2.5　元组、列表、字典和集合的区别

表 6-10 显示了元组、列表、字典和集合的区别。

表 6-10　元组、列表、字典和集合的区别

类型	定义格式	是否可变	元素是否可变	是否有序
元组	(元素 1,元素 2,…)	不可变	不可变	有序
列表	[元素 1,元素 2,…]	可变	可变	有序
字典	{键 1:值,键 2:值,…}	可变	键：不可变 值：可变	无序
集合	{元素 1,元素 2,…}	可变	不可变	无序

6.3　运算符与表达式

在 Python 中，运算符和表达式是编程的核心概念，运算符是用于执行各种操作的特殊符号，表达式是由运算符和操作数组成的代码片段，用于计算某个值。掌握 Python 中的运算符和表达式，对于编写高效、简洁的代码非常重要。

本节将详细介绍 Python 运算符和表达式，包括算术运算符与算术表达式、赋值运算符与赋值表达式、关系运算符与关系表达式和逻辑运算符与逻辑表达式，以及运算符的优先级。

6.3.1　算术运算符与算术表达式

算术运算符是处理四则运算的符号，用于数值计算。常用的算术运算符与算术表达式如表 6-11 所示。

表 6-11　常用的算术运算符与算术表达式

运算符	表达式	功能描述
+	x+y	加，即两个对象 x、y 相加
−	−x 或 x−y	求负或减，即得到负数或者一个数减去另一个数
*	x*y	乘或重复字符串，即两个数相乘或返回一个被重复若干次的字符串
/	x/y	除，即 x 除以 y
//	x//y	整除，返回商的整数部分
%	x%y	取余，返回除法的余数
**	x**y	幂，返回 x 的 y 次幂

具体示例如下：

```
>>>3*5
15
>>>15/4
3.75
>>>15//4
3
>>>15%4
3
>>>3**4
81
```

提示：进行除法（/）运算时，不论商为整数还是浮点数，结果始终为浮点数。

6.3.2 赋值运算符与赋值表达式

赋值运算符主要用于对变量进行赋值。常用的赋值运算符与赋值表达式如表 6-12 所示。

表 6-12 常用的赋值运算符与赋值表达式

运算符	表达式	功能描述
=	x=y	赋值，将 y 赋值给 x
+=	x+=y 等同 x=x+y	加法运算
-=	x-=y 等同 x=x-y	减法运算
*=	x*=y 等同 x=x*y	乘法运算
/=	x/=y 等同 x=x/y	除法运算
%=	x%=y 等同 x=x%y	取余
**=	x**=y 等同 x=x**y	幂运算
//=	x//=y 等同 x=x//y	整除

6.3.3 关系运算符与关系表达式

关系运算符用于对变量或表达式的结果进行大小、真假等比较，如果结果为真，则返回 True，如果为假，则返回 False。关系运算符经常作为条件语句的判断依据。常用的关系运算符与关系表达式如表 6-13 所示。

表 6-13 常用的关系运算符与关系表达式

运算符	表达式	功能描述
==	x==y	等于，即比较两个对象 x、y 是否相等
>	x>y	大于，即返回 x 是否大于 y
>=	x>=y	大于或等于，即返回 x 是否大于或等于 y
<	x<y	小于，即返回 x 是否小于 y
<=	x<=y	小于或等于，即返回 x 是否小于或等于 y
!=	x!=y	不等于，即比较两个对象 x、y 是否不相等

提示：Python 中，字符按照 ASCII 值的大小进行比较。

6.3.4　逻辑运算符与逻辑表达式

逻辑运算符包括 and、or、not，逻辑运算的结果为布尔值 True 或 False。常用的逻辑运算符与逻辑表达式如表 6-14 所示。

表 6-14　常用的逻辑运算符与逻辑表达式

运算符	表达式	功能描述
and	x and y	逻辑与，x、y 有一个值为 False，逻辑表达式的值为 False
or	x or y	逻辑或，x、y 有一个值为 True，逻辑表达式的值为 True
not	not x	逻辑非，x 值为 True，逻辑表达式的值为 False；x 值为 False，逻辑表达式的值为 True

6.3.5　运算符的优先级

运算符的优先级是指同一表达式中多个运算符被执行的先后顺序。优先级高的运算符先执行，优先级低的运算符后执行。同一优先级的运算符按照从左到右的顺序执行，也可以使用圆括号，圆括号内的运算符优先执行。表 6-15 按优先级从高到低的顺序列出了运算符。

表 6-15　按优先级从高到低的顺序排列的运算符

运算符	功能描述
**	幂运算
+、-	正号和负号
*、/、%、//	乘、除、取余、整除运算
+、-	加、减运算
>、>=、<、<=、==、!=	关系运算
=、+=、-=、*=、/=、%=、//=	赋值运算
not	逻辑非运算
and	逻辑与运算
or	逻辑或运算

练习题

一、选择题

1. 表达式 16/4-2**5*8/4%5/2 的值为（　　）。

　A. 14　　B. 4　　C. 2　　D. 2.0

2. 在 Python 表达式中，可以控制运算顺序的是（　　）。

　A. 圆括号“( )”　　B. 角括号“< >”

C. 方括号“[ ]”　　D. 花括号“{ }”

3. 在 Python 中，属于非法语句的是（　　）。

A. x=y=2　　B. x,y=2　　C. x,y=1,2　　D. x=1

4. 不是数据类型名称的是（　　）。

A. int　　B. float　　C. list　　D. datatype

5. 字典中，每个元素的键与值之间使用（　　）分隔。

A. 逗号　　B. 句号　　C. 破折号　　D. 冒号

二、填空题

1. print(4+6/2)的结果是__________。
2. Python 算术运算符中用于计算整除的是__________。
3. 表达式 1234%1000//100 的值为__________。
4. 列表、元组、字符串是 Python 的__________序列（填“有序”或“无序”）。
5. 任意长度的 Python 列表、元组和字符串中最后一个元素的下标为__________。

三、判断题

1. 表达式 1<2<3 的值为 True。（　　）
2. 表达式'abc' in 'abdcefg'的值为 False。（　　）
3. Python 集合中的元素不允许重复。（　　）
4. 只能对列表进行切片操作，不能对元组和字符串进行切片操作。（　　）
5. Python 字典中的键不允许重复。（　　）

第 7 章 程序控制结构

程序控制结构是指以某种顺序执行的一系列动作，用于解决某个问题。通常，程序控制结构分为 3 种：顺序结构、分支结构和循环结构。每一个结构化的程序都可以由这 3 种结构组成或嵌套而成。程序中的语句按照先后顺序执行的为顺序结构；根据条件执行不同代码的则为分支结构；重复执行相同代码的则为循环结构。Python 用 if 语句实现分支结构，用 for 和 while 语句实现循环结构。

本章首先介绍用 if 语句实现分支结构，用 for 语句解决确定循环次数问题，用 while 语句实现循环次数不确定问题的求解，然后简要介绍 break 语句、continue 语句和 else 语句实现流程跳转的方法，最后介绍程序的异常处理。

【学习目标】

知识目标：

（1）掌握分支语句的语法格式、执行过程和使用方法；

（2）理解分支语句；

（3）掌握循环语句的语法格式、执行过程和使用方法；

（4）理解循环语句嵌套结构；

（5）掌握 break 语句、continue 语句和 else 语句的使用方法；

（6）了解程序的异常处理及其用法。

技能目标：

（1）能够运用 if 语句实现分支结构程序设计；

（2）能够运用 for 语句、while 语句实现循环结构程序设计；

（3）能够运用 break 语句、continue 语句和 else 语句进行编程。

【知识框架】

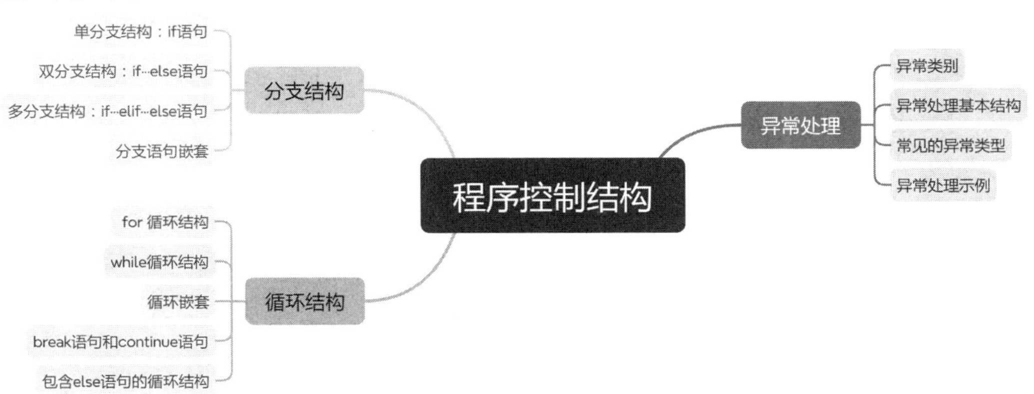

7.1 分支结构

生活中，我们总是需要做出许多选择。过马路要看红绿灯，如果是绿灯才能通过，否则需要等待；登录网站，如果密码正确，提示登录成功，否则提示登录失败。Python 的分支结构用于解决形形色色的选择问题。

Python 使用 if 语句实现程序的分支结构，包括单分支结构、双分支结构和多分支结构。

7.1.1 单分支结构：if 语句

单分支结构（if 语句）的语法格式如下：

```
if 条件表达式:
    语句块
```

其中，条件表达式可以是一个布尔值或变量，也可以是关系表达式或逻辑表达式。当条件表达式的计算结果为 True 时，执行语句块中的代码，然后顺序执行语句块后面的语句；否则，跳过语句块，直接执行语句块后面的语句。其流程如图 7-1 所示。

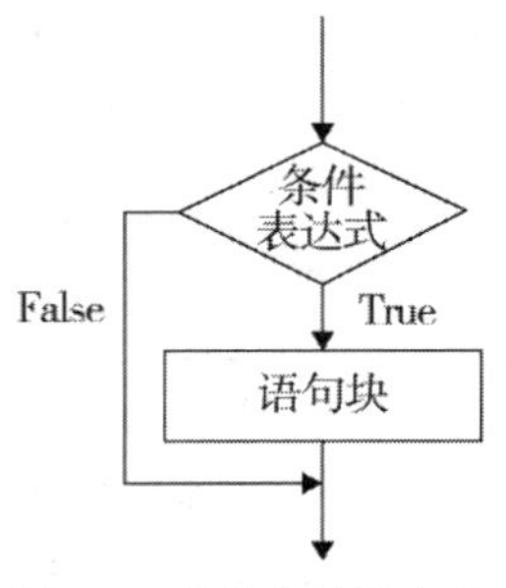

图 7-1 单分支结构流程

提示： 冒号（:）表示语句块的开始，不能缺少。

例 7.1 输入一个整数，如果是奇数，则输出“这是一个奇数”，否则无输出。

程序代码：

```
# 使用单分支结构输出“这是一个奇数”
x=eval(input("请输入一个整数: "))
if x%2!=0:
    print("这是一个奇数")
```

运行程序，输入奇数-7，运行结果如下：

请输入一个整数：-7

这是一个奇数

再次运行程序，输入偶数 8，运行结果如下：

请输入一个整数：8

7.1.2 双分支结构：if…else 语句

双分支结构（if…else 语句）的语法格式如下：

```
if 条件表达式:
    语句块 1
else:
    语句块 2
```

其中，条件表达式可以是一个布尔值或变量，也可以是关系表达式或逻辑表达式。当条件表达式的计算结果为 True 时，执行语句块 1 中的代码后退出双分支结构；否则，执行 else 后语句块

2 中的代码。其流程如图 7-2 所示。

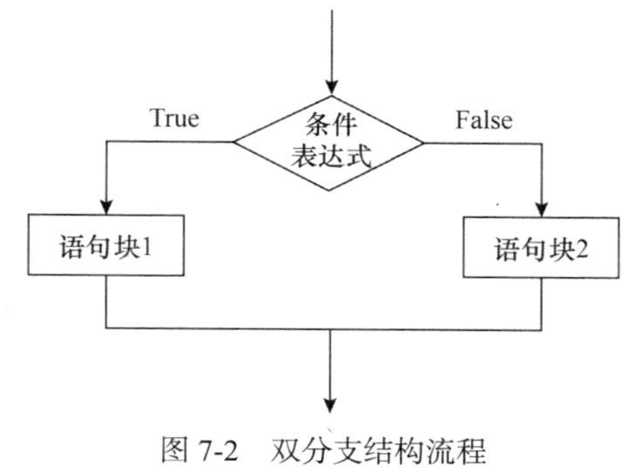

图 7-2　双分支结构流程

例 7.2　输入两个数 a 和 b，比较它们的大小，按照从大到小的顺序输出这两个数。

程序代码：

```
# 使用双分支结构实现从大到小输出两个数
a=eval(input("请输入第一个数："))
b=eval(input("请输入第二个数："))
if a>b:
   print(a,b)
else:
   print(b,a)
```

运行程序，输入两个数 3 和 15，运行结果如下：

```
请输入第一个数：3
请输入第二个数：15
15 3
```

例 7.3　输入 x 的值，计算分段函数 $y=\begin{cases}\sqrt{x^2-36} & x\leqslant-6\text{或}x\geqslant6\\ \sqrt{36-x^2}+3 & -6<x<6\end{cases}$ 中 y 的值。

程序代码：

```
# 使用双分支结构实现分段函数求值
x=eval(input("请输入 x 的值："))
if  x<=-6 or x>=6:
   y=(x**2-36)**0.5
else:
   y=(36-x**2)**0.5+3
print("y=",y)
```

运行程序，输入 x 的值 3，运行结果如下：

```
请输入 x 的值：3
y= 8.196152422706632
```

7.1.3　多分支结构：if…elif…else 语句

多分支结构（if…elif…else 语句）的语法格式如下：

```
if 条件表达式 1:
    语句块 1
elif 条件表达式 2:
    语句块 2
…
elif 条件表达式 n-1:
    语句块 n-1
else:
    语句块 n
```

其中，else 部分可以省略；条件表达式可以是一个布尔值或变量，也可以是关系表达式或逻辑表达式。若条件表达式的值为 True，则执行相应的语句块后，退出多分支结构，执行语句块 *n* 后面的语句；否则计算下一个条件表达式的值；若所有条件表达式的计算结果均为 False，则执行 else 部分的语句块 *n*（如果 else 部分的语句块存在）。其流程如图 7-3 所示。

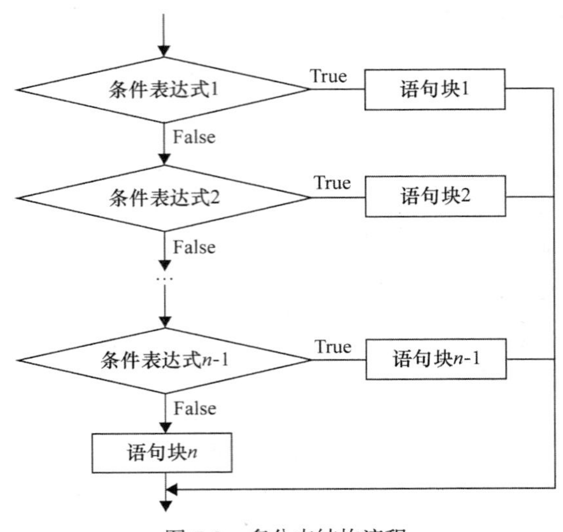

图 7-3　多分支结构流程

例 7.4　输入学生成绩，根据成绩所在区间分类输出。

若为[0,60)，输出“不及格”。

若为[60,70)，输出“及格”。

若为[70,80)，输出“中等”。

若为[80,90)，输出“良好”。

若为[90,100]，输出“优秀”。

不属于 0 ~ 100，输出“Data error!”。

程序代码：

```
# 使用多分支结构输出成绩等级
score=eval(input("请输入学生成绩: "))
if  score>100 or score<0:
   print("Data error!")
elif score<60:
   print("不及格")
elif score<70:
   print("及格")
elif score<80:
   print("中等")
elif score<90:
   print("良好")
else:
   print("优秀")
```

运行程序，输入成绩 87，运行结果如下：

```
请输入学生成绩：87
良好
```

运行程序，输入成绩 103，运行结果如下：

```
请输入学生成绩：103
Data error!
```

提示：

（1）无论有几个分支，程序执行了一个分支后，其余分支不再执行；

（2）elif 不能写成 elseif；

（3）当多分支结构中有多个条件表达式同时为 True 时，只执行第一个与该条件表达式匹配的语句块。

7.1.4　分支语句嵌套

分支语句嵌套是指分支语句（if 语句、if…else 语句、if…elif…else 语句）中的语句块又包含一个或多个分支语句，其语法格式如下：

```
if 条件表达式 1:
    if  条件表达式 2:
        语句块 1
    else:
        语句块 2
else:
   语句块 3
```

提示：

（1）分支语句嵌套要注意缩进，嵌套的 if 语句要求以“锯齿型”缩进格式书写，从而区分层次关系；

（2）if 与匹配的 else 需要缩进同样多的空格。

例 7.5　用分支语句嵌套实现例 7.4。

程序代码：

```
score=eval(input("请输入学生成绩："))
if 0<=score<=100:
    if score<60:
        print("不及格")
    else:
        if score<70:
            print("及格")
        else:
            if score<80:
                print("中等")
            else:
                if score<90:
                    print("良好")
                else:
                    print("优秀")
else:
```

```
    print("Data error!")
```

7.2 循环结构

循环问题存在于生活的方方面面，登录网站时，如果输入的用户名和密码错误，系统将提示重新输入，直到输入正确或超过次数限制为止；求某高校每位学生的平均成绩，需要重复采用同样的方法计算平均成绩。诸如此类，都属于循环问题。

Python 有两种循环结构，分别是 for 循环和 while 循环。for 循环用于解决确定循环次数的问题，while 循环则主要解决不确定循环次数的问题。

7.2.1 for 循环结构

for 循环结构是应用较广泛的一种循环结构。for 循环以遍历序列的方式构造循环，其语法格式如下：

```
for 循环变量 in 可迭代对象:
    循环体
```

其中，循环变量用于控制循环次数，也可以在循环体中使用；可迭代对象可以是任何有序的序列对象，如字符串、列表、元组、集合、文件等序列对象，也可以使用 range()函数产生序列对象；循环体中的语句是需要重复执行的部分。程序执行时，依次从可迭代对象中逐一提取元素，赋值给循环变量，每提取一个元素后执行循环体中的语句，总的执行次数由可迭代对象中元素的个数确定。其流程如图 7-4 所示。

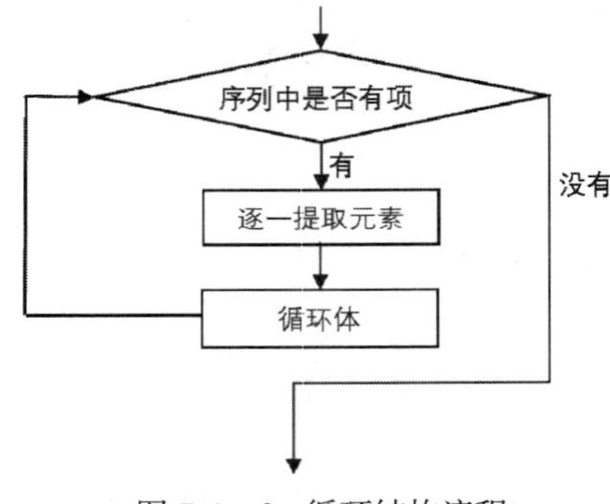

图 7-4　for 循环结构流程

1. 方法：range()函数

range()函数是 Python 的内置函数，返回一个可迭代对象，一般用于 for 循环中。可以使用 list()函数将 range()函数返回的对象转化为列表。range()函数的语法格式如下：

```
range(start,stop,step)
```

其中，参数 start 表示计数的开始值，默认从 0 开始；参数 stop 表示计数的结束值，但不包括该值；参数 step 表示步长，默认值为 1。

提示： 在使用 range()函数时，如果只有一个参数，表示指定的是 stop 的值；如果有两个参数，表示指定的是 start 和 stop 的值；如果 3 个参数都存在，最后一个参数表示步长。

例 7.6　range()函数的应用。

程序代码：

```
>>>print(list(range(9)))
[0, 1, 2, 3, 4, 5, 6, 7, 8]
>>>print(list(range(1,9)))
[1, 2, 3, 4, 5, 6, 7, 8]
>>>print(list(range(1,9,2)))
[1, 3, 5, 7]
>>>print(list(range(9,1,-2)))
```

```
[9, 7, 5, 3]
```

2. 作用：遍历字符串

for 循环中，除了可以使用 range()函数实现数值循环外，还可以逐个遍历字符串，例如以下代码实现字符串“人工智能”纵向显示。

```
for c in "人工智能":
    print(c)
```

程序运行后，输出结果如下所示：

```
人
工
智
能
```

3. for 循环示例

例 7.7　计算 1 ~ 100 能被 3 整除的数之和。

程序代码：

```
# 使用 for 循环计算 1 ~ 100 能被 3 整除的数之和
sum=0
for i in range(1,101):
    if i%3==0:
        sum+=i
print(sum)
```

运行程序，结果如下：

```
1683
```

7.2.2　while 循环结构

while 循环与 for 循环类似，都是用来重复执行语句块的，与 for 循环不同的是，while 循环不能确定循环次数，循环结束的依据是事先定义好的条件表达式。其语法格式如下：

```
while 循环条件:
    循环体
```

当循环条件计算结果为 False 时，则不执行循环体中的语句并退出循环，转到循环体外执行下一条语句；当循环条件计算结果为 True 时，执行循环体中的语句之后，再次计算循环条件的值，重复上述过程，直到循环条件计算结果为 False，退出循环。其流程如图 7-5 所示。

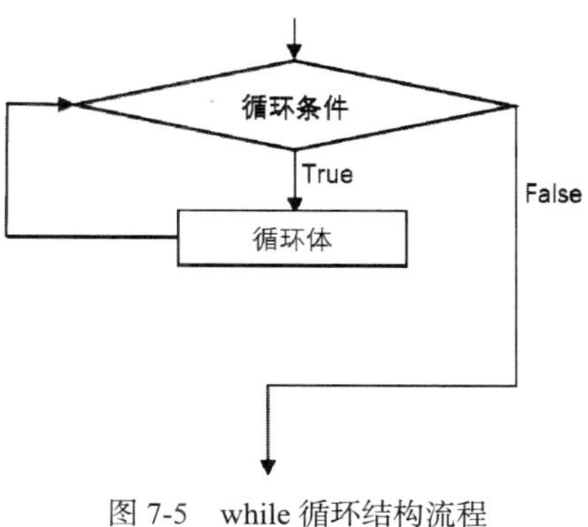

图 7-5　while 循环结构流程

例 7.8　计算用户输入的数据之和，直到总和大于或等于 100，退出循环，输出所输入数据的总数及总和。

程序代码：

```
sum=0
num=0
while sum<100:
    a=eval(input("请输入 a 的值: "))
```

```
    num=num+1
    sum=sum+a
print("共输入%d个数据，和为：%d"%(num,sum))
```

运行程序，分别输入数据 23、56、12、32，运行结果如下：

```
请输入 a 的值：23
请输入 a 的值：56
请输入 a 的值：12
请输入 a 的值：32
共输入 4 个数据，和为：123
```

例 7.9 用 while 循环实现例 7.7。

程序代码：

```
# 使用while 循环计算 1～100 能被 3 整除的数之和
sum=0
i=1
while i<=100:
    if i%3==0:
        sum+=i
    i=i+1
print(sum)
```

提示： 区别于 for 循环，在循环之前变量 i 需要设置初始值，并在循环体中使用语句 i=i+1，使得 i 的值实现增值计算，若没有该条语句，i 的值始终为 1，则程序将进入"死循环"。

7.2.3 循环嵌套

循环嵌套是指在一个循环结构的循环体中又包含另一个循环结构。内嵌的循环结构称为内循环，而包含内循环的循环结构称为外循环。内循环中还可以嵌套循环，从而形成多层循环结构。这里的循环语句可以是 for 语句，也可以是 while 语句，各种循环可以互相嵌套。

例 7.10 使用循环嵌套输出九九乘法表。

程序代码：

```
for i  in  range(1,10):
    for j in range(1,i+1):
        print("%s*%s=%s"%(j,i,i*j),end="\t")
print("\n")
```

运行程序，结果如下：

```
1*1=1
1*2=2	2*2=4
1*3=3	2*3=6	3*3=9
1*4=4	2*4=8	3*4=12	4*4=16
1*5=5	2*5=10	3*5=15	4*5=20	5*5=25
1*6=6	2*6=12	3*6=18	4*6=24	5*6=30	6*6=36
1*7=7	2*7=14	3*7=21	4*7=28	5*7=35	6*7=42	7*7=49
1*8=8	2*8=16	3*8=24	4*8=32	5*8=40	6*8=48	7*8=56	8*8=64
1*9=9	2*9=18	3*9=27	4*9=36	5*9=45	6*9=54	7*9=63	8*9=72	9*9=81
```

例 7.11　使用循环嵌套计算 1！+2！+…+n!。

程序代码：

```
n=eval(input("请输入计算阶乘的 n 的值："))
sum=0
i=1
while i<=n:
    t=j=1
    while j<=i:
        t*=j
        j+=1
    sum+=t
    i+=1
print(sum)
```

运行程序，输入 n 的值 5，运行结果如下：

```
请输入计算阶乘的 n 的值：5
153
```

7.2.4　break 语句和 continue 语句

break 语句和 continue 语句是 for 循环或 while 循环循环体中的特殊语句，通常与 if 语句结合使用，表示满足一定条件时执行，从而中断正常的循环控制流程。

break 语句用于退出 for 循环或 while 循环，即提前结束循环，接着执行循环体之后的语句。当多个循环结构彼此嵌套时，break 语句只应用于最内层的语句，即 break 语句只能跳出最近一层循环。

continue 语句仅结束本次循环，并返回到循环的起始处，当循环条件满足时开始执行下一次循环。

例 7.12　比较 break 语句和 continue 语句的用法。

程序代码：

```
for s in "PYTHON":
      if s=="T":
          continue
      print(s, end="")
print("\n")
for s in "PYTHON":
      if s=="T":
         break
      print(s, end="")
```

运行程序，执行结果如下：

```
PYHON

PY
```

在第一个 for 语句中，当遍历到字母“T”时跳过 continue 之后的语句，直接进入下一个循环条件的判定；而在第二个 for 语句中，当遍历到字母“T”时，退出循环，不再遍历后续字母。

7.2.5 包含 else 语句的循环结构

Python 中，for 循环和 while 循环都有一个可选的 else 语句，其语法格式如下。此 else 语句在循环迭代正常完成之后执行，但如果是以 break 语句的方式退出循环，则此 else 语句将不被执行。

```
for 循环变量  in 可迭代对象
      循环体
else:
      语句块

while 循环条件
      循环体
else:
      语句块
```

例 7.13 编程实现输入 3 个爱好，如果输入了 3 个爱好，则输出“您输入了 3 个爱好。”，并将所输入的 3 个爱好输出；若输入了 Q 或者 q，则结束输入，只将当前输入的爱好输出。

程序代码：

```
str1=""
for i in range(0,3):
    s=input("请输入 3 个爱好之一（输入 Q 或者 q 结束）：")
    if s.upper()=="Q":
        break
    str1=str1+s+"  "
else:
    print("您输入了 3 个爱好。")
print("您的爱好是：",str1)
```

运行程序，分别输入旅游、逛街、听音乐，结果如下：

```
请输入 3 个爱好之一（输入 Q 或者 q 结束）：旅游
请输入 3 个爱好之一（输入 Q 或者 q 结束）：逛街
请输入 3 个爱好之一（输入 Q 或者 q 结束）：听音乐
您输入了 3 个爱好。
您的爱好是： 旅游  逛街  听音乐
```

运行程序，分别输入旅游、q，结果如下：

```
请输入 3 个爱好之一（输入 Q 或者 q 结束）：旅游
请输入 3 个爱好之一（输入 Q 或者 q 结束）：q
您的爱好是：旅游
```

7.3 异常处理

调试程序时，有时会出现错误提示，表示程序无法正常运行。我们应该如何辨别出现的错误属于哪一类错误，又应如何实现异常处理呢？

7.3.1　异常类别

异常即一个事件，该事件会在程序执行过程中发生，影响程序的正常运行。通常，异常主要分为以下 3 类错误。

1. 运行时错误

运行时错误是指程序可以运行，但是在运行过程中遇到错误，导致程序意外退出，如除数为 0、磁盘空间不足等。

2. 语法错误

语法错误是指不遵循语言的语法结构引起的错误，使得程序无法正常运行。一般是指程序语句、表达式、函数等存在书写格式错误或语法规则错误。

3. 逻辑错误

逻辑错误是指程序可以正常运行，但其执行结果与预期不符，如表达式中将“+”写成了“-”等。

7.3.2　异常处理基本结构

异常处理基本结构如下：

```
try:
    语句块 1
except 异常类型:
    语句块 2
else:
    语句块 3
finally:
    语句块 4
```

其正常处理流程和异常处理流程分别如图 7-6 和图 7-7 所示。

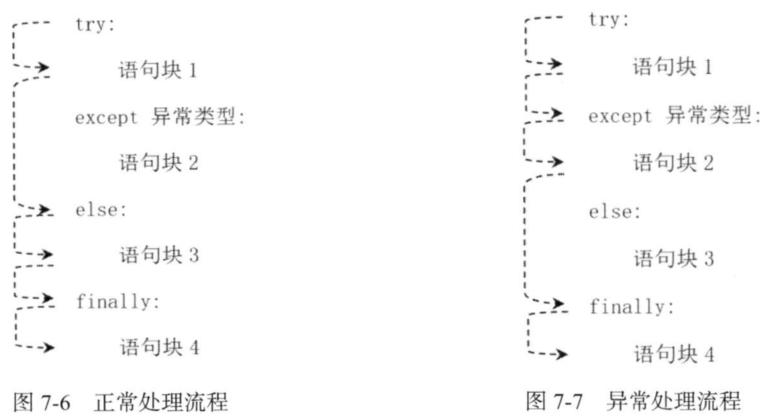

图 7-6　正常处理流程　　图 7-7　异常处理流程

7.3.3　常见的异常类型

常见的异常类型如表 7-1 所示。

表 7-1　　常见的异常类型

异常类型	功能描述
AttributeError	调用未知对象属性时引发的异常
EOFError	在读取文件时已经到达文件的末尾
IndexError	使用序列中不存在的索引时引发的异常
IOError	I/O 操作引发的异常
KeyError	使用字典中不存在的键引发的异常
NameError	使用不存在的变量名引发的异常
ValueError	参数错误引发的异常
ZeroDivisionError	除数为 0 引发的异常

7.3.4 异常处理示例

例 7.14　正确处理 NameError 和 ZeroDivisionError 两种异常类型。

程序代码：

```
x=2
try:
   y=eval(input("y="))
   z=x/y
   print(z)
except NameError:
   print("输入错误")
except ZeroDivisionError:
   print("除数为 0")
   z=x/(y+0.0001)
   print(z)
else:
   print("没有发生异常")
finally:
   print("计算完成")
```

运行程序，当 y 的值输入为 0 时，运行结果如下：

```
y=0
除数为 0
20000.0
计算完成
```

运行程序，当 y 的值输入为 f 时，运行结果如下：

```
y=f
输入错误
计算完成
```

运行程序，当 y 的值输入为 3 时，运行结果如下：

```
y=3
0.6666666666666666
没有发生异常
计算完成
```

练习题

选择题

1. 在 Python 中实现多个条件判断需要用到（　　）语句与 if 语句的组合。

   A. else　　B. elif　　C. break　　D. continue

2. （　　）语句用于跳出当前循环的剩余语句，继续进行下一轮循环。

   A. continue　　B. break　　C. except　　D. else

3. 以下关于分支结构的描述中，正确的是（　　）。

   A. 分支结构必须要有 else 语句
   B. if…else 语句构成双分支结构
   C. 分支结构的嵌套只能在 else 语句中进行
   D. 分支结构中的条件表达式不能是算术表达式

4. 以下程序输出的结果是（　　）。

```
a,b=3,5
if a>3:
    b=b+2
b=b+2
print(b)
```

   A. 0　　B. 5　　C. 7　　D. 9

5. 以下程序输出的结果是（　　）。

```
x=5
if x>=5:
    x=x+1
elif x>=6:
    x=x+1
elif  x>=7:
    x=x+1
else:
    x=x+1
print(x)
```

   A. 4　　B. 5　　C. 6　　D. 7

6. 在 for i in range(6)语句中，i 的取值是（　　）。

   A. [1,2,3,4,5,6]　　B. [1,2,3,4,5]　　C. [0,1,2,3,4]　　D. [0,1,2,3,4,5]

7. 以下关于 Python 循环结构的描述中，错误的是（　　）。

   A. break 语句用于结束当前语句，但不跳出当前的循环体
   B. 循环中可以遍历字符串、文件、组合数据类型的数据和 range()函数的结果等
   C. Python 通过 for、while 等关键字构建循环结构
   D. continue 语句只结束本次循环

8. 以下程序输出的结果是（　　）。

```
i=3
s=0
```

```
while i<=6:
    if i%3!=0:
        s=s+i
    i=i+1
print(s)
```

A. 8　　B. 9　　C. 10　　D. 11

9. 以下程序输出的结果是（　　）。

```
for i in range(4):
    if i==3:
        break
print(i)
```

A. 3　　B. 4　　C. 5　　D. 6

10. 以下程序输出的结果是（　　）。

```
i=2
while i<8:
    i=i+2
    if i>=4:
        break
    print(12)
print(123)
```

A. 12　　B. 123　　C. 12123　　D. 1212

二、填空题

1．Python 分支结构包括单分支结构、双分支结构和__________。

2．循环结构包括 for 循环和__________。

3．for i in range(5):print(i,end=",")的运行结果是__________。

4．循环体中，想要跳过本次循环，重新开始下一次循环使用__________语句。

5．有 else 语句的 for 循环和 while 循环中，当循环因循环条件不成立而自然结束时__________（“会”或“不会”）执行 else 语句中的代码。

三、编程题

1．编程实现如下分段函数，输入 x，输出 y 的值。

$$y=\begin{cases}\dfrac{\sin(x)+\cos(x)}{2} & x\geqslant 0\\[2ex] \dfrac{\sin(x)-\cos(x)}{2} & x<0\end{cases}$$

2．编程实现字符串判断、转换输出：小写字母转换为大写字母输出；大写字母转换为小写字母输出；其他字符不变。

3．编程实现出租车计价：起步价 8 元 3 千米，3 千米以后每千米为 1.8 元，并且不足或等于 0.5 千米按照 0.9 元计价，大于 0.5 千米且不足 1 千米按 1.8 元计价。输入里程数，输出价格。

4．输出所有的水仙花数。水仙花数是一个 3 位数，其各位数字的 3 次幂之和等于该数本身，如水仙花数 $153=1^3+5^3+3^3$。

5．编程输出 100 ~ 1000 所有的素数。

6．编程实现 1+22+333+4444+55555 的值。

第 8 章 函数

函数是一段可重复使用的代码块，用于执行特定的任务。Python 提供将常用的代码以固定的格式封装成一个独立模块的功能，并支持通过名称来调用它，这个模块就叫函数。在实际开发中，把可能需要反复执行的代码封装为函数，能提高应用的模块性和代码的重复利用率。

本章将从 4 个方面介绍函数，包括函数的基本概念和 Python 函数的分类、函数的定义和调用、函数参数传递以及变量作用域，为后面章节的学习奠定基础。

【学习目标】

知识目标：

（1）了解函数的基本概念和 Python 函数的分类；

（2）掌握函数的定义和调用方法；

（3）掌握函数参数的传递方式；

（4）了解变量的作用域。

技能目标：

（1）能够在程序中编写和调用函数；

（2）能够使用各种函数参数传递方式；

（3）能够使用 lambda 进行程序设计。

【知识框架】

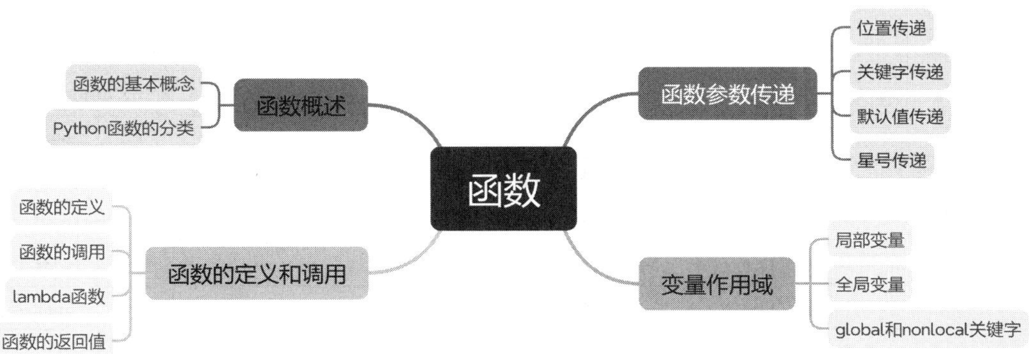

8.1 函数概述

小明在学习 Python 编程语言的过程中，接触到了 input()、print()等语句。在课堂中总是不断听到老师提到函数，小明迫切想了解什么是函数？为什么在程序设计中需要函数？

本节主要介绍函数的基本概念、Python 函数的分类。

8.1.1 函数的基本概念

函数是一种用于执行特定任务的可重用代码块。通过将程序分解为更小、更具体的任务，函数提供了一种有效的方式来组织和管理代码。它具有很大的灵活性和定制性，可以接收任意数量的参数，并可以设置默认值。使用函数可以提高代码的可读性、可维护性和可测试性，还可以提高代码重用的能力。

使用函数主要有两个目的：降低编程难度和增加代码可重用性。函数可以在一个程序中的多个位置使用，也可以用于多个程序。当需要修改代码时，只需要在函数中修改一次，所有调用位置的函数就都更新了，这种代码利用方式减少了代码行数，降低了代码维护难度。

8.1.2 Python 函数的分类

Python 函数可以分为内置函数、标准库函数、第三方库函数和用户自定义函数。

1. 内置函数

Python 提供的内置函数，例如 print()、len()、input()等，可以直接使用，无须导入任何模块。Python 3.11.5 中提供了 71 个内置函数。Python 3.11.5 内置函数如表 8-1 所示。

表 8-1 Python 3.11.5 内置函数

序号	内置函数	序号	内置函数	序号	内置函数	序号	内置函数	序号	内置函数
1	abs()	16	aiter()	31	bool()	46	classmethod()	61	divmod()
2	ascii()	17	bin()	32	chr()	47	dir()	62	float()
3	bytes()	18	callable()	33	dict()	48	filter()	63	hasattr()
4	complex()	19	delattr()	34	exec()	49	globals()	64	input()
5	enumerate()	20	eval()	35	getattr()	50	id()	65	len()
6	format()	21	frozenset()	36	hex()	51	iter()	66	memoryview()
7	hash()	22	help()	37	issubclass()	52	max()	67	open()
8	int()	23	isinstance()	38	map()	53	oct()	68	range()
9	list()	24	locals()	39	object()	54	property()	69	setattr()
10	min()	25	next()	40	print()	55	set()	70	sum()
11	ord()	26	pow()	41	round()	56	str()	71	zip()
12	repr()	27	reversed()	42	staticmethod()	57	vars()		
13	slice()	28	sorted()	43	type()	58	any()		
14	super()	29	tuple()	44	anext()	59	bytearray()		
15	__import__()	30	all()	45	breakpoint()	60	compile()		

2. 标准库函数

Python 标准库中包含 Python 自带的一组模块和函数，提供了丰富的功能和工具，可以用于各种任务和应用开发。安装 Python 解释器时，便内置了大量的标准库。我们可以通过 import 语句导入标准库，然后使用其中定义的函数。Python 中常用的模块有 math 模块、random 模块、csv 模块等，其具体功能如表 8-2 所示。

表 8-2　Python 中常用的模块

模块	功能描述
math 模块	提供与数学运算相关的函数，如 sqrt()、sin()、cos()等
random 模块	提供生成随机数的函数，如 random()、randint()、choice()等
datetime 模块	提供处理日期和时间的函数，如 date()、time()、strftime()等
os 模块	提供与操作系统交互的函数，如 mkdir()、rename()、remove()等
sys 模块	提供与 Python 解释器和系统交互的函数，如 argv、exit()、platform 等
re 模块	提供与正则表达式相关的函数，如 search()、match()、sub()等，用于字符串的匹配和替换
json 模块	提供 JSON（JavaScript Object Notation，JavaScript 对象表示法）数据的编码和解码函数，如 loads()、dumps()等
urllib 模块	提供与 URL（Uniform Resource Locator，统一资源定位符）相关的函数，如 urlopen()、urlretrieve()等，用于发送 HTTP（Hypertext Transfer Protocol，超文本传送协议）请求和处理 URL
csv 模块	提供 CSV 文件的读写函数，如 reader()、writer()等
time 模块	提供与时间相关的函数，如 sleep()、time()、strftime()等

在调用 Python 标准库函数之前需要通过 import 语句导入相应的模块。例如，导入 math 模块，利用 math 模块中的 factorial()函数进行阶乘运算。

```
import math                  # 导入 math 模块
print(math.factorial(5))     # 用 math 模块中的 factorial()函数计算 5 的阶乘
```

3. 第三方库函数

Python 的最大优势之一就是支持丰富的、几乎覆盖所有领域的第三方库。借助这些库，可以快速、方便地解决各行业、各领域的诸多问题，例如用于数据科学和机器学习的 NumPy、Pandas、Matplotlib、scikit-learn（也称为 sklearn），用于网络和 Web 开发的 Requests、Flask 和 Django 等。安装这些库之后，便可调用相应的第三方库函数。

pip 是 Python 的包管理工具，可用于方便地安装和管理第三方库。pip 安装第三方库的命令如下：

```
pip install 第三方库名
```

例如，要安装 NumPy，可以执行以下命令：

```
pip install numpy
```

4. 用户自定义函数

Python 允许用户自定义函数来执行特定的任务。用户自定义函数可以接收输入的参数并返回输出结果。

8.2 函数的定义和调用

小凯在程序设计过程中，将很多完全相同或者非常相似的操作，使用一段代码来实现。在需要这些操作的地方，小凯都是通过复制代码段以实现操作的复制。小凯了解到可以将代码封装成函数，通过调用函数的方式来减少代码量。那么，如何把这个代码块封装成函数呢？封装后应该怎么调用呢？你能告诉小凯吗？

本节主要介绍函数的定义、函数的调用、lambda 函数、函数的返回值。

8.2.1 函数的定义

Python 通过关键字 def 来定义函数。Python 中函数必须由函数名，0 个、1 个或者多个参数以及函数体构成。函数可以有 0 个、1 个或者多个返回值，函数定义时一般要求有文档注释。函数定义的语法格式如下：

```
def 函数名([参数列表]):
    '''文档注释'''
    函数体
    return [表达式]
```

Python 编程遵循 PEP 8 规范，函数名必须由字母、下画线和数字组成，不能使用关键字作为函数名，不能以数字开头。在程序设计中建议采用的函数名有一定的意义，能够说明功能。例如 add 有相加的意思，可用于命名加法函数。根据 Python 编程的惯例，函数名通常使用小写字母，若使用多个单词作为函数名，可使用下画线连接以增加可读性，例如 get_number。函数名后为圆括号，圆括号内为参数列表。

函数名后的圆括号和冒号必不可少。圆括号中的参数不需要先赋值，称为形式参数，其值在函数调用的时候传入。参数列表中的参数个数可以为 0，也可以为 1 个或者多个。若参数个数为 0，表示函数体内的代码无须传入参数就可以运行，此时的函数为无参函数；若参数个数大于或等于 1，表示函数体内的代码必须依赖于外部传入的参数才可以执行，此时的函数称为有参函数。

函数体内尽量写文档注释，方便使用者查看代码功能。文档注释是 Python 中独有的注释方法，使用三引号标识的注释语句作为函数的第一个语句。文档注释的内容主要包括功能、可接收的参数个数、参数数据类型、返回值的个数和类型。文档注释不是必需的，但在定义函数时加上一段文档注释，可以为使用者提供友好的提示和使用帮助。用户在调用函数时，输入左圆括号后，解释器会立刻给出该函数的使用说明，提示用户参数的个数、数据类型和函数的作用等信息。

函数体是用来实现函数功能的代码块，相对于 def 关键字要缩进 4 个字符。

以 return[表达式]结束函数，选择性地返回一个值给调用方。不带表达式的 return 相当于返回 None。

8.2.2 函数的调用

程序中定义的函数只有在被调用时才会运行。定义好的函数可以通过函数名来调用。函数调用的方法如下：

```
函数名(参数)
```

函数被调用时，圆括号里要给出与函数定义时个数相同的参数，这些参数称为实际参数。调用函数时传入的参数必须具有确定的值，这些值被传递到函数中定义的形式参数，相当于一个赋值的过程。

例 8.1 幂函数。

定义一个函数用于求 x 的 n 次幂。

定义时，可以定义两个或者两个以上形式参数，函数调用时使用个数相同的实际参数。

程序代码：

```
def power(x, n):
    # 接收两个整数参数：x 和 n。其中 n 为非负整数，计算并返回 x 的 n 次幂
    # 设置乘积初始值为 1
    result = 1
    # i 用于控制循环次数，不参与运算
    for i in range(n):
        # 每次循环使 result 乘 x
        result = result * x
    # 返回 x 的 n 次幂
    return result

if __name__ == '__main__':
    a = int(input())
    b = int(input())
    # 调用函数并输出结果
    print(power(a, b))
```

power()函数定义了两个参数，那么调用时也要按顺序传入两个参数。在函数调用前，用输入语句，输出用户输入的参数 x 和 n 的值，调用 power()函数就可以计算任意整数的正整数次幂了。

在日常程序设计中，更常用的函数定义方法是将输入、输出和函数调用的语句写在 if __name__ == '__main__':下面。该语句下面的代码只有在文件作为脚本直接执行时才会被执行。当这个文件被其他程序用 import 导入时，语句下面的代码不会被执行，只使用其中定义的函数功能。

当代码中的函数和方法可能被其他程序调用时，一般推荐使用上述方式。这样代码既可以作为单独的程序直接运行，又可以作为模块导入其他程序。

提示：

Python 函数一般需要先定义、后调用，如果函数定义在调用之后，执行将报错。在函数中调用函数不受此限制。

8.2.3 lambda 函数

lambda 函数也称作匿名函数，在 Python 中使用 lambda 关键字创建。lambda 函数没有函数名，它可以用于简化代码和编写简单的函数。

lambda 函数的语法如下：

```
lambda 参数列表:表达式（或者条件表达式）
```

其相当于函数定义：

```
def fun(参数列表):
    return 表达式（或者条件表达式）
```

Python 中提供了很多函数，如 sorted()、map()、reduce()、filter()等，这些函数都支持函数作为参数，lambda 函数可以应用在函数式编程中。

例 8.2 按元素的平方升序排列。

列表 numbers = [-11, 2, -3, 4, -5]的排序可以使用 sorted()函数，语法如下：

```
sorted(interable,*,key=None,reverse=False)
```

其中 key 可以接收函数，以函数返回值作为排序的依据。reverse=False 表示默认为升序排列，reverse=Ture 表示降序排列。

程序代码：

```
numbers = [-11, 2, -3, 4, -5]
# 按整数值进行排序
print(sorted(numbers))
# 按各元素的平方升序输出
print(sorted(numbers,key=lambda x:x**2,reverse=False))
```

lambda 函数拥有自己的名字空间，不能访问自有参数列表以外的参数。lambda 函数表达式不需要使用 return 来返回值，表达式本身的计算结果就是返回值。lambda 函数的主体就是一个表达式，而不是代码块，仅能在表达式中封装有限的逻辑，不允许包含其他复杂的语句，最多只能使用类似条件表达式这样的三元运算。

filter()函数用于过滤序列，过滤掉不符合条件的元素，以返回符合条件的元素。filter()函数接收一个函数和一个序列作为参数，用该函数判断每个元素，根据返回值是 True 还是 False 来决定保留还是丢弃该元素。filter()函数返回的是一个生成器，可以使用*构造，也可以使用 list()函数将其转换为列表输出。

例 8.3 连连七。

连连七是一种报数游戏，其规则是在数数的过程中跳过所有与数字 7 相关的数（包括 7 的倍数和含有数字 7 的数），而直接报下一个数。例如，从 1 开始报数，跳过 7，报 8，跳过 14（7 的倍数），报 15，跳过 17（含有数字 7），报 18，以此类推。

使用 filter()函数与 lambda 函数，可以用一行代码模拟实现连连七游戏。

程序代码：

```
print(*(filter(lambda  x: x % 7 != 0 and x % 10 !=7 and x // 10 != 7, range(100))))
```

在 Python 中，可以将一些逻辑放到函数外面，通过定义一个裁剪过的 lambda 函数实现目标功能。这种方式更为高效、优雅，可以减少异常错误。lambda 函数可以简化代码，使代码更加简洁，但会在一定程度上降低代码的可读性。

8.2.4　函数的返回值

在 Python 中，定义函数时可以把函数处理的结果返回调用处，以便进行下一步的处理，这时可以使用 return 语句向外提供该函数的处理结果。函数的返回值语句由 return 关键字开始，返回值没有类型限制，也没有个数限制。当函数有多个返回值时，各值之间用逗号分隔，以元组的形式返回。函数没有返回值时，返回 None。

函数定义示例如下：

```
def fun(x, y):
    # 计算 x、y 的乘积
    a = x * y
    # 计算 x、y 之和
    b = x + y
    return a, b

if __name__ == '__main__':
    c, d = fun(3, 4)
    print(c, d)
```

一般情况下，无返回值的函数的处理结果会以其他的形式来体现，如使用 print()在函数中直接输出。return 是函数调用过程中的最后一个语句。每个函数可以有多个 return 语句，函数被调用的时候只有一个 return 语句会被执行。一旦某个 return 语句被执行，将结果返回给调用处，函数调用即结束。通常情况下，多个 return 语句需要与分支语句结合起来使用。

例 8.4　阶乘函数。

定义一个计算整数 n 的阶乘的函数 fact(n)，该函数接收一个非负整数，输出其阶乘值。

常见的函数定义方法是将输入和输出等功能与函数定义在一个层次。参考代码如下：

```
def fact(n):
    result = 1
    for i in range(1, n + 1):
        result = result * i
    return result

if __name__ == '__main__':
    num = int(input())
    print(fact(num))
```

也可以在函数中使用 print()输出结果，无须使用 return 语句返回结果。调用函数时，不再使用 print()输出结果。参考代码如下：

```
def fact(n):
    result = 1
    for i in range(1, n + 1):
        result = result * i
    print(result)

if __name__ == '__main__':
    num = int(input())
    fact(num)
```

8.3 函数参数传递

小丽在学习函数的时候发现，有些函数需要传递参数，有些函数不需要传递参数，有些函数传递的参数个数是可变的。小丽迫切地想知道，函数参数到底是如何进行传递的？

本节主要介绍几种不同的函数参数传递方式。

当函数的定义中存在多个参数时，其参数的传递方式主要有 4 种，分别为位置传递、关键字传递、默认值传递、星号传递。

在 Python 中数字、列表和函数都是对象。变量是对象的一个引用，对象的操作都是通过引用来完成的。函数调用过程中，传递的是对象，函数调用过程本质上是名字到对象的绑定过程。

8.3.1 位置传递

位置传递是指参数传递按照形式参数定义的顺序提供实际参数。其优点是使用方便，缺点是当参数个数较多时，函数调用容易混淆。

在 Python 中，函数的参数可以通过位置进行传递。调用函数时，参数的顺序需要与函数定义时的参数顺序一致。例如：

```
def greet(name, age):
    print("Hello", name)
    print("You are", age, "years old")

greet("Alice", 25)
```

函数 greet()接收两个参数 name 和 age。在函数调用时，按照形式参数的顺序传递了两个值："Alice"和 25。这些值会被分别赋给函数中的 name 和 age 参数。或者说把这两个变量的标签按出现的顺序分别贴在"Alice"和 25 这两个对象上。

在定义函数 greet()时，参数 name、age 并未绑定对象，没有值。只有经过函数调用后，才会把调用时的参数值传递给函数中定义的参数，函数体中的变量才有值。

需要注意的是，位置传递中，参数的顺序非常重要。如果参数的顺序不正确，可能会得到错误的函数结果。

8.3.2 关键字传递

在函数调用时，可以通过提供与实际参数相对应的形式参数的名称来传递参数，这种方式称为关键字传递。关键字传递并不需要遵守位置对应的规则。关键字传递的优点是明确地标示出了实际参数和形式参数的对应关系，参数书写更加灵活；缺点是增加了函数调用时代码书写的复杂性。

示例代码如下：

```
def greet(name, age):
    print("Hello", name)
    print("You are", age, "years old")

greet(name="Alice", age=25)
```

使用关键字传递的好处是，可以更清晰地表达参数的含义，避免了位置传递可能带来的混淆。此外，还可以选择性地传递参数，只传递需要的参数，而不必按照参数的顺序传递所有参数。

提示：

关键字传递和位置传递混合使用时，按位置传递的参数要出现在关键字传递的参数的前面，否则，编译器无法明确知道除关键字以外的参数出现的顺序，即一旦某个参数使用了关键字传递，其后的所有参数都要使用关键字传递。

8.3.3　默认值传递

定义函数时，可以使用类似 age=18 的方式给参数赋予默认值。在函数调用时，如果为该参数传递了值，按传入值进行运算，否则按默认值进行运算。使用默认值传递能够降低函数调用的难度。

示例代码如下：

```
def greet(name, age=18):
    print("Hello", name)
    print("You are", age, "years old")

greet("Alice")    # 使用默认值
greet("Bob", 20)  # 覆盖默认值
```

在这个例子中，我们定义了一个函数 greet()，它接收两个参数 name 和 age，其中 age 参数有默认值 18。在函数调用时，如果没有为 age 参数传递值，就会使用默认值。如果为 age 参数传递了值，就会覆盖默认值。

需要注意的是，使用默认值的参数必须放在使用非默认值的参数的后面。也就是说，在函数定义中，如果一个参数有默认值，那么它后面的所有参数都必须有默认值。这是因为在函数调用时，参数是按照位置进行匹配的，如果使用非默认值的参数放在使用默认值的参数的前面，就无法确定参数的对应关系，运行时会报“SyntaxError: non-default argument follows default argument.”的错误。

使用默认值的参数可指向不可变的对象，如整数、字符串、浮点数、元组等，不能指向字典和列表等可变对象。

示例代码如下：

```
def fun(x, ls=[]):
    ls.append(x)
    return ls
print(fun(10))
print(fun(20))
print(fun(30))
```

按函数调用规则，每次调用函数的时候，形式参数都会被重新赋值。在 fun()的 3 次调用中 x 分别被赋值为 10、20、30，有默认值的形式参数每次都应该被重新赋值为空列表。但以上代码实际执行结果为：

```
[10]
[10, 20]
[10, 20, 30]
```

以上结果表明，在多次调用中，ls 并没有被重新赋值为空列表，导致 ls 中的元素累积下来。这是因为列表 ls 是可变对象，在函数定义时被创建，其后所有函数调用都引用这个列表对象。

Python 中的参数传递都是传递引用，也就是传递给函数的是原有列表所指向的内存地址。而 append()方法并不会改变列表的内存地址，也就是不会重新创建新的对象，只是向列表中增加元素。所以上述代码每次调用函数时，一直在引用函数创建时的列表，导致元素累积。

如果一定要使用列表进行默认值传递，可以使用以下方法：

```
def fun(x, ls=None):
    if ls == None:
        ls = []
    ls.append(x)
    return ls

print(fun(10))
print(fun(20))
print(fun(30))
```

8.3.4 星号传递

函数支持将实际参数以打包和解包的形式传递给形式参数。

1. 打包

如果函数在定义时无法确定需要接收多少个数据，那么可以在定义函数时为形式参数添加“*”或“**”。如果形式参数前面加上“*”，那么它可以接收以元组形式打包的多个值，例如 print()函数可以传入一个或者多个输出元素；如果形式参数的前面加上“**”，那么它可以接收以字典形式打包的多个值。

定义一个形式参数为*args 的函数 greet()，示例代码如下：

```
def greet(*args):
    for arg in args:
        print("Hello", arg)

greet("Alice", "Bob", "Charlie")
```

运行代码，结果显示如下：

```
Hello Alice
Hello Bob
Hello Charlie
```

在函数调用时，我们传递了 3 个参数，这些参数将被打包成一个元组，然后作为 args 参数传递给函数。在函数内部，我们使用循环遍历 args 参数，并输出参数值。

定义一个形式参数为** kwargs 的函数 greet()，示例代码如下：

```
def greet(**kwargs):
    for key, value in kwargs.items():
        print(key, ":", value)

greet(name="Alice", age=25, city="New York")
```

函数调用时这些参数将被打包成一个字典，并作为函数的参数传递进去。运行代码，结果如下：

```
name : Alice
age : 25
city : New York
```

在函数调用时，我们传递了 3 个关键字参数，这些参数将被打包成一个字典，然后作为 kwargs 参数传递给函数。在函数内部，我们使用循环遍历 kwargs 参数，并输出参数中的每个键值对。

使用星号传递参数可以灵活地处理不确定数量的参数，使函数能够适应各种情况。

提示：

函数中添加“*”或者“**”的形式参数的名称可以是符合命名规范的任意名称。一般建议使用*args 和**kwargs。若函数没有接收任何数据，参数*args 和**kwargs 为空，即它们为空元组或者空字典。

2. 解包

如果函数在调用时接收的实际参数是元组类型的数据，可以使用“*”将元组拆分成多个值，并将每个值按位置参数传递的方式赋值给形式参数；如果函数调用时接收的实际参数是字典类型的数据，那么可以使用“**”将字典拆分成多个键值对，并将每个值按照关键字参数传递的方式赋值给与键名对应的形式参数。

定义一个包含 3 个形式参数的函数 fun()，代码如下：

```
def fun(a,b,c):
    print(a,b,c)
```

调用 fun()函数时传入一个包含 3 个元素的元组，并使用“*”对元组进行解包，代码如下：

```
item = ('中国', '福建', '福州')
fun(*item)
```

运行代码，结果如下：

```
中国 福建 福州
```

调用 fun()函数时传入一个包含 3 个元素的字典，并使用“**”对字典进行解包，代码如下：

```
item = {'a':'中国', 'b':'福建', "c":'福州'}
fun(**item)
```

运行代码，结果如下：

```
中国 福建 福州
```

8.4 变量作用域

小张在编写 Python 程序的时候定义了变量 x，随后他在自定义函数中对 x 进行了一系列操作。运行程序的时候，出现“UnboundLocalError: local variable 'x' referenced before assignment.”的错误信息，你能帮助小张修正这个错误吗？

本节主要介绍局域变量、全局变量，以及 global 和 nonlocal 关键字。

变量并非在程序的任意位置都可以被访问，其访问权限取决于变量定义的位置。变量的有效区域为变量作用域。根据作用域的不同，变量可以分为局部变量和全局变量。

8.4.1 局部变量

局部变量是在函数内部定义的变量，其作用域仅限于函数内部。局部变量只能在函数内部访问，在函数外部无法访问。当函数执行完毕后，局部变量的内存空间会被释放，此时无法对其进行访问。

在函数 my_function()中定义一个局部变量 x，代码如下：

```
def my_function():
    x = 10          # 定义局部变量 x
    print(x)        # 在函数内部访问局部变量 x

my_function()       # 输出 10
print(x)            # 尝试在函数外部访问局部变量 x，会报错
```

在函数内部，可以访问并输出局部变量 x 的值。但是，在函数外部尝试访问局部变量 x 时，会导致 NameError，因为该变量只在函数内部可见，函数调用结束后，x 的内存空间被释放，无法再通过 print()进行访问。

提示：

不同的函数内部可以包含同名的局部变量，这些局部变量的关系类似于不同目录下拥有相同文件名的文件，它们之间相互独立，互不影响。

8.4.2 全局变量

全局变量是在函数外部定义的变量，其作用域可以是整个程序，不受函数范围的影响。全局变量可以在任何函数内部进行访问。全局变量的内存空间在程序执行期间一直存在，直到程序结束。

在函数外部定义一个全局变量 x 并赋值为 5。然后，在函数内部访问并输出全局变量 x 的值。在函数外部也可以直接访问全局变量 x 的值，代码如下：

```
x = 5  # 定义全局变量 x

def my_function():
    print(x)  # 在函数内部访问全局变量 x

my_function()  # 输出 5
print(x)  # 在函数外部访问全局变量 x，输出 5
```

需要注意的是，全局变量在函数内部只能被访问，无法被直接修改。现对 my_function()函数进行修改，添加一条为 x 赋值的语句，代码如下：

```
def fun():
    print(x)
    x += 1

fun()
print(x)
```

运行代码，提示错误信息“UnboundLocalError: local variable 'x' referenced before assignment.”。这是因为在函数内部的变量 x 被视为局部变量，而在执行“x+=1”这行代码之前未声明局部变量 x。由此可见，函数内部只能访问全局变量，而不能直接修改全局变量。

8.4.3　global 和 nonlocal 关键字

函数内部无法直接修改全局变量或嵌套函数外层声明的变量。如果需要对以上变量进行修改，可以使用 global 和 nonlocal 关键字。

1. global 关键字

使用 global 关键字可以把局部变量声明为全局变量，具体方法如下：

```
global 变量名
```

在函数体内声明全局变量后，就可以对全局变量进行修改。

```
def fun():
    global x
    print(x)
    x += 1

fun()
print(x)
```

在函数内部使用 global 关键字声明了变量 x 为全局变量，就可以修改全局变量 x 的值，并在函数内部和函数外部分别访问和输出了全局变量 x 的值（分别输出 10 和 11）。

2. nonlocal 关键字

nonlocal 关键字用于在函数内部访问和修改外部嵌套作用域的变量。在嵌套函数中，如果想要修改外部函数的变量，需要使用 nonlocal 关键字声明该变量。

下面是一个示例，演示了使用 nonlocal 关键字声明外部嵌套作用域的变量。

在这个示例中，我们定义一个外部函数 outer_function()，其包含一个内部函数 inner_function()。在内部函数中，我们首先使用 nonlocal 关键字声明变量 x 为外部嵌套作用域的变量。然后，我们修改外部嵌套作用域的变量 x 的值，并在内部函数和外部函数分别访问和输出外部嵌套作用域的变量 x 的值。

示例代码如下：

```
def outer_function():
    x = 5  # 外部函数的变量 x

    def inner_function():
        nonlocal x  # 声明 x 为外部嵌套作用域的变量
        x = 10  # 修改外部嵌套作用域的变量 x 的值
        print(x)  # 在内部函数访问外部嵌套作用域的变量 x

    inner_function()  # 输出 10
    print(x)  # 在外部函数访问外部嵌套作用域的变量 x，输出 10

outer_function()
```

提示：

global 关键字用于声明全局变量，而 nonlocal 关键字用于声明外部嵌套作用域的变量。在函数内部，如果变量既不是局部变量也不是全局变量，则默认为外部嵌套作用域的变量。

练习题

一、选择题

1. 在 Python 中，函数是（　　）。

A. 一组相关代码的集合　　B. 用于表示对象的数据类型

C. 用于访问数据的容器　　D. 用于定义类的方法

2. 在 Python 中，如何定义一个函数？（　　）

A. 使用关键字 def 后跟函数名和一对圆括号

B. 使用关键字 function 后跟函数名和一对花括号

C. 使用关键字 define 后跟函数名和一对方括号

D. 使用关键字 def 后跟函数名和一对方括号

3. 在 Python 中，如何调用一个函数？（　　）

A. 使用关键字 call 后跟函数名和一对圆括号

B. 使用关键字 invoke 后跟函数名和一对方括号

C. 使用函数名和一对圆括号

D. 使用函数名和一对方括号

4. 在 Python 中，函数可以有多个返回值吗？（　　）

A. 可以有多个返回值

B. 只能有一个返回值

C. 只有在特定情况下才能有多个返回值

D. 只有在使用关键字 return 后才能有多个返回值

5. 关于 lambda 函数，以下选项中描述错误的是（　　）。

A. lambda 不是 Python 的关键字

B. lambda 函数也称为匿名函数

C. 定义的一种特殊的函数

D. lambda 函数将函数名作为函数结果返回

二、填空题

1. 在调用 Python 标准库函数之前，需要通过__________语句导入需要使用的模块。

2. __________是 Python 的包管理工具，可用于方便地安装和管理第三方库。

3. 在函数调用时，可以通过提供与实际参数相对应的形式参数的名称来传递参数，这种传递参数的方式称为__________。

4. __________是在函数内部定义的变量，其作用域仅限于函数内部。

5. 使用__________关键字可以把局部变量声明为全局变量。

三、编程题

1. 编写一个函数 is_even()，该函数接收一个整数作为参数，判断该整数是否为偶数，并返回布尔值。

2. 小明是一个“汽车迷”，看到汽车马上就可以说出汽车的生产年份、型号和品牌。定义一个函数，以输出汽车的介绍。

例如输入：

```
2020  AMG S65 奔驰
```

可以输出：

```
这是一辆2020年生产、型号是AMG S65的奔驰牌汽车
```

要求函数具有以下功能：当用户只输入生产年份、型号时，品牌按“宝马”输出。

3. 编写一个函数 count_vowels()，该函数接收一个字符串作为参数，统计并返回该字符串中元音字母的数量。

4. 编写一个函数 is_palindrome()，该函数接收一个字符串作为参数，判断该字符串是否为回文字符串（正向和反向读取都相同），并返回布尔值。

5. 编写一个函数 is_prime()，该函数接收一个整数作为参数，判断该整数是否为质数（只能被 1 和自身整除），并返回布尔值。

第 9 章 文件操作

文件是指为了重复使用或者长期使用，以文本或者二进制形式存放于外部存储介质（光盘、闪存等）中的数据保存形式。文件是信息交换的重要途径。在计算机编程中，我们可以使用编程语言提供的文件操作函数或库来处理文件。

本章将从 3 个方面来介绍文件处理的相关知识，包括文件概述、文件访问、文件的其他操作。

【学习目标】

知识目标：

（1）了解文件的概念；

（2）掌握文件的访问方法；

（3）掌握文件的其他操作方法。

技能目标：

（1）能够运用 open()函数打开、遍历文件中的内容；

（2）能够运用 read()、readline()、readlines()读取文件；

（3）能够运用 os 模块实现文件和目录操作。

【知识框架】

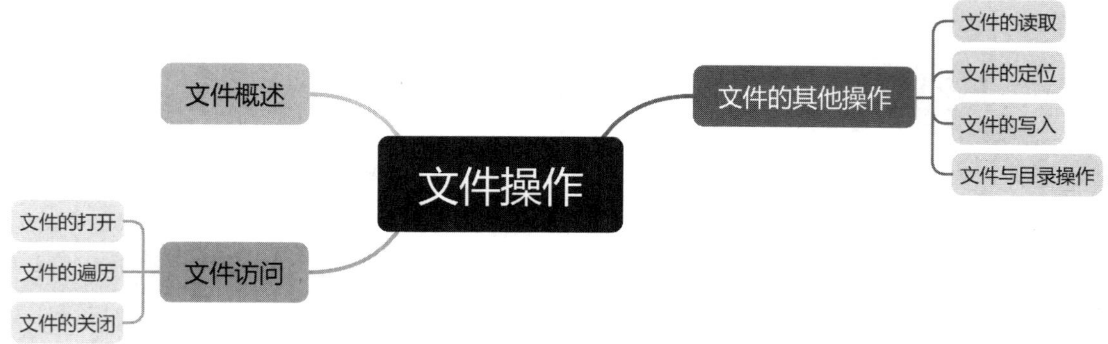

9.1 文件概述

小明是一名计算机专业的学生，同时他也是一名摄影爱好者。他喜欢把学习笔记和照片都存储在计算机中。有一天，他在使用记事本软件打开文件的时候发现学习笔记可以正常打开，而打开照片的时候显示的是乱码。他迫切地想知道这是为什么？

本节主要介绍文件的基本知识。

计算机文件是计算机系统中用于存储数据的一种抽象概念。它是数据的集合，可以包含文本、图像、音频、视频等不同类型的信息。文件可以存储在各种存储介质上，如硬盘、光盘、闪存等。

文件通常由两个主要部分组成：文件名和文件扩展名。文件名是文件的唯一标识符，用于在文件系统中对文件进行识别和访问。文件扩展名表示文件的类型或格式，它通常是指文件名中的下脚点及后面的字符串。

文件可以分为两种主要类型：文本文件和二进制文件。文本文件包含可读的字符数据，如ASCII 编码或 Unicode 编码的文本。二进制文件包含非文本数据，如图像、音频、视频等。二进制文件的内容不可直接读取和理解，需要特定的应用程序来解析和处理。在计算机中，存储的所有文件实际上都是以二进制形式存储的。文本文件是一种特殊的二进制文件，其中的数据按照特定的字符编码（如 ASCII、UTF-8 等）进行解释和显示。而二进制文件则没有字符编码，数据以字节的形式进行处理。

文件可以通过文件系统进行组织和管理。文件系统是计算机操作系统提供的一种机制，用于在存储介质上存储、检索和管理文件。文件系统提供文件的创建、打开、关闭、读取、写入、复制、移动、删除等操作。

在计算机编程中，我们可以使用编程语言提供的文件操作函数或库来处理文件。这些函数或库提供对文件进行读取、写入、移动、复制、删除等操作的功能，使我们能够在程序中对文件进行操作和管理。

9.2 文件访问

有一个名为 Alice 的小女孩，她喜欢写故事。在她的计算机上有一个目录（文件夹），里面存放着她写的一些故事文本文件。她想要使用 Python 来处理这些文件，以便更好地管理和编辑她的故事。你能告诉她怎么样才能访问到她的故事文本文件吗？

本节主要介绍文件的打开、遍历和关闭。

9.2.1 文件的打开

在 Python 中，可以使用 open()函数来打开文件。open()函数的基本语法如下：

```
open(file, mode='r', encoding=None)
```

参数说明如下。

file：要打开的文件名或文件路径，可以使用绝对路径（如'C:\\python\\filename.txt '）或者相对路径（如'./filename.txt '），当打开的文件与当前程序在同一路径时，不需要写路径。考虑到程序的可移植性，推荐使用相对路径。

mode：打开文件的模式，默认为'r'（只读模式）。常见的模式如下。

'r'：只读模式，用于读取文件内容。

'w'：写入模式，用于写入文件内容。如果文件已存在，会清空文件内容；如果文件不存在，则会创建新文件。

'a'：追加模式，用于将数据追加到文件末尾。如果文件不存在，则会创建新文件。

'b'：二进制模式，用于处理二进制文件。

't'：文本模式，用于处理文本文件（默认模式）。

'+'：打开文件并允许更新，其相当于读写模式，与'r'、'w'、'a'组合使用，如'r+'表示可读可写。

encoding：可选参数，表示打开文本文件时，处理数据的字符编码类型，encoding 参数省略时，表示使用当前操作系统默认编码（Windows 10 中文版一般默认采用 GBK 编码，Linux 和 macOS 默认采用 UTF-8 编码）。使用二进制模式打开文件时，该参数不可用。

提示：

如果 open()函数调用成功，则返回一个对象。以只读模式打开文件时，如果打开的文件不存在，文件打开失败，程序会抛出异常。

9.2.2 文件的遍历

在 Python 中通过 open()函数打开文本文件，会返回一个可遍历的对象，可以使用循环的方式来访问文件中的数据。每次循环可以获得一行数据。

"登鹳雀楼"以 UTF-8 编码的方式保存在"登鹳雀楼.txt"文件中，文件中的内容如下：

```
登鹳雀楼
白日依山尽，黄河入海流。
欲穷千里目，更上一层楼。
```

编程读取文件中的内容，并使用 print()函数输出，代码如下：

```
file=open('登鹳雀楼.txt','r',encoding='utf-8')
print(f)
```

运行代码，结果如下：

```
<_io.TextIOWrapper name='登鹳雀楼.txt' mode='r' encoding='utf-8'>
```

文件打开后得到的是一个文件对象，不能使用 print()函数直接输出。

文件内容可以使用循环结构来遍历，每行都作为一个字符串输出。每行末都有一个换行符，例如第一行为"登鹳雀楼\n"，"\n"会被解析为换行，这导致每行输出的数据后面会有一个空行，可用 strip()来删除"\n"。

示例代码如下：

```
# 以只读模式打开
file=open('登鹳雀楼.txt','r',encoding='utf-8')
# 逐行遍历
for line in file:
# 使用 line.strip()删除空行
    print(line.strip())
# 关闭文件
file.close()
```

为了方便后期修改和维护代码，建议将代码封装为函数。

示例代码如下：

```
def open_file(file):
    # 以只读模式打开
    f = open(file, 'r', encoding='utf-8')
    # 逐行遍历
    for line in f:
        # 使用 line.strip()删除空行
        print(line.strip())
        # 关闭文件
    f.close()

if __name__ == '__main__':
    # 定义变量来保存文件路径
    my_file = '登鹳雀楼.txt'
    # 调用函数
    open_file(my_file)
```

运行代码，输出结果：

```
登鹳雀楼
白日依山尽，黄河入海流。
欲穷千里目，更上一层楼。
```

9.2.3 文件的关闭

在 Python 中，可以使用 close()来关闭已打开的文件。close()用于释放文件资源并将文件关闭。关闭文件后，将无法再对文件进行读取、写入或其他操作。

close()的基本语法如下：

```
file.close()
```

其中，file 是已经打开的文件对象。

示例代码如下：

```
file = open("登鹳雀楼.txt", "r")
content = file.read()
print(content)
file.close()
```

在这个示例中，我们先使用 open()函数打开名为登鹳雀楼.txt 的文件，并读取文件的内容。然后，我们使用 close()关闭文件，以确保释放文件资源。如果不使用 close()来关闭文件，文件会被程序一直占用。

另一种更好的方法是使用 with 语句来打开文件。with 语句会自动管理文件的打开和关闭，无须手动调用 close()。以下是使用 with 语句关闭文件的示例：

```
with open("登鹳雀楼.txt ", "r") as file:
    content = file.read()
    print(content)
```

使用 with 语句打开文件后，代码块结束时会自动关闭文件，即使在代码块中发生异常也会关闭文件。这种方式更安全和方便，推荐使用这种方式。

9.3 文件的其他操作

有一天，Alice 决定使用 Python 来管理她的故事文本文件，统计她写的故事的字数。她知道 Python 有一个强大的文件操作功能，可以帮助她完成这个任务。你能告诉她怎么实现吗？

本节主要介绍文件的读取、文件的定位、文件的写入、文件与目录操作。

9.3.1 文件的读取

在 Python 中，有多种方法可以读取文件的内容。常见的方法包括 read()、readline()、readlines()，这 3 种方法可以接收一个参数以限制每次读取的数据量，但通常不使用参数。

1. read()方法

read()方法可以从指定文件中读取指定字数的数据，其语法格式如下：

```
read(size=-1)
```

当 size 为负值或者 None 时，从文件指针的当前位置一直读取到文件末尾。如果文件大小大于可用内存大小，可反复调用 read(size)读取文件内容，行末的换行符和标点符号都占 1 字节，需要算在 size 中。

示例代码如下：

```
with open('登鹳雀楼.txt','r',encoding='utf-8') as file:
    # 输出'登鹳雀楼\n 白日依山尽，'
    text=file.read(11)
    # 输出读到的 11 个字符
    print(text)
    # 一次性读出文件中剩余数据
    text=file.read()
    # 输出'黄河入海流。\n 欲穷千里目，更上一层楼。\n'
    print(text)
```

2. readline()方法

readline()方法用于逐行读取文件的内容。每次调用 readline()方法时，会读取文件的下一行，并将其作为字符串返回。如果文件指针已经位于文件末尾则返回空字符串。readline(size)则返回当前行最多 size 个字符，本行剩余字符数不足 size 个时，读到当前行结束。

示例代码如下：

```
with open('登鹳雀楼.txt','r',encoding='utf-8') as file:
    # 输出'登鹳雀楼\n 白日依山尽，黄河入'
    text=file.read(14)
    # 输出读到的 14 个字符
    print(text)
    # 读出当前行 8 个字符，剩余不足 8 个，返回'海流。\n'
    text=file.readline(8)
    print(text)
    # 读取并输出一行'欲穷千里目，更上一层楼。\n'
    text=file.readline()
    print(text)
```

3. readlines()方法

readlines()方法用于将文件的所有行读取到一个列表中。每行作为一个字符串元素存储在列表中。可以指定一个整数 hint，读取第 hint 个字符所在的行及行前的全部数据。

示例代码如下：

```
with open('登鹳雀楼.txt','r',encoding='utf-8') as file:
    # 读取并输出文件指针之后的所有行
    # 输出['登鹳雀楼\n', '白日依山尽，黄河入海流。\n', '欲穷千里目，更上一层楼。\n']
    text=file.readlines()
    print(text)
    # 移动文件指针到初始位置
    file.seek(0)
    # 从当前位置读取第 8 个字符所在行
    # 输出['登鹳雀楼\n', '白日依山尽，黄河入海流。\n']
    text = file.readlines(8)
    print(text)
```

提示：

read()和 readlines()方法都可以一次读取文件中的全部数据，但因为计算机的内存是有限的，若文件较大，read()和 readlines()的一次读取便会耗尽系统内存，所以这两种操作都不够安全。为了保证读取安全，通常多次调用 read()方法，每次读取 n 字节的数据。

9.3.2 文件的定位

在 Python 的文件对象中，有两个方法可以用于控制文件的读写位置，即 tell()和 seek()。tell()方法用于返回文件指针的当前位置，即文件中当前读取/写入位置的字节偏移量。例如，file.tell()会返回一个整数，表示文件指针的当前位置。seek(offset, whence)方法用于移动文件指针到指定位置。offset 参数用于指定移动的字节偏移量，whence 参数用于指定移动的起点。

whence 可以取以下 3 个值。

（1）0：表示从文件开头开始计算偏移量。

（2）1：表示从文件指针的当前位置开始计算偏移量。

（3）2：表示从文件末尾开始计算偏移量。

例如，file.seek(0, 0)会将文件指针移动到文件开头，file.seek(10, 1)会将文件指针向后移动 10 字节。

提示：

在 Python 3 中，如果打开的是文本文件，那么 seek()方法只允许相对于文件开头移动文件读写位置；在参数 whence 为 1 或者 2 的情况下移动文本文件的读写位置，程序会产生错误。如果相对当前读写位置或者文件末尾进行位移操作，需以二进制模式打开文件。

9.3.3 文件的写入

在 Python 中，可以使用内置的 open()函数来打开一个文件，并使用不同的模式来进行文件的写入操作。下面是几种常见的文件写入方式。（注：Python 语法中双引号与单引号等效。）

写入文本内容示例代码如下：

```
# 打开文件，如果文件不存在则创建一个新文件
```

```
file = open("filename.txt", "w")
# 写入文本内容
file.write("Hello, world!")
# 关闭文件
file.close()
```

使用 open()函数以写入模式（"w"）打开名为 filename.txt 的文件，然后使用 write()方法将文本内容写入文件，最后使用 close()关闭文件。

追加文本内容示例代码如下：

```
file = open("filename.txt", "a")
file.write("This is appended text.")
file.close()
```

使用追加模式（"a"）打开文件，会将新的文本内容追加到文件的末尾，而不会覆盖文件原有的内容。除了上述示例，open()函数还有其他一些模式，如只读模式（"r"）、二进制写入模式（"wb"）、二进制追加模式（"ab"）等，可以根据具体需求选择合适的模式进行文件写入操作。同时，为了确保文件的正确关闭，推荐使用 with 语句来打开文件，这样可以自动处理文件的关闭操作。

提示：

使用"r+"的方式写入文本的时候，会覆盖原来的内容。写入的目标文件如果不存在，会自动创建该文件。

例 9.1 读取文件中的成绩并排序。

某个班级 Python 课程基本考试成绩保存在“stu_grade.txt”文件中，现在将其中的数据按成绩从高到低排列后保存到“stu_grade_out.txt”中。“stu_grade.txt”文件中的内容如下：

```
" 01,张三,98
  03,李四,97
  05,小明,94
  07,小张,95
  02,吉姆,96
  04,李雷,92
  06,小王,93"
```

我们可以定义 read_file()函数用于读取文件内容，定义 write_file()函数用于将排序后的内容写入文件。具体代码如下：

```
def read_file():
    res = []
    with open('stu_grade.txt', 'r', encoding='utf-8') as fin:
        for line in fin:
            line = line[:-1]
            res.append(line.split(','))
    return res

def write_file(datas):
    with open('stu_grade_out.txt', 'w', encoding='utf-8') as fout:
        for data in datas:
            print(data)
            fout.write(','.join(data) + '\n')  # data 使用
```

```
res = read_file()
res1 = sorted(res, key=lambda x: int(x[-1]),reverse=True)
write_file(res1)
```

运行代码，结果如下：

```
01,张三,98
03,李四,97
02,吉姆,96
07,小张,95
05,小明,94
06,小王,93
04,李雷,92
```

上述代码中的 sorted(res, key=lambda x: int(x[-1]),reverse=True)，使用 sorted()函数结合 lambda 函数实现了按成绩降序排列。如果要按成绩升序排列只需将代码改为 sorted(res, key=lambda x: int(x[0]))。

9.3.4　文件与目录操作

对用户来说，文件和目录以不同的方式展现；对计算机来说，目录是文件属性的集合，本质上也是一种文件。在 Python 中，可以使用 os 模块来进行文件和目录的操作。os 模块提供了一些函数来执行与操作系统相关的任务，利用这些函数可以实现文件的删除、重命名、创建和目录的删除等一系列操作。使用“import os”语句导入库后，即可使用其相关的函数。os 库常用的文件、目录及其路径的操作方法如表 9-1 所示。

表 9-1　os 库常用的文件和路径操作方法

方法	功能描述
os.getcwd()	获取当前工作目录的路径
os.chdir(path)	将当前工作目录更改为指定的路径
os.listdir(path)	返回指定路径下的所有文件和目录的名称列表
os.mkdir(path)	创建一个新目录
os.rmdir(path)	删除指定路径下的目录
os.remove(path)	删除指定路径下的文件
os.rename(src, dst)	将文件或目录从 src 重命名为 dst
os.path.exists(path)	检查指定的路径是否存在
os.path.isfile(path)	检查指定的路径是否指向一个文件
os.path.join(path1, path2, ···)	将多个路径组合成一个路径
os.path.splitext(path)	将路径分割为文件名和扩展名
os.path.basename(path)	返回路径的文件名部分
os.path.dirname(path)	返回路径的目录名部分

1. 删除文件

使用 remove()函数可以删除文件。其基本语法如下：

```
remove(文件名)
```

示例代码如下：

```
import os
os.remove('text.txt')
```

上述代码用于删除当前目录下的 text.txt 文件。remove()函数要求删除的目标文件必须存在。

2. 重命名

使用 os 模块中的 rename()函数可以对文件进行重命名。其基本语法如下：

```
rename(旧文件名,新文件名)
```

以下代码可以实现将当前目录下的 a.txt 重命名为 b.txt。

```
import os
os.rename("a.txt","b.txt")
```

3. 创建目录

os 模块中的 mkdir()函数可用于创建目录，函数的参数是目录名。其基本语法如下：

```
mkdir(目录名)
```

以下代码可以在当前目录下创建“dir”目录。

```
import os
os.mkdir("dir")
```

要注意的是，创建的目录名不能与已有的目录名重复。

4. 删除目录

os 模块中的 rmdir()函数可用于删除目录，函数的参数是目录名。其基本语法如下：

```
rmdir(目录名)
```

示例代码如下：

```
import os
os.rmdir("dir")
```

执行以上代码，当前路径下的目录“dir”将被删除。

5. 获取当前目录

os 模块中的 getcwd()函数可以用来获取当前目录，即 Python 当前的工作路径。执行以下代码：

```
import os
print(os.getcwd())
```

运行结果为（实际路径以程序所在的路径为准，以下仅为示例）：

```
D:\learning\jinrong\chapter9
```

6. 更改默认目录

chdir()函数用于更改默认目录。在 Python 的文件或目录操作中，如果仅传入文件名而不包含路径，解释器会在默认目录中查找文件，或者将新建的文件保存在默认目录下。如果没有特殊的设定，当前目录为默认目录。

以下代码使用 chdir()函数将默认目录变更为“D:\”，再使用 getcwd()函数获取当前目录：

```
import os
print(os.getcwd())
os.chdir("D:\\")
print(os.getcwd())
```

运行代码，结果为：

```
D:\learning\jinrong\chapter9
D:\
```

第一行输出的为当前目录，通过 os.chdir("D:\\")将默认目录设置为“D:\”，第二行输出的为默认目录“D:\”。

7. 获取文件列表

在程序设计中常常需要遍历指定目录下的所有文件和子目录，然后对其进行相应的操作。os 模块中提供 listdir()函数获取指定目录下的所有文件列表。示例代码如下：

```
import os
dirs=os.listdir("./")
print(dirs)
```

运行代码，结果如下（实际结果以程序所在的目录结果为准，此处为示例）：

```
['9-1.py', '9-2.py', '9-3.py', 'score.txt', 'temp.txt']
```

listdir()函数将当前目录下的所有文件名（包含扩展名）以列表的形式返回。

例 9.2 按扩展名整理文件。

将指定目录下的文件按照扩展名进行整理，将相同扩展名的文件移动到以扩展名命名的子目录下。这样可以更好地组织文件，使其更易于管理和查找。例如“a.txt”文件，会存入 txt 目录下。

分析以上需求，得到具体实现步骤如下。

（1）遍历指定目录下的所有文件和子目录。

（2）对于每个文件，获取其扩展名，并去除扩展名中的“.”。

（3）判断是否存在以该扩展名命名的子目录，如果不存在则创建该子目录。

（4）将当前文件移动到对应的子目录（目标文件的路径）中。

示例代码如下：

```
import os
import shutil

dir = './arrange_dir'
# splitext()用于分解文件名和扩展名
for file in os.listdir(dir):
    ext = os.path.splitext(file)[1]     # 获取扩展名
    ext = ext[1:]  # 去除"."
    if not os.path.isdir(f'{dir}/{ext}'): # 判断是否存在以扩展名命名的子目录，如果不存在则创建
        os.mkdir(f'{dir}/{ext}')
        source_path = f'{dir}/{file}'   # 定义源文件的路径
    target_path = f'{dir}/{ext}/{file}' # 定义目标文件的路径
    shutil.move(source_path, target_path) # 将源文件移动到目标文件的路径下
```

当前的文件保存在 arrange_dir 目录中，上述代码通过 os.listdir(dir)获取指定目录下的所有文件和子目录。使用 os.path.splitext(file)[1]将文件名分解成文件名和扩展名，通过索引 1 获取扩展名。使用 ext = ext[1:]去除扩展名中的“.”，得到不含“.”的扩展名。使用 os.path.isdir(f'{dir}/{ext}')判断是否存在以扩展名命名的子目录。如果子目录不存在，则使用 os.mkdir(f'{dir}/{ext}')创建以扩展名命名的子目录。将源文件的路径保存在 source_path 变量中，将目标文件的路径保存在 target_path 变量中，即 f'{dir}/{ext}/{file}'。最后，使用 shutil.move(source_path, target_path)将源文件移动到目标文件的路径下。

练习题

一、选择题

1. 打开一个已有文件，然后在文件末尾添加信息，正确的打开模式为（　　）。

A. 'r'　　B. 'w'　　C. 'a'　　D. 'w+'

2. 假设文件不存在，如果使用 open()打开文件会报错，那么应采用下列哪种模式打开文件？（　　）

A. 'r'　　B. 'w'　　C. 'a'　　D. 'w+'

3. 假设 file 是文本文件对象，下列选项中，哪个用于读取一行内容？（　　）

A. file.read()　　B. file.read(200)]

C. file.readline()　　D. file.readlines()

4. 下列方法中，用于向文件中写入内容的是（　　）。

A. open()　　B. write()　　C. close()　　D. read()

5. 下列方法中，用于获取当前目录的是（　　）。

A. open()　　B. write()　　C. getcwd()　　D. read()

二、填空题

1. __________是数据的集合，可以包含文本、图像、音频、视频等不同类型的信息。

2. 文件打开后得到的是一个__________，不能使用 print()函数直接输出。

3. __________方法用于释放文件资源并将文件关闭。

4. __________方法用于一次性读取整个文件的内容，并将内容作为字符串返回。

5. os 模块中的__________函数可用于删除目录，函数的参数是目录名。

三、编程题

1. 假设有一个英文文本文件，编写程序读取其内容，并将其中的大写字母转换为小写字母、小写字母转换为大写字母。

2. 当前目录下有一个文件 temp.txt，其中分两行保存了某市最近一周的最高温和最低温值，第一行为最高温，第二行为最低温。编程得到这一周的最高温和最低温，并计算全周的平均温度。

temp.txt 文件中的内容如下：

```
32 33 35 35 34 46 35
26 27 28 27 27 29 26
```

3. 当前目录下保存着名为 score.txt 的文本文件，其中存放着某班学生 Python 课程的成绩，共有姓名和总评成绩两列。编写程序查找最高分和最低分。

第 10 章 Python 数据分析常用第三方库

Python 有很多优秀的第三方库。其中，NumPy 和 Pandas 是 Python 数据分析的两个重要的基础库，是学好数据分析必须要掌握的科学计算基础库；Matplotlib 是二维数据可视化基础库，可以实现数据分析的基本可视化分析。

本章主要介绍以下 Python 数据分析常用第三方库：数据分析基础库之 NumPy，数据分析基础库之 Pandas，数据可视化基础库之 Matplotlib。

【学习目标】

知识目标：

（1）了解 NumPy；

（2）了解 NumPy 基本数据结构的数组对象，能创建 NumPy 数组；

（3）掌握 NumPy 数组的基本运算处理，即索引和切片；

（4）熟悉线性代数和 random 模块；

（5）了解 Pandas；

（6）了解和掌握 Pandas 的两种基本数据结构；

（7）掌握 Pandas 索引相关操作；

（8）掌握 Pandas 常见操作，包括算术运算、排序、统计计算等；

（9）掌握 Pandas 的读写数据操作；

（10）熟悉 Pandas 的数据预处理常用方法；

（11）了解 Matplotlib；

（12）熟悉 Matplotlib 常用的数据可视化实现。

技能目标：

（1）能够运用 NumPy 进行数据分析；

（2）能够运用 Pandas 进行数据分析；

（3）能够运用 Matplotlib 进行常见的数据可视化处理。

【知识框架】

10.1 数据分析基础库之 NumPy

陈立是一名金融学相关专业的大学生，他想了解金融统计分析的相关知识，并且他比较想使用目前流行的编程语言 Python 进行学习。他了解到用 Python 实现数据分析，其中有一个基础库是 NumPy。他想了解 Python 中的数据分析基础库 NumPy 能做什么，NumPy 中有哪些基本数据结构，NumPy 有哪些核心功能及相关应用。

本节主要内容是 NumPy 简介、NumPy 基本数据结构、NumPy 核心功能及其应用。

10.1.1 NumPy 简介

1. NumPy 在数值计算领域中的重要性

在数值计算领域，我们常常需要处理大量的数据和进行复杂的数学运算。Python 不直接支持数组操作，尽管使用列表运算也可以实现简单的数组操作，但无法有效处理复杂的数组运算。NumPy 作为 Python 中最基础和底层的数值计算库，提供了高效的 *N* 维数组（ndarray）操作和广泛的数学函数，使得我们能够更加方便、快速地进行数值计算和数据分析。

2. NumPy 的背景与概述

NumPy 是 Numerical Python 的缩写，是由 Travis Olliphant（特拉维斯·奥利芬特）于 2005 年发起的一个开源数值计算库。NumPy 是许多其他数据分析库的基础，包括 Pandas 和 SciPy。

3. NumPy 在金融统计分析中的应用

在金融统计分析中，需要进行大量的数值计算和数据处理工作。NumPy 提供了高效的数组操作和向量化运算，使得金融数据的计算更加高效和便捷。例如，我们可以使用 NumPy 进行金融指标的计算，如收益率、波动率、相关系数等；通过对数组的切片和索引操作，可以快速提取特定时间段或特定股票的数据。NumPy 还提供了各种数学函数和统计函数，方便我们进行数据分析和建模。

总之，NumPy 作为一个强大的数值计算库，为金融统计分析提供了重要的基础支持，使得我们能够更加高效、灵活地处理和分析大量的金融数据。

10.1.2 NumPy 基本数据结构

NumPy 最重要的一个特点就是提供了一个 *N* 维数组对象，即 ndarray（别名 array）对象。该对象具有矢量算术能力和复杂的广播能力，可以执行一些科学计算。数组对象拥有对高维数组的处理能力，这也是数值计算中不可或缺的重要特性。

1. 认识 NumPy 数组对象

在 NumPy 中，数组是一种用于存储和操作大量数据的数据结构。它可以是一维的（类似于列表），也可以是多维（二维、三维等）的。数组具有以下特点。

（1）所有元素必须是同一类型的，通常为数值型。

（2）数组的大小是固定的，一旦创建就无法改变。

（3）数组中的元素在内存中是连续存储的，因此访问和操作元素非常高效。

NumPy 数组与 Python 列表的区别主要体现在存储方式、内存占用和运算效率上。

（1）存储方式：NumPy 数组中的元素在内存中是连续存储的，而 Python 列表中的元素是分散存储的。

（2）内存占用：NumPy 数组相对于 Python 列表来说，占用的内存更少。

（3）运算效率：NumPy 数组支持向量化操作，能够更快速地进行数学运算，而 Python 列表需要逐个元素进行运算，效率较低。

2. 数组对象的属性

数组对象中定义了一些重要的属性，具体如表 10-1 所示。

表 10-1　数组对象一些重要的属性

属性	功能描述
ndarray.ndim	维度数，比如 1、2、3 等，也就是数组轴的个数
ndarray.shape	数组的维度。其值是一个整数的元组，表示每个维度上数组的大小。例如，一个 n 行和 m 列的数组，它的 shape 属性为(n,m)
ndarray.size	数组元素的个数，其值等于 shape 属性中元组元素的乘积
ndarray.dtype	描述数组中元素的类型，既可以使用标准的 Python 类型创建或指定，也可以使用 NumPy 特有的数据类型来指定，比如 numpy.int32、numpy.float64 等
ndarray.itemsize	数组中每个元素的字节数，相当于 ndarray.dtype.itemsize。例如，元素类型为 float64 的数组为 8（64／8）字节

接下来，将通过一些代码来演示数组对象的使用，具体示例代码如下（参见例 10.1.1.ipynb）：

```
In  [1]: import numpy as np                       # 导入 NumPy
In  [2]: data = np.arange(12).reshape(3,  4)      # 创建一个 3 行 4 列的数组
In  [3]: data
Out [3]:
array([[ 0, 1, 2, 3],
      [4, 5, 6, 7],
      [8, 9, 10, 11]])
In  [4]: type(data)
Out [4]: numpy.ndarray
In  [5]: data.ndim                   # 数组维度数，输出结果为 2，表示数组是二维的
Out [5]:2
In  [6]: data.shape                  # 数组的维度，输出结果为(3,4)，表示 3 行 4 列
Out [6]:(3,4)
In  [7]: data.size                   # 数组元素的个数，输出结果为 12，表示共有 12 个元素
Out [7]:12
In  [8]: data.dtype                  # 数组中元素的类型，输出结果为 dtype('int32')
                                     # 表示元素类型都为 int32
Out [8]: dtype('int32')
```

提示：本章代码都在 Jupyter Notebook 中进行编辑、解释、运行。

3. 创建 NumPy 数组

NumPy 提供了多种创建和初始化数组的方法，包括从 Python 列表和元组创建、使用特定数值填充数组、生成固定范围的序列等。常用的函数包括 np.array()、np.zeros()、np.ones()、np.empty()、 np.arange()等。

例如，通过 np.array()函数分别创建一个一维数组和二维数组，具体代码如下（以下代码均参见例 10.1.2.ipynb）：

```
In  [1]: import numpy as np
In  [2]: data1= np.array([0, 1, 2])                # 创建一个一维数组
In  [3]: data1
Out [3]: array([0, 1, 2])
In  [4]: data2 = np.array([[0,1,2], [3,4,5]])      # 创建一个二维数组
In  [5]: data2
Out [5]:
array([[0, 1, 2],
      [3, 4, 5]])
```

通过 np.zeros()函数创建元素值都为 0 的数组，示例代码如下：

```
In  [6]: np.zeros((3, 4))
Out [6]:
array([[0., 0., 0., 0.],
      [0., 0., 0., 0.],
         [0., 0., 0., 0.]])
```

通过 np.ones()函数创建元素值都为 1 的数组，示例代码如下：

```
In  [7]: np.ones((3, 4))
Out [7]:
array([[1., 1., 1., 1.],
      [1., 1., 1., 1.],
      [1., 1.,1., 1.]])
```

通过 np.empty()函数创建一个新的数组，该数组只分配了内存空间，它里面填充的元素都是随机的，示例代码如下：

```
In  [8]: np.empty((4, 2))
Out [8]:
array([[0.00000000e+000, 0.00000000e+000],
       [0.00000000e+000, 0.00000000e+000],
       [0.00000000e+000, 6.38332814e-321],
       [8.46831142e-259, 2.63653560e-292]])
```

通过 np.arange()函数可以创建一个等差数组，示例代码如下：

```
In  [9]: np.arange(1, 10, 2)   # 第 1 个参数是起始值，第 2 个参数是结束值（不包括）
                               # 第 3 个参数是步长
Out [9]: array([ 1, 3, 5, 7, 9])
```

提示：在 NumPy 中维度（Dimension）叫作轴（Axis），轴的个数叫作秩（Rank）。例如，三维空间中有一个点的坐标为 [1, 2, 1]，是一个秩为 1 的数组，因为它只有一个轴。这个轴有 3 个元素，所以我们说它的长度为 3。

在下面的示例中，有一个 2 行 3 列的二维数组，数组有 2 个轴，第一个轴的长度为 2，第二个轴的长度为 3。

```
array([[ 1., 2., 2.],
       [1.,1., 2.]])
```

高维数据执行某些操作时，需要指定维度编号，这个编号是从 0 开始的，然后依次递增 1。其中，位于纵向的轴（y 轴）的编号为 0，位于横向的轴（x 轴）的编号为 1，以此类推。

二维数组维度编号示意如图 10-1 所示。

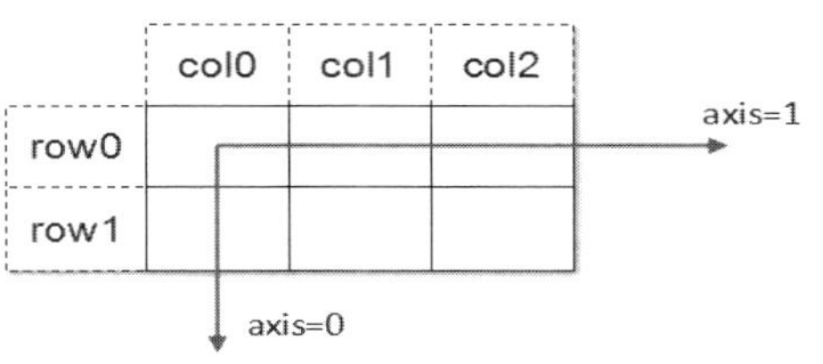

图 10-1　二维数组维度编号示意

4. 数组的数据类型

NumPy 数组的元素为同一种数据类型，可以通过数组对象属性 ndarray.dtype 指定或获取。不同的 NumPy 数组可以存储不同类型的数据。NumPy 数组常用的数据类型包括 int（整型）、float（浮点型）、bool（布尔型）等。表 10-2 罗列了 NumPy 数组中常用的数据类型。

表 10-2　NumPy 数组中常用的数据类型

数据类型	含义
bool	布尔型，值为 True 或 False
int8、uint8	有符号和无符号的 8 位整型
int16、uint16	有符号和无符号的 16 位整型
int32、uint32	有符号和无符号的 32 位整型
int64、uint64	有符号和无符号的 64 位整型
float16	半精度浮点型（16 位）
float32	半精度浮点型（32 位）
float64	半精度浮点型（64 位）
complex64	复数类型，分别用两个 32 位浮点数表示实部和虚部
complex128	复数类型，分别用两个 64 位浮点数表示实部和虚部
object	Python 对象
string_	固定长度的字符串型
unicode	固定长度的 Unicode 型

提示：数组对象中存储元素的类型必须是相同的。

数组对象的数据类型可以通过 astype()函数进行转换，示例代码如下（参见例 10.1.3.ipynb）：

```
In  [1]: import numpy as np
In  [2]: data = np.array([[4, 5, 6],  [7, 8, 9]])
In  [3]: data.dtype
Out [3]: dtype('int32')
In  [4]: float_data = data.astype(np.float64)        # 数据类型转换为 float64
In  [5]: float_data.dtype
Out [5]: dtype('float64')
```

10.1.3 NumPy 核心功能及其应用

1. 数组运算

在 NumPy 中，大小相等的数组之间的任何运算都会应用到元素级，即在数组中对应元素之间进行运算，所得的运算结果组成一个新的数组。数组之间的运算包括数组的加、减、乘、除等算术运算、逻辑运算等。

大小相等的数组之间的算术运算的示例代码如下（参见例 10.1.4.ipynb）：

```
In  [1]: import numpy as np
In  [2]: data1 = np.array([[2, 3, 4], [4, 5, 6]])
In  [3]: data2 = np.array([[2, 3, 4], [4, 5, 6]])
In  [4]: data1 + data2              # 数组相加
Out [4]:
array([[ 4, 6, 8],
      [ 8, 10,12]])
In  [5]: data1*data2                # 数组相乘
Out [5]:
array([[ 4,  9, 16],
      [16, 25, 36]])
In  [6]: data1-data2                # 数组相减
Out [6]:
array([[0, 0, 0],
      [0,0,0]])
In  [7]: data1/data2                # 数组相除
Out[7]:
array([[1., 1., 1.],
      [1.,1., 1.]])
```

NumPy 数组也能进行逻辑运算，示例代码如下：

```
In  [8]: arr = np.arange(1, 10, 2)
         arr
Out [8]: array([1,  3,  5,  7,  9])
In  [9]: a_cond = (arr > 3)         # 数组逻辑运算
         a_cond
Out [9]: array([False,  False,  True,  True,  True])
```

2. NumPy 的通用函数

NumPy 提供了许多常用的数学函数，如 sin()、exp()、sqrt()等，这些函数叫作通用函数。通用函数是一种针对 NumPy 数组对象中的数据执行元素级运算的函数，函数返回的是一个新的数组。一般情况下，我们将通用函数中接收一个数组参数的函数称为一元通用函数，接收两个数组参数的则称为二元通用函数。表 10-3 和表 10-4 列举了一些常见的一元和二元通用函数。

表 10-3　　常见的一元通用函数

函数	功能描述
abs()、fabs()	计算整数、浮点数或复数的绝对值
sqrt()	计算各元素的平方根

续表

函数	功能描述
square()	计算各元素的平方
exp()	计算各元素的指数 e^x
log()、log10()、log2()、loglp()	分别计算自然对数(底数为 e)、底数为 10 的对数、底数为 2 的对数、log(1+x)
sign()	取各元素的符号：1 表示元素为正数、0 表示元素为 0、－1 表示元素为负数
ceil()	计算各元素的 ceilling 值，即大于或等于该值的最小整数
floor()	计算各元素的 floor 值，即小于或等于该值的最大整数
rint()	将各元素四舍五入到最接近的整数
modf()	将数组的小数和整数部分以两个独立数组的形式返回
isnan()	返回一个表示“哪些值是 NaN”的布尔型数组
isfinite()、isinf()	分别返回表示“哪些元素是有穷的”和“哪些元素是无穷的”的布尔型数组
sin()、sinh()、cos()、cosh()、tan()、tanh()	普通型和双曲型三角函数
arcos()、arccosh()、arcsin()	反三角函数

表 10-4 常见的二元通用函数

函数	功能描述
add()	将数组中对应的元素相加
subtract()	从第一个数组中减去第二个数组中的元素
multiply()	数组元素相乘
divide()、floor_divide()	除法、向下整除法（舍去余数）
maximum()、fmax()	元素级的最大值计算
minimum()、fmin()	元素级的最小值计算
mod()	元素级的求模计算
copysign()	将第二个数组中的值的符号赋值给第一个数组中的值
greater()、greater_equal()、less()、less_equal()、equal()、not_equal()、logical_and()、logical_or()、logical_xor()	执行元素级的比较运算，最终产生布尔型数组，相当于运算符>、≥、<、≤、==、!=、and、or、xor 等

以下为一些代码示例，演示以上一些通用函数的使用方法。一元通用函数示例代码如下（参见例 10.1.5.ipynb）：

```
In  [1]: import numpy as np
In  [2]: arr = np.array([4, 9, 16])
In  [3]: np.sqrt(arr)                           # 计算数组元素的平方根
```

```
Out [3]:array([2., 3., 4.])
In  [4]: np.abs(arr)                              # 计算数组元素的绝对值
Out [4]: array([ 4, 9, 16])
In  [5]: np.square(arr)                           # 计算数组元素的平方
Out [5]: array([ 16, 81, 256] , dtype=int32)
```

有关二元通用函数的示例代码如下：

```
In  [6]: x = np.array([11, 9, 13, 15])
In  [7]: y = np.array([12, 10, 4, 10])
In  [8]: np.add(x, y)                             # 计算两个数组的和
Out [8]: array([23, 19, 17, 25])
In  [9]: np.multiply(x, y)                        # 计算两个数组的乘积
Out [9]: array([132, 90, 52, 150])
In  [10]: np.maximum(x, y)                        # 两个数组元素级的最大值计算
Out [10]: array([12, 10, 13, 15])
In  [11]: np.greater(x, y)                        # 执行元素级的比较操作
Out [11]: array([ False, False, True, True])
```

3. NumPy 的数据处理函数

NumPy 还提供了很多函数用于数组的数据处理，比如统计、排序、检索数组元素等。下面对部分常用函数进行介绍。

我们可以通过 NumPy 提供的诸多统计函数，对数组进行统计分析，比如计算数组最大值、最小值以及平均值等。表 10-5 列举了 NumPy 数组常用的统计函数。

表 10-5　　NumPy 数组常用的统计函数

函数	功能描述
sum()	对数组中全部或某个轴向的元素求和
mean()	计算算术平均值
min()	计算数组中的最小值
max()	计算数组中的最大值
argmin()	计算最小值的索引
argmax()	计算最大值的索引
cumsum()	计算所有元素的累积和
cumprod()	计算所有元素的累积积

接下来演示 NumPy 数组常用的统计函数的使用方法，示例代码如下（参见例 10.1.6.ipynb）：

```
In  [1]: import numpy as np
In  [2]: arr = np.arange(10)
In  [3]: arr.sum()              # 求和
Out [3]: 45
In  [4]: arr.mean()             # 求算术平均值
Out [4]: 4.5
In  [5]: arr.min()              # 求最小值
Out [5]: 0
```

```
In  [6]: arr.max()              # 求最大值
Out [6]: 9
In  [7]: arr.argmin()           # 求最小值的索引
Out [7]: 0
In  [8]: arr.argmax()           # 求最大值的索引
Out [8]: 9
In  [9]: arr.cumsum()           # 计算元素的累积和
Out [9]: array([ 0, 1, 3, 6, 10, 15, 21, 28, 36, 45] , dtype=int32)
In  [10]: arr.cumprod()         #  计算元素的累积积
Out [10]: array([0, 0,0, 0, 0, 0, 0,0,0, 0] , dtype=int32)
```

如果希望对 NumPy 数组中的元素进行排序，可以通过 sort()函数实现，示例代码如下：

```
In  [11]: arr = np.array([[5, 2, 7], [3, 4, 2],[5, 3, 2]])
In  [12]: arr
Out [12]:
array([[5, 2, 7],
      [3, 4, 2],
      [5, 3, 2]])
In  [13]: arr.sort()
In  [14]: arr
Out [14]:
array([[2, 5, 7],
      [2, 3, 4],
      [2, 3, 5]])
```

从上述代码可以看出，当调用 sort()函数后，数组 arr 中的数据按行（即轴编号为 1）从小到大排列。需要注意的是，使用 sort()函数排序会修改数组本身。

如果希望对上述数组中的数据按列（即轴编号为 0）进行排序，那么代码修改如下：

```
In  [15]: arr = np.array([[5, 2, 7], [3, 4, 2],[5, 3, 2]])
In  [16]: arr
Out [16]:
array([[5, 2, 7],
       [3, 4, 2],
       [5, 3, 2]])
In  [17]: arr.sort(0)            # 沿着编号为 0 的轴对元素排序
In  [18]: arr
Out [18]:
array([[3, 2, 2],
       [5, 3, 2],
       [5, 4, 7]])
```

从上述代码可以看出，如果希望对任何一个轴上的元素进行排序，只需要将轴的编号作为 sort()函数的参数传入即可。

如果需要检索 NumPy 数组中的元素，NumPy 提供了 all()函数用于判断整个数组中的元素的值是否全部满足条件，如果满足条件返回 True，否则返回 False。而 any()函数用于判断整个数组中的元素是否至少有一个满足条件，如果满足条件就返回 True，否则返回 False。

使用 all()和 any()函数检索数组元素的示例代码如下：

```
In  [19]: arr = np.array([[-1, 2, -3], [-2, 6, 0],[-4, 0, -2]])
```

```
In  [20]: arr
Out [20]:
array([[-1, 2, -3],
       [-2, 6, 0],
       [-4, 0, -2]])
In  [21]: np.any(arr>0)
Out [21]: True
In  [22]: np.all(arr>0)
Out [22]: False
```

4. 数组的索引和切片操作

NumPy 数组可以通过索引和切片操作来访问和修改元素。索引从 0 开始，可以使用整数或切片对象进行索引和切片操作。例如，假设 arr1d 是一个一维数组，则 arr1d[2]表示访问数组的第 3 个元素，arr1d[1:4]表示访问数组的第 2 个到第 5 个元素（不包括第 5 个元素）。示例代码如下（参见例 10.1.7.ipynb）：

```
In  [1]: import numpy as np
In  [2]: arr1d = np.arange(9)                  # 创建一个一维数组
In  [3]: arr1d
Out [3]: array([0, 1, 2, 3, 4, 5, 6, 7, 8])
In  [4]: arr1d[2]                              # 获取索引为 2 的元素
Out [4]: 2
In  [5]: arr1d[1:4]                            # 获取索引为 1～4 的元素，但不包括索引为 4 元素
Out [5]: array([1, 2, 3])
In  [6]: arr1d[1:6:2]                          # 获取索引为 1～6 的元素，步长为 2
Out [6]: array([1, 3, 5])
```

如果 arr2d 是一个二维数组，则 arr2d[2]表示获取第 3 行的一维数组，而如果想获取二维数组的某一个元素，则可以通过以逗号分隔的索引（形如“arr2d[*x*,*y*]”，其中，*x* 表示行号，*y* 表示列号）来实现。示例代码如下：

```
In  [7]: arr2d = np.array([[1, 2, 3], [7, 8, 9], [4, 5, 6]]) # 创建二维数组
In  [8]: arr2d
Out [8]:
array([[1, 2, 3],
       [7, 8, 9],
       [4, 5, 6]])
In  [9]: arr2d[1]                              # 获取第 2 行的一维数组
Out [9]: array([7, 8, 9])
In  [10]: arr2d[1, 2]                          # 获取位于第 2 行第 3 列的元素
Out [10]: 9
```

此外，NumPy 还支持使用整数数组和布尔数组进行索引。

其中，使用整数数组进行索引时，是根据索引数组的每个元素作为目标数组的索引进行取值的。示例代码如下：

```
In  [11]: arr1 = np.arange(1, 10)              # 创建一个一维数组
          arr1
Out [11]: array([1, 2, 3, 4, 5, 6, 7, 8, 9])
In  [12]: arr1[[0, 2, 5]]                      # 获取索引为[0, 2, 5]的元素
```

```
Out [12]: array([1, 3, 6])
In  [13]: arr2 = np.arange(16).reshape(4,4) # 创建一个二维数组
          arr2
Out [13]:
array([[ 0,  1,  2,  3],
       [ 4,  5,  6,  7],
       [ 8,  9,  10, 11],
       [12, 13,  14, 15]])
In  [14]: arr2[[1, 3]]                      # 获取索引为[1, 3]的元素
Out [14]:
array([[ 4,  5,  6,  7],
       [12, 13, 14, 15]])
```

布尔数组索引指的是将一个布尔数组作为数组索引，返回的数据是布尔数组中 True 对应位置的值。

假设有一个一维数组存储了某些学生的姓名，另一个数组是存储了一维数组中每个学生的各科成绩的二维数组。如果我们想检索出某个学生的成绩，那么该怎么实现呢？这时就可以使用布尔数组索引来解决。示例代码如下：

```
In [15]: stu_name = np.array(['Jack', 'Lucy', 'Tom', 'Jane'])    # 存储学生姓名的一维数组
         stu_name
Out [15]: array(['Jack', 'Lucy', 'Tom', 'Jane'], dtype='<U4')
In  [16]: stu_score = np.array([[79, 89, 80],
                                [89, 92, 90],
                                [87, 78, 97],
                                [80, 89, 96]])
         stu_score
Out [16]:
array([[79, 89, 80],
       [89, 92, 90],
       [87, 78, 97],
       [80, 89, 96]])
In  [17]: stu_name == 'Tom'     # 对一维数组 stu_name 使用"=="关系运算符产生一个布尔数组
Out [17]: array([False, False,  True, False])
In  [18]: stu_score[stu_name == 'Tom']       # 将布尔数组索引应用到 stu_score 数组中
Out [18]: array([[87, 78, 97]])              # 返回布尔数组中 True 值对应的行
```

5. 线性代数

线性代数是数学运算中的一个重要工具，线性代数中的矩阵是金融数据挖掘算法的重要数据结构之一。矩阵是一个 m 行 n 列（$m,n \geqslant 1$）的数据集合，可以使用 NumPy 的二维数组进行表示。

首先，我们以矩阵的乘法来介绍 NumPy 中对矩阵运算的支持。矩阵乘法的条件是矩阵 $\boldsymbol{A}$ 的列数等于矩阵 $\boldsymbol{B}$ 的行数，假设 $\boldsymbol{A}$ 为 $m \times p$ 的矩阵，$\boldsymbol{B}$ 为 $p \times n$ 的矩阵，那么矩阵 $\boldsymbol{A}$ 与 $\boldsymbol{B}$ 的乘积就是一个 $m \times n$ 的矩阵 $\boldsymbol{C}$，其中矩阵 $\boldsymbol{C}$ 的第 i 行第 j 列的元素表示为：

$$(\boldsymbol{A},\boldsymbol{B})_{ij} = \sum_{k=1}^{p} a_{ik}b_{kj} = a_{i1}b_{1j} + a_{i2}b_{2j} + \cdots + a_{ip}b_{pj}$$

NumPy 中提供了一个用于矩阵乘法的 dot()函数，以下代码是矩阵乘法的应用场景：计算学生某门课程的综合成绩。假设学生某门课程的成绩如表 10-6 所示。

表 10-6　　学生某门课程的成绩

学生	期中成绩	期末成绩	综合成绩
1	80	86	?
2	82	80	?
3	85	78	?
4	90	90	?
5	86	82	?
6	82	90	?

假设要求计算综合成绩时，期中成绩占比 30%，期末成绩占比 70%，那么如何计算出学生的综合成绩呢？相信你如果手动计算，这个综合成绩很容易得到。但在这里，我们使用 NumPy 的矩阵乘法函数 dot()，具体示例代码如下（参见例 10.1.8.ipynb）：

```
In  [1]: import numpy as np
In  [2]: a_score = np.array([[80, 86],
                             [82, 80],
                             [85, 78],
                             [90, 90],
                             [86, 82],
                             [82, 90]])
In  [3]: a_score
Out [3]:
array([[80, 86],
       [82, 80],
       [85, 78],
       [90, 90],
       [86, 82],
       [82, 90]])
In  [4]: a_score.shape              # a_score 是一个 6 行 2 列的二维矩阵，表示成绩
Out [4]: (6, 2)
In  [5]: w = np.array([[0.3],[0.7]])
In  [6]: w
Out[6]:
array([[0.3],
       [0.7]])
In  [7]: w.shape                    # w 是一个 2 行 1 列的二维矩阵，表示成绩权值
Out [7]: (2, 1)
In  [8]: np.dot(a_score, w)         # 使用 dot()函数完成矩阵乘法计算，得到综合成绩
Out[8]:
array([[84.2],
       [80.6],
       [80.1],
       [90. ],
       [83.2],
       [87.6]])
```

提示：对于矩阵乘法，如果我们通过“*”对两个数组相乘的话，得到的是一个元素级的积，而不是一个矩阵点积。

实际上，NumPy 的 numpy.linalg 模块提供了与矩阵运算相关的标准函数，例如矩阵分解、计

算矩阵的逆、计算行列式等相关矩阵运算的函数。linalg 模块的常用函数如表 10-7 所示。

表 10-7　　linalg 模块的常用函数

函数	功能描述
dot()	矩阵乘法
diag()	以一维数组的形式返回矩阵的对角线元素，或将一维数组转换为矩阵
trace()	计算对角线元素和
det()	计算行列式
eig()	计算矩阵的特征值和特征向量
inv()	计算矩阵的逆
qr()	计算 QR（正交三角）分解
svd()	计算奇异值分解（Singular Value Decomposition，SVD）
solve()	解线性方程组 $\boldsymbol{A}x = b$，其中 $\boldsymbol{A}$ 是一个矩阵
lstsq()	计算 $\boldsymbol{A}x = b$ 的最小二乘解

6. random 模块

相比 Python 的 random 模块，NumPy 的 random 模块功能更多，它新增了一些可以高效生成多种概率分布的样本值的函数。NumPy 的 random 模块常用函数如表 10-8 所示。

表 10-8　　NumPy 的 random 模块常用函数

函数	功能描述
seed()	设置随机数生成器的种子
rand()	产生均匀分布的样本值
randn()	产生标准正态分布的样本值
randint()	从给定的上下限范围内随机选取整数
normal()	产生正态分布的样本值
beta()	产生 Beta 分布的样本值
uniform()	产生在[0,1]中的均匀分布的样本值

通过 random 模块，可以生成一些具有随机样本值的数组，示例代码如下（参见例 10.1.9.ipynb）:

```
In  [1]: import numpy as np
In  [2]: np.random.rand(2, 3)            # 随机生成一个二维数组
Out [2]:
array([[0.82065174, 0.11376323, 0.65952656],
       [0.75536413, 0.35169755, 0.01384583]])
In  [3]: np.random.rand(2, 3, 3)         # 随机生成一个三维数组
Out [3]:
array([[[0.03058244, 0.92574656, 0.78789086],
```

```
        [0.93012191, 0.28944771, 0.2813624 ],
        [0.66609491, 0.38676981, 0.38616068]],

        [[0.50623329, 0.67589329, 0.33367835],
        [0.77084433, 0.17370736, 0.32902734],
        [0.60020268, 0.55357738, 0.83578181]]])
In  [4]: np.random.randn(2, 4)          # 生成一个具有标准正态分布随机样本值的二维数组
Out [4]:
array([[ 0.19465754, -0.69015064, -1.31387496, -0.86449475],
       [-1.52406721,  1.03900212,  0.68247859,  0.73916871]])
```

在 random 模块中，seed()函数用来控制生成的随机数是否相同。它只有一个 seed 参数，用于指定随机数生成时所用算法的初始整数值，即随机数种子。当使用 seed()函数时，如果传递给 seed 参数的值相同，则每次生成的随机数都是一样的。如果不传递这个参数的值，则系统会使用当前系统时间作为随机数种子，因此每次生成的随机数会不同。示例代码如下：

```
In  [5]: np.random.seed(0)              # 设置 seed 参数值
In  [6]: np.random.rand(4)              # 生成包含 4 个均匀分布的随机样本值的一维数组
Out [6]:
array([0.5488135 , 0.71518937, 0.60276338, 0.54488318])
In  [7]: np.random.seed(0)              # 再次设置相同的 seed 参数值
In  [8]: np.random.rand(4)
Out[8]:
array([0.5488135 , 0.71518937, 0.60276338, 0.54488318])
In  [9]: np.random.seed()               # 不设置参数，采用当前系统时间作为随机数种子
In  [10]: np.random.rand(4)
Out[10]:
array([0.51740239, 0.92624499, 0.14764445, 0.47007208])
```

从以上代码的执行结果可以看出，当 seed()函数的参数值设置相同时，生成的随机数数组是相同的，当不设置 seed()函数的参数值，即采用当前系统时间作为随机数种子时，生成的随机数数组是不同的。

10.2 数据分析基础库之 Pandas

陈立在运用 NumPy 进行数据分析的过程中，发现 NumPy 的数组只能存储单一的数据类型，如果想要存储更复杂的多种不同的数据类型的数据，就需要定义多个不同的数组，这样比较麻烦。陈立了解到 Python 在数据分析中还有一个很重要的第三方库 Pandas，其可以提供更复杂的数据结构以支持存储多种数据类型。于是，他想了解 Python 中的数据分析基础库 Pandas 能做什么，Pandas 中有哪些基本数据结构，Pandas 有哪些核心功能及相关应用。

本节主要内容是 Pandas 简介、Pandas 基本数据结构、Pandas 核心功能及其应用。

10.2.1 Pandas 简介

1. 数据分析中的挑战与需求

在进行数据分析时，我们通常面临着大量的数据和复杂的数据结构。传统的数据处理工具，如 Excel 和 SQL，不够灵活和高效，很难满足快速、灵活地进行数据处理和分析的需求，因此，需要一种功能强大、灵活易用的工具来处理和分析大规模、复杂的数据。

2. Pandas 的背景与概述

Pandas 是 Python 编程语言中最受欢迎的数据处理和分析库之一。它提供了高级的数据结构和数据操作功能，能够轻松处理各种类型的数据。Pandas 的基本数据结构是 Series 和 DataFrame，它们能够高效地处理结构化数据，并提供了许多数据操作和类型转换的方法。

3. Pandas 在金融统计分析中的应用

Pandas 在金融统计分析中具有广泛的应用。它可以用于读取和处理各种金融数据源，如 CSV 文件、数据库查询结果、Web API 等。通过使用 Pandas 的数据操作和类型转换功能，可以进行数据清洗、特征提取、数据合并等操作，为后续的数据分析和建模做准备。

综上所述，Pandas 提供了强大的数据处理和分析功能，特别适用于金融统计分析。它能够处理复杂的数据结构，提供丰富的数据操作和类型转换方法，并具有强大的时间序列分析和处理功能。这使得 Pandas 成为金融从业人员和研究者进行数据分析和建模的首选工具之一。

提示：此外，Pandas 还可以与其他数据分析工具，如 NumPy、Matplotlib、sklearn 等，进行无缝集成，形成完整的数据分析生态系统。这使得使用 Pandas 进行金融统计分析更加高效和便捷。

10.2.2　Pandas 基本数据结构

Pandas 中有两个重要的基本数据结构：Series 和 DataFrame，其中 Series 是一维的数据结构，DataFrame 是二维的、表格型的数据结构。接下来，我们将分别介绍这两种数据结构。

1. Series 的定义和创建

Series 是 Pandas 中的一种核心数据结构，可以看作一个带有标签的一维数组。它由两部分组成：索引（Index）和值（Value）。索引用于标识数据，值则是实际的数据。

创建 Series 可以使用以下构造方法：

```
pandas.Series(data=None, index=None, dtype=None, name=None, copy=False, fastpath=False)
```

其中，data 参数表示传入的数据，可以传入一个列表或数组等作为数据源。index 参数表示索引，必须是唯一的，且与数据的长度相同。如果没有传入索引参数，则默认会自动创建一个 0 ~ N 的整数索引。dtype 表示数据类型。创建 Series 对象的示例代码如下（参见例 10.2.1.ipynb）：

```
In  [1]: import pandas as pd   # 导入 Pandas
In  [2]: # 创建 Series 对象 1
In  [3]: # 传入一个列表作为数据源，index 参数没有指定，使用默认的 0 ~ N 整数索引
         data1 = pd.Series(data=[2, 3, 4, 5])
In  [4]: data1
Out [4]:
         0    2
         1    3
         2    4
         3    5
         dtype: int64
In  [5]: type(data1)             # Series 对象 1 数据类型
Out [5]: pandas.core.series.Series
In  [6]:                         # 创建 Series 对象 2，并指定索引为字符串型
In  [7]: data2 = pd.Series(data=[3,4,5], index=['a','b','c'])
          data2
Out [7]:
```

```
        a    3
        b    4
        c    5
        dtype: int64
In  [8]:                        # 创建 Series 对象 3，使用字典构建 Series 对象
In  [9]: info = {"name":"xiaoming", "age":18, "gender":"male"}
         data3 = pd.Series(data=info)
In  [10]: data3
Out [10]:
        name    xiaoming
        age           18
        gender       male
        dtype: object
```

Series 对象有两个重要的属性 index 和 values，index 表示索引部分，values 表示数据部分，通过这两个属性可以获取 Series 对象的索引和数据。具体示例代码如下：

```
In  [11]: data3.index           # 获取 Series 对象 3 的索引
Out[11]: Index(['name', 'age', 'gender'], dtype='object')
In  [12]: data3.values          # 获取 Series 对象 3 的数据
Out[12]: array(['xiaoming', 18, 'male'], dtype=object)
```

2. DataFrame 的定义和创建

DataFrame 是 Pandas 中最常用的数据结构之一，可以看作一个二维的表格，类似于 Excel 或 SQL 中的数据表。它的索引由行索引和列索引组成，每列可以包含不同类型的数据（如数值、字符串、布尔值等）。

创建 DataFrame 可以使用以下构造方法：

```
pandas.DataFrame(data=None, index=None, columns=None, dtype=None, copy=False)
```

其中，data 参数可以传入一个字典、列表、NumPy 数组等作为数据源。index 参数表示行索引，如果没有传入该参数，则默认会自动创建一个 0 ~ N 的整数索引。columns 参数表示列索引，如果没有传入该参数，则默认会自动创建一个 0 ~ N 的整数索引。创建 DataFrame 对象的示例代码如下（参见例 10.2.2.ipynb）：

```
In  [1]: import pandas as pd   # 导入 Pandas
In  [2]: # 创建 DataFrame 对象 1，指定行索引和列索引
In  [3]: df1 = pd.DataFrame(data=[[80,78,90], [68,98,87]],
                            index=["小明", "小梅"],
                            columns=["语文", "数学", "英语"])
         df1
Out [3]:
        语文    数学    英语
小明    80      78      90
小梅    68      98      87
In  [4]:                        # 创建 DataFrame 对象 2，通过字典对象创建
In  [5]: data = {'Name': ['Alice', 'Bob', 'Charlie'],
                 'Age': [25, 30, 35],
                 'City': ['New York', 'London', 'Paris']}
         data
Out [5]:
```

```
{'Name': ['Alice', 'Bob', 'Charlie'],
 'Age': [25, 30, 35],
 'City': ['New York', 'London', 'Paris']}
In  [6]: # 传入字典作为数据源
         df2 = pd.DataFrame(data)
         df2
Out [6]:
    Name     Age   City
0   Alice    25    New York
1   Bob      30    London
2   Charlie  35    Paris
```

DataFrame 对象有 3 个重要的属性，分别是行索引 index、列索引 columns、数据 values，可以通过这 3 个属性获取 DataFrame 对象的相关信息。示例代码如下：

```
In  [7]: # 获取 DataFrame 对象 2 的行索引
       df2.index
Out [7]: RangeIndex(start=0, stop=3, step=1)
In  [8]: # 获取 DataFrame 对象 2 的列索引
       df2.columns
Out [8]: Index(['Name', 'Age', 'City'], dtype='object')
In  [9]: # 获取 DataFrame 对象 2 的数据
       df2.values
Out [9]:
array([['Alice', 25, 'New York'],
      ['Bob', 30, 'London'],
      ['Charlie', 35, 'Paris']], dtype=object)
```

DataFrame 对象可以直接索引，获取某个具体的列，也可以增加一个列，或者删除一个列，示例代码如下：

```
In  [10]: # 获取某个列，比如 Name 列
       df2['Name']
Out [10]:
0      Alice
1        Bob
2    Charlie
Name: Name, dtype: object
In  [11]: # 添加某个列，比如 Gender 列
       df2['Gender'] = ['Female', 'Male', 'Male']
       df2
Out [11]:
    Name     Age      City         Gender
0    Alice   25       New York     Female
1     Bob    30       London       Male
2   Charlie  35       Paris        Male
In  [12]: # 删除某个列，比如刚添加的 Gender 列
       del df2['Gender']
       df2
Out [12]:
     Name     Age    City
0     Alice    25   New York
1      Bob     30  London
```

```
2    Charlie    35    Paris
```

提示：获取 DataFrame 对象的某列数据时，也可以直接采用“点字符”方式进行访问，比如 df2.Name，但是如果列索引的名称中含有某些特殊字符（如空格），那么这时使用“点字符”进行访问会出现问题，因此推荐使用列索引的方式进行访问，即 df2['Name']。

3. 索引和选择数据

Pandas 提供了灵活的方法来索引和选择数据。可以使用行或列的位置索引、名称索引、数组索引等进行数据的选取、筛选和切片操作。

Series 对象属于一维结构，它只有行索引，而 DataFrame 对象属于二维结构，它同时含有行索引和列索引。由于它们的结构有所不同，所以它们的索引操作也会有所不同。接下来将分别介绍它们的相关索引操作。

Series 对象的索引操作比较简单，如果想获取 Series 对象的某个数据，既可以通过位置索引来获取，也可以通过名称索引来获取，示例代码如下（参见例 10.2.3.ipynb）：

```
In  [1]: import pandas as pd
In  [2]: ser = pd.Series(range(1,6), index=['a', 'b', 'c', 'd', 'e'])
      ser
Out [2]:
a    1
b    2
c    3
d    4
e    5
dtype: int64
In  [3]: ser[2]                          # 使用位置索引获取数据
Out [3]: 3
In  [4]: ser['c']                        # 使用名称索引获取数据
Out [4]: 3
```

Series 对象也可以使用切片来获取数据，如果使用位置索引进行切片，则切片结果包含起始位置但不包含结束位置；如果使用名称索引进行切片，则切片结果包含结束位置。示例代码如下：

```
In  [5]: ser[2:4]                        # 使用位置索引进行切片，切片结果不包含结束位置
Out [5]:
c    3
d    4
dtype: int64
In  [6]: ser["c":"e"]                    # 使用名称索引进行切片，切片结果包含结束位置
Out [6]:
c    3
d    4
e    5
dtype: int64
```

Series 对象还可以获取不连续的数据，即采用数组索引的方式，示例代码如下：

```
In  [7]: ser[[1,2,4]]                    # 通过位置索引数组进行不连续数据获取
Out [7]:
b    2
c    3
e    5
```

```
dtype: int64
In [8]: ser[['a', 'c', 'd']]            # 通过名称索引数组进行不连续数据获取
Out [8]:
a    1
c    3
d    4
dtype: int64
```

Series 对象也可以通过布尔型索引获取数据，示例代码如下：

```
In [9]: ser > 3                         # 创建布尔型 Series 对象
Out [9]:
a    False
b    False
c    False
d     True
e     True
dtype: bool
In [10]: ser[ser > 3]                   # 获取结果为 True 的数据
Out [10]:
d    4
e    5
dtype: int64
```

相比 Series 对象，DataFrame 对象的索引操作会比较复杂，因为它包含行索引和列索引。我们可以通过列索引，直接获取某列的值，其实 DataFrame 对象的列数据就是 Series 对象。示例代码如下：

```
In [11]: import numpy as np
        df = pd.DataFrame(np.arange(12).reshape(3, 4), columns = ['a','b','c','d'])
In [12]: df
Out [12]:
     a    b    c    d
0    0    1    2    3
1    4    5    6    7
2    8    9    10   11
In [13]: val = df['b']
In [14]: val
Out [14]:
0    1
1    5
2    9
Name: b, dtype: int32
In [15]: type(val)
Out [15]: pandas.core.series.Series      # DataFrame 对象的列数据是 Series 对象
In [16]: df[['a', 'b', 'd']]             # 获取不连续列的数据
Out [16]:
     a    b    d
0    0    1    3
1    4    5    7
2    8    9    11
```

提示：DataFrame 对象可以直接索引列索引，但是不能直接索引行索引，例如执行 df[0]会报

错，并不会获取到 DataFrame 对象的第 1 行数据。可见，DataFrame 对象的索引操作不够方便、灵活。

因此，Pandas 为 DataFrame 对象索引操作提供了其他索引方法来访问数据，这些索引方法如下。

loc：基于标签索引（名称索引），用于按标签选取数据。当执行切片操作时，既包含起始索引，也包含结束索引。

iloc：基于位置索引（整数索引），用于按位置选取数据。当执行切片操作时，只包含起始索引，不包含结束索引。

示例代码如下：

```
In  [17]: # 使用 loc 和 iloc 方法进行 DataFrame 对象索引操作
In  [18]: df.loc[:,'a']              # 访问 a 列数据
Out [18]:
0    0
1    4
2    8
Name: a, dtype: int32
In  [19]: df.iloc[1]                 # 访问第 2 行数据
Out [19]:
a    4
b    5
c    6
d    7
Name: 1, dtype: int32
In  [20]: df.loc[1:2, ['b','c']]
        # 访问第 2 行到第 3 行、b 列和 c 列的数据
Out [20]:
     b    c
1    5    6
2    9    10
In  [21]: df.iloc[1:3, [1, 2]]
        # 访问第 2 行到第 3 行、第 2 列和第 3 列的数据（整数索引都是从 0 开始的）
Out [21]:
     b    c
1    5    6
2    9    10
```

10.2.3 Pandas 核心功能及其应用

1. 算术运算与数据对齐

在 Pandas 中，执行算术运算时，会先按照索引进行对齐，对齐以后再进行相应的运算，没有对齐的位置会用 NaN 进行补齐。其中，Series 是按照行索引进行对齐的，DataFrame 是按照行索引、列索引进行对齐的。示例代码如下（参见例 10.2.4.ipynb）：

```
In  [1]: import pandas as pd
         import numpy as np
In  [2]: # 定义两个 Series 对象
         ser1 = pd.Series(np.arange(0, 3))
```

```
      ser2 = pd.Series(np.arange(20, 25))
In  [3]: ser1
Out [3]:
0    0
1    1
2    2
dtype: int32
In  [4]: ser2
Out [4]:
0    20
1    21
2    22
3    23
4    24
dtype: int32
In  [5]: ser1 + ser2                        # 执行加法运算
Out [5]:
0    20.0
1    22.0
2    24.0
3     NaN
4     NaN
dtype: float64
In  [6]: ser1.add(ser2, fill_value=0)   # 执行加法运算，补充缺失值
Out [6]:
0    20.0
1    22.0
2    24.0
3    23.0
4    24.0
dtype: float64
```

从上述示例代码可以看出，如果不希望使用 NaN 填充缺失值，则可以在调用 add()方法时提供 fill_value 参数值进行填充。其他算术运算也是类似的，这里不再举例。

2. 数据排序

由于 Pandas 中的数据结构 Series 和 DataFrame 同时含有索引和数据两个部分，所以在排序时，它们既可以按照索引进行排序，也可以按照数据进行排序。

我们先来了解按照索引进行排序，Pandas 提供了 sort_index()方法，该方法的函数原型如下：

```
sort_index(axis = 0,level = None,ascending = True,inplace = False,kind =' quicksort ',
na_position ='last',sort_remaining = True )
```

其中，axis 参数表示轴编号（排序的方向），0 表示 index（按行索引排列），1 表示 columns（按列索引排列），ascending 参数表示是否进行升序排列，默认为 True，表示升序排列。

按照索引排序的示例代码如下（参见例 10.2.4.ipynb）：

```
In  [7]: # 按照索引排序
In  [8]: # 对 Series 对象按照索引排序
      ser_obj = pd.Series(range(10,15), index=[5,2,1,2,3])
      ser_obj
Out [8]:
5    10
```

```
2    11
1    12
2    13
3    14
dtype: int64
In  [9]: ser_obj.sort_index()                       # 按索引进行升序排列
Out [9]:
1    12
2    11
2    13
3    14
5    10
dtype: int64
In  [10]: ser_obj.sort_index(ascending=False)       # 按索引进行降序排列
Out [10]:
5    10
3    14
2    11
2    13
1    12
dtype: int64
In  [11]: # 对 DataFrame 对象按照索引排序
       df_obj = pd.DataFrame(np.arange(9).reshape(3, 3), index=[5, 2, 3])
       df_obj
Out [11]:
    0    1    2
5   0    1    2
2   3    4    5
3   6    7    8
In  [12]: df_obj.sort_index()                       # 按照行索引升序排列
Out [12]:
    0    1    2
2   3    4    5
3   6    7    8
5   0    1    2
In  [13]: df_obj.sort_index(ascending=False)        # 按照行索引降序排列
Out [13]:
    0    1    2
5   0    1    2
3   6    7    8
2   3    4    5
In  [14]: df_obj.sort_index(axis=1, ascending=False) # 按照列索引进行降序排列
Out [14]:
    2    1    0
5   2    1    0
2   5    4    3
3   8    7    6
```

接下来，我们来看一下 Series 对象和 DataFrame 对象如何按照数据排序。Pandas 提供了 sort_values()方法，该方法的函数原型如下：

```
sort_values(by,axis=0, ascending=True, inplace=False, kind='quicksort', na_position=
'last')
```

其中，by 参数表示排序的列。na_position 参数有 first 和 last 两个值，first 表示将 NaN 放在开

头，last 表示将 NaN 放在最后。

按照数据排序的示例代码如下（参见例 10.2.4.ipynb）：

```
In  [15]: # 按照数据排序
In  [16]: # Series 对象按照数据排序
          ser_obj = pd.Series([2, np.nan, 6, np.nan, -7, 4])
In  [17]: ser_obj
Out [17]:
0    2.0
1    NaN
2    6.0
3    NaN
4   -7.0
5    4.0
dtype: float64
In  [18]: ser_obj.sort_values()
Out [18]:
4   -7.0
0    2.0
5    4.0
2    6.0
1    NaN
3    NaN
dtype: float64
In  [19]: # DataFrame 对象按照数据排序
          df_obj = pd.DataFrame([[4, -1, -3, 0],
                                 [2, 6, -3, -7],
                                 [8, 6, -5, 1]])
In  [20]: df_obj
Out [20]:
     0    1    2    3
0    4    -1   -3   0
1    2    6    -3   -7
2    8    6    -5   1
In  [21]: df_obj.sort_values(by=0)       # DataFrame 对象按照第 1 列进行排序
Out [21]:
     0    1    2    3
1    2    6    -3   -7
0    4    -1   -3   0
2    8    6    -5   1
In  [22]: df_obj.sort_values(by=[2, 3]) # DataFrame 对象按照第 3 列和第 4 列进行排序
                                        # 表示先按照第 3 列排序，排序后如果有相同的第 3 列数据，
再按照第 4 列进行排序
Out [22]:
     0    1    2    3
2    8    6    -5   1
1    2    6    -3   -7
0    4    -1   -3   0
```

3. 统计计算与描述

关于统计计算与描述，Pandas 提供了很多描述性统计函数，可以用于计算和与平均值、获取最小值与最大值等。其中，常用的描述性统计函数如表 10-9 所示。

表 10-9　　常用的描述性统计函数

函数	功能描述
sum()	计算和
mean()	计算平均值
median()	获取中位数
max()、min()	获取最大值、最小值
idxmax()、idxmin()	获取最大索引和最小索引
count()	计算非 NaN 值的个数
head()	获取前 *N* 个值
var()	计算样本值的方差
std()	计算样本值的标准差
skew()	计算样本值的偏度（三阶矩）
kurt()	计算样本值的峰度（四阶矩）
cumsum()	计算样本值的累积和
cummin()、cummax()	计算样本值的累积最小值和累积最大值
cumprod()	计算样本值的累积积
describe()	描述性汇总统计

下面通过一些示例代码来演示常用的描述性统计函数的使用方法（参见例 10.2.4.ipynb）：

```
In  [23]: # 统计计算与描述
In  [24]: df_obj = pd.DataFrame(np.arange(12).reshape(3,4), columns=['a','b','c','d'])
In  [25]: df_obj
Out [25]:
     a    b    c    d
0    0    1    2    3
1    4    5    6    7
2    8    9    10   11
In  [26]: # 按列求和
          df_obj.sum()
Out [26]:
a    12
b    15
c    18
d    21
dtype: int64
In  [27]: # 按行求和
          df_obj.sum(axis=1)
Out [27]:
0     6
1    22
2    38
dtype: int64
```

```
In  [28]: # 求中位数
          df_obj.median()
Out [28]:
a    4.0
b    5.0
c    6.0
d    7.0
dtype: float64
In  [29]: # 汇总统计
           df_obj.describe()
Out [29]:
          a    b    c    d
count    3.0  3.0  3.0  3.0
mean     4.0  5.0  6.0  7.0
std      4.0  4.0  4.0  4.0
min      0.0  1.0  2.0  3.0
25%      2.0  3.0  4.0  5.0
50%      4.0  5.0  6.0  7.0
75%      6.0  7.0  8.0  9.0
max      8.0  9.0  10.0 11.0
```

从示例代码的输出结果来看，describe()函数可以一次性输出多个统计指标，这是一个非常好用的汇总统计分析函数。

4. 读写数据操作

在进行数据分析时，一般要用的数据都存储在文件或数据库中，不会直接在程序中写入。因此 Pandas 提供了不同类型，比如 TXT 文件类型、CSV 文件类型、Excel 文件类型等的文件数据的读写操作，其中 CSV 文件类型是当前常用于数据存储的文件类型，接下来将重点介绍 CSV 文件类型的文件数据的读写操作。

Pandas 提供 to_csv()函数将数据写入 CSV 文件，该函数原型如下：

```
to_csv(path_or_buf=None,sep=',',na_rep='',float_format=None,columns=None,header=True, index=True, index_label=None, mode='w', ···)
```

其中，path_or_buf 参数表示文件路径，如果指定路径下的文件不存在，则会创建一个文件来保存数据，如果文件已经存在，则会对文件中的内容进行覆盖；index 参数表示是否写入行索引，默认值为 True，表示写入行索引，如果设置为 False，表示不写入行索引；sep 参数表示分隔符，默认用“,”分隔。

将数据写入 CSV 文件的示例代码如下（参见例 10.2.4.ipynb）：

```
In  [30]: df_obj
Out [30]:
    a   b   c   d
0   0   1   2   3
1   4   5   6   7
2   8   9   10  11
In  [31]: df_obj.to_csv("./test.csv")          # 写入 CSV 文件，默认行索引也写入
```

写入的 CSV 文件 test.csv 可以用任意文本文件编辑器或电子表格软件打开。图 10-2 所示为采用 Excel 软件打开的 test.csv 文件。

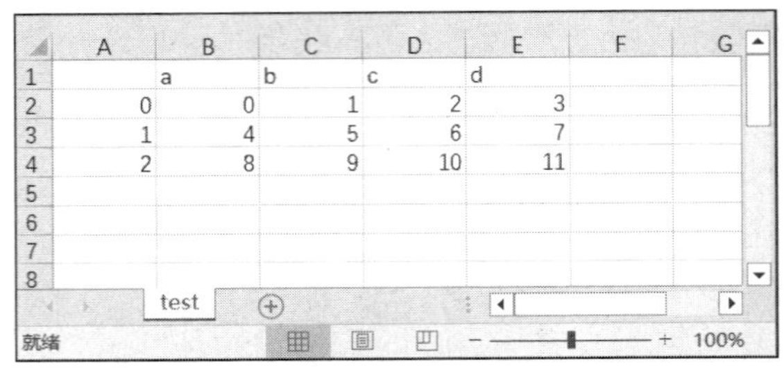

	A	B	C	D	E	F	G
1		a	b	c	d		
2	0	0	1	2	3		
3	1	4	5	6	7		
4	2	8	9	10	11		
5							
6							
7							
8							

test

就绪 100%

图 10-2　采用 Excel 软件打开的 test.csv 文件

从 test.csv 文件可以看出，第 1 列（即第 A 列）表示原来 df_obj 对象的行索引，第 1 行表示原来 df_obj 对象的列索引，因此 to_csv()函数默认会将 DataFrame 对象的行索引和列索引都写入文件。

Pandas 提供 read_csv()函数用于将 CSV 文件中的数据读取出来，并转换成 DataFrame 对象。其函数原型如下：

```
read_csv(filepath_or_buffer,sep=',', delimiter=None, header='infer', names=None,
index_col=None, usecols=None, prefix=None, ···)
```

其中，filepath_or_buffer 参数表示文件路径；sep 参数表示使用的分隔符，如果不指定，默认用“,”分隔。

从上述的 test.csv 文件中读取数据，示例代码如下：

```
In  [32]: df_new = pd.read_csv("./test.csv")          # 读取 CSV 文件中的数据
In  [33]: df_new                                      # 输出读取的数据
Out [33]:
    Unnamed: 0   a   b   c   d
0            0   0   1   2   3
1            1   4   5   6   7
2            2   8   9   10  11
In  [34]: del df_new['Unnamed: 0']                    # 删除 Unnamed: 0 列
In  [35]: df_new
Out [35]:
     a   b   c   d
0    0   1   2   3
1    4   5   6   7
2    8   9   10  11
```

从上述代码的执行结果来看，直接从 test.csv 文件中读取数据，得到的 DataFrame 对象会有 Unnamed: 0 列，这是为什么呢？因为在读取的时候，read_csv()函数会把 test.csv 中的第 1 列（原来是表示行索引的）当成第 1 列数据。如果想要得到和原来一样的 DataFrame 对象，可以把 Unnamed: 0 列删除，如上述代码所示。

提示：为了读取数据的时候不出现 Unnamed: 0 列，一种方法是在写入数据时，将 to_csv()函数中的 index 参数设置为 False。

5. 数据预处理

由于原始的数据源一般存在很多问题，比如数据缺失、数据格式不统一、存在异常值等，因此在进行数据分析之前，一般需要对数据进行预处理。与数据预处理相关的技术有很多，包括数据清洗、数据合并、数据重塑、数据类型转换等。Pandas 提供了用于数据预处理的很多方法，其中，数据清洗是最常用的数据预处理方法之一，数据清洗主要包括空值和缺失值的处理、重复值的处理等。接下来将介绍一些常用的数据清洗方法。

空值表示数据未知、不适用或将在以后添加数据。缺失值是指数据集中某个或某些属性的值是不完整的。一般使用 None 表示空值，缺失值使用 NaN 表示（该别名在 NumPy 中定义）。Pandas 提供了一些用于检查或处理空值和缺失值的函数，其中，isnull()和 notnull()函数可以判断数据集中是否有空值或缺失值，而对于检查出来的空值或缺失值，可以使用 dropna()或 fillna()函数进行删除或填充。示例代码如下（参见例 10.2.4.ipynb）：

```
In  [36]: # 空值和缺失值的处理
In  [37]: from numpy import NaN
In  [38]: ser_obj = pd.Series([1, None, np.nan])
In  [39]: ser_obj
Out [39]:
0    1.0
1    NaN
2    NaN
dtype: float64
In  [40]: pd.isnull(ser_obj)          # 判断是否有空值、缺失值
Out [40]:
0    False
1     True
2     True
dtype: bool
In  [41]: pd.notnull(ser_obj)         # 判断是否不存在空值、缺失值
Out [41]:
0     True
1    False
2    False
dtype: bool
In  [42]: # 删除有空值、缺失值的记录
In  [43]: df_obj1 = pd.DataFrame({"类别":['小说', '散文随笔', '青春文学', '传记'],
                                  "书名":[np.nan, '《皮囊》', '《旅程结束时》', '《老舍自传》'],
                                  "作者":['老舍', None, '张其鑫', '老舍']})
          df_obj1
Out [43]:
        类别          书名      作者
0       小说          NaN       老舍
1     散文随笔       《皮囊》     None
2     青春文学   《旅程结束时》   张其鑫
3       传记      《老舍自传》     老舍
In  [44]: # 输入删除有空值、缺失值的记录的命令
          df_obj1.dropna()
Out [44]:
        类别          书名      作者
2     青春文学《旅程结束时》    张其鑫
3       传记    《老舍自传》    老舍
In  [45]: # 填充缺失值
          df_obj2 = pd.DataFrame({'A':[1, 2, 3, NaN],
                                  'B':[NaN, 4, NaN, 6],
```

```
                                        'C':['a', 7, 8, 9],
                                        'D':[NaN, 2, 3, NaN]})
        df_obj2
Out [45]:
     A      B   C   D
0    1.0    NaN    a  NaN
1    2.0    4.0    7  2.0
2    3.0    NaN    8  3.0
3    NaN    6.0    9  NaN
In  [46]: df_obj2.fillna(66.0)                          # 全部缺失值填充为 66.0
Out [46]:
       A      B     C     D
0     1.0   66.0    a    66.0
1     2.0    4.0    7     2.0
2     3.0   66.0    8     3.0
3    66.0    6.0    9    66.0
In  [47]: df_obj2.fillna({'A':4.0, 'B':10.0, 'D':5.0})   # 按列填充
Out [47]:
     A     B    C    D
0    1.0  10.0   a   5.0
1    2.0   4.0   7   2.0
2    3.0  10.0   8   3.0
3    4.0   6.0   9   5.0
In  [48]: df_obj2.fillna(method='ffill')                # 填充方式
Out [48]:
     A     B      C      D
0    1.0   NaN     a     NaN
1    2.0   4.0     7     2.0
2    3.0   4.0     8     3.0
3    3.0   6.0     9     3.0
```

源数据中除了出现空值和缺失值，还经常会出现重复值，大量的重复值会影响数据分析结果的准确性，因此大部分情况下，我们还需要对重复值进行处理。Pandas 提供了专门用来处理数据中的重复值的函数，其中 duplicated()函数用于标记是否含有重复值，有则标记为 True，没有则标记为 False；drop_duplicates()函数用于删除重复值。

示例代码如下：

```
In  [49]: # 重复值的处理
In  [50]: person_info = pd.DataFrame({'id':[1, 2, 3, 4, 4, 5],
                                   'name':['小敏', '小米', '小鹏', '小刘', '小刘', '小周'],
                                   'age':[18, 18, 29, 58, 58, 36],
                                   'height':[180, 180, 185, 175, 175, 178],
                                   'gender':['女', '女', '男', '男', '男', '男']})
In  [51]: person_info
Out [51]:
   id   name  age  height gender
0   1   小敏   18    180      女
1   2   小米   18    180      女
2   3   小鹏   29    185      男
3   4   小刘   58    175      男
4   4   小刘   58    175      男
5   5   小周   36    178      男
```

```
In  [52]: person_info.duplicated()                 # 标记重复值
Out [52]:
0    False
1    False
2    False
3    False
4     True
5    False
dtype: bool
In  [53]: person_info.drop_duplicates()            # 删除重复值
Out [53]:
    id   name   age   height   gender
0   1    小敏    18    180       女
1   2    小米    18    180       女
2   3    小鹏    29    185       男
3   4    小刘    58    175       男
5   5    小周    36    178       男
```

Pandas 还提供了很多数据预处理的方法，比如数据合并、数据重塑等，感兴趣的读者可以去查看 Pandas 的官方文档，这里不详细介绍。

10.3　数据可视化基础库之 Matplotlib

陈立在学习了 NumPy、Pandas 等基础的第三方库的知识后，想要将已经处理好的数据进行可视化，于是开始学习 Matplotlib。他想了解 Matplotlib 能做什么，Matplotlib 有哪些核心功能及相关应用。

本节主要内容是 Matplotlib 简介、Matplotlib 核心功能及其应用。

10.3.1　Matplotlib 简介

Matplotlib 是一个广泛用于数据可视化的 Python 库，主要用于绘制各种类型的图表、图形。它提供了灵活的绘图功能，适用于不同领域的数据分析、科学研究、工程应用等。Matplotlib 可以创建静态、交互式和动态的图表，支持多种输出格式。其中 pyplot 是 Matplotlib 中一个常用的子模块，可用于实现各种数据可视化任务，也是下面将着重介绍的一个子模块。除此之外，Matplotlib 还有一些子模块，如 animation，它用于创建动画效果，可以在图表中显示随时间变化的数据。

下面介绍 Matplotlib 的一些关键特点和用途，希望可以为读者提供一个指引或者帮助读者建立对此第三方库的更加全面的认识。

（1）可以绘制多种图表，即实现数据可视化：支持绘制折线图、散点图、柱形图、饼图、箱线图、热力图、等高线图甚至 3D 曲面图等各种图表，可满足不同的数据展示需求。它可以帮助用户更好地理解数据、发现模式和趋势，以及进行数据分析和交流，适用于数据科学、统计分析、机器学习等领域。

（2）高度定制化：用户可以通过各种参数和属性来定制图表的外观，包括颜色、线型、标签、标题等。

（3）支持多种输出格式：可以输出为图像文件格式（如 PNG、JPEG）、矢量图格式（如 PDF、

SVG）等多种格式。

10.3.2 Matplotlib 核心功能及其应用

Matplotlib 在金融领域也有许多常用的应用。以下是 Matplotlib 核心功能及一些常见的 Matplotlib 示例代码（参见例 10.3. ipynb）。

1. 数据可视化

首先介绍几种常见的图表绘制的案例。

（1）绘制单只股票的价格走势图，如图 10-3 所示。

示例代码如下：

```
# 示例数据，通常从金融数据源中获取
dates = ['2023-01-01', '2023-01-02', '2023-01-03','2023-01-04']
prices = [100, 105, 107, 103]

plt.plot(dates, prices)
plt.xlabel("日期")
plt.ylabel('价格')
plt.title('股票价格走势图')
plt.xticks(rotation=45)
plt.grid(True)
plt.show()
```

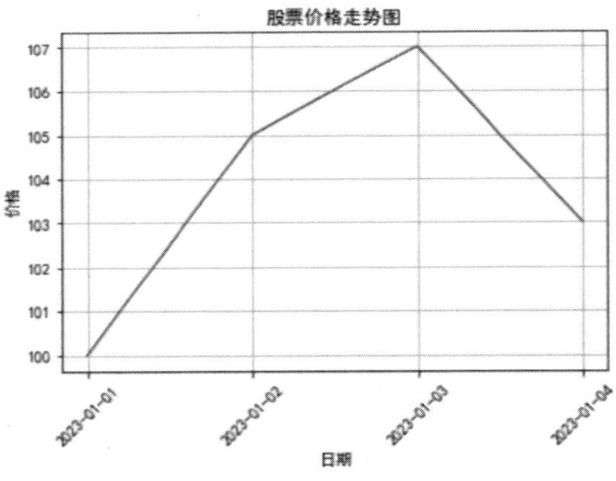

图 10-3　单只股票的价格走势图

除了绘制单只股票的价格走势图，我们还可以绘制多只股票的价格对比图，如图 10-4 所示。示例代码如下：

```
# 示例数据，通常从金融数据源中获取
dates = ['2023-01-01', '2023-01-02', '2023-01-03','2023-01-04']
stock1_prices = [100, 105, 107, 103]
stock2_prices = [90, 92, 93, 91]

plt.plot(dates, stock1_prices, label='股票 1')
plt.plot(dates, stock2_prices, label='股票 2')
plt.xlabel('日期')
```

```
plt.ylabel('价格')
plt.title('股票价格对比图')
plt.xticks(rotation=45)
plt.legend()
plt.grid(True)
plt.show()
```

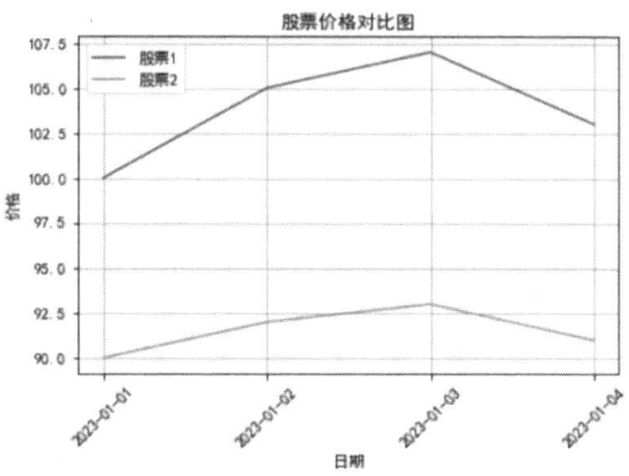

图 10-4　多只股票的价格对比图

（2）绘制交易量柱形图，如图 10-5 所示。

示例代码如下：

```
# 示例数据，通常从金融数据源中获取
dates = ['2023-01-01', '2023-01-02', '2023-01-03','2023-01-04']
volumes = [10000, 15000, 12000, 14000]

plt.bar(dates, volumes)
plt.xlabel('日期')
plt.ylabel('交易量')
plt.title('交易量柱形图')
plt.xticks(rotation=45)
plt.show()
```

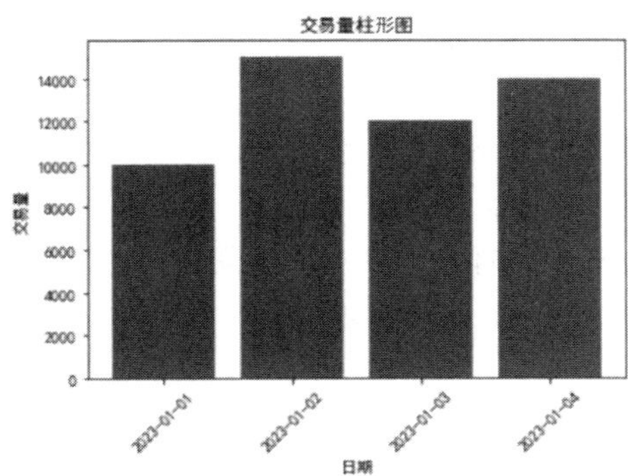

图 10-5　交易量柱形图

（3）绘制资产组合效果图，如图 10-6 所示。

可以利用散点图表现金融里非常重要的一个理论——马科维茨有效边界（Markowitz Efficient Frontier）。马科维茨有效边界是一种资产组合理论，由经济学家 Harry M. Markowitz（哈里·M.

马科维茨）于 1952 年提出，他也因此获得了 1990 年的诺贝尔经济学奖。该理论旨在帮助投资者在不同风险水平下选择最佳的资产组合，以实现最大的预期收益或最小的预期风险。

示例代码如下：

```
# 示例数据，通常根据资产预期收益率和波动率计算得出
returns = [0.0611,0.0613,0.0615,0.0617,0.0619,
           0.0621,0.0623,0.0625,0.0627,0.0629,0.0631]
volatility = [0.09967,0.10011,0.10058,0.10102,0.10148,
              0.10195,0.10244,0.10289,0.10331,0.10378,0.10426]
plt.scatter(volatility, returns, marker='o')
plt.xlabel('波动率')
plt.ylabel('预期收益率')
plt.title('资产组合效果图')
plt.grid(True)
plt.show()
```

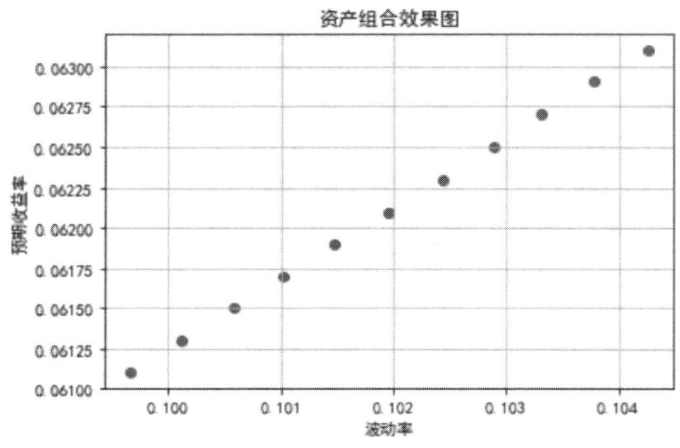

图 10-6　资产组合效果图

2. 图表定制化

上述部分着重实现图表的绘制，即实现可视化的功能，下面着重介绍通过各种参数和属性来定制图表的外观。以资产预期收益率和波动率的数据为例，介绍绘图时颜色和线型、标记，以及刻度等的设计。在此之前，需要先介绍 figure，Matplotlib 的图像都位于 figure 对象中。有两种方法可以创建 figure 和 subplot，将一一介绍。

方法一：输入 fig = plot.figure()，这时会生成一个空窗口，但不能基于空窗口绘图，因此需要用 add_subplot()创建一个或者多个 subplot，然后才可以在子图上进行绘图。例如，想要绘制 4 张子图，通过以下代码实现。

```
# 创建一个新的空窗口
fig = plt.figure()
# 生成 4 张子图
ax1 = fig.add_subplot(2,2,1)
ax2 = fig.add_subplot(2,2,2)
ax3 = fig.add_subplot(2,2,3)
ax4 = fig.add_subplot(2,2,4)
```

fig.add_subplot()返回的对象（如 ax1）是 AxesSubplot 对象，可以直接调用它们的实例方法绘制图。结果如图 10-7 所示。

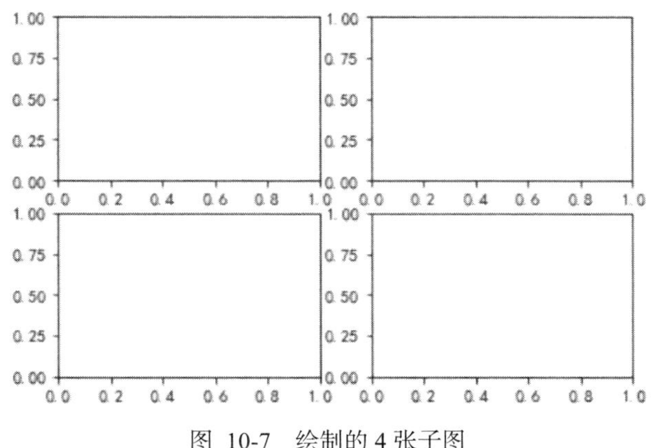

图 10-7　绘制的 4 张子图

导入需要用到的库以及函数。

```
import numpy as np
from numpy.random import randn
```

在第一张子图上绘制散点图，结果如图 10-8 所示。

```
ax1.scatter(np.arange(10), np.arange(10)+5*randn(10))
fig
```

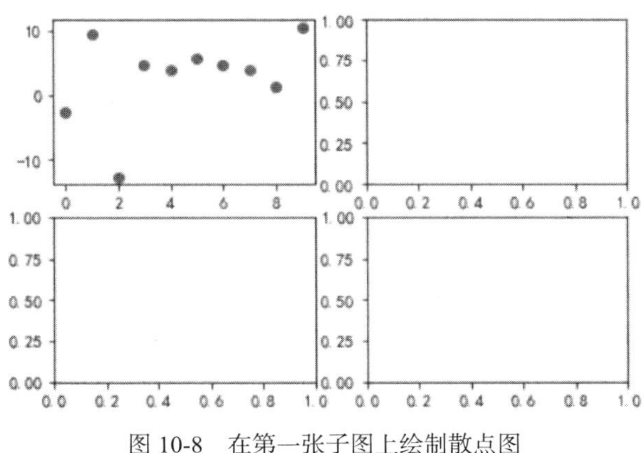

图 10-8　在第一张子图上绘制散点图

同样，可以对 ax2、ax3 等进行相同的操作，完成绘图。

方法二：创建 figure 和 subplot 是非常常见的任务，已经出现了更加方便的方法来创建 figure 和 subplot，但需要注意，它返回的是一个含有已创建的 subplot 对象的 NumPy 数组，因此可以直接对 axes 进行赋值。例如，通过如下代码：

```
fig, axes = plt.subplots(2,2)
```

即可得到图 10-9 所示的图形，在右下角的子图里进行绘图，结果如图 10-10 所示。

```
axes[1,1].plot(volatility,returns)
fig
```

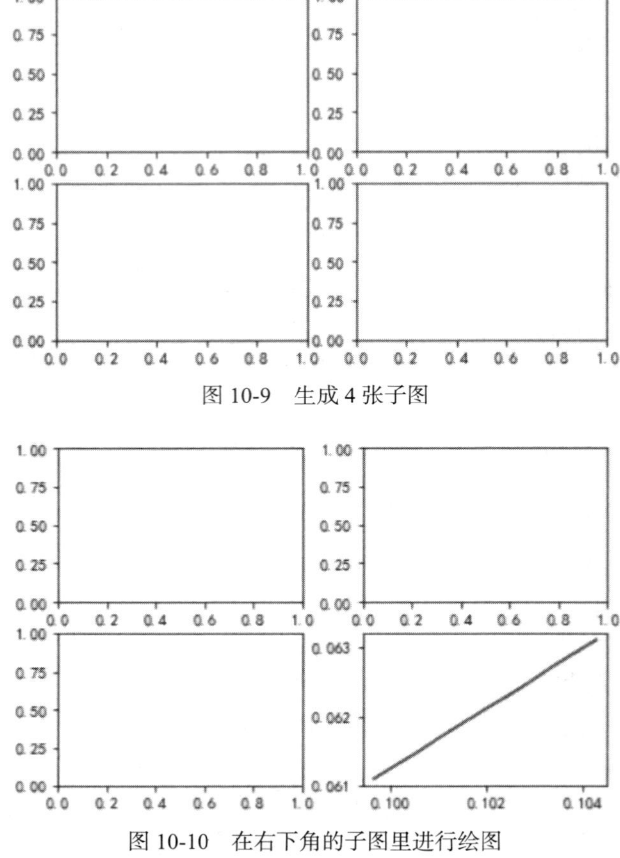

图 10-9　生成 4 张子图

图 10-10　在右下角的子图里进行绘图

接下来着重介绍绘制图表过程中的参数调整，如颜色和线型、标记，以及刻度等的设计。

（1）颜色和线型。例如要根据资产预期收益率和波动率绘制由绿色虚线表示的有效边界，你可以执行如下代码：

```
plt.plot(volatility,returns, 'g--')
```

这种在一个字符串中指定颜色和线型的方式非常方便。通过以下这种更为明确的方式也可以实现同样的效果，如图 10-11 所示。

```
plt.plot(volatility,returns,linestyle= '--', color='g')
```

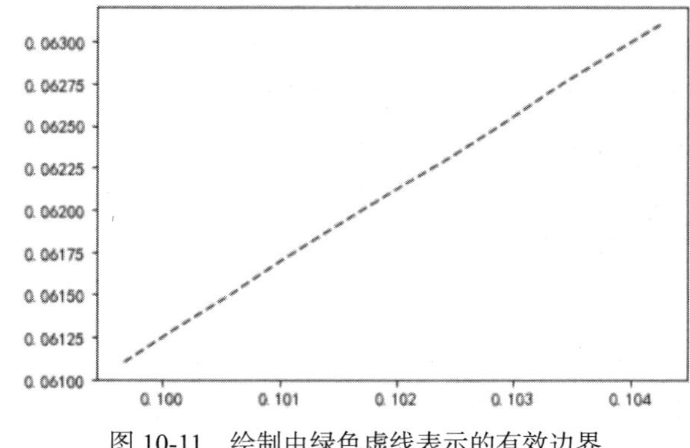

图 10-11　绘制由绿色虚线表示的有效边界

常用的颜色都有一个缩写词，若想要使用其他颜色则可以通过指定其 RGB 值（例如#CECECE）实现。完整的 linestyle 列表可参考有关 plot 函数的说明文档。

（2）标记（marker）。线形图还可以加上标记，以突出强调实际的数据点。由于 Matplotlib 创建的是连续的线形图（点与点之间插值），因此有时可能不太容易看出真实数据点的位置。标记也可以放到格式字符串（Format String）中，但标记类型和线型必须放在颜色后面，如下。

注：格式字符串（Format String）是 Matplotlib 中用于快速指定绘图样式的一种简洁语法。它通过一个简短的字符串来定义图形的颜色、线型和标记样式，从而避免使用多个参数来分别设置这些属性。

```
plt.plot(volatility,returns, 'ro--')
```

同样，也可以写成以下这种形式（其中 marker='o'表示该线的标记为空心圆），绘制结果如图 10-12 所示。

```
plt.plot(volatility,returns,linestyle='dashed', color='r', marker='o')
```

标记也有多种样式，可通过参数详解进行查询、使用。

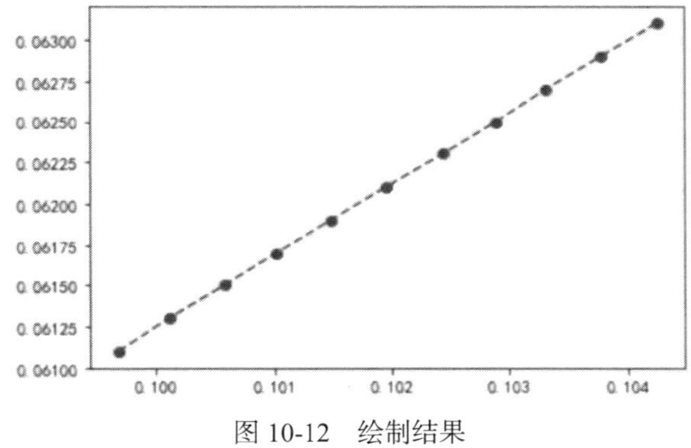

图 10-12 绘制结果

除此之外，还需要注意，在线形图中，非实际数据点是按照线性方式插值的，但是可以通过 drawstyle 参数进行修改。该参数在 Matplotlib 中有 4 个值，分别为 default、steps-pre、steps-mid、steps-post。默认情况下选择线性插值（即 default）。图 10-13 展示了 4 种连接方式的图形对比情况。

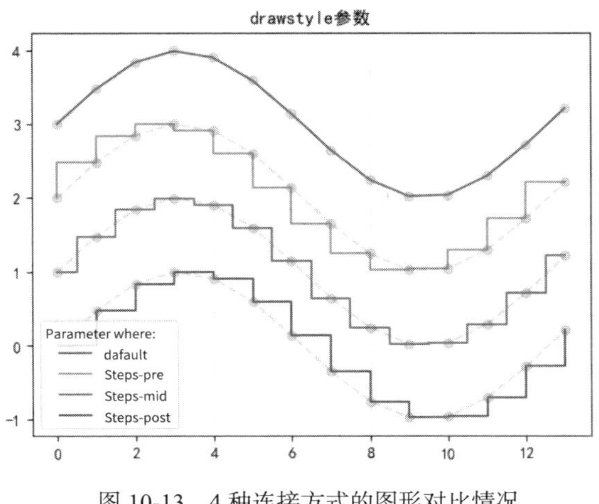

图 10-13 4 种连接方式的图形对比情况

（3）刻度。为了显示更加精确并且自定义化的图形，可以对图形的刻度进行修改。通常情况下，使用 plt.xlim()查询或修改 x 轴的绘图范围以及刻度展示，使用 plt.xticks()获取或设置当前 x 轴刻度位置和标签。继续以资产预期收益率和波动率的数据为例，绘制结果如图 10-14 所示。

```
plt.plot(volatility,returns,linestyle= 'dashed', color='r',marker='o')
plt.xlim([0.099, 0.105])
```

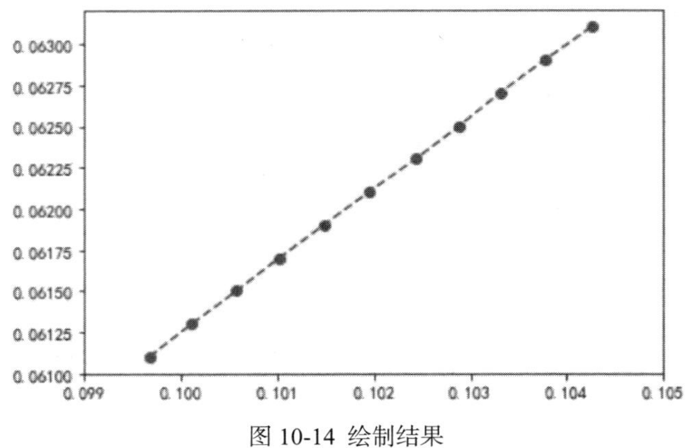

图 10-14 绘制结果

对比之下，图形的 x 轴的刻度发生了变化，对 y 轴也可以进行同样的处理，在此不赘述。利用 plt.xticks()来设置刻度数值的显示，如图 10-15 所示。

```
plt.plot(volatility,returns,linestyle='dashed', color='r',marker='o')
a = [0.0995,0.1005,0.1015,0.1025,0.1035,0.1045]
plt.xticks(a)
```

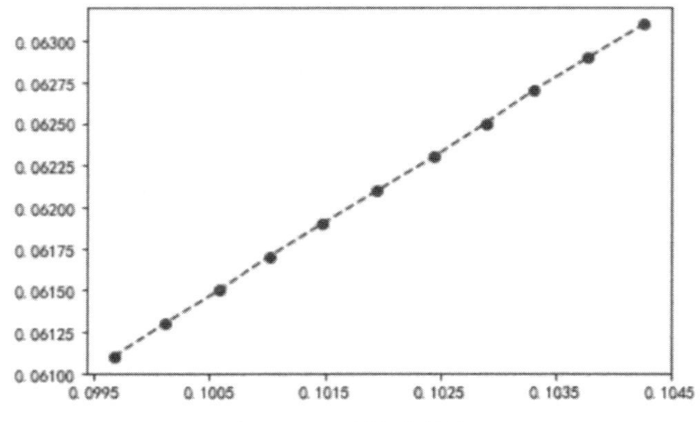

图 10-15 设置刻度数值的显示

利用 plt.xticks()来设置刻度数值的标签，如图 10-16 所示。

```
plt.plot(volatility,returns,linestyle='dashed', color='r',marker='o')
a = [0.0995,0.1005,0.1015,0.1025,0.1035,0.1045]
b =['a','b','c','d','e','f']
plt.xticks(a, b)
```

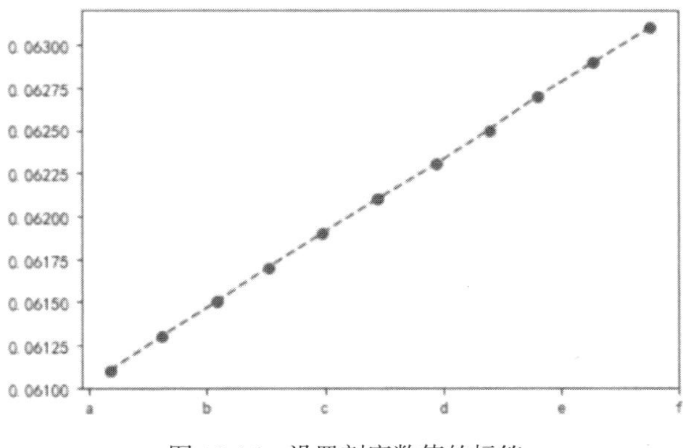

图 10-16 设置刻度数值的标签

3. 输出格式

plt.savefig()方法可以设置需要保存的图形的文件名、文件格式及图形分辨率等。如何设置不同的文件格式取决于指定的文件的扩展名。以下是一些常见的图形输出格式及其对应的文件扩展名。

（1）PNG：可移植的网络图像（Portable Network Graphic）格式，支持无损压缩，适用于网页展示和一般图像保存。文件扩展名为.png。

（2）JPEG：联合图像专家组（Joint Photographic Experts Group）格式，有损压缩，适用于照片和彩色图像。文件扩展名为.jpg 或.jpeg。

（3）PDF：可移植文档格式（Portable Document Format），矢量图形格式，适用于高质量打印文档。文件扩展名为.pdf。

（4）SVG：可缩放矢量图形（Scalable Vector Graphics）格式，矢量图形格式，适用于 Web 展示和可缩放的图像。文件扩展名为.svg。

示例代码如下：

```
plt.plot(volatility, returns)
plt.savefig('plot.png')
```

运行代码，可生成名为 plot 的 PNG 文件，若要进一步设置分辨率等参数可查阅 Matplotlib 使用手册。

plt.show()用于在当前图形窗口中显示图形。

练习题

一、选择题

1. 下列选项中，用来表示数组维度的属性是（　　）。

   A. ndim　　B. shape　　C. size　　D. dtype

2. 下列代码中，创建的是一个 3 行 3 列数组的是（　　）。

   A. arr = np.array([1, 2, 3])　　B. arr = np.array([[1, 2, 3], [4, 5, 6]])

   C. arr = np.array([[1, 2], [3, 4]])　　D. np.ones((3, 3))

3. 请阅读以下代码：

```
import numpy as np
A = np.arange(1,9,2)
print(A)
```

以上代码的输出结果是（　　）。

A. array((1, 3, 5, 7, 9))　　B. array([1, 3, 5, 7, 9])

C. array((1, 3, 5, 7))　　D. array([1, 3, 5, 7])

4. 下列选项中，描述正确的是（　　）。

A. Series 是一维数据结构，其索引在右，数据在左

B. DataFrame 是二维数据结构，并且该结构具有行索引和列索引

C. Series 中的数据不可以进行算术运算

D. sort_values()方法可以将 Series 对象或 DataFrame 对象中的数据按照索引排序

5. 下列选项中，哪个方法可以一次性输出多个统计指标？（　　）

A. describe()　　B. mean()　　C. median()　　D. sum()

6. 请阅读下面一段程序：

```
import pandas as pd
ser_obj = pd.Series(range(1, 6), index=[5, 3, 0, 4, 2])
ser_obj.sort_index()
```

执行上述程序后，最终输出的结果为（　　）。

A.

5　1
3　2
0　3
4　4
2　5

B.

0　3
2　5
3　2
4　4
5　1

C.

5　1
4　4
3　2
2　5
0　3

D.

2　5
4　4
0　3
3　2
5　1

7. 下列选项中，可以用于删除缺失值或空值的方法是（　　）。

A. isnull()　　B. notnull()　　C. dropna()　　D. fillna()

8. 在 Matplotlib 中，用于绘制散点图的函数是（　　）。

A. hist()　　B. scatter()　　C. bar()　　D. pie()

9. 下列选项中，关于 Matplotlib 说法不正确的是（　　）。

A. Matplotlib 是一个 Python 3D 绘图库

B. 可输出 PNG、PDF 等格式

C. 以渐进、交互的方式实现数据可视化

D. 使用简单

10. 已知一个 DataFrame 对象如下：

```
import pandas as pd
df = pd.DataFrame([[0, 1, 2], [3, 4, 5], [6, 7, 8]], columns=['a', 'b', 'c'])
```

下列关于 DataFrame 的索引表示，错误的是（　　）。

A. df['b']　　B. df[1]　　C. df[:2]　　D. df[:1][['a','c']]

二、判断题

1. 通过 empty()函数创建的数组中没有任何元素。（　　）
2. 当通过布尔数组索引操作数组时，返回的数据是布尔数组中 False 对应位置的值。（　　）
3. 在 DataFrame 中每列的数据都可以看作一个 Series 对象。（　　）
4. DataFrame 使用名称索引进行切片时，切片结果不包含结束位置。（　　）
5. DataFrame 的索引操作方法中，iloc 是基于名称索引的索引操作方法。（　　）
6. 通过 Matplotlib 生成的图表可以保存在本地。（　　）
7. figure 对象可以划分多个绘图区域，每个绘图区域都是一个 axes 对象。（　　）
8. 在 Matplotlib 中，用于绘制柱形图的是 pie()函数。（　　）
9. 在 Python 中，NumPy 提供的基本数据结构是 DataFrame。（　　）
10. 在 Python 中，创建全为 1 的数组可以使用 NumPy 中的 ones()函数。（　　）

第 11 章 金融与数据挖掘

"金融"这个词在我们的生活中随处可见，却又显得虚无缥缈。下面我们将通过生动的例子对金融的部分概念进行阐述。如今，金融与数据挖掘的结合产生了许多创新和有影响力的应用。数据挖掘是通过发现模式、关系和信息来分析大量数据的过程，而金融领域存在大量的结构化、半结构化和非结构化数据。

本章主要介绍生活中常见的，并且与金融领域相关的案例，以及数据挖掘的概念和方法，以帮助读者对金融和数据挖掘初窥门径。通过学习本章内容，读者将对金融世界和数据挖掘世界有一定的基本认知。

【学习目标】

知识目标：

（1）理解金融的基本概念；

（2）理解数据挖掘的基本概念；

（3）了解大规模数据集的定义；

（4）了解数据挖掘中常用的一些方法。

技能目标：

（1）能举例自己在生活中遇到的一些金融概念；

（2）能够阐述数据挖掘的常用方法；

（3）了解金融数据挖掘中的经典案例与场景，并尝试用数据挖掘方法在其他金融领域中探索、发现可能存在的应用潜力。

【知识框架】

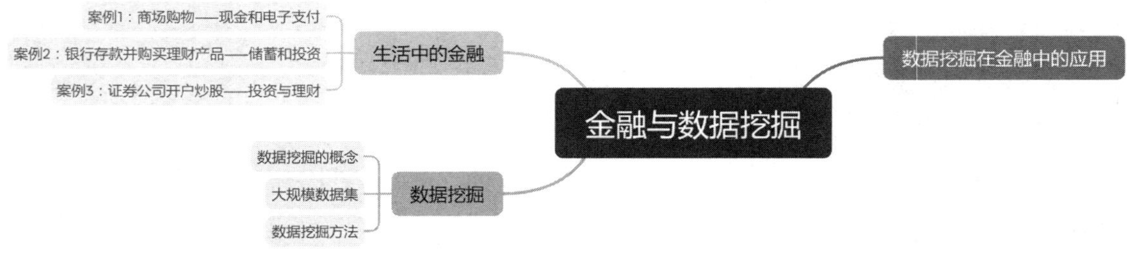

11.1　生活中的金融

陈立在学习完 Python 的第三方库后，开始探索生活中的金融领域。他需要了解金融领域相关知识的基本概念，并且能够举例自己生活中遇到的和金融相关的概念。

本节要求读者学习 3 个案例后，举例说出自己在生活中遇到的与金融相关的概念。

金融时时刻刻都在我们身边。当你在商场购物的时候，你使用了现金，而现金就是金融世界中一个最基本的概念；如果你选择使用移动支付工具（如微信支付、支付宝、云闪付），你的交易行为也涉及金融的概念；当你打开现在非常流行的支付宝 App，在里面选择购买自己心仪的基金产品时，你又与金融产生了交集。

那到底什么是金融呢？从一般定义上来讲，金融是指货币资金的融通，但是显然基于此展开我们的学习，会显得过于枯燥。本书更多的是想给读者一些操作和实践意义上的指导，所以我们希望通过一些有代表性的案例来帮助读者构建一个实实在在的金融框架。

11.1.1　案例 1：商场购物——现金和电子支付

随着电子支付的快速发展，当我们去商场购物时，我们在支付方式上的选择也逐渐多样化，从最开始的现金支付逐步发展到了包含支付宝、微信支付和云闪付在内的多种电子支付形式。现金可以作为一个普遍可接受的交易媒介，由一个国家及其中央银行进行信用担保，在一定的地理范围（往往是指一个国家的主权范围）内，用来购买各类实体和虚拟商品，也可以用来对劳务行为等进行支付；随着电子支付的普及，传统的实物现金开始被二维码支付、电子钱包取代，而它们也可以看作货币的另一种存在形式（注：货币是价值的载体和交换媒介，其核心功能包括价值尺度、流通手段、储藏手段等。无论是实物现金还是数字化货币，都具备这些功能），其和现金的主要不同在于，电子支付形式的货币往往托管于不同的金融机构，由它们代为保管；当然，在经济学意义上，现金还包括库存现金、银行活期存款等流动性较强的多种货币存在形式。

11.1.2　案例 2：银行存款并购买理财产品——储蓄和投资

来到银行大堂，我们往往可以看到一张悬挂在墙上的表格，上面写着不同存款周期所对应的存款储蓄利率。通常活期存款储蓄的利率比较低，而随着定期存款的周期的增长，银行所能支付的储蓄利率也往往会增加（思考：是否存在长期利率低于短期利率的情况呢？如果发生这种情况，意味着什么呢？）；而且，当你进入银行的大门，常常会遇到热情的客户经理向你推销各类理财产品，而这些理财产品其实往往都由一些基金公司进行管理，这些公司通过将你的资金投资到不同的金融产品或者各类项目中，实现资金增值的目的。储蓄也是金融中的一个基本概念。起初，储蓄是指消费者把暂时闲置的资金存放到银行，而银行根据当前的市场资金供求关系，为储蓄者提供一定的利息；而随着金融世界的发展，储蓄的概念也慢慢由最初的"在银行存放闲置资金"扩大到了不同的领域，比如支付宝提供的余额宝和微信提供的零钱通等，它们都起到了吸收社会闲散资金的作用（但是我们要记住，这类金融产品和银行储蓄本质上是有严格区别的，比如余额宝的本质是"基金"，它更符合"投资"这一类别，只不过由于其在功能上类似于银行活期存款，市场也开始接受它作为储蓄类产品而存在）。

11.1.3 案例 3：证券公司开户炒股——投资与理财

有许多渴望投资赚钱的投资者选择将股市作为自己的“淘金”之地，而证券公司作为主要的股票交易中介机构，为这些投资者提供了一个通往交易所进行股票交易的通道。国内的证券公司往往具有特定交易所（如上海证券交易所、深圳证券交易所等）的交易席位，而普通投资者如果想炒股，则往往需要通过在证券公司开户，以他们为中介和代理，实现股票买卖的交易目的，证券公司作为中介，则会收取一定比例的交易佣金作为手续费。如今，电子化交易已经普及，各个证券公司之间的竞争也愈发激烈，为了吸引更多的普通投资者来到自己的证券公司进行开户交易，证券公司之间也不断通过降低佣金比例等方式，来提升自己的市场竞争力。在这个过程中，我们遇到了“股票”这一基本的金融概念，它代表着其所有者对一家股份制公司的所有权；当一家公司需要更大的资本规模时，“上市募资”往往是具备竞争力和良好财务状况的公司的一个重要途径。通过上市，市场上的普通投资者可以在公开的市场对该公司的股票进行买卖交易，通过持有或者其他交易策略，实现盈利，而上市的公司随着上市的成功，也获得了扩大经营范围的资金；更重要的是，对于许多早期的公司股票持有者而言，公司的成功上市意味着他们可以将手中持有的大量股份在市场中有选择地进行出售以获得他们所需要的现金回报。当然，在股票的交易过程中，有另一类非常重要的交易机构——“交易所”或者“交易中心”，它们为包括股票在内的多种不同金融和非金融产品（棉花、钢铁等大宗商品）提供了一个集中交易的场所，通过撮合各类报价和订单，为市场的正常运转提供了流动性；可以说，交易所是股票交易中最重要的“基础设施”之一。

11.2 数据挖掘

陈立在了解金融在生活中的运用之后，开始学习和“数据挖掘”有关的内容。因为随着 IT 近几十年来的飞速发展，数据挖掘这个概念已经变得“众所周知”，陈立尽管没有真正地接触过数据挖掘，但是对这个词也不陌生了。通过本节的学习，他需要理解数据挖掘的概念及其相关的技术领域。

本节主要介绍数据挖掘的概念、大规模数据集及数据挖掘方法。

11.2.1 数据挖掘的概念

数据挖掘（Data Mining），从字义上看，仿佛是指寻找和开发新的数据的过程；但是和字义不同的是，数据挖掘的真实含义往往并不是寻找和开发新的数据，而是指研究和分析人员，在现存的大规模数据集（Large Dataset）中，发现（Discover）、提取（Extract）和分析（Analyze）有效信息的过程。当然，通过对数据的合理挖掘和分析，事实上是可以在现存数据中，寻找和开发出新的数据的，这些新的数据，揭示了被研究的数据集的一些表面上不容易被发现的特征与关联，所以许多研究和分析人员也愿意把这个利用一定的定量方法来发现数据特征的过程称为特征工程（Feature Engineering）或者模式识别（Pattern Recognition）。

我们要记住一点，在学习数据挖掘的时候，我们应该把重点放在**理解这个领域的整体方向和结构上**，而不是纠结于名词的基本定义和解释，毕竟作为一门近几十年发展而成的应用型学科，部分名词的基本定义和解释是会随着研究和工业进程的发展而改变的；更为重要的是，数据挖掘是一门强调动手与理论相结合的学科，不同的研究和分析人员都会在自己的研究实践过程中，对这个领域获得属于自己的独特认知。在学习这门学科的过程中，一定要**将注意力集中到动手实践和研究发现中**，对于书中提到的一些概念，其作用是帮助初学者进行理解，而不是不变的教条。

11.2.2　大规模数据集

大规模数据集是指包含海量数据样本和特征的数据集，这些数据样本的类型可以是多种多样的。我们首先来理解“大规模”于此处的定义：从词义上来理解，大规模就是指数据的体积庞大，而在现代信息科技的语境下，我们有专门的单位用以衡量数据体积的大小，常见的单位有 B（Byte）、KB（Kilobyte）、MB（Megabyte）、GB（Gigabyte）和 TB（Terabyte）等。对于它们之间的数学转换关系，大多数读者应该也是非常熟悉的，即 1KB=1024B，1MB=1024KB，1GB=1024MB，1TB=1024GB。在笔者成书的此刻（2023 年），大规模数据集一般都是指数百 GB 到数百、数千 TB 不等的上不封顶的数据集；但是在笔者童年和少年时期，拥有一台内存仅有 1GB、硬盘容量仅有 100GB 的个人计算机，都会被同学们羡慕。在彼时彼刻，由于计算机硬件设备的限制，1GB 的数据容量的电子游戏需要一个普通家庭的普通计算机使用有线宽带花费数个小时才能完成下载和安装。而当时的笔者也不会想到仅仅若干年后的今天，一台家用计算机就可以在短短 1 小时内完成数十 GB 的数据容量的游戏的下载与安装。所以说，“大规模数据集”中的“大规模”并没有一个确切的规模。随着信息科技的快速发展，笔者相信“大规模”的范围将不断扩大。

尽管各国几乎都拥有着海量的大规模数据集，但是就严格意义上而言，能够合理、有效利用大规模数据集并产生大量经济效益的国家却屈指可数。

从硬件上看，我国的数据存储技术从无到有的独立研发进程，直至笔者成书的 2023 年前后，以长江存储为代表的数个国内企业已经实现了技术突围，并彻底改变了几十年来由美国主导的技术联盟的市场局面，成为世界电子存储市场的一支劲旅，为全世界的企业和零售电子消费者提供了高质量且平价的存储硬件。

相比于硬件层面的竞争，各国在软件层面的竞争则显得相对风平浪静，这主要得益于软件开发技术及其从业人员有着非常良好的开源意识，即愿意通过各种在线社区论坛，与其他从业人员或爱好者分享自己的代码和编程思路；同时，相比于硬件创新，软件层面的创新往往是计算机算法和设计模式的创新，软件层面的创新更容易实现、移植与复现，最终实现各国之间软件开发的良性促进、融合（硬件层面的创新不仅需要设计和算法的创新，也依赖于工业生产体系上下游的发展水平）。在讨论大数据软件层面时，一个不得不提的框架是源自美国 Apache 社区的 Hadoop 生态系统，它是一个被业界广泛接受的包含数据存储、数据处理和数据查询等多种功能在内的分布式大数据处理系统，在本书中我们的数据集不会特别大，也没有机会应用到如此“巨大”的数据分析工具，但是笔者相信随着读者学习的日渐深入，必然会有使用 Hadoop 来进行数据挖掘的一天。值得注意的是，尽管 Apache 的母公司阿帕奇公司注册地在美国，但是它是一个全球的开源社区，全世界的开发者都有机会在 Apache 的项目中贡献自己的代码和创意，仅 Hadoop 生态系统中，就能看到无数我国独立开发人员和企业（如阿里巴巴）开发人员的身影。

总而言之，数据挖掘是从海量数据中发现数据规律和数据之间的联系的一门应用型学科，大规模数据集的存在为数据挖掘提供了最基本的“燃料”；而现代的硬件和软件技术的发展，又为大规模数据集的存储、处理和分析提供了最基本的“基础设施”支持。

11.2.3 数据挖掘方法

正如之前所言，数据挖掘是在现存的大规模数据集中发现、提取和分析有效信息的过程；当然，大规模数据集这个概念并不严谨，事实上，对于一些较小规模数据集的挖掘和分析的过程，我们也可以称之为数据挖掘。既然有了数据集，接下来的问题是，我们可以利用哪些工具或者方法来对数据集进行挖掘呢？作为一门应用型学科，数据挖掘所采用的工具可以是来自不同领域的多种不同的方法，比如在中学阶段使用到的一些频率直方图的绘制方法、均值和方差的计算方法等，就可以作为用来分析数据基本属性的数据挖掘方法；在本科阶段使用到的用来衡量变量之间的线性相关性的协方差和相关系数矩阵，也是一种目前广泛流行于各个领域的数据挖掘方法；再往后可能会学习到的多元线性回归模型，可对多个自变量（Independent Variable）与单个因变量（Dependent Variable）之间的线性叠加关系进行描述，这使得我们在观测线性关系的同时，可以进一步基于已知自变量数据对未知的因变量数据进行推断（Infer）和预测（Predict）。

值得注意的一点是，推断和预测在中文与英文语义下都是根据已知推测未知，但是在数据挖掘、数理统计等的背景下，其含义要根据不同的研究背景做一定的区分。一般而言，预测是一个比较简单的过程，比如，它根据已知数据点，比如年龄、职业、性别、学历、工作地点等，计算出一个固定的工资估计值（Estimate）；而推断是指在计算出固定的工资估计值的基础上，需要引入数理统计学中的区间估计（Interval Estimation）、置信度（Confidence Level）、显著性水平（Significance Level）、原假设/零假设（Null Hypothesis）与备择假设（Alternative Hypothesis）等一系列的较为严格的概念对估计值的可能区间进行讨论。在计量经济学、数理统计学和生物医疗统计学的一些广泛应用数理统计方法的研究领域内，推断和预测一般是需要进行严格区分的，一篇学术论文和一个实验成果的好坏很大程度上取决于推断的置信度与显著性水平；但是在现代计算机科学领域和数据密集的工程领域，研究人员逐渐将预测和推断混为一谈，数理统计学中严格设立的“假设检验”理论开始被 AUC（Area Under the Curve，曲线下面积）、准确率（Accuracy）、精确率（Precision）、召回率（Recall）等多种多样的算法与模型的性能衡量指标所取代。这其实也是理所当然的，随着计算机算力的飞速增长，传统的数理统计学中的一些算法与模型已经无法满足人们更大的计算需求，随着自动驾驶汽车（Autonomous Vehicle）、自然语言处理（Natural Language Processing，NLP）、聊天机器人、图片识别与生成技术的快速发展，其背后的神经网络模型的复杂度已经远远超过了传统的数理统计方法可以驾驭的程度了；甚至如今有学者感叹“我们并不知道它为什么奏效了，但是它确确实实又真的奏效了”，这意味着，大规模数据集和大数据基础架构（硬件+软件）的工业进程事实上已经领先于理论的发展。

所以自然而然地，我们由上文又得到了一个现代意义上更加强大的数据挖掘工具，那便是人工智能。人工智能的本质并不是一个真正意义上的人脑，而是使用一定的数学模型和计算机方法，通过从已知的数据集合中学习大量行为特征来完成一系列特定工作的学科，所以本质上，人工智能的“智慧度”的上限取决于其基本的数学架构、可学习的数据的容量大小及其具体的用途。更科学、合理的解释是，人工智能只是一种更强大的推断与预测工具，并在推断和预测的基础上，实现对其他控制过程的指导。与人工智能相生相伴的一个词是机器学习。其实，机器学习是人工智能的一个子集，它是目前最为流行也最为热门的研究领域之一，目前市面上诸多典型的人工智能应用，如 ChatGPT（聊天机器人）与 Midjourney（人工智能制图工具），都是机器学习的工业成果。在机器学习中，我们可以根据不同的分类标准对机器学习方法进行进一步分类。在这里，我们先点到为止，不做进一步阐述，有兴趣的读者可以尝试完成以下 3 个小任务来提高自己对于机器学习的认识水平：（1）阐述分类、聚类和回归任务的基本特点并列举其各自的应用案例和场景；（2）阐述监督学习、无监督学习和强化学习的基本概念，以及它们之间的关键区别；（3）阐述机器学习与统计学的区别。当然，本书会在其他章节介绍一些经典的机器学习算法案例，来加深读者对机器学习方法的理解，并介绍如何合理利用统计学习工具来实现数据挖掘。

除以上提到的方法以外，无数来自各行各业的学者和研究人员还提出了不同的方法来对数据的特征和联系进行挖掘，比如由英国数学家托马斯·贝叶斯开创并由后继者进一步壮大的贝叶斯统计学派，就与频率学派（大数定理就是频率学派的重要观点）不同，它开创性地将个人经验与之前实验结果中存在的先验经验与统计推断方法相结合，提出了一系列独特的算法。目前，机器学习领域中的“朴素贝叶斯”就可以由经典的贝叶斯公式 $P(A|B)=\dfrac{P(B|A)P(A)}{P(B)}$ 轻松推导而来，利用其实现键盘输入自动补全等一些基础的人工智能应用开发。除此之外，对于特定学科内的特定数据集合，研究人员也形成了一系列特定的数据挖掘研究方法，比如计量经济学中的“格兰杰因果关系检验”（Granger Causality Test），就在经济学研究领域中经常被用来衡量一组时间序列的过去值是否是另一组时间序列的未来值的原因，而不仅仅将时间序列的研究局限在两组时间序列的相关性上。在当前的互联网领域中，还出现了 A/B 检验（A/B Testing）方法，其本质就是使用经典的假设检验方法，构建出一个可以衡量一个变量的两个不同版本差异的方法。经典的案例如一家互联网公司修改了 App 订单结算页面的卡通图像，但是并不确定更换的效果如何，于是它将所有的活跃客户分成了两组，第一组的客户占所有活跃客户的 90%，这组客户继续使用修改之前的页面，而第二组的客户则占所有活跃客户的 10%，其 App 订单结算页面将被修改为新的卡通图像。最终的实验结果表明，第一组的客户周订单结算率为 5%，第二组的客户周订单结算率为 2%。显然，新的页面计划并不是一个好的方案。这个实验帮我们成功挖掘出了客户对页面的喜好情况以及基于两个不同页面的行为模式。当然，这个案例是简化之后的案例，真正的 A/B 检验是需要进行一系列统计量的计算的，感兴趣的读者可以对 A/B 检验的主流做法进行更细致的学习。

总而言之，数据挖掘是一个非常强调应用的领域，并不存在唯一正确和合理的方法论集合。事实上，凡是能够通过对数据进行挖掘获得其特征与联系的方法，我们都可以将其理解为数据挖掘方法。在本书中，我们将对一些更具备普遍性且符合读者学习阶段的数据挖掘方法进行介绍。

11.3　数据挖掘在金融中的应用

陈立在学习生活中的金融和数据挖掘这两部分内容后，了解到“金融”时刻在发生，所以也不断在产生海量的信息，而数据挖掘作为发现数据之间的规律与相关性的工具，可以很好地应用到金融数据中，并产生一定的学术与商业价值。金融数据多种多样，包括股票交易所中产生的股票价格与成交量信息、股东信息、公司公开的财务信息等，也包括银行数据库中存放的企业和一般零售客户的存款、转账与消费信息，还包括现代互联网金融公司中存放的客户消费习惯、消费历史等信息。总之，基于海量的金融数据，在本节中，陈立可以大致了解如何合理地使用数据挖掘工具以及挖掘潜藏在数据中的有价值的信息。

本节主要介绍数据挖掘在金融中的应用。

目前，数据挖掘在金融领域中已经被广泛应用。典型的例子就是量化交易。量化交易是指交易人员和研究人员通过计算机编程和现代的数学、统计和人工智能等多种定量的研究形式开发证券交易投资策略的投资方式，相比于传统的技术分析、基本面分析和舆情分析等交易方式，大多数量化交易都期望通过在海量历史数据（包括股票价格历史数据、成交量历史数据、场外信息、宏观经济信息、公司财务状况等）中寻找到对股票价格产生影响的特征，并进一步发掘其潜藏的可能的盈利模式，最终使用自动化的交易系统完成订单的下单与成交，因此它的执行更加客观并独立于人的主观意识。近几年来，我国的量化基金飞速发展，期间涌现出幻方、九坤、灵均、明汯、诚奇、衍复等多家管理规模达到百亿人民币的“头部”私募量化基金，这些头部私募量化基金都拥有自己独特的盈利算法；但是无论其盈利算法实现的具体方式如何，归根到底，都基于对各类大规模数据集的研究和挖掘，其核心差异往往在各公司所掌握和开发的挖掘算法理论和具体实现上。

除了量化交易，数据挖掘还被大量应用到银行的业务分析中。如果你是某个银行的客户，你或许会收到一些向你宣传银行最新推出的一些储蓄产品和理财产品的短信；你或许也会收到一些向你推荐一些特定目的的贷款产品（比如留学贷款和汽车贷款等）的短信。巧合的是，有时候你可能恰好也确实存在这一系列的金融服务需求。在这一个看似简单的产品短信推销的商业行为中，其实也可能暗藏着数据挖掘的“魔力”。银行可以通过数据挖掘中常用的一些聚类算法，根据客户的金融财务状况、年龄、学历、交易行为、汽车与房产等拥有状况、信用卡消费和还款行为等多种数据，将客户可能存在的金融需求划分出多个类别，并在这些类别上针对性地推出营销策略，从而实现用较小的沟通和营销成本获得较大的客户反馈率和业务达成率的目的。

如果你用过蚂蚁花呗，应该会发现不同的客户的月预付额度是有差别的，大多数大学生的额度往往为 1000 ~ 5000 元，而对于毕业时间为 1 年以上，具备一定收入和消费能力的职场人士而言，其额度往往可以达到 5000 元以上。其实每个客户额度的上限主要取决于背后运转的基于机器学习方法的算法，这些算法会综合使用客户年龄、收入水平、消费习惯、还款习惯与还款能力、学历等多种因素确定一个额度，这个额度对于资金出借方而言，是综合考虑了你违约和逾期风险的。一般而言，如果你的还款行为良好，消费额度大，算法会自动提高你的额度上限；反之，你经常逾期或者几乎不使用花呗额度，那你的额度不仅不会上升，还可能会下降。你应该可以想象，如果没有一套合理的计算方法和一个自动软件系统，那将会有数百万个员工坐在计算机前，对蚂蚁花呗全国数亿个客户进行手动分析并确定额度，这在成本和效率上，都是不可想象的。

总之，数据挖掘技术已经被应用到金融领域的方方面面，可以说在当今社会，许多金融机构的金融决策行为是会参考数据挖掘所归纳、整理的信息的。在本书的其他章节，我们会具体介绍数据挖掘的一些技术，并帮助读者使用这些技术，实现一些基本的数据挖掘项目，并分析其潜在的现实商业价值。

练习题

1. 生活中，金融无处不在，生活中的数据也无处不在。请思考生活中存在的一些金融行为和案例，并列举各类行为或案例中出现了哪些数据、如何收集和整理这些数据，以及如何有效利用这些数据发掘可能存在的商业用例。

2. 请自行复习，总结区间估计等方面的主要内容，并使用思维导图或者 PPT 文件进行整理；将整理完成的资料通过一些方式进行展示和分享。

3. 请展开想象，思考如何利用数据挖掘和大数据技术，对不同的客户群体进行划分与画像，以及如何对不同的客户群体的行为进行预测。同时，思考如何针对不同客户的线上消费行为进行预测。最后，请思考如果你是某场电商促销活动的负责人，你应该如何利用客户的消费行为规划你的营销计划，以帮助企业实现最大的商业价值。

第 12 章 数据预处理和数据探索

数据预处理和数据探索是数据挖掘中至关重要的两个阶段。数据预处理是指在实施数据分析或机器学习任务之前对原始数据进行校验、清洗和合并，以用于后续的分析和建模工作。数据探索则是在数据预处理之后，对数据进行统计分析和探索性分析等，以便更好地理解数据的特征、分布和关系，为进一步的分析和建模做准备。

本章主要介绍数据挖掘的基本步骤，着重介绍数据预处理的一些常用方法，并通过案例分析介绍具体操作过程。通过学习本章内容，读者将对数据挖掘的基本步骤有一定的基本认知，能够掌握数据收集和数据预处理的方法。

【学习目标】

知识目标：

（1）了解数据挖掘的基本步骤；

（2）了解在实际工作场景中目标分析与拆解的做法；

（3）了解收集数据的一些常用平台；

（4）掌握数据预处理的常用方法；

（5）了解模型评估中的常用指标。

技能目标：

（1）能使用数据收集平台；

（2）能够结合代码（Python 代码）对数据进行读取和预处理。

【知识框架】

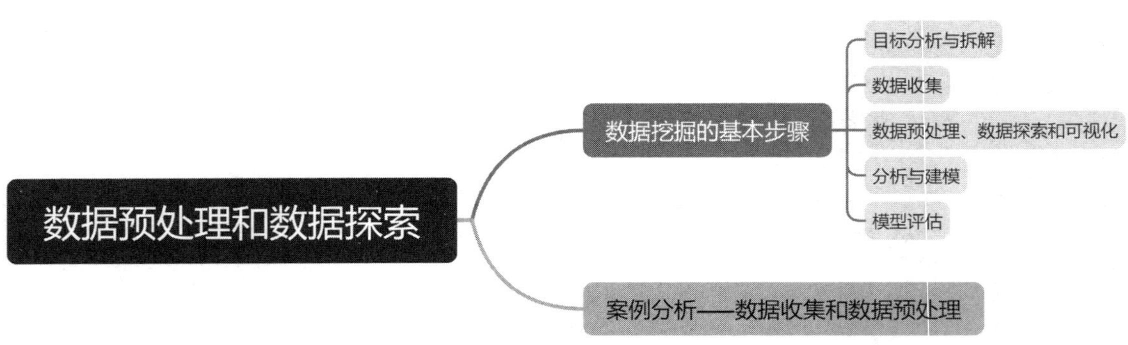

12.1 数据挖掘的基本步骤

陈立在学习完生活中的金融、数据挖掘及其在金融中的应用后，他想要深入学习数据挖掘的具体步骤。

本节主要介绍数据挖掘的基本步骤，以及每一步骤的实施细节。

数据挖掘是一门使用数学、统计与计算机编程等多类技能，通过观察数据之间的关系，发现、提取和分析有效信息的学科。数据挖掘的基本步骤主要分为目标分析与拆解，数据收集，数据预处理、数据探索和可视化，分析与建模，模型评估。

12.1.1 目标分析与拆解

一个数据挖掘项目一般是为了解决现实工作与生活中的问题，这个问题可能是商场不同时间人员安排的问题，也可能是为一个学术研究项目提供数据分析支持的问题，还可能是金融世界中利用海量交易数据识别交易机会和风险的问题。可以说，在数据挖掘领域中，我们已经开发出许多非常高级与神奇的研究分析方法，数据挖掘项目往往都基于一个个具体的商业、学术与生活案例。而对数据挖掘想要解决的问题进行分析与拆解的过程，就是目标分析与拆解。

具体而言，我们首先要对具体的商业、学术与生活案例进行量化，或者说，把一个抽象的目标转换成一个切实可行的数据分析与挖掘目标。比如，某商业银行为了衡量其在某地所有支行的贷款信用质量，它需要将“信用质量”这一抽象的名词转换为贷款滞纳率、贷款违约率、借款人破产率或者贷款人平均信用分数等可以用数学公式和数据分析方法得到的数据指标。又如，为了衡量一个基金公司的某只基金近期表现的好坏，我们可以用夏普比率、年化收益率和最大回撤等指标进行衡量。然后，在完成对目标的分析并获取具体可量化的分析目标之后，大部分时候，我们需要进一步对目标进行拆解。展开来说，这意味着我们需要对问题进行自顶向下的剖析与分解，把一个较大的分析目标逐步细化成多个具体可以执行的小目标。换句话说，在这一步骤中，我们需要设计出一个具体可以执行的数据分析与挖掘的蓝本，它不一定要细化到兼顾所有细节，但是要为复杂的分析与挖掘工作提供一个方向性指导。举个例子，为了分析贷款违约率，我们首先需要细化我们想要分析的具体贷款产品是汽车贷款、房屋贷款、信用卡贷款、企业贷款还是其他贷款（如教育贷款）；进一步，我们可能需要考虑将贷款根据贷款期限，如 1 年以下、1 ~ 3 年、3 ~ 5 年、5 ~ 10 年和 10 年以上进行分块，依次对不同期限和不同贷款产品的违约率进行分析。之后，我们需要尽可能多地找到当地的贷款产品和违约数据，在这一步中，违约数据可能不仅包括个人和企业的贷款产品违约状况（是否违约），也会包含一些客户的其他数据特征，比如客户的年龄、性别、月收入、月支出、日最大流水、日最大交易笔数、交易渠道偏好（线上、线下、私人交易等）、交易产品偏好（日常支出、电子产品、奢侈品、汽车用品、宠物用品等）等。在获得足够多的数据之后，我们既可以使用简单的数据分析工具，如 Excel 中的数据透视表（Pivot Table），进行简单的数据归类和聚合分析，也可以使用 Python 等编程语言开发出更加高级的分析工具（如基于机器学习模型的数据挖掘脚本等）。在完成基本的分析之后，许多数据分析与挖掘从业者会忽视的一个问题是将分析与挖掘的结果利用合理的方式进行呈现，为决策制定者提供一个可以理解的参照方案，目前主流的呈现方案包括 PPT 文件、白皮书、数据大屏动画等。数据分析与挖掘人员在将分析的结果应用到具体的业务场景时，应该贯彻“整洁”的原则，这要求数据分析与挖掘人员应该在结果中尽可能呈现更多直观且易于理解的指导性内容，淡化不必要的技术细节和数学过程（这些细节属于数据分析与挖掘人员自身负责的工作细节，管理执行层往往不需要也没有兴趣深入了解这些内容）。

12.1.2 数据收集

正如前文所言，在一个数据挖掘项目中，必不可少的就是数据，而从不同渠道使用不同方式收集数据的过程则称为数据收集。数据的收集必须为我们的分析与挖掘的目标所服务，只有收集到的数据与分析和挖掘目标存在潜在关系，我们才认为我们所收集到的数据是具有价值的。事实上，随着统计学习和人工智能模型开发技术的成熟，决定数据分析与挖掘项目结果好坏的最重要的关键性因素不是模型与算法的选择，而是我们所收集到的数据的质量和数量以及对数据的预处理和清洗过程。数据的质量是指数据的准确性、完整性、一致性、可靠性和时效性，更重要的是其和分析目标的相关性。数据的数量则相对容易理解，无论是数理统计学中所用到的简单的线性模型，还是统计学习与人工智能中所用到的高级的复杂模型，其本质都是通过“学习”当前的数据集来获得对于某个特定领域的预测和推断能力，那么我们就可以非常自然地认为，如果我们的数据集包含大量高质量的有效数据，我们所挖掘到的算法和模型也将拥有更强的预测和推断能力。对相关理论感兴趣的读者可以自行搜索与经验风险最小化（Empirical Risk Minimization）相关的文献进行拓展阅读。

目前，数据收集的渠道和手段也是非常多样的，对于本书中所提到的金融数据，我们往往可以在国内外各类财经平台或金融软件上获得。目前，国内金融领域的数据与信息供应商——万得（Win.d），发展至今，它的市场已经扩展到了包含亚太地区、北美与欧洲在内的全球主要金融市场；其提供的金融终端、资产管理系统、ESG、经济数据库等解决方案与数字平台，被不同的金融机构（券商、基金公司、银行、保险公司等）广泛采用。彭博（Bloomberg）是一款由美国的彭博有限合伙企业（Bloomberg L.P）开发的财经咨询与数据平台服务。与万得不同的是，彭博往往是将硬件与软件相互绑定销售的，但是现在彭博也提供了远程登录服务。当然，无论是万得还是彭博，其定价都相当昂贵，因为它们的主要运营客群是具有雄厚资金实力的中大型金融机构。除此之外，随着算法和量化交易在我国的发展，国内的一些金融科技公司，如聚宽（JoinQuant）和米筐（Ricequant），也开始向客户提供高质量的付费金融数据。相比于万得和彭博，这类公司往往需要用户具备一定的编程基础，以使用其提供的 SDK（Software Development Kit，软件开发工具包）来获取数据；同时，其定价往往也更容易被一般的个人用户和学术机构所接受；当然，其也存在明显的缺点，那就是数据集的种类有限，其提供的数据基本只涵盖了与量化交易直接相关的价格、成交量、公开咨询、公开因子等信息和一些少量的另类数据。在真正的工作与实验环境中，许多数据都是企业或者研究室内部使用的，这类数据也被称为内部数据。比如当你向银行贷款的时候，你提交的个人信息会被录入银行的数据库。在学习阶段，我们一般不会去使用昂贵的付费数据，也很难获得企业的内部数据，所以最理想的状态是使用免费的开源数据集，我们在此介绍 Kaggle 数据竞赛平台，它为全球各地的数据科学爱好者提供了海量的高质量数据集，许多数据集的有效性已经被用户验证。该网站所提供的数据集将为学习者提供非常优质的“物质资料”，足以保证学习目标的顺利完成。

12.1.3 数据预处理、数据探索和可视化

在获取到对应分析目标的数据集后，我们其实离正式进入分析已经非常接近了，但是在此之

前，我们还要经历数据预处理、数据探索和可视化的过程。这几步的目的主要是进一步对数据的质量进行审核和提高，同时利用一些简单的方法帮助分析者对数据有基本的认知。我们之后会有详细的代码演示，具体案例也会在彼处对应展开。

对于数据预处理，我们通常需要执行 3 个步骤：校验数据、清洗数据、合并数据。

1. 校验数据

在进行数据探索和可视化之前，我们发现数据无论是用来计算还是用来展示，总会存在各式各样的问题，因此在此之前需要对数据进行校验。校验的主要内容为是否存在不一致的值、缺失值和异常值。

（1）数据一致性校验

数据一致性校验是数据预处理阶段的重要步骤之一，用于确保数据集内部以及数据集与现实世界之间的信息的一致性。数据一致性校验有助于发现数据中的错误、异常或不符合预期的情况，以便在进一步的分析和建模之前进行纠正。当数据中存在时间时，我们必须要对时间进行校验。时间字段容易出现时间范围、时间颗粒度、时间格式甚至是时区不一致等问题。除此之外，还需要对字段信息进行校验，避免出现同名异义、异名同义、单位不统一等问题。

（2）缺失值校验

缺失值校验用于分析数据中的缺失值情况。缺失值可能会影响模型的训练和预测，需要决定如何处理缺失值。缺失值校验通常使用的函数为 isnull()、notnull()、count()。

（3）异常值校验

异常值校验是指通过统计方法或可视化手段，识别数据中的异常值。异常值可能来自数据记录中的错误输入或异常情况，需要进行进一步验证或修正。统计中常用箱线图进行异常值校验。当一组数据中的值与平均值的偏差超过 3 倍标准差时，则称该数据为高度异常的异常值。

2. 清洗数据

为了避免出现数据重复、缺失、异常等问题，导致数据的统计分析结果被改变，比如均值、方差甚至数据分布发生变化，以及确保数据质量和准确性，需要对数据进行清洗。

（1）重复值处理

重复值可能会导致分析结果失真，需要删除或合并重复值。最简单的去重方法就是利用集合对数据进行处理。但需要注意一个问题，使用集合去重会导致数据的排列发生改变。鉴于此缺陷，Pandas 提供了一个名为 drop_duplicates 的去重方法。当然，该方法只对数据结构为 DataFrame 或 Series 的数据有效。以上介绍的是当数据记录重复时的情况，还有一种情况是特征重复。例如，存在一个或者多个特征名称不同，但是数据完全相同的情况。可以使用统计方法进行检测，比如相关性分析，用相关函数进行检测。例如，使用 pd.corr()计算两组数据的相关性，若值为 1，则需要判断是否需要去掉一个特征。

（2）缺失值处理

分析数据中的缺失值情况，并决定如何处理它们。可以选择填充缺失值（使用均值、中位数、众数等）、删除包含缺失值的记录，或者根据特定的业务逻辑进行处理。若选择删除包含缺失值的记录，可以使用 Pandas 中的 dropna()，该方法既可以删除观测数据，又可以删除其特征。若选择填充缺失值，可使用 Pandas 中的 fillna()，其中 method 参数可进行选择性填写，接收特定的字符串，backfill 或 bfill 表示使用下一个非缺失值填补缺失值，pad 或 ffill 表示使用上一个非缺失值填补缺失值。除此之外，对于数值型数据，通常使用其均值、中位数、众数来填补缺失值。还有更为复杂的线性插值法，使用 SciPy 的 interpolate 模块进行插值。

（3）异常值处理

异常值处理有以下几种方式：删除含有异常值的记录；将异常值视为缺失值，按照缺失值处理；保留异常值，它可能包含重要信息。

3. 合并数据

合并数据是在数据预处理过程中常见的操作，特别是当你有多个数据集需要合并成一个更大的数据集时。数据合并可以用于整合不同来源的数据，创建更丰富的特征集，或者将多个相关的数据表连接起来。合并数据的方法可分为堆叠合并、主键合并和重叠合并。

（1）堆叠合并

堆叠合并就是简单地将两个表拼接在一起，可以横向堆叠，也可以纵向堆叠，常使用 Pandas 的 concat()函数完成。在该函数中，通过 axis 参数来选择是横向堆叠还是纵向堆叠，该参数默认为 0，即纵向堆叠；通过 join 参数来调整其他轴向上的索引是按交集（inner）还是并集（outer）进行合并，默认为 outer。除了 concat()函数之外，append()方法也是非常常用的用于纵向合并两个表的方法。

（2）主键合并

主键合并是一种在数据库或数据处理中常见的操作，它用于将两个或两个以上数据集根据一个共同的主键（或关键字）连接起来。这个主键在数据集中是唯一的，它可以是某个标识符、ID 或其他可以用来唯一标识数据记录的字段。Pandas 中的 merge()和 join()都可以实现主键合并，但这两种方法的实现方式不同。

（3）重叠合并

在数据的分析和处理过程中，可能会有两份数据的内容非常接近的情况，其中一份数据的内容更加完整，而另一份数据能够完善它的缺失值，这时用堆叠合并或者主键合并可能就没那么高效。Pandas 提供的 combine_first()方法可以解决这一问题，例如 df1.combine_first(df2)可以实现如果第一个 DataFrame（df1）中的某个位置有缺失值（NaN），则使用第二个 DataFrame（df2）中相同位置的非缺失值对其进行填充。

对数据进行预处理后，我们就可以通过统计方法对数据进行探索，比如对数据进行求和、求均值、求方差等，这些内容在介绍第三方库中的 NumPy 和 Pandas 的时候，已经做了非常详细的介绍，在此就不赘述了。除此之外，我们还需要对数据进行可视化分析，这部分内容我们也已经在介绍第三方库中的 Matplotlib 时为读者进行详尽的介绍了。

12.1.4 分析与建模

完成上述处理，我们进入分析与建模这一步骤。目前，在数据挖掘领域主流的建模方式，正如前文所言，包括统计学习、机器学习、人工智能、统计模型与计量经济模型等。其实从广义上来说，任何能对数据之间的数量关系进行合理描述的分析框架都可以被认为是构建的模型，包括利用数学优化的方式寻找最佳决策点、利用蒙特卡罗模拟的形式模拟不同的随机状态等，建模并没有一种固定的套路和形态。在本书中，我们主要介绍目前流行的统计学习模型和机器学习模型及其对应的一些应用。（将在第 13 章“数据挖掘常用方法”中为读者详细介绍建模方法。）在建模完成后，我们可能需要对模型的输入与输出做一些分析。需要注意的是，尽管建模是数据挖掘中的核心步骤，但是在机器学习和统计学习框架下，影响数据挖掘项目的质量的关键性因素并不是模型的选择，而是高质量数据的收集、清洗和预处理。目前，市面主流的机器学习和统计学习模型的性能已经被各类实验充分证明，在算力资源充足的前提下，数据挖掘人员总能在众多的模型中选出一个既满足高精度要求又满足业务分析需求的模型，但无论是哪种模型，都无法在劣质和少量的数据集上产生卓越的预测与推断能力。掌握各类模型的算法原理固然激动人心，但相对枯燥和乏味的数据收集、清洗和预处理可能才是决定你项目是否出彩的关键性因素。

12.1.5 模型评估

建模完成后，我们还需要对我们的模型的性能进行评估，这就是我们所说的模型评估。模型的性能评估指标可以从训练效率、预测效率和预测能力等多方面展开讨论。模型的训练效率是指一个模型学习一个固定的数据集，从开始训练到收敛所需要的时间。这里的收敛是指机器学习和统计学习模型通过迭代优化计算对参数进行不断修正，使得模型逐渐接近全局/局部最优解或趋向稳定状态的过程。一般来说，模型复杂度越高，训练效率越低，因为模型训练过程会涉及更多的参数与参数之间的关系。同理，预测效率是指一个机器学习或统计学习模型对一个新的未知输入数据进行预测和推断的速度，自然地，模型复杂度越高的模型其预测效率越低，因为对于更多的参数，计算机需要进行更大量的数值运算。如果读者对机器学习有所了解，便可以理解一些经典神经网络模型的复杂度一般是普通线性模型的数百倍，其训练效率与预测效率也往往要比简单的线性模型低很多。不过近年来，图像处理卡［如 GPU（Graphics Processing Unit，图形处理单元）］凭借其卓越的矢量计算性能被广泛运用到了深度学习神经网络中，模型训练效率和预测效率从时间上而言，被大大提高了（模型复杂度并没有被改变）。由于训练效率和预测效率涉及更为复杂的软硬件和系统优化知识，我们在本书中点到即止。模型的预测能力是指模型能够精准地对未知数据进行预测的能力。对于回归模型而言，模型的预测能力指标如下。

均方误差（Mean Square Error，MSE）：预测值与真实值之间的平方差的平均值，均方误差越小代表着预测值总体上与真实值越接近，模型的性能越好。

均方根误差（Root Mean Square Error，RMSE）：均方误差的平方根，其值越小代表着预测值总体上与真实值越接近，模型的性能越好。之所以进行平方根运算是为了使指标值与目标变量值处于同一个量纲上。

平均绝对误差（Mean Absolute Error，MAE）：预测值与真实值之间差的绝对值的平均值，其值越小代表着预测值总体上与真实值越接近，模型的性能越好。它的优点在于指标值与目标变量值从始至终处于同一个量纲上，但是其缺点在于函数的非连续性，这意味着该指标不适合作为模型的损失函数参与模型训练。

决定系数（Coefficient of Determination，R^2）：用于度量回归模型对于观测数据变异的解释能力，即模型能够解释的目标变量的方差比例。$R^2=1-\frac{\sum_i e_i^2}{\sum_i (y_i-\overline{y})^2}$，其中 $\sum_i e_i^2$（$=\sum_i (y_i-\hat{y}_i)^2$）代表残差值（即预测值与真实值之间的差）的平方和，$\sum_i (y_i-\overline{y})^2$ 则是真实值和真实值的平均值的差值的平方和（衡量真实值的离数程度）。如果你的回归模型正确拟合了解释变量与被解释变量之间的线性相关性，那决定系数的取值在 0 到 1 之间，数值越接近 1 代表着模型的解释性能越强。但是有意思的是，决定系数在你的模型完全偏离了正确方向，比如将正相关的数据集拟合成了负相关的时候，是可能变成负数的。这意味着你需要仔细对你的回归模型进行检查。

对于分类模型而言，在对其讨论模型预测能力指标时，我们经常会用到一个称为混淆矩阵（Confusion Matrix）的工具。如果我们的模型目标是将数据分为两类（二分类问题），其基本结构如表 12-1 所示。

表 12-1　　混淆矩阵基本结构

混淆矩阵（以二分类问题为例）		真实值	
		Positive（1）	Negative（0）
预测值	Positive（1）	TP（True Positive）	FP（False Positive）
	Negative（0）	FN（False Negative）	TN（True Negative）

TP：真阳值，代表模型所预测为正数的样本的真实值也恰好为正数的样本个数。

TN：真阴值，代表模型所预测为负数的样本的真实值也恰好为负数的样本个数。

FP：假阳值，代表模型所预测为正数的样本的真实值为负数的样本个数。

FN：假阴值，代表模型所预测为负数的样本的真实值为正数的样本个数。

将以上真阳值、真阴值、假阳值、假阴值全部相加后，得到的就是我们预测的所有的样本个数。从混淆矩阵出发，我们可以进一步衍生出以下常用的模型预测能力指标。

- 准确率：$\frac{TP+TN}{TP+TN+FP+FN}$，对于所有正负类别的样本，我们预测正确的样本数量占所有样本数量的比例。这是一个最基本和最常用的模型预测能力指标，几乎在所有的机器学习二分类问题中，这都是一个关键性指标。

- 召回率：$\frac{TP}{TP+FN}$，对于所有的正类样本，我们正确预测出的样本数量所占的比例。在某些特定的场景，比如信用卡盗刷场景中，该指标的地位甚至大于准确率。由于盗刷是极少数事件（发生概率小于 1%），所以对于一个只会输出“盗刷=否”的模型而言，其准确率也可以轻松达到 99%以上；但是盗刷一旦发生，会对客户和金融机构造成大额损失，所以较高的召回率意味着模型可以较好捕捉到真实的盗刷交易；对于那些非盗刷但是被模型误判为盗刷的案例，一般会影响客户的体验并增加银行内部处理盗刷的工作量，但是其危害性与直接盗刷成功带来的经济损失相比小很多。

- 精确率：$\frac{TP}{TP+FP}$，在所有预测为正的样本中正样本所占的比例。这个指标在一些特定场景（如市场营销）中会比较重要。一般来说，市场营销策划会通过互联网短视频、纸质广告、短信、会员网站等各类渠道进行，但是市场营销策划是需要成本支出的，比如短视频推广时策划方需要支付一定的推广费用。在该类场景下，策划方希望短视频所投放到的固定数量的客户中，会有较大比例的客户愿意对推广的产品链接进行点击甚至直接购买，这就是精确率的重要性。在固定成本下，精确率越高的广告投放模型意味着越高的点击率与转化率；此时，精确率也不那么重要，因为对于海量的客户群体而言，对特定产品感兴趣的客户的百分比可能小于 1%，那么对于一个只会简单输出“感兴趣=否”的模型而言，其准确率也可以轻松达到 99%以上，不过此时高准确率并无法转化为真实的商业价值。

- F1-测度（F1-measure）：$\frac{2\cdot \text{Recall}\cdot \text{Precision}}{\text{Recall}\cdot \text{Precision}}=\frac{2TP}{2TP+FP+FN}$，是精确率和召回率的调和平均数，它将两个指标巧妙地结合到了一个指标之中；并且由于使用的是调和平均数而非算术平均数，当精确率或者召回率中的一方显著过大的时候，调和平均数可以起到对极大值的抑制作用。

以上的几类预测能力指标是业界用于各个场景中的主流指标，并不是全部。在一些金融机构中，它们也会异常关注信用卡盗刷监测模型的价值侦测率（Value Detection Ratio），价值侦测率代表着侦测到盗刷金额总额占真实的盗刷金额总额的比率，相比于召回率，价值侦测率则更关注金额。总而言之，模型的预测能力评估指标不仅仅包含以上几种，不同的公司和业务部门需要根据自身情况设计出符合自己公司业务需求的预测能力指标。在真实的工作和大多数学术场景中，已经有许多开源代码（如 sklearn 中提供的代码）实现了这些经典的预测能力指标，用户并不需要从头开发相关的函数。本章仅从数据挖掘步骤出发浅谈一下各类指标的定义和作用，不会涉及相关开源代码的调用。接下来，我们将使用一些代码，对数据挖掘中的重要步骤利用 Python 进行演示。

12.2　案例分析——数据收集和数据预处理

陈立已经学习了数据收集的概念，了解了一些主要的数据获取渠道。他想使用 Python 来读取收集到的数据，并希望结合代码使用 Python 数据挖掘中常用的数据预处理技术。

本节主要使用 Python 对真实数据进行数据预处理。

我们要使用的数据集是泰坦尼克号-灾难中的机器学习（Titanic-Machine Learning from Disaster）数据集。作为 Kaggle 数据竞赛平台中最常用的数据集之一，该数据集被无数数据科学初学者使用并作为其入门数据集。该数据集的下载链接可以在 Kaggle 官网中找到。当你完整下载数据文件后，你会获得 3 个 CSV 格式的数据文件：train.csv、test.csv、gender_submission.csv。目前我们只需关注前两个数据文件。train.csv 包含训练数据集，这意味着你要利用该数据文件中所提供的数据，经过合理的数据预处理之后，构造出一个具备一定预测性能的机器学习模型；test.csv 则是测试数据集，根据竞赛规则；该数据集只会提供解释变量的数据，而不会提供数据的真实标签，参加竞赛的选手需要使用他们的机器学习模型做出预测，将结果提交给 Kaggle 数据竞赛平台，平台会在后台计算出模型预测性能的相关指标，并给出具体的排名和指标值。

我们开始写我们的第一个代码块（也可参见例 12.1.ipynb）：

```
import numpy as np
import pandas as pd
```

在这个代码块中，我们导入了两个数据科学领域常用的开源代码库（Package，也称 Module，代码文件的集合）：NumPy 和 Pandas。NumPy 是 Python 中最为常用的数值计算包，它支持开发者使用多种常用的数学运算对大型多维矩阵进行操作，同时，它具备极高的性能。Pandas 则是 Python 中最为常用的数据分析包，它提供了多种对于数据分析极其有益的数据结构和数据分析工具，支持开发者对表格数据、时间序列数据和其他类型的数据进行高性能处理。值得注意的一点是，尽管 NumPy 和 Pandas 是两个不同的包，Pandas 的许多功能都基于 NumPy，这符合计算机软件开发中的一个重要原则：避免重复造轮子。也正是因为 Pandas 很好地使用了 NumPy 的各类功能，Pandas 的计算性能也有了很好的保障。之后，我们可以利用以下代码读取并输出表格的前几行：

```
data = pd.read_csv('train.csv')      # 读取 CSV 格式的数据文件
data.head()                          # 输出前 5 行数据
```

输出结果如图 12-1 所示。

	PassengerId	Survived	Pclass	Name	Gender	Age	SibSp	Parch	Ticket	Fare	Cabin	Embarked
0	1	0	3	Braund, Mr. Owen Harris	male	22.0	1	0	A/5 21171	7.2500	NaN	S
1	2	1	1	Cumings, Mrs. John Bradley (Florence Briggs Th...	female	38.0	1	0	PC 17599	71.2833	C85	C
2	3	1	3	Heikkinen, Miss. Laina	female	26.0	0	0	STON/O2. 3101282	7.9250	NaN	S
3	4	1	1	Futrelle, Mrs. Jacques Heath (Lily May Peel)	female	35.0	1	0	113803	53.1000	C123	S
4	5	0	3	Allen, Mr. William Henry	male	35.0	0	0	373450	8.0500	NaN	S

图 12-1　输出结果

在上述代码中，我们利用 Pandas 的 read_csv()方法读取了 train.csv 文件，读取到的数据在内存中以 DataFrame 的数据结构进行存储。之后，我们又调用了该 DataFrame 的 head()方法，该方法会默认输出该 DataFrame 的前 5 行；如果我们输入一个整数到该方法，如 data.head(10)，就会输出该 DataFrame 的前 10 行，以此类推。输出该 DataFrame 中的部分内容可以帮助我们对数据的类型和大小有基本了解。除此之外，我们还可以使用以下代码对数据的一些基本信息进行总结并输出：

```
data.info()
```

运行代码，输出结果如图 12-2 所示。

```
<class 'pandas.core.frame.DataFrame'>
RangeIndex: 891 entries, 0 to 890
Data columns (total 12 columns):
 #   Column       Non-Null Count  Dtype
---  ------       --------------  -----
 0   PassengerId  891 non-null    int64
 1   Survived     891 non-null    int64
 2   Pclass       891 non-null    int64
 3   Name         891 non-null    object
 4   Gender       891 non-null    object
 5   Age          714 non-null    float64
 6   SibSp        891 non-null    int64
 7   Parch        891 non-null    int64
 8   Ticket       891 non-null    object
 9   Fare         891 non-null    float64
 10  Cabin        204 non-null    object
 11  Embarked     889 non-null    object
dtypes: float64(2), int64(5), object(5)
memory usage: 83.7+ KB
```

图 12-2　输出结果

在图 12-2 中，我们可以获得各个变量所包含的 non-null 值（非缺失值）的数量以及各个变量所对应的数据类型。null 是在计算机科学和数据科学中用来特指无效数据的数据类型，当数据缺失或者数据无效时，就会用 null 来表示。int64、float64 和 object 都是 Python 中的数据类型，int64 代表 64 位整型，float64 代表 64 位浮点型，object 在该 DataFrame 中仅指代字符串型。读者目前只需要理解该 DataFrame 中存在整型、浮点型（可以理解为小数型）和字符串型的数据变量。根据图 12-2 所示的第二行，我们可以看到我们的 DataFrame 一共有 891 行数据（891 entries），那么根据各个变量的 non-null 值的数量，我们也可以推断出各个变量所含有的 null 值的数量。我们也可以用以下代码更直观地算出各个变量所含有的 null 值的数量:

```
data.isna().sum()
```

其输出结果如图 12-3 所示，我们可以发现变量 Age、Cabin 和 Embarked 都含有 null 值，即缺失值。因此，我们需要对这些缺失值进行处理。

```
PassengerId      0
Survived         0
Pclass           0
Name             0
Gender           0
Age            177
SibSp            0
Parch            0
Ticket           0
Fare             0
Cabin          687
Embarked         2
dtype: int64
```

图 12-3　输出结果

最简单的处理方式就是删除含有缺失值的行，其代码如下：

```
data.dropna(axis=0, inplace=True)
```

DataFrame 的 dropna()方法可以用来从 DataFrame 对象中移除含有缺失值的行或列。axis=0 意味着删除含有缺失值的行，axis=1 则意味着删除含有缺失值的列。除此之外，inplace=True 意味着删除操作直接在原有的 DataFrame 对象上进行，而 inplace=False 意味着删除操作会创建一个新的 DataFrame 对象并返回。因此，如果使用 inplace=False，我们需要使用如下代码来实现与 data.dropna(axis=0, inplace=True)一致的效果：

```
data = data.dropna(axis=0, inplace=False)
```

由于直接删除含有缺失值的行或列会导致原始数据的信息缺失，我们有时候会选择填充方法来对缺失值进行处理。常见的填充方法包括特定值填充、均值填充、中位数填充、众数填充；当然，更高级的方法还包括利用一些机器学习算法对缺失值进行预测填充。由于我们暂时还未涉及机器学习算法，我们在此介绍常见填充方法，如下：

```
data['Embarked'].fillna(data['Embarked'].mode()[0], inplace=True)
```

上述代码用于对变量 Embarked 进行众数填充。这里要注意，我们之所以对 Embarked 进行众数填充，是因为 Embarked 是字符串变量，我们无法计算出该类变量的均值或者中位数。对于变量 Age，如果我们要使用均值填充，上述代码只需修改为 data['Age'].fillna (data['Age'].mean(), inplace=True)；如果要使用特定值填充，如用 0 填充缺失值，我们只需要修改代码为 data['Age'].fillna(0, inplace=True)（当然，使用特定值填充的前提是你理解该变量的属性和其在整个数据集中的作用，如果使用 1000 来填充 Age，尽管在计算机处理上不会产生任何问题，但显然是不合理的，因为现实中不存在 1000 岁的游客）。

当然，我们也可能需要创建新的变量，我们可以使用 Pandas 非常容易地实现该功能：

```
data['FamilySize'] = data['SibSp'] + data['Parch'] + 1
```

在以上代码中，我们利用 SibSp（登舱的兄弟姐妹与配偶的数量）的值和 Parch（登舱的父母和孩子的数量）的值相加计算出了新的变量 FamilySize（家庭总人数）的值。Pandas 支持大多数基本的数学操作，也支持和 NumPy 中常见的数学函数结合使用，实现对列的统一数学计算，我们可以将加法改成减法、乘法、除法甚至使用 NumPy 中的平方根、指数与对数计算等，实现更复杂的变量的计算。在数据科学中，我们经常会增加一个常数列来为机器学习模型提供一个偏置项，其实现非常简单：data['constant']=1。在数据挖掘和机器学习中，我们会遇到一个非常常见的问题，那就是对类别变量（Categorical Variable）的处理。类别变量是指表示不同类别的变量，比如水果可以分为苹果、西瓜等，但是计算机和大多数机器学习模型是无法对这些变量进行直接处理的，计算机只能处理数值型运算。因此，为了让我们的类别变量可以被计算机用到机器学习模型的计算中，我们需要对它们进行特殊的处理，目前常见的处理方式是 One-Hot Encoding（独热编码），示例代码如下，运行结果如图 12-4 所示。

```
data = pd.get_dummies(data, columns=['Embarked', 'Gender'], drop_first=False)
```

	PassengerId	Survived	Pclass	Name	Age	SibSp	Parch	Ticket	Fare	Cabin	Embarked_C	Embarked_Q	Embarked_S	Gender female	Gender male
0	1	0	3	Braund, Mr. Owen Harris	22.0	1	0	A/5 21171	7.2500	NaN	0	0	1	0	1
1	2	1	1	Cumings, Mrs. John Bradley (Florence Briggs Th...	38.0	1	0	PC 17599	71.2833	C85	1	0	0	1	0
2	3	1	3	Heikkinen, Miss. Laina	26.0	0	0	STON/O2. 3101282	7.9250	NaN	0	0	1	1	0

图 12-4　示例代码运行结果

通过上述代码，我们从变量 Embarked 和 Gender 中分别创建了 3 个新变量（Embarked_C、Embarked_Q、Embarked_S）和 2 个新变量（Gender_female、Gender_male），而且所有的变量都是由 0 和 1 进行表示的。之所以 Embarked 会产生 3 个新变量，是因为其本身含有 3 个类别，它们分别是 C、Q 和 S。在使用 get_dummies()方法后，Pandas 会自动使用类别变量的值作为原变量名的后缀，值 1 和 0 分别代表某条数据是否对应着类别变量值。对于 Gender，也是同理，它仅有 2 个类别，因此会产生两个新的列。这里留给读者一个作业，尝试将 drop_first=False 改为 drop_first=True，观察这会对生成的数据结构产生何种影响，并分析是否会对数据的信息完整程度造成影响。

在一个数据表格中，并不是所有的信息都会对分析产生帮助，也有一些信息尽管存在帮助，但是相比于其产生的负面影响（共线性、计算复杂度、可解释性等方面的负面影响），其对分析的贡献是有限的。在这种情况下，我们可以考虑将其从表格中删除，实现代码非常简单：

```
data.drop(['Name','Ticket','Cabin','PassengerId', 'SibSp', 'Parch'], axis=1, inplace=True)
```

以上代码将变量 Name（乘客姓名）、Ticket（票价）、Cabin（舱位）、PassengerId（乘客 ID）、SibSp 和 Parch 都从原表格中移除了。其中，Name、Ticket、Cabin、PassengerId 的信息都是无效的，其存在不仅会降低分析效率、影响机器学习算法的表现，也会降低其他变量的可解释性；SibSp 和 Parch 已经被用来生成新的变量 FamilySize，因此保留这两个变量会导致变量之间的共线性增加，这也会导致模型变量的可解释性降低。

正如之前所提到的变量共线性问题，在数据挖掘过程中，我们是希望遏制模型变量的共线性关系的，而我们在统计学中应该已经学过使用相关系数矩阵来观测变量之间的共线性。在 Python 中，我们有如下实现：

```
import seaborn as sns
import matplotlib.pyplot as plt

plt.figure(figsize=(10,8))
```

```
sns.heatmap(data.corr(), annot=True, cmap='coolwarm')
plt.show()
```

运行代码，输出图像如图 12-5 所示。

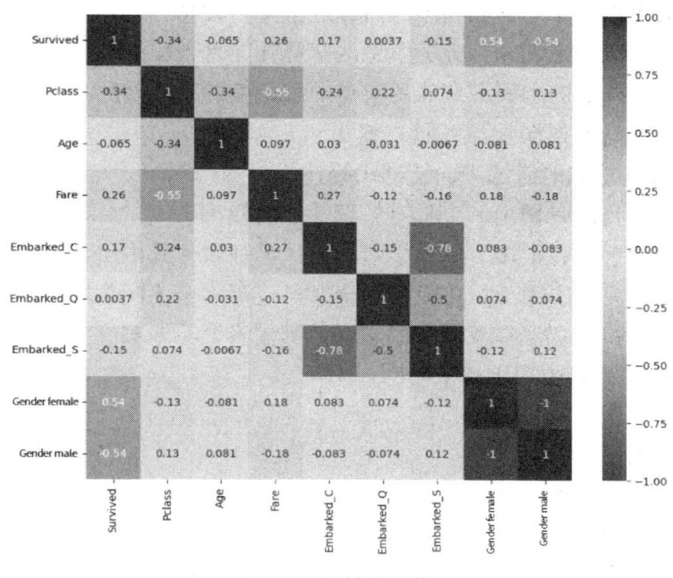

图 12-5 输出图像

我们首先观察除了因变量 Survived（存活）以外的其他变量（自变量）之间的线性相关性，我们会发现自变量之间的线性相关性非常小，基本可以忽视；之后，我们观察到了 Survived 和 Gender_female 和 Gender_male 之间的线性相关性是 ± 0.54，尽管我们尚未正式进入建模阶段，我们已经可以得出一个初步结论，乘客的性别对能否存活起着非常直接的线性作用。当然，对于一些非线性的相关性，相关系数矩阵是无法进行揭露的，这时候，我们需要依赖一些更高级的机器学习工具，在此我们不做展开介绍。

练习题

一、思考题

1. 在本章中，我们讲到了大量的模型性能评估指标，请自行预习监督学习中的分类和回归模型以及无监督学习中的聚类模型，找到适用于各类不同模型的性能评估指标。

2. 在思考题 1 的基础上，请查询搜索各类性能评估指标的 Python 开源实现，并尝试对它们中的部分实现进行使用。

3. 请尝试使用本章中学到的一些方法，对 Kaggle 数据竞赛平台中的其他案例数据进行初步的数据预处理和可视化分析，并向他人展示。

二、选择题

1. 在下列选项中，哪一项不是数据清洗过程中需要完成的任务？（ ）

A. 删除与合并重复值

B. 对缺失值进行填充处理，如中位数填充

C. 对数据分布进行可视化以识别是否存在显著的异常值

D. 计算数据的均方误差和平均值对数据的基本属性进行研究

2. 在下列关于模型解释性能的描述中，请选出描述错误的选项。(　　)

A. 决定系数可以用来对回归模型的解释性能进行评估

B. 混淆矩阵可以用来判断二分类模型的解释性能是否良好

C. 决定系数等于 0 的时候，意味着模型的解释性能是最差的

D. 均方误差和均方根误差不可能小于 0

3. 在下列对于数据挖掘的说法中，请选出描述错误的选项。(　　)

A. 数据挖掘的目的是做出一个具有解释性能的模型

B. 数据挖掘的手段有很多，机器学习和统计学都属于其中

C. 数据挖掘被广泛应用于量化交易和金融科技等多个不同领域

D. 数据挖掘是一门仍然在发展中的学科，其内容会不断被充实

4. 决定系数在模型评估中用于衡量(　　)。

A. 模型的复杂度

B. 模型的准确率

C. 因变量的变异性被模型解释的程度

D. 模型的训练时间

5. 如果一个模型的精确率很高，而召回率很低，可能是什么情况？(　　)

A. 模型过拟合

B. 模型欠拟合

C. 模型对正例的识别能力很强，但漏掉了很多正例

D. 模型对负例的识别能力很强，但误判了很多负例

第 13 章 数据挖掘常用方法

数据挖掘是数据分析的一部分，旨在发现隐藏在数据背后的信息、关系和趋势。数据挖掘可以应用于多个领域，包括商业、金融、健康、社交媒体等。它可以帮助企业发现市场趋势、分析客户行为、改善产品设计，以及预测未来的发展趋势和需求。数据挖掘涵盖多种方法和技术，包括监督学习、无监督学习、时间序列分析等。这些方法和技术常常结合使用，根据具体问题和数据类型选择合适的即可。

本章主要介绍监督学习的概念，以及监督学习的回归和分类任务；无监督学习的概念，以及无监督学习的聚类和关联规则；时间序列分析和常用的时间序列分析模型。

【学习目标】

知识目标：

（1）熟悉监督学习的概念，以及监督学习的回归和分类任务；

（2）熟悉无监督学习的概念，以及无监督学习的聚类和关联规则；

（3）熟悉时间序列分析和常用的时间序列分析模型。

技能目标：

（1）能够运用简单的监督学习方法和技术进行金融统计分析；

（2）能够运用简单的无监督学习方法和技术进行金融统计分析；

（3）能够运用常见的时间序列分析模型。

【知识框架】

13.1 监督学习

数据挖掘有很多常用方法和技术，陈立想先了解数据挖掘的监督学习方法，他想了解监督学习的概念，监督学习方法常涉及的任务，比如回归、分类任务，以及监督学习方法的应用。

本节主要介绍监督学习常涉及的回归和分类任务，以及相关算法的应用。

监督学习是机器学习和数据挖掘中常见的任务，它是指从有标签的训练数据中学习出一个数据的特征模式，或者说，训练出一个具备预测性能的机器学习模型。有标签的训练数据是指训练数据中的每个有效样本都包含输入特征及对应的真实输出标签。输入特征可以理解成模型的变量，它也可以是原始/清洗后的数据，还可以是经过一定的数学变形后从原始数据生成的新数据。

13.1.1 回归

回归是监督学习中的一个重要任务类型，它的目的在于根据输入数据来预测连续数值型的输出结果。基本的回归模型有简单线性回归模型、多元线性回归模型及其他属于广义线性类的各类模型。除此以外，其他的回归模型包括决策树回归模型、支持向量机回归模型、随机森林回归模型、梯度增强回归模型甚至神经网络回归模型。值得注意的是，这些其他的回归模型的算法具备通用性，稍加变形，就可以用到分类任务中，我们将在分类任务中进行展开介绍。

本小节要求读者能够对回归的主要算法的基本思想和数学概念拥有基础性认识；掌握回归算法的常用 Python 编程语句，并能够独立完成简单的建模分析任务。

线性回归模型是一种最简单且最广泛使用的回归模型，它在数据挖掘、机器学习、计量经济学及各类统计学领域中都有着举足轻重的地位。尽管如今我们已经掌握了许多更加复杂、精确的模型和算法，线性回归模型的使用率依然名列前茅，这是由其简单、精妙且有效的模型设计所决定的。尽管存在诸多不足与限制，但线性回归模型已经可以解决大多数数据挖掘的问题。

线性回归具备简单的数学结构，它通过对输入特征进行简单的加权求和运算来进行预测，其基本形式为 $\hat{y}=w_0+w_1x_1+\cdots+w_nx_n$。其中，$\hat{y}$ 是预测值，n 代表输入特征（变量）的数量，x_i 代表着第 i 个变量的值，w_i 则代表着模型的第 i 个参数。值得注意的是，w_0 是一个偏移量，它不与任何模型的变量进行加权相乘。如果我们用向量的形式对以上数学公式进行表征，结果为 $\hat{y}=h_\theta(\boldsymbol{X})=\boldsymbol{W}^{\mathrm{T}}\cdot\boldsymbol{X}$，其中 $\boldsymbol{W}=[w_0,w_1,\cdots,w_n]$ 是模型的参数向量，是包含偏移量在内的所有特征权重。$\boldsymbol{X}=[x_0,x_1,\cdots,x_n]$ 是特征向量，其中 x_0 为常数 1。h_θ 则是我们的预测函数，它用来表示输入特征和输出预测值之间的映射。

有了线性回归的基本数学表达形式之后，我们的问题变成了如何获得一组最优的参数向量值，使我们的线性回归模型对于数据特征的“学习”达到“最优”。此时，我们已经在不知不觉中引入了机器学习的一个基本目标，即从现存数据集中，归纳并学习出一系列规律，来描述数据的特征。为了学习到数据的最优特征，我们引入一个新的概念：损失函数（Loss Function）。它也被称为成本函数（Cost Function）。损失函数简单而言就是用来描述模型预测精确程度的一个函数。在线性回归模型中，我们常用的损失函数是均方误差损失函数，其数学表达形式为 $l=\frac{1}{N}\sum_{i=1}^{N}(\hat{y}_i-y_i)^2$。其中，$y_i$ 是第 i 个样本的真实标签值，$\hat{y}_i$ 是线性回归模型对第 i 个样本的预测标签值，N 则是所有参与训练的样本的个数。为了达到我们所说的“最优”的学习目标，我们在此定义我们的学习目标是最小化均方误差损失函数，其数学表达形式为 $\arg\min_{\boldsymbol{W}=[w_0,w_1,\cdots,w_n]}\frac{1}{n}\sum_{i=1}^{n}(\hat{y}_i-y_i)^2$。展开来说，就是我们希望通过找到一组合适的模型参数值 $\boldsymbol{W}=[w_0,w_1,\cdots,w_n]$，来使我们的均方误差损失函数值最小。

为了使均方误差损失函数值最小的目标达成，我们引入一个新的概念：梯度下降（Gradient Descent）。梯度下降是一种被广泛用来优化目标函数的迭代优化算法，它通过不断调整模型中的参数值，使模型的损失函数不断趋于全局或者局部最小值，从而获得最优或近似的全局/局部最优解。其基本思路非常简单，即先计算损失函数关于参数的梯度（导数），之后沿着梯度的反方向更新参数。

回到线性回归模型中，计算损失函数关于参数的梯度其实就是计算 $\dfrac{\partial \frac{1}{n}\sum_{i=1}^{n}(\hat{y}_i - y_i)^2}{\partial w_i}$，$i$=0,1,⋯,$n$。沿着梯度的反方向更新参数则对应着 $w_i = w_i - \alpha \dfrac{\partial \frac{1}{n}\sum_{i=1}^{n}(\hat{y}_i - y_i)^2}{\partial w_i}$，$i$=0,1,⋯,$n$。其中，$\alpha$ 代表学习率，它控制着参数更新的速率，是需要模型开发者自行设定的一个超参数，其值设定过大或者过小，均会对最终模型的参数收敛造成影响。梯度下降算法的一般表达形式为 $w_i = w_i - \alpha \dfrac{\partial l}{\partial w_i}$，其中 l 代表任意损失函数，w_i 代表模型中任意一个参数。经过计算，线性回归的均方误差损失函数的梯度下降公式为 $w_i = w_i - \alpha\left(\dfrac{2}{n}\sum_{i=1}^{n}(\hat{y}_i - y_i)\cdot x_i\right)$。

在真正的应用中，我们一般不需要手动推导并对梯度下降算法进行编程实现，因为我们已经有了非常多可靠的开源代码来帮助我们用更简单的方式直接完成模型的开发。这里笔者将为你提供一个简单的 Python 代码示例，展示如何使用线性回归进行数据拟合，并绘制相关图表进行解释。（代码参见：例 13.1.ipynb）

首先，我们需要导入必要的库：

```
import numpy as np
import matplotlib.pyplot as plt
from sklearn.linear_model import LinearRegression
```

接下来，我们构造一个简单的数据集作为示例，其中包含自变量 X 和对应的因变量 y。我们假设二者之间存在线性关系，即 y = 2X + 1，并加入一些随机噪声：

```
np.random.seed(42)
X = np.random.rand(50, 1) * 10
y = 2 * X + 1 + np.random.randn(50, 1) * 2
```

现在，我们使用 sklearn 库中的 LinearRegression 类来拟合线性回归模型：

```
model = LinearRegression()
model.fit(X, y)
```

模型训练完成后，我们可以获得拟合得到的直线的斜率和截距：

```
slope = model.coef_[0][0]
intercept = model.intercept_[0]
```

接下来，我们可以使用这些参数来绘制数据点和拟合直线：

```
# 绘制数据点
plt.scatter(X, y, label='数据点')
# 绘制拟合直线
plt.plot(X, slope * X + intercept, color='red', label='拟合直线')
# 添加图例和标签
```

```
plt.legend()
plt.xlabel('X')
plt.ylabel('y')
plt.title('线性回归示例')

# 展示图形，如图 13-1 所示
plt.show()
```

图 13-1 中展示了散点图表示的数据点和通过线性回归拟合得到的红色直线。

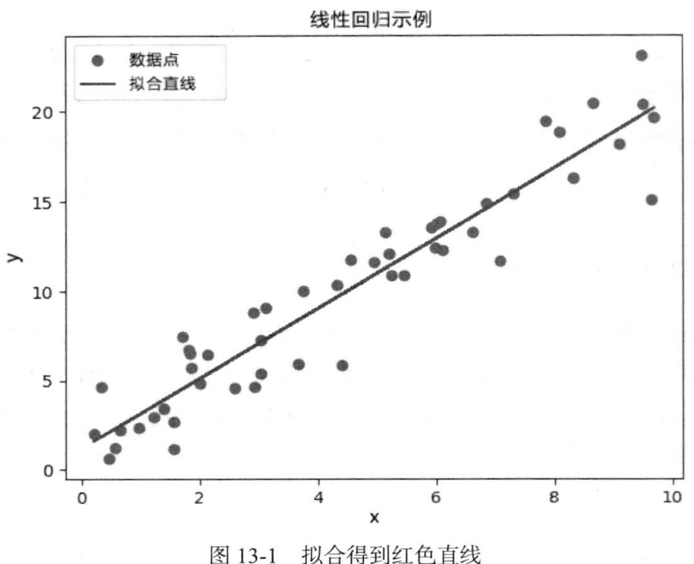

图 13-1　拟合得到红色直线

需要注意的是，这个示例是一个非常简单的线性回归示例，实际应用中的数据可能更复杂，但基本的原理和方法都是类似的。

13.1.2　分类

监督学习的分类任务是数据挖掘中常见的任务类型之一，它用于将输入数据映射到预定义的类别或标签。常用的分类算法或模型有感知机（Perceptron）、逻辑回归（Logistic Regression）、决策树（Decision Tree）、随机森林（Random Forest）等。

本小节要求读者能够对分类的主要算法的基本思想和数学概念拥有基础性认识；掌握分类算法的常用 Python 编程语句，并能够独立完成简单的建模分析任务。

1. 感知机模型

现代的神经网络和深度学习技术把数据挖掘和人工智能推向了一个新的高潮；而感知机，作为神经网络中最为简单的神经元组件之一，当成百上千个它们组合在一起的时候，配合神经网络中的其他组件，就可以构成一个个精确、强悍的神经网络模型。但是，感知机本身的结构是非常简单的，它只是一个二元线性分类器，能够在数据线性可分的情况下实现不错的分类效果；但是当数据线性不可分的时候，感知机无法收敛。

感知机模型是一种二分类的线性分类模型，它的目标是找到一个直线或超平面来将两类数据点分开。感知机模型基于线性函数进行预测，并通过迭代的方式调整模型参数来逐步优化分类结果。以下是一个简单的感知机模型的 Python 代码示例，同时附带绘制图表的解释。（代码参见：

例 13.1.ipynb）

首先，我们导入必要的库：

```
import numpy as np
import matplotlib.pyplot as plt
```

接下来，我们构造一个示例数据集，数据集中包含两类数据点，为每个数据点标记相应的类别（−1 或 1）：

```
# 构造一个示例数据集
X = np.array([[2, 3], [3, 2], [1, 4], [4, 3], [5, 6], [7, 5]])
y = np.array([-1, -1, -1, 1, 1, 1])
```

现在，我们使用感知机算法来训练模型：

```
def perceptron_train(X, y, epochs=100, learning_rate=0.1):
    w = np.zeros(X.shape[1])  # 初始化权重向量
    b = 0  # 初始化偏置项

    for epoch in range(epochs):
        misclassified = False
        for i in range(len(X)):
            if y[i] * (np.dot(X[i], w) + b) <= 0:
                # 误分类点，更新权重和偏置项
                w += learning_rate * y[i] * X[i]
                b += learning_rate * y[i]
                misclassified = True

        # 如果在本轮迭代中没有误分类点，则算法收敛，停止迭代
        if not misclassified:
            break

    return w, b

# 训练感知机模型
weights, bias = perceptron_train(X, y)
```

模型训练完成后，我们可以使用得到的权重和偏置项来绘制分类直线或超平面：

```
# 绘制数据点
plt.scatter(X[:, 0], X[:, 1], c=y, cmap=plt.cm.Paired, marker='o', s=100)

# 绘制分类超平面
if weights[1] != 0:
    xx = np.linspace(0, 8, 2)
    yy = -(bias + weights[0] * xx) / weights[1]
    plt.plot(xx, yy, 'k-')

# 添加图例和标签
plt.legend()
plt.xlabel('特征 1')
plt.ylabel('特征 2')
plt.title('感知机示例')
```

```
# 展示图形，如图 13-2 所示
plt.show()
```

图 13-2 中展示了两类数据点，并用黑色直线表示感知机模型找到的分类直线。需要注意的是，感知机模型仅适用于线性可分的数据集©，即存在一条直线或一个超平面可以完全将两类数据点分开。在二维空间中，感知机模型的决策边界是一条直线；在高维空间中，它对应的是一个超平面。在实际应用中，可以使用更复杂的分类器来处理非线性可分的数据集。

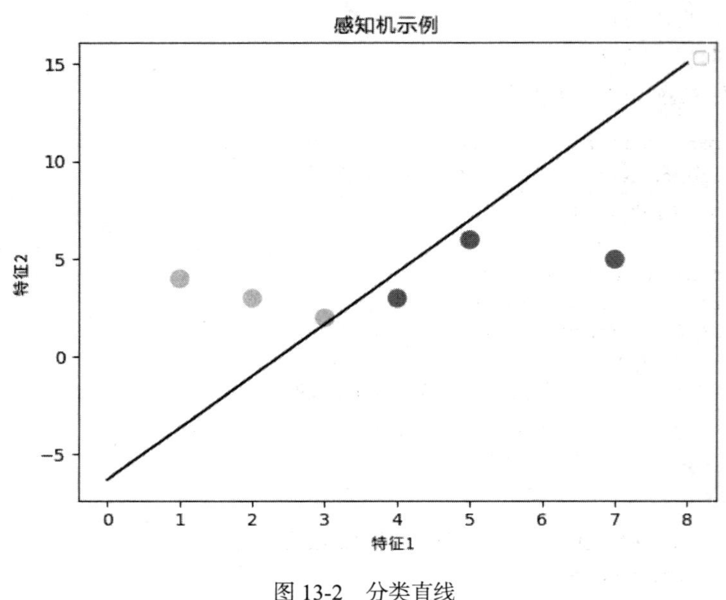

图 13-2　分类直线

2. 逻辑回归模型

逻辑回归模型也是一个非常经典的分类模型，尽管它被命名为逻辑回归模型，但是实际上，它是一个分类模型。逻辑回归模型的结构非常简单，但是其凭借巧妙的设计、优雅的训练方式、较强的预测性能和极强的模型可解释性，得到了业界和学界的广泛应用。

从模型设计上来看，逻辑回归模型是用来预测某个事件发生的概率的。比如逻辑回归模型可以根据身高、体重、心跳、脂肪含量等指标预测患者患有某种疾病的概率。由于模型输出的患有某种疾病的概率的取值范围永远是[0,1]，因此我们往往可以通过设置一个阈值来"确定"某位患者是否患有某种疾病：如果我们设置输出模型的阈值为 0.5，意味着当我们的模型输出的概率值大于或等于 0.5 的时候，模型会自动认定该患者患有某种疾病；当我们的模型输出的概率值小于 0.5 的时候，模型会自动认定该患者并未患某种疾病。这类思想不仅在逻辑回归模型中被应用，事实上，通过输出的概率值来直接推断出一个确定状态的建模方法，在非常多的分类模型中被应用到，包括决策树模型、随机森林模型等。因此，尽管从模型设计本身来看，逻辑回归模型输出的是一个概率值，但其经常被认为是一个完成分类任务的模型。值得提及的是，尽管在大多数情况下，阈值被设置为 0.5，实际上阈值可以由模型开发者和使用者根据自身经验和业务需求进行决定。

接下来，我们会用一些更加严谨的数学过程帮助读者对逻辑回归的基本数学表达形式有一定的了解。令输入随机变量 $\boldsymbol{x}\in\mathbf{R}^n$ 为某个 n 维的输入向量，$Y\in\{0,1\}$ 为随机变量 $\boldsymbol{x}$ 所对应的标签值（输出），$\boldsymbol{w}\in\mathbf{R}^n$ 为模型的参数。那么，我们的逻辑回归模型的直接输出为如下条件概率：

$$P(Y=1\mid \boldsymbol{x})=\frac{\exp(\boldsymbol{w}\cdot\boldsymbol{x})}{1+\exp(\boldsymbol{w}\cdot\boldsymbol{x})}$$

$$P(Y=0\mid \boldsymbol{x})=\frac{1}{1+\exp(\boldsymbol{w}\cdot\boldsymbol{x})}$$

在一般应用场景中，正如之前所言，决定模型最终输出的阈值一般被设置为 0.5，换言之，在大多数分类任务中，输入的随机变量 $\boldsymbol{x}$ 最终会被分配到 $P(Y=1|\boldsymbol{x})$和 $P(Y=0|\boldsymbol{x})$中概率值较大的那一类中。

如果我们仔细观察逻辑回归条件概率的数学表达形式，我们会发现它无非是把基本的线性回归的形式 $\boldsymbol{w}\cdot\boldsymbol{x}$ 进行了一个简单的数学变换，而完成这个数学变换的函数有一个特定的名字：sigmoid()函数。这个函数的妙处之处在于把 $\boldsymbol{w}\cdot\boldsymbol{x}$ 的值域压缩到了[0,1]，并且将一个回归任务转换成了一个分类任务；更为巧妙的点在于，它给出了一个条件概率值来近似表示某个输入样本 $\boldsymbol{x}$ 属于类别 0 和 1 的可能性。sigmoid()函数也被广泛运用到了更高级的深度神经网络模型中来完成线性模型到非线性模型的转换，当然在本书中，我们不展开介绍。

有了模型的基本数学表达形式后，我们希望我们的模型可以有较好的预测性能，而较好的预测性能，是由模型的参数决定的。所以，我们的目标变成了寻找一组合适的模型参数值，使我们的模型具备较好的预测性能。而模型的预测性能在数学上应该如何表示呢？在线性回归模型中，我们引入了损失函数的概念，自然地，我们也希望为我们的逻辑回归模型找到合适的损失函数来帮助模型进行迭代以找到合适的参数值。幸运的是，我们的逻辑回归模型由于 sigmoid()函数的存在，其输出为两个条件概率：$P(Y=1|\boldsymbol{x})$和 $P(Y=0|\boldsymbol{x})$。从而，我们可以使用极大似然估计法来估计模型的参数，而对应的对数似然函数的相反数则是逻辑回归模型的损失函数。以下，我们给出严格的数学过程。

我们有训练数据集$\{(x_1,y_1),(x_2,y_2),\cdots,(x_N,y_N)\}$, $x_i\in\mathbf{R}^n$, $y_i\in\{0,1\}$。N 是我们的样本数量，n 则是我们的特征数量。具体来说，假设我们希望训练一个逻辑回归模型来预测患者患有某种疾病的概率，那么 N 代表我们有多少患者的案例被用到了模型中，n 代表用在模型中的特征的数量，比如在我们的模型中，我们利用了性别、年龄、血压、身高、体重这 5 个特征来对每一个患者的患病概率进行预测，那么 n=5。

我们的极大似然函数为：

$$\prod_{i=1}^{N}\left(\frac{\exp(\boldsymbol{w}\cdot\boldsymbol{x})}{1+\exp(\boldsymbol{w}\cdot\boldsymbol{x})}\right)^{y_i}\left(\frac{1}{1+\exp(\boldsymbol{w}\cdot\boldsymbol{x})}\right)^{1-y_i}$$

从而得到我们的对数似然函数为：

$$\sum_{i=1}^{N}\left[y_i\log\frac{\exp(\boldsymbol{w}\cdot x_i)}{1+\exp(\boldsymbol{w}\cdot x_i)}+(1-y_i)\log\frac{1}{1+\exp(\boldsymbol{w}\cdot x_i)}\right]$$

损失函数则为：

$$\sum_{i=1}^{N}\left[-y_i\log\frac{\exp(\boldsymbol{w}\cdot x_i)}{1+\exp(\boldsymbol{w}\cdot x_i)}-(1-y_i)\log\frac{1}{1+\exp(\boldsymbol{w}\cdot x_i)}\right]$$

之后，我们只需要使用之前提到的梯度下降算法对损失函数进行最小化即可得到我们的最优参数的估计值。值得一提的是，在逻辑回归函数中，损失函数的最小化等价于（对数）似然函数的最大化。

逻辑回归模型也可以解决多分类问题，比如从数千张照片中识别出鸡、鸭、鱼、狗、猫这 5 类动物。当逻辑回归模型用于多分类问题的时候，我们也称之为 Softmax 回归或者多分类逻辑回归模型。其数学推导过程不在本书中展开介绍。

以下是一个简单的逻辑回归模型的 Python 代码示例，并附带绘制图表的解释。（代码参见：例 13.1.ipynb）

首先，我们导入必要的库：前文已经介绍过了，就不再给出代码。

接下来，我们构造一个示例数据集，数据集中包含两类数据点，为每个数据点标记相应的类别（0 或 1）：

```
X = np.array([[2, 3], [3, 2], [1, 4], [4, 3], [5, 6], [7, 5]])
y = np.array([0, 0, 0, 1, 1, 1])
```

现在，我们使用 sklearn 库中的 LogisticRegression 类来训练逻辑回归模型：

```
# 创建并训练逻辑回归模型
from sklearn.linear_model import LogisticRegression
model = LogisticRegression()
model.fit(X, y)
```

模型训练完成后，我们可以使用模型预测新数据点的类别，并获得模型的系数和截距：

```
# 预测新数据点的类别
new_data = np.array([[3, 5], [6, 4]])
predictions = model.predict(new_data)

# 获得模型的系数和截距
coef = model.coef_[0]
intercept = model.intercept_[0]
```

接下来，我们可以使用这些参数来绘制数据点和决策边界：

```
# 绘制数据点
plt.scatter(X[:, 0], X[:, 1], c=y, cmap=plt.cm.Paired, marker='o', s=100)

# 绘制决策边界
if coef[1] != 0:
    xx = np.linspace(0, 8, 2)
    yy = -(intercept + coef[0] * xx) / coef[1]
    plt.plot(xx, yy, 'k-')

# 添加图例和标签
plt.legend()
plt.xlabel('特征 1')
plt.ylabel('特征 2')
plt.title('逻辑回归示例')
# 展示图形，如图 13-3 所示
plt.show()
```

图 13-3 展示了两类数据点，并用黑色直线表示逻辑回归模型找到的决策边界。

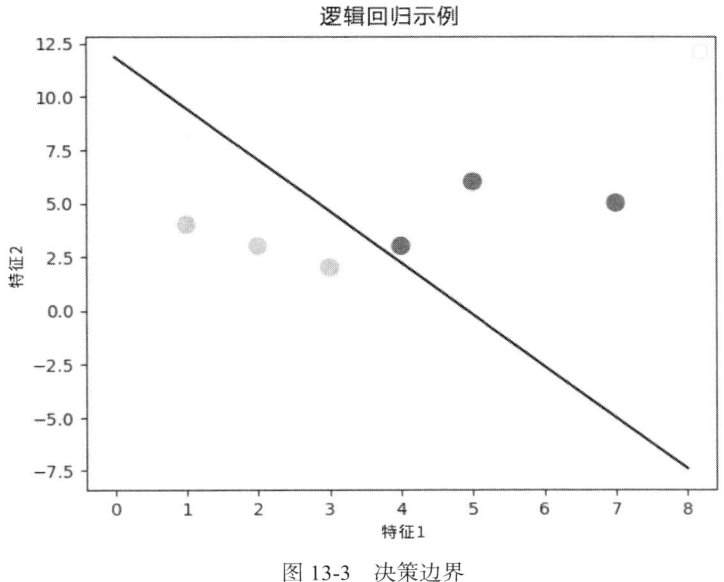

图 13-3　决策边界

需要注意的是，逻辑回归模型也可以处理多分类问题，但在这个示例中，我们只展示了二分类问题。在实际应用中，逻辑回归模型是一个常用且强大的分类算法，尤其适用于处理线性可分或近似线性可分的数据集。

3. 决策树模型

决策树模型是一种既可以解决分类问题也可以解决回归问题的监督学习模型。顾名思义，决策树模型如果用图形表示的话，恰好是树状结构，在每一个分叉节点都会给出一个简单的逻辑判断组合，如客户性别是否为男性、客户年龄是否大于 35 岁。当然，这些逻辑判断不是人为设置的，而是根据一定的算法进行训练和优化得到的。换言之，决策树模型的目标是通过对数据特征的学习推导出一系列的决策规则，从而实现对目标变量的精确预测。

决策树模型具备一系列优点。首先，其具备非常好的可解释性，即使不是专业的数据工作从业者，也可以通过观察可视化的树状结构，理解决策树模型的决策规则；同时，决策树模型的使用成本较小，其训练的算法复杂度为 log$N$，N 是样本的数量。其次，决策树模型在理论上可以灵活处理数值变量和类别变量。最后，与逻辑回归等其他分类模型类似，决策树模型也可以灵活处理多分类任务。

当然，决策树模型也具备一系列缺点。首先，当我们无法控制决策树的深度时，决策树模型会很容易过拟合。所谓过拟合，简而言之就是模型的复杂度过高，使得模型可以很好地拟合训练数据集，并获得在训练数据集上的高精度；可是由于模型的参数设置对训练数据集的“嵌合”程度过高，使得其在新的数据集上无法产生好的预测性能；同时，决策树模型的生成对训练数据的分布非常敏感，某一个自变量轻微的数据变换就可能导致决策树的结构完全不同。其次，决策树模型的训练成本较大，学习到一个全局最优的决策树模型是一个非确定性多项式难（NP-Hard）的问题，因此在实践中，我们往往会使用贪婪算法等启发式算法来寻找一个较优的局部最优解；决策树模型也不能轻易地解决异或（XOR）、对偶（Parity）和多路复用器（Multiplexer）问题（本书中不做展开介绍，读者若感兴趣可自行研究）。最后，决策树模型对不平衡数据非常敏感，举例来说，当我们将其用在男女分类任务的训练数据集中时，如果男性数量占比达到了 99%，那么训练的决策树模型很可能变成一个失灵的模型。

我们先从处理分类任务的决策树讲起，这类决策树一般被称为分类决策树（Classification Decision Tree）或者决策树分类器（Decision Tree Classifier）。在所有的决策树分类器中，较为常用的两个算法是 ID3（Iterative Dichotomiser 3）算法和 C4.5 算法。这两个算法是由 Ross Quinlan（罗斯 · 昆兰）开发的。

我们首先介绍 ID3 算法。ID3 算法的核心思想是：从根节点（Root Node）开始，通过遍历所有类别变量的类别值并将其设为可能的节点，计算其对应的信息增益（Information Gain），并选取信息增益最大的特征作为节点的特征。我们要注意，最早的 ID3 算法实现中仅考虑了使用类别变量作为节点来对树进行分叉生成。在 C4.5 算法中，我们对原有的 ID3 算法进行了优化，使得数值型的非类别变量也可以被用来生成节点。

那么，什么是信息增益呢？我们首先需要讨论信息论中的一个概念——熵（Entropy）。熵是衡量系统混乱程度的一个度量尺度，在概率论的背景下，它被用来衡量随机变量的不确定性。具体来说，假设我们有一个离散型随机变量 X，其有 n 种取值情况 $x_1, x_2,\cdots,x_n$，且各类取值情况的概率分布为 $P(X=x_i)=p_i,i=1,2,\cdots,n$，那么为了衡量该随机变量的不确定性，我们引入熵，其定义如下：

$$H(X) = -\sum_{i=1}^{n} p_i \log p_i$$

当 $p_i=0$ 的时候，$p_i \log p_i$ 是没有意义的，因此我们定义 $p_i=0$ 时，$p_i \log p_i=0$。我们应该记住一个重要结论：当随机变量的熵越大时，随机变量的不确定性越大。更具体地，假设一种情况，我们有 100 个同学，其中有 50 个男同学和 50 个女同学，那么从中随意抽取一个同学时，其性别为男或女的概率均为 50%，那么对应的熵为 $H=-2\times 0.5\times \log 0.5>0$。在另一种极端情况下，我们所有的同学都为男性，那么此时我们的熵为 $H=-\log 1-0\times \log 0=0$。显然，在第二种情况下，我们的数据集更加纯净，其信息纯度更高。换言之，信息的混乱程度越低，自然地，其熵越低。另外，我们仔细观察信息熵的公式，其在二分类情况下，可以写作：$H(p)=-p\log p-(1-p)\log(1-p)$。如果我们将其和二分类逻辑回归的损失函数进行比较，会发现两者其实是一致的：逻辑回归的负对数似然损失函数和我们的信息熵在数学上实现了美丽的“巧合”。

那么，回到 ID3 算法，所谓的最大信息增益原则，就是指我们希望选到一个变量及其特定的变量值，分别作为分叉节点和分叉条件，使得我们目标变量的熵得到最大程度的减少；换言之，使得我们的目标变量的纯度不断增加。为了便于读者掌握，我们概括 ID3 算法的数学框架如下。

首先我们定义条件熵（Conditional Entropy）为 $H(Y|X)$，其表示在已知随机变量 X 的条件下目标类别变量 Y 的熵，其数学表示为 $H(Y|X)=\sum_{i=1}^{n}P(X=x_i)H(Y|X=x_i), i=1,\cdots,n$（这意味着随机变量 X 有 n 种取值情况）。之后，我们定义信息增益，它表示已知特征 X 的信息的情况下，使得训练数据集中的目标类别变量 Y 信息熵减少的程度，即 $\mathrm{IG}(D,X)=H(D)-H(D|X)$，$D$ 代表训练数据集。那么，最大信息增益原则就是指在训练数据集中的所有离散型特征变量中，找到一个能够最大化信息增益的离散型特征变量，将其作为决策树分叉的节点。在最原始的 ID3 算法实现中，我们限制了作为节点的特征变量必须是离散型特征变量，但是在当前大多数的开源实现中，我们对 ID3 算法进行了优化，使得我们也可以使用连续型特征变量作为分叉的节点。只不过与使用离散型特征变量作为节点不同，使用连续型特征变量作为分叉节点时，除了选择合适的特征变量作为节点外，我们要找到特征变量的某一个特定值作为分叉值（分叉条件），根据每个样本的该特征变量的值与特定值之间的大小关系，来确定每个样本的分叉路径。在算法实现上也不难，在原始 ID3 算法遍历所有变量的基础上，将每个连续型特征变量进行分段或者选取几个关键节点，对这

些分段值或者节点值进行遍历以计算对应的信息增益，最后找出最大化信息增益的特征变量及其对应的分割点值（特征值）作为分叉节点和分叉条件即可。

真正意义上的引入连续型特征变量作为分叉节点的实现是随着 C4.5 算法的提出而出现的。除此以外，相比于 ID3 算法使用最大信息增益来进行分叉，C4.5 算法最关键的突破是引入了最大信息增益比的概念进行取代，其基本数学公式非常容易理解，即 $g(D,X)=\dfrac{g(D,A)}{H(D)}$。其他遍历所有特征变量和寻找特征变量值作为分叉条件的基本循环过程基本与 ID3 算法一致。我们不做进一步展开介绍。

之前，我们讲到了决策树模型也可以用来解决分类问题，其代表算法是由 Breiman（布赖曼）等于 1984 年提出的 CART（Classification and Regression Tree，分类与回归树）算法。与 ID3 和 C4.5 算法中可能出现单个节点分叉出 2 个以上的路径的情况不同，CART 算法首先强制限定了树的结构必须是二叉树，其分叉采用简单的“是”和“否”的二元判断逻辑；除此之外，为了解决回归问题，CART 算法遵循平方误差最小化准则；当然，正如 CART 的英文名中包含 Classification，其也支持分类任务，只不过与 ID3 和 C4.5 算法不同，为了解决分类任务，它使用了基尼系数（Gini Coefficient）最小化准则来产生分叉。基尼系数的形状和定义都与熵非常近似，仅在数学表达形式上略有不同（其数学表达形式为 $\text{Gini Coefficient}=1-\sum_j p_j^2$），因此不在本书中展开介绍。对于平方误差最小化准则，我们本质上就是在寻找一个合适的特征变量及其对应的特征值，以便作为分叉节点变量和分叉条件。通过这种方式，我们可以将数据集分割成子集，使得在这些子集上的平方误差之和最小化，其数学表达形式为:

$$\min_{j,s}[\min_{c_1}\sum_{\{x|x^{(j)}\leqslant s\}}(y_i-c_1)^2+\min_{c_2}\sum_{\{x|x^{(j)}>s\}}(y_i-c_2)^2]$$

其中，j 代表我们选择了第 j 个特征变量作为分叉节点 s，s 代表我们选择了第 j 个输入特征变量的值 s 作为分叉条件，c_1 和 c_2 分别代表两个分叉中各自包含的目标变量 y_i 的平均值。所以 CART 算法的分类树生成也非常直观，本质就是通过迭代所有可能的输入特征变量和特征值，计算出平方误差，最后找到使得平方误差最小的一组输入特征变量和特征值分别作为最终的分叉节点和分叉条件。在本质上，就是对

$$\min_{j,s}[\min_{c_1}\sum_{\{x|x^{(j)}\leqslant s\}}(y_i-c_1)^2+\min_{c_2}\sum_{\{x|x^{(j)}>s\}}(y_i-c_2)^2]$$

的数学表达形式的优化而已。（代码参见：例 13.1.ipynb）

首先，我们导入必要的库：

```
import numpy as np
import matplotlib.pyplot as plt
from sklearn.datasets import make_classification
from sklearn.tree import DecisionTreeClassifier, plot_tree
```

接下来，我们生成一个示例数据集，用于分类问题：

```
# 生成一个示例数据集
X,y=make_classification(n_features=2, n_redundant=0, n_informative=2, n_clusters_per_
class=1, random_state=42)
```

现在，我们使用 DecisionTreeClassifier 类来训练决策树模型：

```
# 训练决策树模型
model = DecisionTreeClassifier()
model.fit(X, y)
```

模型训练完成后，我们可以使用训练好的决策树模型来预测新数据点的类别，并绘制决策树图表：

```
# 预测新数据点的类别
new_data = np.array([[0, 0], [2, 2]])
predictions = model.predict(new_data)

# 绘制决策树图表，如图 13-4 所示
plt.figure(figsize=(8, 6))
plot_tree(model, filled=True, feature_names=['Feature 1', 'Feature 2'],
          class_names=['Class 0', 'Class 1'])
plt.title('决策树示例')
plt.show()
```

图 13-4 展示了生成的决策树图表，其中每个节点代表一个特征，每个叶子节点代表一个类别（Class 0 或 Class 1）。

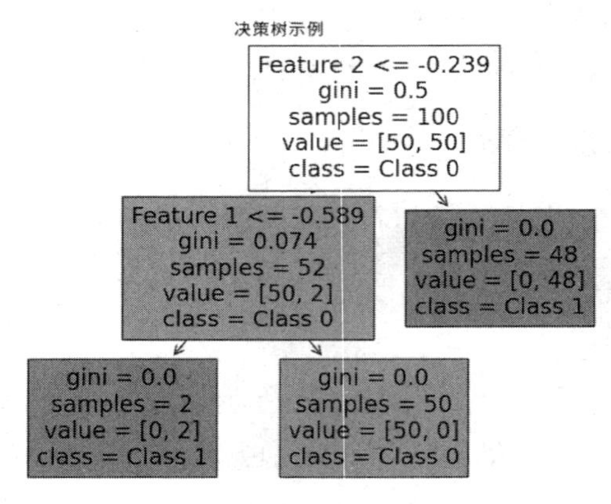

图 13-4 决策树图表

需要注意的是，决策树图表可能会变得非常复杂，特别是在处理包含大量特征或数据点的复杂问题时。在实际应用中，可以通过设置树的最大深度或其他超参数来控制决策树的复杂度，以避免过拟合。

4. 随机森林模型

随机森林是一种强大的集成学习算法。所谓集成学习算法，简单来说就是把几个架构简单、预测能力相对偏弱的模型（作为基本模型）整合成整体，构建出一个更强大的模型，使其具备更强大的预测能力。而随机森林，恰好是决策树模型的集合，它由多个决策树模型组成，利用决策树模型的输出进行投票或者计算平均值，从而获得更稳健的预测结构。与决策树模型一样，随机森林模型既可以用来实现回归任务，也可以用来实现分类任务。

随机森林之所以被称为随机森林，第一个原因便是“聚木为林”，即将多个决策树模型放在一起生成一个新的模型；第二个原因便是其具备一定的随机性，即每个决策树都在随机选择的数据子集上进行训练，且在每个节点上仅考虑随机选择的特征子集。这种随机性使得随机森林具有较好的泛化能力和抗过拟合能力。

随机森林模型的训练非常容易理解，本质上就是在随机的特征子集上独立训练决策树，仅此而已。之后，在所有的决策树训练完成之后，把它们捆绑在一起，就完成了我们的随机森林模型的训练。其预测过程更加清晰易懂。对于分类任务，随机森林的预测遵循少数服从多数原则，比如我们的随机森林模型由 10 个决策树产生，其中 7 个树预测了患者患有某种疾病，另外 3 个树则预测其未患某种疾病，那么随机森林的直接输出便是患者具有 0.7 的概率患有某种疾病，根据少数服从多数的原则，最终的分类结果便是该患者患有某种疾病。对于回归问题，随机森林模型遵循简单的平均树原则，比如我们有 5 个决策树构成了一个随机森林模型，它们都对上海地区的某

住宅的价格进行了预测，那么随机森林的最终房价预测结果就是简单的 5 个房价预测结果的算术平均数。

以下是一个简单的随机森林模型的 Python 代码示例，并附带绘制图表的解释。（代码参见：例 13.1.ipynb）

首先，我们导入必要的库：

```
import numpy as np
import matplotlib.pyplot as plt
from sklearn.datasets import make_classification
from sklearn.ensemble import RandomForestClassifier
```

接下来，我们生成一个示例数据集，用于分类问题：

```
# 生成一个示例数据集
X,y=make_classification(n_features=2,
                        n_redundant=0,
                        n_informative=2,
                        n_clusters_per_class=1,
                        random_state=42)
```

现在，我们使用 RandomForestClassifier 类来训练随机森林模型：

```
# 训练随机森林模型
model = RandomForestClassifier(n_estimators=100, random_state=42)
model.fit(X, y)
```

模型训练完成后，我们可以使用训练好的随机森林模型来预测新数据点的类别：

```
# 预测新数据点的类别
new_data = np.array([[0, 0], [2, 2]])
predictions = model.predict(new_data)
```

随机森林模型本身并不直接生成图表，因为它是由多个决策树组成的集合。然而，我们可以通过绘制其中一个决策树来了解随机森林的工作原理：

```
# 获取随机森林中的一个决策树
tree = model.estimators_[0]

# 绘制决策树图表，如图 13-5 所示
plt.figure(figsize=(8, 6))
from sklearn.tree import plot_tree
plot_tree(tree,  filled=True,  feature_names=
['Feature 1', 'Feature 2'],
          class_names=['Class 0', 'Class 1'])
plt.title('随机森林 - 决策树示例')
plt.show()
```

图 13-5 展示了随机森林中的一个决策树图表，具有和前面决策树示例中相似的结构。

需要注意的是，随机森林通常在处理分类和回归问题时表现良好，并且不需要像单个决策树那样过多地调整参数。在实际应用中，随机森林是一种强大的集成学习算法，适用于各种数据集和分类与回归问题处理。

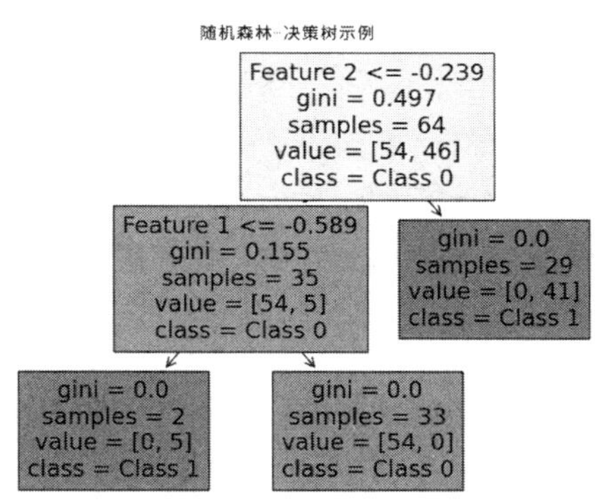

图 13-5　决策树图表

13.2 无监督学习

陈立在学完监督学习后，发现现实生活中常常存在这样的问题：由于缺乏足够的先验知识，很多数据没有类别标记。大部分数据其实都是没有类别标记的，而如果采用人工标注的方式可能难以完成或成本太高。因此，是否可以考虑借助计算机来帮助我们完成这些类别标注工作呢？陈立了解到无监督学习技术可以做到，根据类别未知（没有类别标记）的训练样本解决模式识别中的各种问题，这种技术称为无监督学习。他想了解无监督学习有哪些常用技术方法，什么是聚类，什么是关联规则分析，以及这些算法的使用案例分析。

本节主要介绍无监督学习常用的聚类和关联规则分析，以及相关算法的综合案例分析。

13.2.1 聚类

1. 聚类概述

聚类算法被广泛应用于客户群体划分、热点区域发现等业务场景。例如，某证券公司有 N 个客户，每个客户的资金量、交易频次等数据构成一个样本点。现在希望能设计出一套手续费费率优惠方案，既能够较好地体现大客户优惠，又可以保证本公司的总体收入。这时候就可以对这 N 个样本点进行聚类分析，找出客户支付手续费的不同聚集群体，有针对性地设计费率方案。又如，某银行要开展理财产品现场促销活动，需要选择热点商圈（客户分布较密集的区域）来提升活动的潜在客户数量。这时候就要对智能手机网银 App 所提供的位置信息进行聚类分析，找出活动时间段内潜在客户的热点活动区域，从而让尽可能多的客户了解促销信息。

聚类分析主要是使类内的样本尽可能相似，而类之间的样本尽可能相异。聚类问题的一般提法是，设有 n 个样本的 p 维观测数据，其组成的观测值矩阵为：

$$\boldsymbol{X}=\begin{bmatrix} x_{11} & x_{12} & \cdots & x_{1p} \\ x_{21} & x_{22} & \cdots & x_{2p} \\ \vdots & \vdots & & \vdots \\ x_{n1} & x_{n2} & \cdots & x_{np} \end{bmatrix}$$

其中，每一行表示一个样本，每一列表示一个指标。x_{ij} 表示第 i 个样本关于第 j 项指标的观测值，聚类分析根据观测值矩阵 $\boldsymbol{X}$ 对样本进行聚类。聚类分析的基本思想是：在样本之间定义距离，距离表明样本之间的相似度，距离越小，相似度越高，关系越紧密；将关系紧密的聚集为一类，关系疏远的聚集为另一类，直到所有样本都聚集完毕。

聚类分析旨在找出数据对象之间的关系，对原始数据进行分组并定义标签，标准是每个大组之间存在一定的差异性，而组内的对象之间存在一定的相似性。因此大组之间的差异越大，组内的对象之间相似度越高，最终的聚类效果就越显著。

K 均值聚类算法是数据挖掘中的经典聚类算法，它是一种划分型聚类算法，简洁、高效，已成为所有聚类算法中广泛使用的算法。下面我们详细介绍 K 均值聚类算法的原理、执行流程、Python 实现方法和具体案例分析。

2. K 均值聚类算法的原理与实现

K 均值聚类算法思想有直观的几何意义：将样本点聚集（归属）到距离它最近的那个聚类中

心。用户需指定划分组的个数（即聚类数）K，找出数据集中的 K 个聚类中心点是算法的目标。其中，K 均值聚类算法中常见的距离测度包括欧几里得距离（也称欧氏距离）、曼哈顿距离、切比雪夫距离等。通常情况下，K 均值聚类算法默认采用欧氏距离进行计算（不仅计算方便，而且很容易解释对象之间的关系）。欧氏距离的公式如下：

$$d_{ij} = \sqrt{\sum_{m=1}^{n}(x_{im} - x_{jm})^2}$$

以对 5 个点 T_1、T_2、T_3、T_4、T_5 进行聚类来说明算法步骤，如图 13-6 所示。通过观察，发现这 5 个点大体上可以聚成 2（K 取 2）类。于是首先随机设置 2 个聚类中心点 C_1、C_2，如图 13-6（a）所示。

分别计算 T_1、T_2、T_3、T_4、T_5 到 C_1、C_2 的距离，采用以上的欧氏距离公式。选择其中距离较小的聚类点，作为点 T_j 的归属，如图 13-6（b）所示。

对所有归属于 C_i 的点 T_j，求出其坐标平均值，作为新的 C_i 坐标，如图 13-6（c）所示。

再次计算所有 T_j 到新的 C_i 坐标的距离，确定 T_j 新的归属，如图 13-6（d）所示。

调整 C_i 的位置，如图 13-6（e）所示。反复执行这一流程，直到点 T_j 的归属不再变化为止。

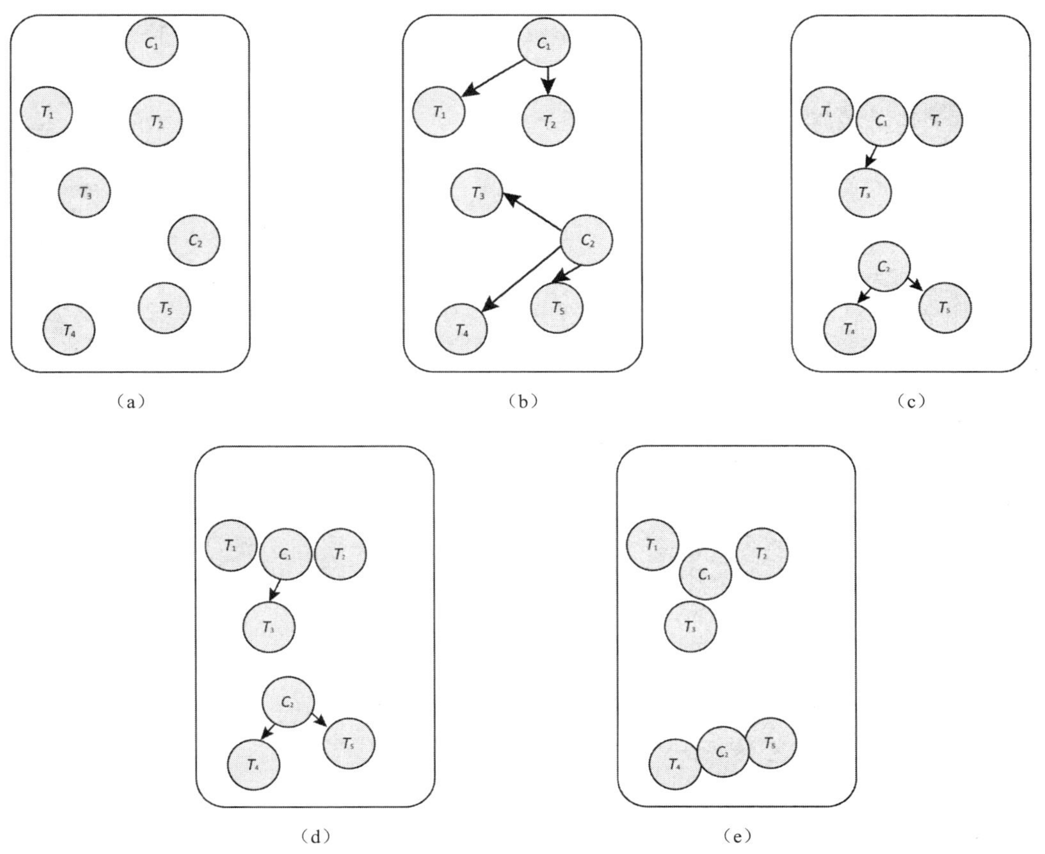

图 13-6　5 个点聚成 2 类的示例

根据以上步骤，可以绘制出 K 均值聚类算法的执行流程，如图 13-7 所示。

我们可以使用 Python 编写 K 均值聚类算法程序，这样能更好地对 K 均值聚类算法进行理解，参考程序如下（参见 kmeanslib.py）：

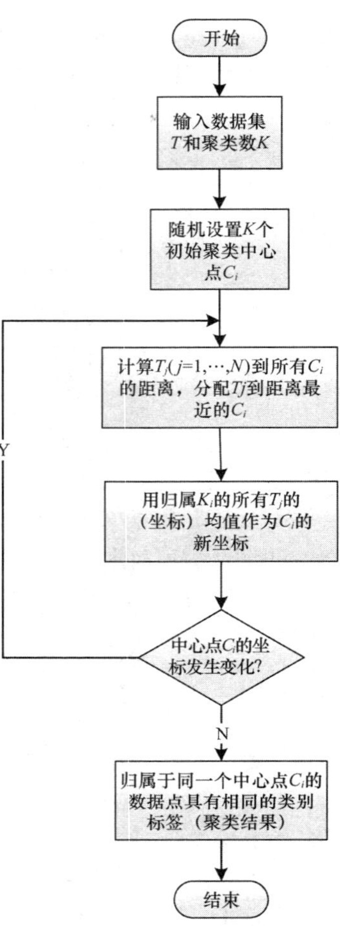

图 13-7　K 均值聚类算法执行流程

```
import pandas as pd
import numpy as np
import matplotlib.pyplot as plt

# 计算欧氏距离，即两点间的直线距离
# 参数：vector1 为列表，n 维属性坐标值构成的向量
#       vector2 为列表，n 维属性坐标值构成的向量
# 返回值：浮点数，欧氏距离
def euclDistance(vector1, vector2):
    return np.sqrt(np.sum(np.power(vector2 - vector1, 2)))

# 随机生成 K 个候选聚类中心点
# 参数：dataSet 为列表，已分类点坐标
#       K 为整数，近邻数量
# 返回值：centroids 为二维列表，K 个随机候选聚类中心点坐标
def initCentroids(dataSet, K):
    numSamples, dim = dataSet.shape
    centroids = np.zeros((K, dim))
    # 循环遍历每一列，在每一列（也就是每一维）的最小值和最大值之间产生 K 个随机数，作为候选聚类中心点这一维的坐标
    for j in range(dim):
        # 计算每一列的最小值
        minJ = min(dataSet[:, j])
        # 计算每一列的范围值
        rangeJ = float(max(dataSet[:, j]) - minJ)
        # 计算每一列的质心，并将值赋给 centroids
        centroids[:, j] = minJ + rangeJ * np.random.rand(K)
    return centroids

# K 均值聚类算法
# 参数：dataSet 为列表，待聚类数据集
#       K 为整数，近邻数量
# 返回值：centroids 为二维列表，K 个随机候选聚类中心点坐标
#        clusterAssment 为列表，各个点的聚类结果
def kmeans(dataSet, K):
    numSamples = dataSet.shape[0]
    # 第一列数据存放归属的点
    # 第二列存放点与候选聚类中心点之间的距离
    clusterAssment = np.mat(np.zeros((numSamples, 2)))
    clusterChanged = True
    centroids = initCentroids(dataSet, K)

    while clusterChanged:
        clusterChanged = False
        for i in range(numSamples):
            minDist  = 100000.0
            minIndex = 0
```

```
            # 依次找出最近的候选聚类中心点
            for j in range(K):
                distance = euclDistance(centroids[j, :], dataSet[i, :])
                if distance < minDist:
                    minDist  = distance
                    minIndex = j
            # 更新归属结果
            if clusterAssment[i, 0] != minIndex:
                clusterChanged = True
                clusterAssment[i, :] = minIndex, minDist**2
        # 更新候选聚类中心点坐标
        for j in range(K):
            pointsInCluster = dataSet[np.nonzero(clusterAssment[:, 0].A == j)[0]]
            centroids[j, :] = np.mean(pointsInCluster, axis = 0)

    print('K 均值聚类完成!')
    return centroids, clusterAssment

# 二维平面显示聚类结果
# 参数：dataSet 为列表，数据集
#       K 为整数，近邻数量
#       centroids 为列表，聚类中心点坐标
#       clusterAssment 为列表，聚类结果
# 返回值：无
def showCluster(dataSet, K, centroids, clusterAssment):
    fig_2d_clustered=plt.figure()
    ax2d_clustered=fig_2d_clustered.add_subplot(111)

    numSamples, dim = dataSet.shape
    if dim != 2:
        print("只能绘制二维图形")
        return 1
    # 创建数据点标记格式控制列表，实现数据点区别输出
    mark = ['.r', '+b', '*g', '1k', '^r', 'vr', 'sr', 'dr', '<r', 'pr']
    if K > len(mark):
        print("K 值过大！ ")
        return 1
    # 绘制所有数据点
    for i in range(numSamples):
        markIndex = int(clusterAssment[i, 0])
        ax2d_clustered.plot(dataSet[i, 0], dataSet[i, 1], mark[markIndex])

    # 绘制聚类中心点
    for i in range(K):
        ax2d_clustered.plot(centroids[i, 0], centroids[i, 1], mark[i], markersize = 20)

    fig_2d_clustered.savefig('clusterRes.png', dpi=300, bbox_inches='tight')
    fig_2d_clustered.show()
```

调用该算法函数，并绘图展示聚类结果，代码如下（参见例 13.2.1.ipynb）：

```
In  [1]: import pandas as pd
```

```
import numpy as np
from kmeanslib import kmeans,showCluster
```

```
In [2]: D=pd.read_csv('D.csv',header=None)
        D=D.values
        (c,r)=kmeans(D,2)
        #绘图展示聚类结果
        showCluster(D,2,c,r)
```

其中，数据源文件 D.csv 有 8 个数据点，如图 13-8 所示。

运行代码，聚类结果如图 13-9 所示。

	A	B
1	1.5	2.5
2	1.7	1.3
3	1.6	2.2
4	2.1	6.2
5	2.2	5.2
6	2.4	7.1
7	2.5	6.8
8	1.8	1.9

图 13-8　8 个数据点

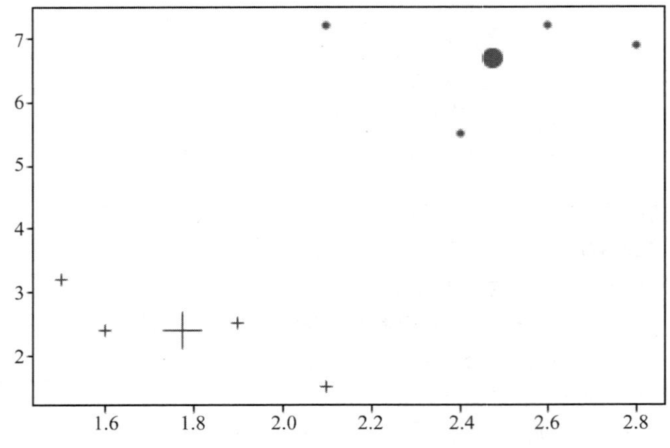

图 13-9　K 均值聚类算法聚类结果

从图 13-9 可以看出，数据点被明显地归结为两类：十字形为 1 类，圆形为 2 类。

13.2.2　案例分析——银行客户群体划分

假设某银行要根据客户资料制定新的促销方案，客户信息（部分）如图 13-10 所示。本小节将根据 K 均值聚类算法，对客户进行聚类分析，从而确定促销的客户群体划分方案。

	A	B	C	D	E	F
1	ID	性别	年龄	年收入/万元	消费评分 (1~100)	
2	1	Male	19	15	39	
3	2	Male	21	15	81	
4	3	Female	20	16	6	
5	4	Female	23	16	77	
6	5	Female	31	17	40	
7	6	Female	22	17	76	
8	7	Female	35	18	6	
9	8	Female	23	18	94	
10	9	Male	64	19	3	
11	10	Female	30	19	72	
12	11	Male	67	19	14	
13	12	Female	35	19	99	
14	13	Female	58	20	15	
15	14	Female	24	20	77	
16	15	Male	37	20	13	
17	16	Male	22	20	79	
18	17	Female	35	21	35	

Mall_Customers

图 13-10　银行客户信息（部分）

首先读取数据文件，观察数据结构。为了便于后续数据规格化，将“ID”“性别”列舍去，仅保留年龄、年收入、消费评分这 3 个属性。相关代码如下（参见例 13.2.2.ipynb）：

```
In [1]: import pandas as pd
        import numpy as np
        import matplotlib as mpl
        import matplotlib.pyplot as plt
        from kmeanslib import kmeans,showCluster
In [2]: # 数据文件读取
        X_origin = pd.read_csv('Mall_Customers.csv',encoding='gb2312')
        print('原始数据前 5 行：')
        print(X_origin.shape)
        print(X_origin.head())
        X = X_origin.drop(['ID','性别'],axis=1)
Out [2]:
原始数据前 5 行：
(200, 5)
  ID    性别  年龄  年收入/万元   消费评分（1~100）
0  1    Male  19     15           39
1  2    Male  21     15           81
2  3  Female  20     16            6
3  4  Female  23     16           77
4  5  Female  31     17           40
```

为了能够以合适的尺度在坐标轴上展示数据，调用 sklearn 库的 preprocessing 中的 scale()函数，将所有的数据进行规格化。相关代码如下：

```
# 规格化数据
In [3]: from sklearn import preprocessing
        X_scaled = preprocessing.scale(X)
        X_scaled_frame = pd.DataFrame(X_scaled,columns=['atr1','atr2','atr3'])
        print('规格化后的数据：')
        print(X_scaled_frame.head())
Out [3]:
规格化后的数据：
       atr1      atr2      atr3
0 -1.424569 -1.738999 -0.434801
1 -1.281035 -1.738999  1.195704
2 -1.352802 -1.700830 -1.715913
3 -1.137502 -1.700830  1.040418
4 -0.563369 -1.662660 -0.395980
接下来，将规格化后的数据映射到三维空间：
In [4]: from mpl_toolkits.mplot3d import Axes3D
        print('绘制三维图：')
        # 创建一个三维的绘图工程
        fig_3d=plt.figure()
        ax3d=fig_3d.add_subplot(111,projection='3d')
        ax3d.scatter(X_scaled_frame['atr1'],X_scaled_frame['atr2'],X_scaled_frame
['atr3'])
        fig_3d.savefig('ch13case_01.png', dpi=300, bbox_inches='tight')
```

运行代码，输出结果如图 13-11 所示。

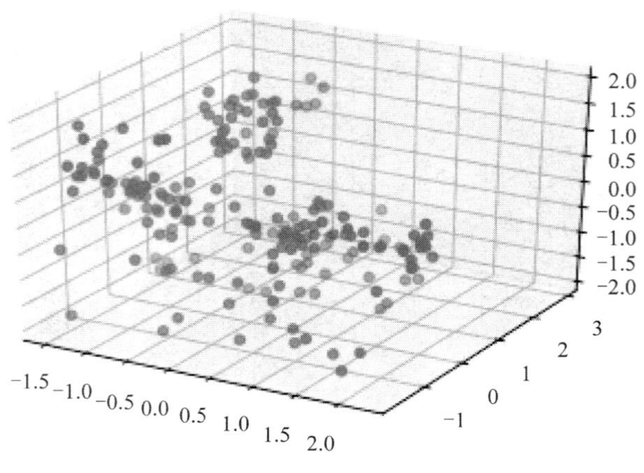

图 13-11　数据三维图

为了便于观察，同时降低聚类的时间开销，很多时候要对数据集进行降维处理。可以通过 sklearn.decomposition 提供的 PCA()函数，从三维降到二维。pca.fit_transform()函数使用了 PCA 方法对数据集进行降维操作。PCA（Principal Component Analysis，主成分分析）方法是一种将原来的高维特征映射到低维空间的数学方法，既能降低数据维度，又能尽可能地保留高维信息。相关代码如下（参见例 13.2.2.ipynb）：

```
In  [5]: # 数据降为二维
        # 在 sklearn 中提供了 PCA()函数，可以将高维数据降为低维数据
        from sklearn.decomposition import PCA
        pca = PCA(n_components = 2)
        X_pca = pca.fit_transform(X_scaled)
        X_pca_frame = pd.DataFrame(X_pca,columns=['pca_1','pca_2'])
        print(X_pca_frame.head())
        print('绘制二维图：')
        fig_2d=plt.figure()
        # 创建一个二维的绘图工程
        ax2d=fig_2d.add_subplot(111)
        ax2d.plot(X_pca_frame['pca_1'],X_pca_frame['pca_2'],'bo')
        fig_2d.savefig('ch13case_02.png', dpi=300, bbox_inches='tight')
        fig_2d.show()
```

运行代码，输出结果如下：

```
      pca_1       pca_2
0   -0.615720   -1.763481
1   -1.665793   -1.820747
2    0.337862   -1.674799
3   -1.456573   -1.772430
4   -0.038465   -1.662740
```

绘制的二维图，如图 13-12 所示。

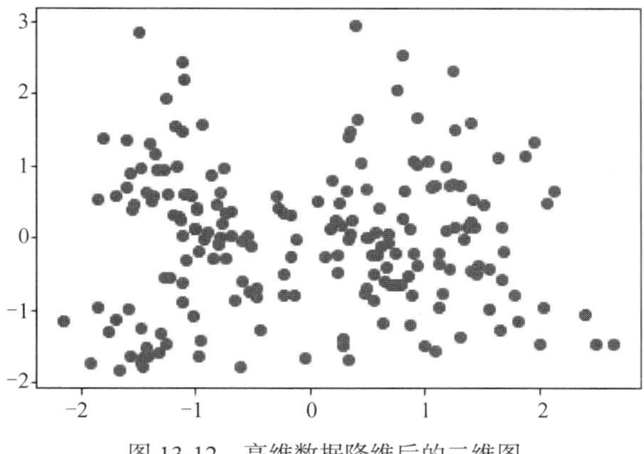

图 13-12　高维数据降维后的二维图

接下来，使用 K 均值聚类算法对以上处理后的数据进行聚类：

```
In  [6]: k=4
         print("K 均值聚类：")
         case_cen, case_clusterAssment = kmeans(X_pca, k)
         # 绘图展示聚类结果
         showCluster(X_pca, k, case_cen, case_clusterAssment)
```

K 均值聚类算法聚类结果如图 13-13 所示。

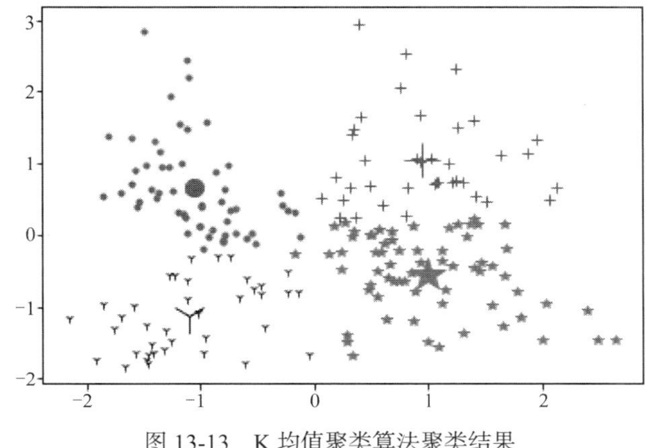

图 13-13　K 均值聚类算法聚类结果

将聚类得到的 case_clusterAssment 中的聚类结果写回原始数据 DataFrame 对象，然后分别按照聚类结果对年龄、年收入、消费评分进行均值统计。相关代码如下：

```
In  [7]: # 将 case_clusterAssment 中的聚类结果写回原始数据 DataFrame 对象
         X_origin['聚类结果']=case_clusterAssment[:,0]
         print('聚类结果：')
         print(X_origin.head(15))
         # 查看按照聚类结果分组的各属性均值
         print('聚类结果按年龄统计均值')
         g_Age=X_origin['年龄'].groupby(X_origin['聚类结果'])
         print(g_Age.mean())
         print('聚类结果按年收入统计均值')
```

```
g_Income=X_origin['年收入/万元'].groupby(X_origin['聚类结果'])
print(g_Income.mean())
print('聚类结果按消费评分统计均值')
g_Rate=X_origin['消费评分（1～100）'].groupby(X_origin['聚类结果'])
print(g_Rate.mean())
```

运行代码，输出结果：

```
聚类结果:
    ID  性别      年龄  年收入/万元  消费评分（1～100）  聚类结果
0   1   Male      19      15             39           3.0
1   2   Male      21      15             81           3.0
2   3   Female    20      16              6           2.0
3   4   Female    23      16             77           3.0
4   5   Female    31      17             40           3.0
5   6   Female    22      17             76           3.0
6   7   Female    35      18              6           2.0
7   8   Female    23      18             94           3.0
8   9   Male      64      19              3           2.0
9   10  Female    30      19             72           3.0
10  11  Male      67      19             14           2.0
11  12  Female    35      19             99           3.0
12  13  Female    58      20             15           2.0
13  14  Female    24      20             77           3.0
14  15  Male      37      20             13           2.0
聚类结果按年龄统计均值
聚类结果
0.0    30.000000
1.0    42.052632
2.0    52.409091
3.0    25.605263
Name: 年龄, dtype: float64
聚类结果按年收入统计均值
聚类结果
0.0    79.086207
1.0    86.552632
2.0    45.393939
3.0    32.631579
Name: 年收入/万元, dtype: float64
聚类结果按消费评分统计均值
聚类结果
0.0    70.775862
1.0    19.605263
2.0    39.772727
3.0    67.500000
Name: 消费评分（1～100）, dtype: float64
```

从输出的聚类结果可以发现，不同聚类的客户，在这 3 个属性的平均值上都存在显著的差异。例如，聚类结果为 1.0 的客户，平均年龄约为 42 岁，平均年收入约为 87 万元，为最高（年富力强阶段，收入较高），平均消费评分约为 20 分，为最低（社会阶层稳定，违约风险最低）。聚类结果和我们按照社会生活经验判断的结果比较吻合。

13.2.3　关联规则分析

关联规则（Association Rule）分析用于挖掘大规模数据集中有价值、有意义的联系，是数据挖掘领域的十大算法之一。关联规则分析在购物篮分析、商品推荐营销、电子商务推广、医疗诊断咨询、生物信息学研究等场景中都得到了广泛应用。

在了解关联规则分析前，我们先来看一个有趣的故事："啤酒与尿布"的故事。它发生在美国沃尔玛连锁超市。沃尔玛拥有一个很大的数据仓库系统，为了能够准确地了解顾客的购买习惯，沃尔玛对顾客购物行为进行了购物篮分析，想知道顾客经常一起购买的商品都有哪些。沃尔玛的数据仓库系统里有详细的原始交易数据，在这些原始交易数据的基础上，沃尔玛利用数据挖掘方法对其进行挖掘和分析。一个意外的发现是：与尿布一起购买最多的商品竟是啤酒！大量实际调查分析揭示了一个隐藏的规律：在美国，一些年轻的父亲下班后经常要到超市去买婴儿尿布，而他们中有 30% ~ 40% 的人同时也为自己买一些啤酒。产生这一现象的原因是：在美国，太太们常叮嘱她们的丈夫下班后为小孩买尿布，而丈夫们在买尿布后又随手带回了他们喜欢的啤酒。沃尔玛发现了这一独特的现象，开始在卖场尝试将啤酒与尿布摆放在相同的区域，让年轻的父亲可以同时找到这两件商品，并很快地完成购物。沃尔玛让这些客户一次购买两件商品，而不是一件，从而获得了更好的商品销售收入。

关联规则分析这一概念最早是在 1993 年由 Agrawal（阿格拉沃尔）及其同事提出的。其主要研究目的是通过分析超市顾客购物行为的规律，发现连带购买商品，进而以此为依据来改善货架摆放方案（该分析称为购物篮分析）。Agrawal 等人从数学及计算机算法角度出发，提出了商品关联关系的计算方法——Apriori 算法。沃尔玛自 20 世纪 90 年代便尝试将 Apriori 算法引入 POS（Point Of Sale，电子付款机）数据分析中，并获得了显著的业绩增长。

本小节主要介绍关联规则的基本概念、关联规则的挖掘方法和 Python 实现以及具体案例分析。

1. 关联规则概念

假设有以下数据，每行代表一个顾客在超市的购买记录。

I_1：香菇、排骨、鸭蛋。

I_2：香菇、洋葱。

I_3：鸭蛋、袜子。

I_4：香菇、排骨、洋葱。

I_5：香菇、排骨、袜子、牛奶。

I_6：鸭蛋、洋葱、牛奶。

I_7：排骨、鸭蛋、洋葱。

I_8：紫薯、鸭蛋、袜子。

I_9：香菇、排骨、鞋子、紫薯。

假如有一条规则为香菇—排骨，则同时购买香菇和排骨的顾客比例为 4 / 9，而购买香菇的顾客当中也购买了排骨的比例是 4 / 5。这两个比例参数在关联规则中是非常有意义的度量，分别称作支持度（Support）和置信度（Confidence）。支持度反映了规则的覆盖范围，置信度反映了规则的可信程度。

在关联规则中，如上例所有商品集合 $I=\{$香菇,排骨,鸭蛋,洋葱,袜子,牛奶,紫薯,鞋子$\}$称作项集，每一个顾客购买的商品集合 I_i 称为一个事务，所有事务 $T=\{I_1,I_2,\cdots,I_9\}$ 称作事务集合，且满足 I_i 是 T 的真子集。

项集是项的集合。包含 k 项的项集称作 k 项集，例如，集合{香菇,排骨,鸭蛋}是一个 3 项集。项集出现的频率是所有包含项集的事务计数，又称作绝对支持度或支持度计数。如果某项集 I 的绝对支持度满足预先设定的最小支持度阈值，则 I 为频繁项集。频繁 k 项集通常记作 k。

一对一关联规则的形式如下。

A=>B，A、B 满足 A、B 是 T 的真子集，并且 A 和 B 的交集为空集。其中 A 称为前件，B 称为后件。

关联规则有时也表示形如“如果……那么……”，前者是规则成立的条件，后者是条件下发生的结果。支持度和置信度有以下计算公式：

$$\text{Support}(A{=>}B)=\frac{A,B\text{同时发生的事务计数}}{\text{所有事务计数}}=\frac{\text{Support\_count}(A\cap B)}{\text{Total}}$$

$$\text{Confidence}(A{=>}B)=P(B\,|A)=\frac{\text{Support}(A\cap B)}{\text{Support}(A)}=\frac{\text{Support\_count}(A\cap B)}{\text{Support\_count}(A)}$$

支持度表示项集 A、B 同时发生的概率，而置信度则表示项集 A 发生的条件下项集 B 发生的概率。

在现实应用中，还存在多对一的关联规则，其形式如下。

$A,B,\cdots$=>K，$A,B,\cdots,K$ 满足 $A,B,\cdots,K$ 是 T 的真子集，并且 $A,B,\cdots,K$ 的交集为空集。其中 $A,B,\cdots$ 称为前件，K 称为后件，多对一关联规则的支持度和置信度计算公式如下：

$$\text{Support}(A,B,\cdots{=>}K)=\frac{A,B,\cdots,K\text{同时发生的事务计数}}{\text{所有事务计数}}=\frac{\text{Support\_count}(A\cap B\cap\cdots\cap K)}{\text{Total}}$$

$$\text{Confidence}(A,B,\cdots{=>}K)=P(K\,|A,B,\cdots)=\frac{\text{Support}(A\cap B\cap\cdots\cap K)}{\text{Support}(A\cap B\cdots)}$$

$$=\frac{\text{Support\_count}(A\cap B\cap\cdots\cap K)}{\text{Support\_count}(A\cap B\cdots)}$$

支持度表示项集 $A,B,\cdots,K$ 同时发生的概率，而置信度则表示项集 $A,B,\cdots,K$ 发生的条件下项集 K 发生的概率。

多对一关联规则是指前件有多个项，而后件只有一个项的关联规则。多对一关联规则在应用中具有非常积极的意义，但是挖掘起来比较困难，特别是大规模的问题，寻找到感兴趣的关联规则可能需要耗费极大的算力。Apriori 算法针对中小规模的关联规则挖掘问题具有较好的适用性。下面介绍 Apriori 算法的基本原理及 Python 实现方法。

2. Apriori 算法：挖掘频繁项集

Apriori 算法的主要思路是找出存在于事务数据集中的最大频繁项集，再利用得到的最大频繁项集与预先设定的最小置信度阈值生成强关联规则。算法具体过程如下。

第 1 步，预先设定最小支持度阈值和最小置信度阈值。

第 2 步，在研究数据中找出所有频繁项集（支持度必须大于或等于给定的最小支持度阈值），在这个过程中连接步和剪枝步互相融合，最终得到最大频繁项集 L_k。

（1）连接步。目的是找到 k 项集。对给定的最小支持度阈值，分别对候选 1 项集 C_1，剔除小于该阈值的项集，得到频繁 1 项集 L_1；由 L_1 自身连接产生候选 2 项集 C_2，保留 C_2 中满足约束条件的项集，得到频繁 2 项集 L_2；由 L_2 与 L_2 连接产生候选 3 项集 C_3，保留 C_3 中满足约束条件的项集，得到频繁 3 项集 L_3……这样循环下去，得到最大频繁 k 项集 L_k。

（这里运用了关联规则中的置信度和支持度的计算公式。）

（2）剪枝步。紧接着连接步，在产生候选项集 C_k 的过程中剪枝步起到缩小搜索空间的目的。由于 C_k 是 L_{k-1} 与 L_{k-1} 连接产生的，根据 Apriori 算法，频繁项集的所有非空子集也必须是频繁项集，所有不满足该性质的项集不会存在于 C_k 中，该过程就是剪枝。

第 3 步，由频繁项集产生强关联规则，经第 2 步可知未超过预先设定的最小支持度阈值的项集已经被剔除，如果剩下的这些规则又满足了预先设定的最小置信度阈值，就挖掘出了强关联规则。

综上所述，根据支持度和置信度两个指标，我们可以准确并稳定地衡量某条关联规则，因此根据实际情况设定相应的最小支持度阈值和最小置信度阈值，就可以筛选出符合我们要求的关联规则。

下面基于表 13-1 所示的数据（即以上的超市购买记录数据，整理成表格形式），说明 Apriori 算法的执行流程，执行步骤如下。

表 13-1　超市购买记录数据

I_1	香菇	排骨	鸭蛋	
I_2	香菇	洋葱		
I_3	鸭蛋	袜子		
I_4	香菇	排骨	洋葱	
I_5	香菇	排骨	袜子	牛奶
I_6	鸭蛋	洋葱	牛奶	
I_7	排骨	鸭蛋	洋葱	
I_8	紫薯	鸭蛋	袜子	
I_9	香菇	排骨	鞋子	紫薯

第 1 步，扫描数据集，对每个候选项集计数，并设置最小支持度阈值为 0.2（即最小支持度计数为 0.2×9=1.8，因此频繁项集就是支持度计数大于或等于 1.8（取整即最小支持度计数为 2）的项集），得到候选 1 项集 C_1 和频繁 1 项集 L_1。

第 2 步，由 L_1 与 L_1 连接，得到候选 2 项集 C_2 和频繁 2 项集 L_2。

第 3 步，由 L_2 与 L_2 连接，得到候选 3 项集 C_3 和频繁 3 项集 L_3，这里 L_3 为空集，算法终止。

其中候选项集和频繁项集的产生过程如表 13-2、表 13-3、表 13-4 所示。

表 13-2　创建频繁 1 项集

候选项集：候选 1 项集 C_1

项集	支持度计数
紫薯	2
排骨	5
洋葱	4
袜子	3
香菇	5
牛奶	2
鞋子	1
鸭蛋	5

频繁项集：频繁 1 项集 L_1

项集	支持度计数
紫薯	2
排骨	5
洋葱	4
袜子	3
香菇	5
牛奶	2
鸭蛋	5

表 13-3　　创建频繁 2 项集

候选项集		频繁项集	
候选 2 项集 C_2		频繁 2 项集 L_2	
项集	支持度计数	项集	支持度计数
紫薯,排骨	1	排骨,洋葱	2
紫薯,洋葱	0	排骨,香菇	4
紫薯,袜子	1	排骨,鸭蛋	2
紫薯,香菇	1	洋葱,香菇	2
紫薯,牛奶	0	洋葱,鸭蛋	2
紫薯,鸭蛋	1	袜子,鸭蛋	2
排骨,洋葱	2		
排骨,袜子	1		
排骨,香菇	4		
排骨,牛奶	1		
排骨,鸭蛋	2		
洋葱,袜子	0		
洋葱,香菇	2		
洋葱,牛奶	1		
洋葱,鸭蛋	2		
袜子,香菇	1		
袜子,牛奶	1		
袜子,鸭蛋	2		
香菇,牛奶	1		
香菇,鸭蛋	1		
牛奶,鸭蛋	1		

表 13-4　　创建频繁 3 项集

候选项集		频繁项集
候选 3 项集 C_3		频繁 3 项集 L_3
项集	支持度计数	空集
排骨,洋葱,香菇	1	
排骨,洋葱,鸭蛋	1	
排骨,洋葱,袜子	0	
排骨,香菇,鸭蛋	1	
排骨,香菇,袜子	1	
排骨,鸭蛋,袜子	0	

由此可知，最大频繁项集为 L_2。

根据以上关联规则置信度的计算公式，以最大频繁项集 L_2 为基础，生成可能的关联规则如下：

排骨=>洋葱　　　　Confidence=2/5

排骨=>香菇　　　　Confidence=4/5

排骨=>鸭蛋　　　　Confidence=2/5

洋葱=>香菇　　　　Confidence=2/5

洋葱=>鸭蛋　　　　Confidence=2/5

袜子=>鸭蛋　　　　Confidence=2/3

根据指定的最小置信度阈值，就能求出以上关联规则的强关联规则。

3. Python 实现 Apriori 算法

Apriori 算法函数示例代码如下（参见例 13.2.3.ipynb）：

```
import pandas as pd
# Apriori 算法
# 扫描 dataSet 事务集，将所有的单项放入 C 中，构造出 1 项集
# 参数：dataSet 为列表
# 返回值：冻结后的 1 项集列表
def createC1(dataSet):
    C = []
    for transaction in dataSet:
        for item in transaction:
            if [ item ] not in C:
                C.append([item])
    C.sort()
# 调用 frozenset 函数将 1 项集列表冻结，返回冻结后的 1 项集列表
# 如果直接返回 C，则 C 里面的元素不能够直接在后续代码里用于 issubset()
# 或者作为字典的键使用
    return list(map(frozenset,C))

# 根据 minSupport 参数设定的最小支持度
# 计算 Ck 的项集在原始记录 D 中的支持度
# 返回满足最小支持度要求的项集集合，以及包含所有项集支持度的字典
# 参数：D 为列表，事务集
#       Ck 为列表，候选项集
#       minSupport 为浮点数，最小支持度阈值
# 返回值：retList 为列表，满足最小支持度要求的项集
#         supportData 为字典，包含项集对应的支持度
def scanD(D, Ck, minSupport):
    ssCnt = {}
# 对于每一个候选项集 can，检查是否是 D 的一部分
# 即该候选项集 can 是否得到 transaction 的支持
    for tid in D:
        for can in Ck:
            if can.issubset(tid):
                ssCnt[can] = ssCnt.get(can, 0) + 1
    numItems = float(len(D))
    retList = []
    supportData = {}
    for key in ssCnt:
```

```
# 每个项集的支持度
        support = ssCnt[key] / numItems
# 将满足最小支持度要求的项集，加入 retList
        if support >= minSupport:
            retList.insert(0, key)
# 汇总支持度数据
        supportData[key] = support
    return retList, supportData

# 由初始候选项集的集合 Ck 生成新的候选项集
# 参数：Ck 为列表，k-1 项集
#       k 为整数，要生成的候选项集中的每项包含的元素个数
# 返回值：retList 为列表，新生成的候选 k 项集
def aprioriGen(Ck, k):
    retList = []
    lenCk = len(Ck)
# 以下的 Ck[i]与 Ck[j]均包含 k-1 个项，如果它们的前 k-2 项相同
# 则通过逻辑或运算将其拼接为一个包含 k 项的列表元素，加入 retList
 # for i in range( lenLk ):
    #    for j in range( i + 1, lenLk ):
    #        L1 = list( Lk[ i ] )[ : k - 2 ];
    #        L2 = list( Lk[ j ] )[ : k - 2 ];
    #        L1.sort();L2.sort()
    #        if L1 == L2:
    #            retList.append( Lk[ i ] | Lk[ j ] )
    for i in range( lenCk ):
        for j in range( i + 1, lenCk ):
            L1 = Ck[i]|Ck[j]
            if(len(L1)==k):
                if L1 not in retList:
                    retList.append( L1 )
    return retList

# Apriori 算法主函数
# 根据 minSupport 参数设定的最小支持度，返回所有满足最小支持度要求的项集
# 参数：D 为列表，事务集
#       minSupport 为浮点数，最小支持度阈值
# 返回值：L 为列表，所有满足最小支持度要求的项集
#         suppData 为字典，包含项集对应的支持度
def apriori(D, minSupport):
    C1=createC1(D)
    L1, suppData = scanD(D, C1, minSupport)
    L = [L1]
# 最初的 L1 中的每个项集含有一个元素
# 新生成的项集应该含有 2 个元素，所以 k=2
    k = 2
    while (len(L[k-2]) > 0):
        Ck = aprioriGen(L[k-2], k)
        Lk, supK = scanD(D, Ck, minSupport)
# 将新的项集的支持度数据加入原来的总支持度字典
        suppData.update(supK)
```

```
# 将符合最小支持度要求的项集加入 L
        L.append(Lk)
        print("L:%s" %L)
# 新生成的项集中的元素个数应不断增加
        k += 1
# 返回所有满足条件的频繁项集的列表和所有候选项集的支持度信息
    return L, suppData

# 计算规则的置信度
# 参数：freqSet 为 frozenset 不可变集合，频繁项集
#     H 为不可变集合，freqSet 中的子集
#     freqSet 本身是一个项集（例如 2 项集、3 项集），将其子集提取出来计算置信度
#     supportData 为字典，包含频繁项集中所有元素的支持度
#     brl 为元组，包含满足可信度条件的关联规则
#     minConf 为浮点数，最小置信度阈值，默认值为 0.7
# 返回值：prunedH 为列表，满足最小置信度要求的集合
def calcConf(freqSet, H, supportData, brl, minConf=0.7):
    prunedH = []
    for conseq in H:
        conf = supportData[freqSet] / supportData[freqSet - conseq]
        if conf >= minConf:
            print(freqSet - conseq, '-->', conseq, 'conf:', conf)
            brl.append((freqSet - conseq, conseq, conf))
            prunedH.append(conseq)
    return prunedH

# 对频繁项集中元素超过 2 的项集进行合并，生成关联规则
# 参数：freqSet 为 frozenset 不可变集合，频繁项集
#       H 为不可变集合，freqSet 中的子集
#       freqSet 本身是一个项集（例如 2 项集、3 项集），将其子集提取出来计算置信度
#       supportData 为字典，包含频繁项集中所有元素的支持度
#       brl 为元组，包含满足可信度条件的关联规则
#       minConf 为浮点数，最小置信度阈值，默认值为 0.7
def rulesFromConseq(freqSet, H, supportData, brl, minConf=0.7):
    m = len(H[0])
# 检查频繁项集是否达到移除大小为 m 的子集
    if len(freqSet) > m+1:
        Hmp1 = aprioriGen(H, m+1)
        Hmp1 = calcConf(freqSet, Hmp1, supportData, brl, minConf)
# 如果不止一条规则满足要求，进一步进行递归合并
        if len(Hmp1) > 1:
            rulesFromConseq(freqSet, Hmp1, supportData, brl, minConf)

# 根据频繁项集和最小置信度阈值生成规则
# 参数：L 为列表，频繁项集
#       supportData 为字典，包含所有项集（不仅仅是频繁项集）的支持度
#       minConf 为浮点数，最小置信度阈值，默认值为 0.7
# 返回值：bigRuleList 为列表，满足最小置信度要求的规则
def generateRules(L, supportData, minConf=0.7):
```

```
    bigRuleList = []
    for i in range(1, len(L)):
        for freqSet in L[i]:
# 每一个频繁项集的集合 freqSet
            H1 = [frozenset([item]) for item in freqSet]
# 如果频繁项集中的元素个数大于 2，需要进一步合并
            if i >1:
                rulesFromConseq(freqSet, H1, supportData, bigRuleList, minConf)
            else:
                calcConf(freqSet, H1, supportData, bigRuleList, minConf)
    return bigRuleList
```

以表 13-1 所示的超市购买记录数据为例，利用 Apriori 算法挖掘其关联规则，示例代码如下（参见例 13.2.3.ipynb）：

```
# 将 records.csv 超市购买记录数据转换为二维数组
df = pd.read_csv("./records.csv", header=None)
# 删除第 1 列值
del df[0]
# 去掉读取到的 DataFrame 数据中的缺失值 NaN
tmp = df.values
arr2d = []
for i in tmp:
    tmp_set = i[pd.notnull(i)]
    arr2d.append(list(tmp_set))
D = arr2d
# 使用 Apriori 算法进行关联规则挖掘，其中最小支持度阈值设置为 0.2
L,suD=apriori(D,0.2)
# 产生强关联规则，其中最小置信度阈值设置为 0.4
aRlist = generateRules(L,suD, 0.4)
```

运行代码，输出结果：

```
frozenset({'洋葱'}) --> frozenset({'鸭蛋'})  conf: 0.5
frozenset({'洋葱'}) --> frozenset({'排骨'})  conf: 0.5
frozenset({'袜子'}) --> frozenset({'鸭蛋'})  conf: 0.6666666666666666
frozenset({'洋葱'}) --> frozenset({'香菇'})  conf: 0.5
frozenset({'排骨'}) --> frozenset({'香菇'})  conf: 0.7999999999999999
frozenset({'香菇'}) --> frozenset({'排骨'})  conf: 0.7999999999999999
```

从输出结果来看，共产生 6 条强关联规则，conf: *x* 表示每条关联规则的置信度值。

13.2.4 案例分析——信用卡推荐

本案例将通过某机构客户持有的信用卡的数据情况，采用 Apriori 算法进行数据挖掘。某机构对 50 位客户持有信用卡的情况进行调查，得到的信用卡持有情况数据（部分），如图 13-14 所示。

其中，ID 列为客户识别号，表头的 gs、ny 等代表了不同的发卡行，单元格中的 1 代表客户持有该银行发行的信用卡，0 则代表未持有。本案例将根据以上数据找出频繁项集与关联规则，从而协助发卡行制定合适的信用卡推荐方案。

ID	gs	ny	zg	js	jt	yc	zs
10001	1	0	1	1	0	0	1
10002	1	1	1	0	1	1	0
10003	0	0	1	0	0	1	1
10004	0	0	0	0	1	0	1
10005	0	0	0	0	1	1	0
10006	0	1	0	1	1	0	0
10007	1	0	0	1	1	1	0
10008	1	0	1	1	1	1	0
10009	0	0	0	1	0	0	1
10010	1	1	1	0	1	0	0
10011	0	1	1	1	1	1	1
10012	1	0	0	1	0	1	0
10013	0	0	1	0	1	0	1
10014	1	0	1	1	1	0	1
10015	1	1	0	0	1	0	1
10016	0	1	0	1	1	0	0
10017	0	0	0	1	1	1	0

creditcard_info

图 13-14 信用卡持有情况数据（部分）

首先对数据文件进行读取，然后进行数据预处理，使之能够满足以下 apriori()函数的输入参数要求。相关代码如下（参见例 13.2.3.ipynb）：

```
import numpy as np
import pandas as pd

# 对原始数据进行预处理，原来用 0/1 表示是否持有该银行发行的信用卡
# 本函数将 1 转换为发卡行缩写
# 参数：val 为原 0/1 值，表示持有/未持有该银行发行的信用卡
#       colname 为读入的 DataFrame 对象的列名（发卡行缩写）
# 返回值：colname 列名，或者 0
def val2colindex(val,colname):
    if(val==1):
        return colname
    else:
        return 0

# 读取数据文件，将原来的二值表格转换为二维列表，用于后续处理
# 参数：fname 为文件名
# 返回值：data2Dlist 为二维列表
def loadData(fname):
    data2Dlist=[]
    pd1 = pd.read_csv(fname)
    print('读入数据文件的前 5 行：')
    print(pd1.head())
# 将值 1 转换为列名（即发卡行缩写）
    for cn in pd1.columns:
        if(cn!='ID'):
            pd1[cn]=pd1[cn].apply(lambda val:val2colindex(val,cn))
    print('1 转换为发卡行缩写后的数据文件前 5 行：')
    print(pd1.head())
# 将每行转化为一个列表，将 ID 和 0 值删去
    for index ,row in pd1.iterrows():
        list1 = row.tolist()
        list1.pop(0)
        while 0 in list1:
```

```
            list1.remove(0)
        data2Dlist.append(list1)
    # 显示二维列表前 4 项
    print('转化后的二维列表前 4 项：')
    print(data2Dlist[:4])
    # 返回该二维列表
    return data2Dlist

myData1=loadData('./creditcard_info.csv')
```

运行代码，输出结果如下：

```
读入数据文件的前 5 行：
      ID  gs  ny  zg  js  jt  yc  zs
0  10001   1   0   1   1   0   0   1
1  10002   1   1   1   0   1   1   0
2  10003   0   0   1   0   0   1   1
3  10004   0   0   0   0   1   0   1
4  10005   0   0   0   0   1   1   0
1 转换为发卡行缩写后的数据文件前 5 行：
      ID  gs  ny  zg  js  jt  yc  zs
0  10001  gs   0  zg  js   0   0  zs
1  10002  gs  ny  zg   0  jt  yc   0
2  10003   0   0  zg   0   0  yc  zs
3  10004   0   0   0   0  jt   0  zs
4  10005   0   0   0   0  jt  yc   0
转化后的二维列表前 4 项：
[['gs', 'zg', 'js', 'zs'], ['gs', 'ny', 'zg', 'jt', 'yc'], ['zg', 'yc', 'zs'], ['jt', 'zs']]
```

接下来，调用 Apriori 算法进行关联规则分析，相关代码如下：

```
# 调用 Apriori 算法，其中最小支持度阈值设置为 0.22
L1,suD2=apriori(myData1,0.22)
# 输出强关联规则，其中最小置信度阈值设置为 0.6
bRlist = generateRules(L1,suD2,0.6)
```

运行代码，输出结果：

```
frozenset({'zs'}) --> frozenset({'jt'}) conf: 0.7142857142857143
frozenset({'gs'}) --> frozenset({'jt'}) conf: 0.72
frozenset({'zg'}) --> frozenset({'jt'}) conf: 0.6363636363636365
frozenset({'ny'}) --> frozenset({'jt'}) conf: 0.7407407407407407
frozenset({'yc'}) --> frozenset({'jt'}) conf: 0.625
frozenset({'gs'}) --> frozenset({'zs'}) conf: 0.64
frozenset({'zg'}) --> frozenset({'zs'}) conf: 0.6363636363636365
```

其中，apriori()函数和 generateRules()函数是 13.2.3 小节中的 Apriori 算法的相关实现函数，当输入数据完成预处理后，根据预处理后的数据，以及提供的最小支持度阈值和最小置信度阈值，只需要调用这两个实现函数即可完成操作。该机构可以根据程序产生的这几条强关联规则来协助发卡行制定合适的信用卡推荐方案。

13.3　时间序列分析

陈立发现现实生活中跟金融相关的很多数据源都跟时间有关系，他了解到数据分析中有一个很重要的应用就是时间序列分析，因此，他想了解时间序列分析是什么，有哪些常用方法。

本节主要介绍时间序列分析的基本思想、用于时间序列分析的统计模型，并进行案例分析。

13.3.1　时间序列分析概述

在日常生活中，有很多受时间或者周期影响而发生变化的情况。它们有的呈现出随时间流逝稳步上升或者下降的趋势；有的表现出明显的遵循一定周期波动的特点，例如空调的销量和海滨浴场的游客数量。

站在数据收集和分析的角度，将特定的随机事件变化的过程，按照时间先后顺序记录下来，构成一个时间序列数据集。对时间序列数据进行观察、分析和研究，发掘其内部蕴含的规律，判断导致其规律变化的决定因素，进一步预测其走势，是时间序列分析的主要任务。不同于最终给出标签结果的分类问题或者最终得到簇集目标的聚类问题，时间序列分析试图发现一个能够对受时间因素影响的指标数据产生一个预测输出的数学模型。从本质上说，时间序列分析是一种回归分析。只不过回归分析的分析对象可以是数学、物理、生物、经济等领域存在关联的若干因素，而时间序列分析的分析对象确定地包含时间变动因素。

时间序列分析的基本思想如下。

（1）事物发展存在延续性。真实世界里的事物不会发生突变，质变都是由量变积累的。从历史数据出发，可以发现变化趋势。自然界的天气变化、社会经济生活里的数据波动，都是随着时间变化的。

（2）随机性无处不在。在真实世界或复杂系统中，总是存在各种扰动（随机性）。这些偶然扰动因素的出现，使得要借助统计手段，才能较好地处理历史数据。系统和对象越复杂，需要的统计手段越复杂。

常见的时间序列分析方法包括移动平均法、指数平滑法、周期变动法和自回归移动模型等。接下来，我们重点介绍在时间序列分析中常用的自回归移动模型——ARIMA 模型。

13.3.2　时间序列分析模型——ARIMA 模型

ARIMA（Autoregressive Integrated Moving Average）模型的全称叫作差分自回归移动平均模型，又称作整合移动平均自回归模型（移动也可称作滑动），是一种用于时间序列分析的常见统计模型，记作 ARIMA(p,d,q)。

ARIMA 模型主要由 AR、I 与 MA 模型组成，有关它们的具体介绍如下。

1. AR 模型

AR（Autoregressive，自回归）模型，表示当前时间点的值等于过去若干个时间点的值的回归——因为不依赖于别的解释变量，只依赖于自己过去的历史值，所以称为自回归。如果回归依赖过去最近的 p 个历史值（称阶数为 p），则模型记为 AR(p)模型。

AR(p)模型可以表示为：

$$X_t = c + \sum_{i=1}^{p} \varphi_i X_{t-i} + \varepsilon_t$$

上述公式中，c 表示常数项，φ_i 是自回归系数，X_{t-i} 是在 $t-i$ 时刻的观察值，ε_t 是随机误差值。整个公式可以用文字叙述为：X 的当期值等于一个或数个落后期的线性组合，加上常数项，再加上随机误差值。

2. I 模型

I 模型表示模型对时间序列进行了差分。时间序列分析要求数据具有平稳性，对于不平稳的序列需要通过一定手段将其转化为平稳序列，一般采用的手段就是差分。

形式最简单的差分方程如下：

$$d = y_t - y_{t-1}$$

上述公式中，d 表示差分的阶数，t 时刻的值减去 $t-1$ 时刻的值，得到新的时间序列称为 1 阶差分序列。

3. MA 模型

MA（Moving Average，移动平均）模型，表示当前时间点的值等于过去若干个时间点的预测误差值（预测误差值 = 模型预测值–真实值）的回归。如果序列依赖过去最近的 q 个历史预测误差值，称阶数为 q，记为 MA(q)模型。

MA(q)模型可以表示为：

$$X_t = \mu + \varepsilon_t + \sum_{i=1}^{p} \theta_i \varepsilon_{t-i}$$

其中，μ 是序列的均值，θ_i 是参数，ε_t 或 ε_{t-i} 都是白噪声。白噪声是一种功率频谱密度为常数的随机信号或随机过程，即其在各个频段上的功率是一样的。

ARIMA(p,d,q)模型可以表示为：

$$\left(1 - \sum_{i=1}^{p} \phi_i L^i\right)(1-L)^d X_t = \left(1 + \sum_{i=1}^{q} \theta_i L^i\right)\varepsilon_t$$

上述公式中共有 3 个参数 p、d、q，它们的含义如下。

（1）p 代表预测模型中采用的时间序列数据本身的滞后数，即自回归项数。

（2）d 代表时间序列数据要具有平衡性需要进行几阶差分，即差分的阶数。

（3）q 代表预测模型中采用的预测误差值的滞后数，即移动平均项数。

ARIMA 模型的基本思想是：将预测对象随时间推移而形成的数据序列视为一个随机序列，用一定的数学模型来近似描述这个序列，这个模型一旦运行后，就可以从时间序列的过去值及现在值来预测未来值。

通常，ARIMA 模型建立的基本步骤如下。

（1）获取被观测的时间序列数据。

（2）根据时间序列数据绘图，观测数据是否为平稳序列。对于非平稳序列，需要进行 d 阶差分运算，将其转化为平稳序列。

（3）对以上平稳序列，分别求得其 ACF（Auto-correlation Coefficient，自相关系数）和 PACF（Partial Auto-correlation Coefficient，偏自相关系数），通过对自相关图和偏自相关图的分析，得到最佳的 p 和 q。

（4）根据上述计算的 d、q、p 得到 ARIMA 模型，然后对模型进行检验。

需要注意的是，对于一个时间序列来说，如果它的均值没有系统变化（无趋势），方差没有系统变化，并且严格消除了周期性变化，就称为是平稳的。

13.3.3　案例分析——股票收盘价分析

在股票市场中，行情的变化与国家的宏观经济发展、法律法规的制定、公司的运营、股票投资者的信心等都有关联。股票行情很难准确地预测，证券分析师的预测只能作为投资者入市操作的参考。本小节以五粮液股票数据为例，结合时间序列及 ARIMA 模型对股票收盘价进行分析。

本案例以五粮液股票数据为例，具体为自 2003 年 1 月 1 日至 2018 年 9 月 20 日的股票数据，其中 2014—2017 年的数据作为训练数据。通过对这些数据的训练，实现对 2018 年 1 月至 2 月的股票收盘价的预测，并将预测的结果与爬取的真实股票数据进行绘图对比。

五粮液股票数据（部分）如图 13-15 所示。

	A	B	C	D	E	F	G	H	I	J	K	L
1	股票代码	交易日期	开盘价	最高价	最低价	收盘价	昨收价	涨跌额	涨跌幅	成交量（手）	成交额（千元）	
2	000858.SZ	20180920	64.4	64.85	64.03	64.39	64.44	-0.05	-0.0776	164165.71	1056728	
3	000858.SZ	20180919	62.99	65.53	62.9	64.44	63.21	1.23	1.9459	411364.31	2653606	
4	000858.SZ	20180918	61.62	63.6	61.01	63.21	61.86	1.35	2.1823	263861.24	1647394	
5	000858.SZ	20180917	61.4	62.56	61.03	61.86	61.53	0.33	0.5363	235508.59	1458776	
6	000858.SZ	20180914	60.45	62.16	59.7	61.53	59.98	1.55	2.5842	294960.29	1800648	
7	000858.SZ	20180913	60.39	60.65	58.58	59.98	59.65	0.33	0.5532	206865.36	1232442	
8	000858.SZ	20180912	61	61	59.59	59.65	61	-1.35	-2.2131	191607.79	1150745	
9	000858.SZ	20180911	60.38	61.35	60.2	61	60.38	0.62	1.0268	202919.36	1235002	
10	000858.SZ	20180910	60.92	60.96	59.28	60.38	60.77	-0.39	-0.6418	195919.16	1179507	
11	000858.SZ	20180907	60.3	61.15	59.8	60.77	59.71	1.06	1.7752	222726.04	1347995	
12	000858.SZ	20180906	60.5	61.64	59.18	59.71	60.9	-1.19	-1.954	319221.95	1924317	
13	000858.SZ	20180905	62.75	62.75	60.8	60.9	62.77	-1.87	-2.9791	217130.48	1342663	
14	000858.SZ	20180904	62.27	62.96	61.6	62.77	61.97	0.8	1.2909	194838.65	1215148	
15	000858.SZ	20180903	61.1	62.17	61.09	61.97	61.9	0.07	0.1131	208324.53	1283847	
16	000858.SZ	20180831	62.99	62.99	61.63	61.9	63.4	-1.5	-2.3659	244560.55	1517434	
17	000858.SZ	20180830	63.7	64.5	63.12	63.4	63.68	-0.28	-0.4397	189692.37	1209291	
18	000858.SZ	20180829	64.29	64.51	63.34	63.68	64.3	-0.62	-0.9642	242285.64	1543979	
19	000858.SZ	20180828	66.03	66.18	63.97	64.3	65.31	-1.01	-1.5465	390976.78	2527106	
20	000858.SZ	20180827	63.1	65.31	63.1	65.31	62.96	2.35	3.7325	340401.26	2198875	

图 13-15　五粮液股票数据（部分）

本案例具体数据分析流程和代码如下（参见例 13.3.1.ipynb）：

1. 库和数据导入

库和数据导入如下。

```
# 导入需要使用的库
import pandas as pd
import datetime
import matplotlib.pylab as plt
# 导入统计模型 ARIMA 与相关函数
from statsmodels.tsa.arima_model import ARIMA
from statsmodels.graphics.tsaplots import plot_acf, plot_pacf

# 解决 Matplotlib 中文显示问题
# 指定默认字体
plt.rcParams['font.sans-serif'] = ['SimHei']
# 解决保存图像时负号 "-" 显示为方块的问题
plt.rcParams['axes.unicode_minus'] = False
# 读取历史股票数据
data_path = open('./五粮液股票数据.csv')
shares_info = pd.read_csv(data_path)
shares_info
```

读取数据输出结果（部分）如图 13-16 所示。

	股票代码	交易日期	开盘价	最高价	最低价	收盘价	昨收价	涨跌额	涨跌幅	成交量（手）	成交额（千元）
0	000858.SZ	20180920	64.40	64.85	64.03	64.39	64.44	-0.05	-0.0776	164165.71	1.056728e+06
1	000858.SZ	20180919	62.99	65.53	62.90	64.44	63.21	1.23	1.9459	411364.31	2.653606e+06
2	000858.SZ	20180918	61.62	63.60	61.01	63.21	61.86	1.35	2.1823	263861.24	1.647394e+06
3	000858.SZ	20180917	61.40	62.56	61.03	61.86	61.53	0.33	0.5363	235508.59	1.458776e+06
4	000858.SZ	20180914	60.45	62.16	59.70	61.53	59.98	1.55	2.5842	294960.29	1.800648e+06
5	000858.SZ	20180913	60.39	60.65	58.58	59.98	59.65	0.33	0.5532	206865.36	1.232442e+06
6	000858.SZ	20180912	61.00	61.00	59.59	59.65	61.00	-1.35	-2.2131	191607.79	1.150745e+06
7	000858.SZ	20180911	60.38	61.35	60.20	61.00	60.38	0.62	1.0268	202919.36	1.235002e+06
8	000858.SZ	20180910	60.92	60.96	59.28	60.38	60.77	-0.39	-0.6418	195919.16	1.179507e+06
9	000858.SZ	20180907	60.30	61.15	59.80	60.77	59.71	1.06	1.7752	222726.04	1.347995e+06
10	000858.SZ	20180906	60.50	61.64	59.18	59.71	60.90	-1.19	-1.9540	319221.95	1.924317e+06

图 13-16　读取数据输出结果（部分）

2. 数据预处理

从上述输出结果中可以看出，shares_info 对象的行索引是默认值，即 0 ~ N 的递增数值，一般股票数据应该按照日期进行分析，所以需要将行索引改为时间戳索引，也就是说将“交易日期”一列的数据作为每行的索引。在设置新的行索引之前，我们需要将“交易日期”一列的数据转换成 TimeStamp 对象，然后通过 set_index()方法将其设置为 shares_info 对象的新索引，具体代码如下：

```
# 将“交易日期”一列的数据设置为行索引
dates = pd.to_datetime(shares_info['交易日期'].values,
                       format='%Y%m%d')
shares_info = shares_info.set_index(dates)
shares_info
```

数据预处理输出结果（部分）如图 13-17 所示。

	股票代码	交易日期	开盘价	最高价	最低价	收盘价	昨收价	涨跌额	涨跌幅	成交量（手）	成交额（千元）
2018-09-20	000858.SZ	20180920	64.40	64.85	64.03	64.39	64.44	-0.05	-0.0776	164165.71	1.056728e+06
2018-09-19	000858.SZ	20180919	62.99	65.53	62.90	64.44	63.21	1.23	1.9459	411364.31	2.653606e+06
2018-09-18	000858.SZ	20180918	61.62	63.60	61.01	63.21	61.86	1.35	2.1823	263861.24	1.647394e+06
2018-09-17	000858.SZ	20180917	61.40	62.56	61.03	61.86	61.53	0.33	0.5363	235508.59	1.458776e+06
2018-09-14	000858.SZ	20180914	60.45	62.16	59.70	61.53	59.98	1.55	2.5842	294960.29	1.800648e+06
2018-09-13	000858.SZ	20180913	60.39	60.65	58.58	59.98	59.65	0.33	0.5532	206865.36	1.232442e+06
2018-09-12	000858.SZ	20180912	61.00	61.00	59.59	59.65	61.00	-1.35	-2.2131	191607.79	1.150745e+06
2018-09-11	000858.SZ	20180911	60.38	61.35	60.20	61.00	60.38	0.62	1.0268	202919.36	1.235002e+06
2018-09-10	000858.SZ	20180910	60.92	60.96	59.28	60.38	60.77	-0.39	-0.6418	195919.16	1.179507e+06
2018-09-07	000858.SZ	20180907	60.30	61.15	59.80	60.77	59.71	1.06	1.7752	222726.04	1.347995e+06
2018-09-06	000858.SZ	20180906	60.50	61.64	59.18	59.71	60.90	-1.19	-1.9540	319221.95	1.924317e+06

图 13-17　数据预处理输出结果（部分）

3. 数据分析

这里为了更直接地看到分析结果，采用图表的方式进行展示。首先，我们看一下历年来股票每天的收盘价，以了解近年来收盘价的趋势，这时可以根据 shares_info 对象中“收盘价”一列的数据绘制一张折线图，具体代码如下：

```
plt.plot(shares_info['收盘价'])
```

```
plt.title('股票每日收盘价')
plt.show()
```

股票每日收盘价如图 13-18 所示。

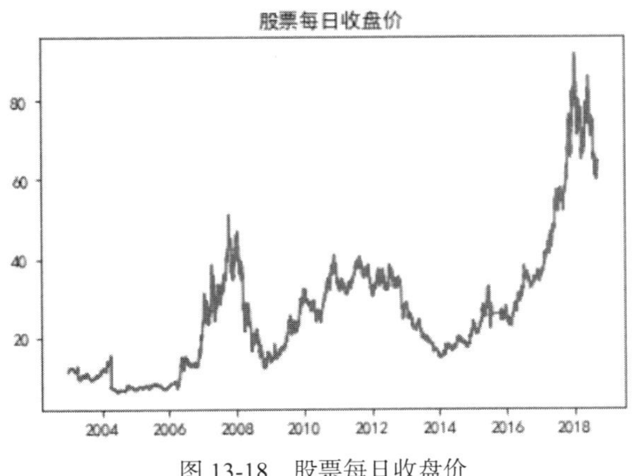

图 13-18　股票每日收盘价

通过图 13-18 所示的折线图可以发现，五粮液股票 2004—2006 年收盘价趋于比较平稳的趋势，自 2014 年起收盘价虽有下滑，但整体处于向上走的趋势。

不过，像这种根据每日统计的数据所绘制的折线图，线条显得非常尖锐、不平滑。为了解决这个问题，我们适当地通过降采样来减少一些数据量，也就是说将采样的频率由每天改为每周。这里以 2014—2017 年的股票数据作为 ARIMA 模型中的训练数据，具体代码如下：

```
# 按周降采样
shares_info_week = shares_info['收盘价'].resample('W-MON').mean()
# 训练数据
train_data = shares_info_week['2014': '2017']
plt.plot(train_data)
plt.title('股票周收盘价均值')
plt.show()
```

股票周收盘价均值如图 13-19 所示。

图 13-19　股票周收盘价均值

通过图 13-19 所示的折线图可以看出，它并不是一个平稳序列，所以需要单独对其进行处理，也就是说利用 ARIMA 模型将非平稳序列转换为平稳序列。在对时间序列进行平稳化之前，我们可以用图表来展示一下当前的 ACF 和 PACF，其中，展示 ACF 的图表可以通过 plot_acf()函数进行绘制，代码如下：

```
# 分析 ACF
acf = plot_acf(train_data,lags=20)
plt.title('股票指数的 ACF')
plt.show()
```

股票指数的 ACF 如图 13-20 所示。

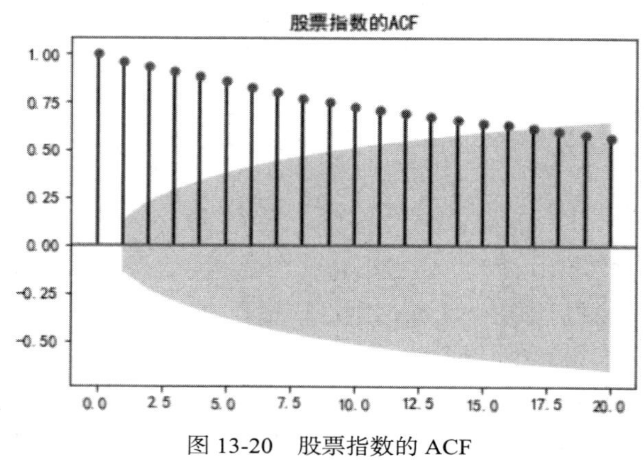

图 13-20　股票指数的 ACF

从图 13-21 中可以看到，ACF 的阶数仍然呈缓慢下降趋势，所以不能用来确定 MA 模型中的 q。

继续来看 PACF，展示 PACF 的图表可以通过 plot_pacf()函数进行绘制，具体代码如下：

```
# 分析 PACF
pacf = plot_pacf(train_data,lags=20)
plt.title('股票指数的 PACF')
plt.show()
```

股票指数的 PACF 如图 13-21 所示。

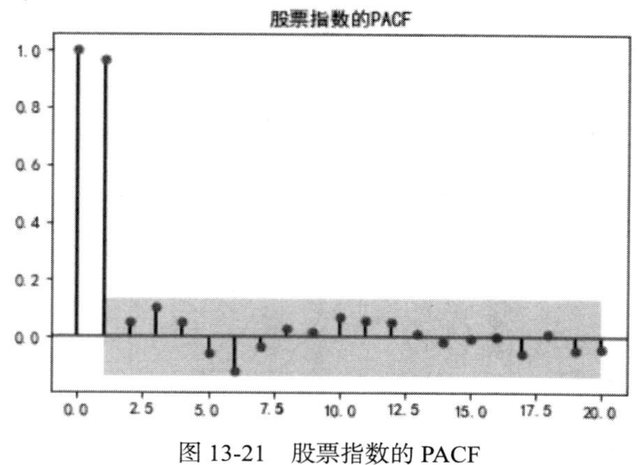

图 13-21　股票指数的 PACF

从图 13-21 中可以看到，PACF 在一阶差分之后的数据就已经在置信区间之内了，可以用来确定 AR 模型中的 p。

对于非平稳序列，需要通过差分算法，将其变成弱平稳或近似平稳序列，具体代码如下：

```
train_diff = train_data.diff()
diff=train_diff.dropna()
plt.figure()
plt.plot(diff)
plt.title('一阶差分')
plt.show()
```

一阶差分如图 13-22 所示。

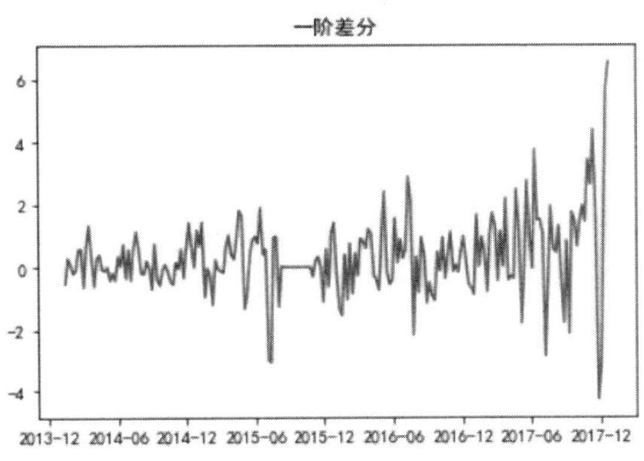

图 13-22　一阶差分

通过图 13-22 所示的折线图可以看出，经过一阶差分之后，时间序列数据基本上满足了弱平稳趋势，所以可以不用再进行差分处理。

时间序列数据经过差分处理之后，我们可以使用时序图来看一下 ACF 和 PACF 的变化，具体代码如下。

```
acf_diff = plot_acf(diff,lags=20)
plt.title('一阶差分的 ACF')
plt.show()
```

一阶差分的 ACF 如图 13-23 所示。

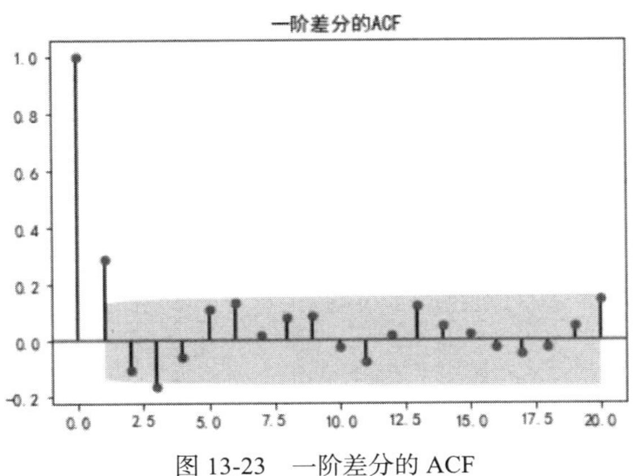

图 13-23　一阶差分的 ACF

```
pacf_diff = plot_pacf(diff,lags=20)
plt.title('一阶差分的 PACF')
plt.show()
```

一阶差分的 PACF 如图 13-24 所示。

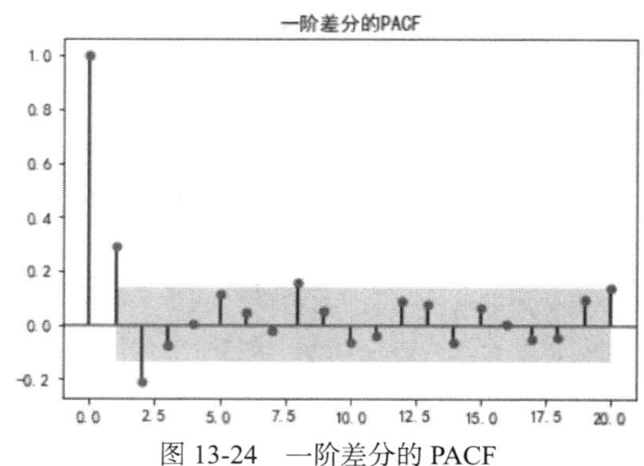

图 13-24　一阶差分的 PACF

通过图 13-23 可以看出，ACF 在一阶差分之后的数据都位于置信区间之内，所以可以用来确定 AR 模型的 p。

通过图 13-24 可以看出，PACF 在一阶差分之后的数据都位于置信区间之内，因此可以用来确定 MA 模型的 q。

AR、MA 模型在一阶差分后数据均在置信区间内，所以 p、q 可以定为 1，且只进行了一阶差分，所以 d 为 1，根据这 3 个参数来创建模型，具体代码如下：

```
# 创建 ARIMA 模型
model = ARIMA(train_data, order=(1, 1, 1), freq='W-MON')
# 拟合模型
arima_result = model.fit()
# 通过 summary()方法输出 ARIMA 模型中的详细参数说明
arima_result.summary()
```

ARIMA 模型中的详细参数说明如图 13-25 所示。

ARIMA Model Results

Dep. Variable:	D.收盘价	No. Observations:	207
Model:	ARIMA(1, 1, 1)	Log Likelihood	-330.750
Method:	css-mle	S.D. of innovations	1.195
Date:	Wed, 10 Nov 2021	AIC	669.499
Time:	00:26:04	BIC	682.830
Sample:	01-13-2014	HQIC	674.890
	- 12-25-2017		

	coef	std err	z	P>|z|	[0.025	0.975]
const	0.3228	0.115	2.813	0.005	0.098	0.548
ar.L1.D.收盘价	0.0047	0.167	0.028	0.978	-0.323	0.332
ma.L1.D.收盘价	0.3762	0.148	2.547	0.012	0.087	0.666

Roots

	Real	Imaginary	Modulus	Frequency
AR.1	214.6636	+0.0000j	214.6636	0.0000
MA.1	-2.6579	+0.0000j	2.6579	0.5000

图 13-25　ARIMA 模型中的详细参数说明

现在只剩下最后一步，那就是测试模型。使用 2018 年 1 月至 2 月的五粮液股票数据，对刚刚拟合后的 ARIMA 模型进行测试，具体代码如下：

```
pred_vals = arima_result.predict('2018-01-01','2018-02-26',
                            dynamic=True, typ='levels')
stock_forcast = pd.concat([shares_info_week, pred_vals],
                     axis=1,
                     keys=['original', 'predicted'])
plt.figure()
plt.plot(stock_forcast)
plt.title('真实值 vs 预测值')
plt.show()
```

模型预测结果对比情况如图 13-26 所示。

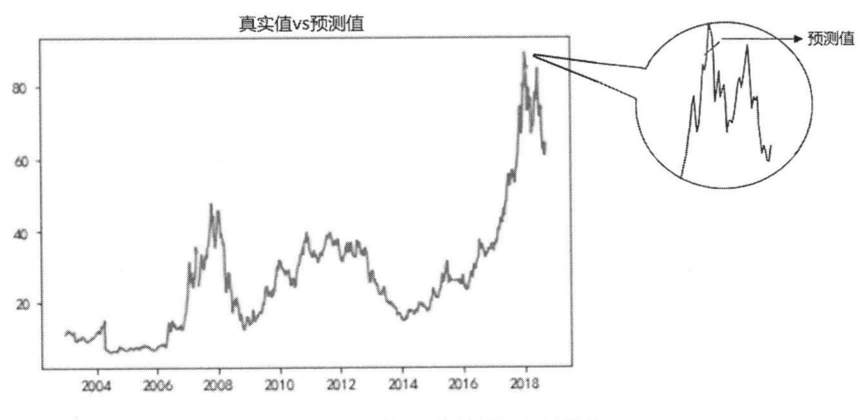

图 13-26　模型预测结果对比情况

从图 13-26 所示的折线图中可以看到，位于右上方的橘色线（图中右上角的短线）是通过 ARIMA 模型预测的趋势。通过与蓝线（图中的折线）进行比较，可以看到预测的结果与真实的结果还是存在一些出入的，比如，收盘价下降的时候模型中的预测趋势并没有下降。由此说明，使用模型只能模拟出一个大概的趋势，而不能达到精准预测。

练习题

一、选择题

1. 某超市研究销售记录数据后发现，买啤酒的人很大概率也会购买尿布，这种属于数据挖掘的哪类问题？（　　）

A. 关联规则分析　B. 聚类　C. 分类　D. 文本分析

2. 当不知道数据所带标签时，可以使用哪种技术促使带同类标签与带其他标签的数据相分离？（　　）

A. 分类　B. 聚类　C. 关联规则分析　D. 隐马尔可夫链

3. 以下哪个是不太适合使用 Python 进行时间序列分析的应用场景？（　　）

A. 股票价格预测　B. 图像处理

C. 销售预测　　D. 交通流量预测

4. 以下哪个不属于常用的分类算法或模型？（　　）

A. 逻辑回归　　B. 决策树　　C. 随机森林　　D. K 均值聚类

5.（　　）是确定两种或两种以上变量间相互依赖的定量关系的一种统计分析方法。

A. 趋势分析　　B. 因果图　　C. 回归分析　　D. 帕累托图

二、思考题

1. 请使用 Kaggle 数据竞赛平台的泰坦尼克号–灾难中的机器学习数据集来对乘客是否遇难进行预测；同时，使用数据挖掘等定量方法分析哪些类别的乘客更容易遇难，并结合经验分析可能存在的原因；最后，与他人分享你的分析结果，并以 PPT 文件等形式呈现。该题为实践题目，对使用的模型或者方法不进行限制。

2. 在线性回归模型中，我们期望找到自变量与因变量之间存在的线性关系，并对其进行建模；如果自变量与因变量之间存在的关系不是线性关系，我们却依然想使用线性回归模型进行建模，我们应该如何对因变量或自变量进行处理呢？

3. 请查阅自变量线性相关及其对线性回归模型可能造成的影响，并思考我们应如何对该线性相关性进行检测以及如何减少自变量线性相关对模型的影响；同时，自变量的线性相关性高，是否会对决策树模型以及随机森林模型产生影响？为什么？

4. 请使用思考题 1 中的案例，使用 sklearn 中的 GradientBoostingClassifier 进行建模，再尝试使用 XGBoost 模型进行建模，并将两个模型的性能评估指标进行比较；尝试对两个模型中使用到的超参数进行研究，并探讨不同超参数的意义以及对模型最终性能可能会产生哪些影响；最后，对超参数搜索的相关知识点进行查阅，并尝试将超参数搜索的功能与我们的两个模型进行结合，找到能将模型性能最优化的超参数组合。

5. 在本书中，我们对二分类的逻辑回归模型的数学过程进行了展示。请自行查阅多分类逻辑回归模型的数学过程，将其与二分类的逻辑回归模型的数学过程进行比较，并阐述其共同点。

6. 在本书中，我们讲到了感知机模型。请自行查阅并学习多层感知机方面的知识，阐述多层感知机与感知机之间的关系，以及它如何提升了模型的性能；当多层感知机的层数过多时，可能会带来哪些好处及存在的缺点；最后，结合研究得到的知识，使用 Python 代码，自行实现一个简单的多层感知机模型。